BIBLIOTHEK DES 18. JAHRHUNDERTS

FRAUEN LEBEN IM 18. JAHR HUNDERT

Herausgegeben

von Andrea van Dülmen

Verlag

C. H. Beck München

Gustav Kiepenheuer Verlag

Leipzig und Weimar

Die ›Bibliothek des 18. Jahrhunderts‹
wird gemeinsam herausgegeben von dem
Verlag C. H. Beck, München und dem
Gustav Kiepenheuer Verlag, Leipzig und Weimar.

Die Deutsche Bibliothek – CIP-Einheitsaufnahme

Frauenleben im 18. Jahrhundert / hrsg. von Andrea van Dülmen. –
München: Beck; Leipzig, Weimar: Kiepenheuer, 1992
(Bibliothek des 18. Jahrhunderts)
ISBN 3 406 36767 4
NE: Dülmen, Andrea van [Hrsg.]

ISBN 3 406 36767 4
Verlag C. H. Beck, München 1992
Gustav Kiepenheuer Verlag, Leipzig und Weimar 1992

Gesamtherstellung: Offizin Andersen Nexö Leipzig GmbH
Schrift: Baskerville
Gestaltung: Juergen Seuss, Niddatal
Printed in Germany

Inhalt

Die Frau zwischen Ausgrenzung und Selbständigkeit

Berufstätigkeit 317

Auf Reisen 333

Die Erlösung des weiblichen Geschlechts

Anhang

Zu den Abbildungen:

Seite 27 «La mère laborieuse» (Die fleißige Mutter), um 1739/40. Öl auf Leinwand, von Jean Baptiste Simeon Chardin. Paris, Musée du Louvre.

Seite 119 «Bildnis einer Dame mit Instrumenten» (Viola da Gamba und Clavichord). Gemälde von Johann Kupetzky (1667 bis 1740). Budapest, Museum der Schönen Künste.

Seite 205 «Die Familie Johannes Remy in Bendorf bei Koblenz», 1776. Öl auf Leinwand, von Januarius Zick. Nürnberg, Germanisches Nationalmuseum.

Seite 295 «Alte Frau mit violettem Kopftuch», um 1720/26. Öl auf Kupfer, von Balthasar Denner. Dresden, Gemäldegalerie, Alte Meister.

Seite 387 «Porträt einer Gräfin Holnstein». Öl auf Leinwand, von George Desmarees (1697–1776). Thalhausen, Besitz Graf Holnstein.

Sämtliche Fotos wiedergegeben mit freundlicher Genehmigung des Archivs für Kunst und Geschichte, Berlin.

Vorwort

Die Gesellschaft des 18. Jahrhunderts beschäftigt sich erstmals ausdrücklich und unter verschiedenen Aspekten mit der Frau, mit der weiblichen Natur und Bestimmung, mit ihren Möglichkeiten und Grenzen, mit ihrem ‹Geschlechtscharakter›.
Diese Diskussion gehört in den Zusammenhang der Aufklärung, der Befreiung aus Unmündigkeit und Unbildung. Sie geht nicht von Frauen aus, sondern hat ihren Platz in einer Reflexion und Neuordnung gesellschaftlicher Verhältnisse: in der alten Ordnung des Hauses war die Rolle der Frau als Hausmutter über Jahrhunderte fest umschrieben und verankert gewesen. Die Aufklärung setzt an zu einer neuen Sicht, zu einer naturrechtlichen Verortung der Rechte und Pflichten des Menschen in der Gesellschaft. Bei dieser Neubestimmung geht es wesentlich um eine Absteckung nicht nur der freiheitlichen Möglichkeiten und Rechte, sondern vor allem um eine genaue Grenzziehung: dies gilt für das Verhältnis von Obrigkeit und Untertanen so gut wie für das Verhältnis der Geschlechter zueinander. In diesem Zusammenhang wird die traditionelle Rolle der Frau überformt durch eine neue Welt- und Lebenssicht, die zu mehr Individualisierung, Selbständigkeit, Verantwortlichkeit führen sollte. Der Bildungsoptimismus der Aufklärung umfaßt auch das Frauenbild.
Auffallend ist es, wie der frühaufklärerische Diskurs über die Frauen, mit seinen kleinen Ansätzen zur Mündigerklärung und Gleichberechtigung, kaum daß er etwas allgemeinere Resonanz findet, spätestens im letzten Drittel des 18. Jahrhunderts eine heftige Gegenreaktion auslöst. Eine große, aus den tatsächlichen Verhältnissen nicht zu erklärende Furcht scheint die aufklärerischen Männer angesichts dieser Reflexion über das

Wesen und die Rechte der Frau zu überfallen, die sie selbst initiiert haben. Diese Angst und die von ihr geprägte Reaktion gründet in keiner erkennbaren sozialen Wirklichkeit: im Laufe des 18. Jahrhunderts hat sich für die Lebenschancen der Frauen so gut wie nichts geändert; weder ihre Rechte, noch ihre Selbsteinschätzung sind gewachsen – ja die Frauen nehmen mit wenigen Ausnahmen nicht einmal an der sie betreffenden Diskussion teil. Tatsächlich sind die diskursiven Texte ‹über die Weiber›, über ihre Natur und Bestimmung, auch nicht für weibliche Leser geschrieben, sondern richten sich primär an den kleinen Kreis schriftstellernder Aufklärer und Philosophen. Texte dieser Art – wie sie sich auch in dem vorliegenden Band finden – repräsentieren dementsprechend weder die Wirklichkeit, noch vermitteln sie eine allgemein gültige, von allen Gesellschaftsschichten getragene Haltung. Dennoch formt dieser Diskurs einer kleinen literarischen Schicht ein Frauenbild, das langfristig für die gesamte Gesellschaft meinungsbildend werden sollte und für das 19. Jahrhundert von hoher Relevanz wurde.
Derartige diskursive Texte machen aber nur einen kleinen Teil des vorliegenden Bandes aus. Hauptsächlich sind es Selbstzeugnisse aus Briefen und autobiographischen Aufzeichnungen, die hier mosaikartig ein Bild erstellen sollen von den konkreten Lebensverhältnissen der Frauen im 18. Jahrhundert. Repräsentiert sind allerdings nur eine mittlere und obere Bürgerschicht sowie der Adel, da die Schriftlichkeit als Bedingung derartiger Zeugnisse notwendig die breite Menge der Ungebildeten ausschließt. Für sie und ihre Lebensbedingungen sprechen höchstens Verwaltungs- und Gerichtsakten. In manchen Bereichen mag es eine Entsprechung zwischen Ober- und Unterschichten geben, aber im großen ganzen konnten Armut und Unbehaustheit, überhaupt das Alltagsleben von Bäuerinnen, Dienstmägden und Taglöhnerinnen, also harte körperliche, zum Teil protoindustrielle Arbeit von Frauen wegen des Fehlens der entsprechenden Quellengrundlage nicht thematisiert werden. Ebenso ist auch die Situation jener Frauen nicht belegt, die in einem Kloster lebten – sie dürften in katholischen Gebieten einen nicht

unbedeutenden Prozentsatz der weiblichen Bevölkerung ausgemacht haben.
Manche Themen, die heute ganz selbstverständlich zu einer Darstellung des Frauenlebens gehören, fehlen auch deshalb, weil sie für die Frauen des 18. Jahrhunderts kaum Relevanz besaßen – oder zumindest so gut wie gar nicht angesprochen wurden. Es sind dies z. B. Fragen der Öffentlichkeit, der Politik oder gesellschaftlicher Veränderungen. Selbst die Standesunterschiede werden kaum thematisiert: einerseits treten sie im Diskurs über die Frau als akzidentiell zurück, andererseits sind die Standesunterschiede der Frauen so vollständig verwoben mit den Kategorien einer männlichen Welt, daß sie als solche nicht eigens erörtert werden.
Herangezogen wurden Texte von Männern und Frauen, solche, die ausdrücklich bestimmte Probleme oder Situationen reflektieren, und solche, die indirekt Aufschluß geben über die Meinung bzw. das Verhalten der Frauen selbst. Nach Möglichkeit wurde dabei den Texten von Frauen der Vorzug gegeben. Ergänzt wurden diese Zeugnisse durch eine kleine Anzahl von Gerichtsprotokollen, von Anzeigen und obrigkeitlichen Erlassen. Grundsätzlich nicht berücksichtigt wurden literarisch-fiktive Texte, so sehr sie oft die konkrete Situation von Frauen, aber auch den aufklärerischen Diskurs widerspiegeln. Doch sie entsprechen einer völlig anderen, ‹dichterischen› Ebene, die eine andere Art des analytischen Lesens voraussetzt als briefliche oder diskursive Äußerungen.
Bei der Auswahl der Quellen war auch die Lesbarkeit ein Kriterium und mit ein Grund, daß vornehmlich Texte aus dem weiteren Umfeld der Literaten herangezogen wurden. Dennoch sollten nach Möglichkeit immer die Äußerungen unbekannterer Leute den Vorzug vor den immer wieder zitierten Worten der Berühmtheiten der Zeit haben. Auch bei den Frauen sollten dementsprechend Texte der bekannten Gestalten zugunsten derer von unbedeutenderen, alltäglicheren Schreiberinnen zurücktreten. Denn natürlich kannte auch das 18. Jahrhundert einige wenige herausragende Frauen, die ihre herkömmliche Rolle

sprengten, die sich Anerkennung bzw. eine eigene Position auch in der Männerwelt erringen konnten. Ihre Fähigkeiten und Erfolge sind jedoch so außergewöhnlich und damit so wenig repräsentativ, daß auf Texte von ihnen oder über sie weitestgehend verzichtet wurde.
Die Begrenzung auf den Zeitraum zwischen den Jahren 1700 und 1800 ist sicherlich willkürlich und inhaltlich schwer zu rechtfertigen. Zäsuren in historische Prozesse zu setzen ist in jedem Fall problematisch – ‹natürliche Grenzen› gibt es im Fluß der Geschichte nicht. Die Jahrhundertwenden als Begrenzung sind demnach nicht anfechtbarer als Ereignisse einer ‹äußeren› oder ‹inneren› Geschichtsschreibung. Tatsächlich passen selbst die Hauptthemen der Zeit nur schwer in diesen engen Rahmen, zu Anfang und Ende des Jahrhunderts gibt es breite Überlappungen auch von Fragen, die man als typisch eben dem 18. Jahrhundert zuweist. Dennoch gibt es auch Gesichtspunkte, die den Zeitraum von 1700–1800 als sinnvolle Einheit ausweisen: es ist die Epoche einer ersten breiten Schriftlichkeit. Das literarische Werk von Dichtern, Philosophen, Pädagogen, Staatsmännern erreicht einen bis dahin ungekannten Umfang. Auch Reiseberichte, autobiographische Schriften und vor allem der Brief erhalten einen ganz neuen Status als literarische Gattung. Ein wirklich einendes und charakterisierendes Moment des Jahrhunderts ist schließlich die Aufklärung, die den ganzen Zeitraum wie ein Leitfaden durchzieht und prägt, so sehr sie sich in ihren verschiedenen Phasen wandelt.
Grundsätzlich sollte die Textauswahl alle Perioden des Jahrhunderts möglichst gleichmäßig repräsentieren. Dieser Vorsatz scheiterte allerdings zwangsläufig daran, daß bestimmte Themen – wie etwa der grundsätzliche Diskurs über die weibliche Bestimmung – auf das Ende des Jahrhunderts beschränkt sind. Ganz allgemein ist die 2. Hälfte des Jahrhunderts aber auch deshalb stärker vertreten, da briefliche, und mehr noch autobiographische Zeugnisse von Frauen entsprechend der allgemeinen Entwicklung erst zu Ende des Jahrhunderts merklich zunehmen. Um wenigstens ein gewisses Gleichgewicht zu erhalten

und auch die frühe Zeit zu dokumentieren, wurde bei der Auswahl von Texten aus den ersten Jahrzehnten des Jahrhunderts auch ihre Entstehungszeit als Kriterium bewertet.
Die Gliederung des Bandes versucht, sich so nahe als möglich an der Lebenswelt der Frauen zu orientieren. Sie ist also nicht aus abstrakten Begriffen oder Kriterien des Jahrhunderts entwikkelt, sondern folgt den konkreten Umständen, Bedürfnissen, Interessen von Frauen in ihrem individuellen wie gesellschaftlichen Leben. Auch der aufklärerische Diskurs sollte nach Möglichkeit in diesen Rahmen eingebaut werden und nicht als selbständige, von der konkreten Situation der Frau abgehobene Größe erscheinen. Die Anordnung der Texte innerhalb der einzelnen Kapitel erfolgt – trotz beträchtlicher Bedenken – grundsätzlich chronologisch. Dadurch wurden zwar Themenkreise zerstückelt, aber die Kürze der Texte müßte es möglich machen, im Zusammenhang der einzelnen Kapitel die zusammengehörigen und sich ergänzenden Texte auch nebeneinander zu lesen. Die chronologische Ordnung ist nur eines der möglichen Ordnungsprinzipien, sie empfiehlt sich aber, weil sie den historischen Prozeß von Meinungsbildung, Umstrukturierungen, Themenwechsel dokumentieren kann. Insofern bietet die chronologische Ordnung jedenfalls ein stabiles Gerüst – dem Lesen soll sie aber keinen Zwang antun.
Sprachlich sind die Texte nicht vereinheitlicht: sie wurden je nach der zugänglichen Ausgabe in ihrer originalen Fassung oder auch in einer mehr oder weniger aktualisierten Form wiedergegeben. Soweit der originale Text – vor allem aus dem frühen 18. Jahrhundert – erhalten ist, mag er gelegentlich beim Lesen Schwierigkeiten bereiten. Andererseits garantiert der Originalton der Sprache die Unmittelbarkeit des historischen Textes, der gerade durch seine Eigentümlichkeit, Ungewandtheit und Fremdheit besonders anrührend sein kann. Die uneinheitliche Schreibweise ist vor allem auf die große orthographische Freiheit, aber auch auf die Unsicherheit der Schreiber zurückzuführen. Worterklärungen älterer Ausgaben wurden meist mitübernommen, bei besonders veralteten oder durch die Schreibweise

entstellten Worten wurde versucht, durch einen in Klammern gesetzten Begriff das Lesen zu erleichtern. Derartige Erklärungen wurden allerdings so sparsam als möglich angebracht, um den Text nicht zu oft zu unterbrechen.

Eine viel größere Schwierigkeit als die Gewöhnung an sprachliche und orthographische Eigentümlichkeiten ist es, beim Lesen dem Selbstverständnis, der Eigenproblematik des Jahrhunderts Raum zu geben. Natürlich gibt es das allgemein Menschliche, die immer wiederkehrenden Konstanten und Konstitutive im Leben der Menschen und in diesem Fall speziell der Frauen, aber viele Probleme stellen sich heute anders als im 18. Jahrhundert. Wir müssen uns hüten, unsere eigenen, gegenwärtigen Kriterien in die vorliegenden Texte hineinzulesen und vor allem den Maßstab heutiger Emanzipationsvorstellungen auf damalige Situationen anzuwenden. Nur wenn man versucht, die moderne Sichtweise aufzugeben und die beschriebenen Verhältnisse, Bestrebungen, Wünsche und Entwicklungen im Kontext der Zeit auf sich wirken zu lassen, nur dann kann man auch kleine Veränderungen als spürbar und wichtig erkennen.

Die Kürze der zum Abdruck gebrachten Texte mag oft bedauerlich sein, doch war es m. E. besser, die Ausführlichkeit der Vielfalt zu opfern, um so ein facettenreicheres Bild zu erhalten. Die Angaben über den Auffindungsort der zitierten Stellen sollen ein Weiterlesen im Bedarfsfall erleichtern. Die erste Zahl unter jedem Textstück verweist auf den entsprechenden Titel im Literaturverzeichnis, die folgenden Zahlen stehen für die zitierten Textseiten.

Mein Dank für die Bereitstellung und Beschaffung des umfangreichen Materials, das für diese Sammlung gesichtet wurde, gilt insbesondere der Bibliothek des Germanistischen Seminars und der Universitätsbibliothek Saarbrücken, die unzählige Anträge auf Fernleihe zu bearbeiten hatte.

Die Frau in der häuslichen Welt

Vorbemerkung

Der eigentliche Ort des weiblichen Wirkens ist die häusliche Welt. Die Trias von Ehestand, Mutterschaft und Haushalt galt als die einzig wahre Erfüllung der gottgegebenen und natürlichen Bestimmung der Frau. Diese Definition hatte sich als unanfechtbar und verbindlich durchgesetzt, wo immer über die Rolle der Frau nachgedacht und geschrieben wurde.

Im frühen 18. Jahrhundert allerdings steht dieser häusliche Wirkungskreis der Frau entsprechend einer Art Arbeitsteilung noch relativ gleichwertig neben dem beruflichen und mehr öffentlichen Wirkungskreis des Mannes. Auch die Aufklärer thematisieren die großen Aufgaben der Frau, aber der Akzent verschiebt sich – sie erklären das unauffällige, verborgene Wirken geradezu zum Signum weiblichen Tuns. Mit der Verlagerung der männlichen Geschäfte aus dem Haus in einen mehr öffentlichen Bereich geht auch die gewisse Ausgeglichenheit in der Wertschätzung der weiblichen und männlichen Rolle verloren. Immer nachdrücklicher werden die Frauen in Grenzen verwiesen, die ihnen ein öffentliches, gleichberechtigtes Leben verbieten. Gleichzeitig wird die traditionelle, vorwiegend theologisch legitimierte Unterordnung des «zweiten Geschlechts» gerade von den Spätaufklärern neu begründet und befestigt. Aus ihrer physischen und psychischen Schwäche leiten diese Männer ab, daß die Frau «nie ohne eine häusliche Obrigkeit»[1] *sein dürfe. Ihr Geist, der nie das Ganze übersehen, den Zusammenhang von Ideen erfassen kann, benötige selbst bei den häuslichen Geschäften die Führung und Aufsicht des Mannes.*

Im großen ganzen nehmen die Frauen die ihnen zugewiesene Rolle unwidersprochen an. Sie beklagen zwar den täglichen Kreislauf, das Nichtabreißen banaler und ermüdender häuslicher Geschäfte,

1 s. S. 39.

allenfalls auch den «so eingeschränkten Kreis des weiblichen Glücks».[1] *Aber sie lehnen sich nicht auf gegen die Unterordnung unter das männliche Geschlecht, gegen die Beschneidung ihrer Rechte, aber auch ihrer Entwicklungs- und Artikulationsmöglichkeiten. Diese mußte in diesem Jahrhundert des aufklärerischen Optimismus, der Welt- und Wissensneugier, der Freiheits- und Gleichheitsforderungen zumindest den Frauen der gebildeteren Kreise durchaus zum Bewußtsein kommen. Resigniert etwa schreibt Charlotte von Kalb: «Ich nehme nur, wie es auch einem Weibe ziemt, wie eine abgeschiedene Seele an den Meinungen und Begebenheiten der Welt Anteil».*[2] *Nur vereinzelt suchten Frauen sich über die Schranken von Tradition, Erziehung und Konvention hinwegzusetzen. Den Mut dazu fanden auch sie immer erst dann, wenn sie zunächst den vorgezeichneten Weg in die Ehe gegangen waren und durch deren Scheitern oder durch andere unglückliche Umstände vor einer mehr oder weniger verzweifelten Situation standen.*

Die Ehe ist der Stand, zu dem die Frauen sich ausnahmslos bestimmt sehen, die Definition von Frau fällt zusammen mit der Definition von Ehefrau. Auch die ledige bzw. verwitwete Frau beschreibt sich aus dem Noch-nicht- bzw. Nicht-mehr-Verheiratetsein. Mit Ausnahme eines religiös begründeten Standes der Jungfräulichkeit gibt es keinen anderen ‹Beruf› der Frau. Unter dieser Rücksicht ist es nur natürlich, daß so gut wie alle Frauen diesen Stand als ihre wahre Bestimmung zu erreichen suchen, auch die ledigen Mägde und Lohnarbeiterinnen streben ihn an. Junge Mädchen kokettierten gelegentlich mit einer Ablehnung der Ehe und formulierten dabei durchaus begründete Vorbehalte gegen das unumgängliche Frauenschicksal. Konsequenzen aber hatten solche Einsichten nicht.

Der Stand der Ehefrau impliziert immer die Unterordnung, die Zweitrangigkeit gegenüber dem Ehemann, die strikte Verweisung auf das Haus und die Pflichten der Mutterschaft verstärken die Abhängigkeit: der Mann ist nicht nur der Ernährer und Rechtsvertreter der Frau, sondern er ist auch der Vermittler zur außerhäuslichen Welt.

1 Emilie von Berlepsch, Über einige zum Glück der Ehe nothwendige Eigenschaften und Grundsätze, in: Der Neue Teutsche Merkur 1791, 77.

2 Johann Ludwig Klarmann, Geschichte der Familie von Kalb auf Kalbsrieth, Erlangen 1902, 485.

Der Ehestand ist die Festschreibung aller traditionellen Definitionen des Frauseins: Frauen als das zweite Geschlecht, als der «Nachlaut der Mannheit».[1] *Dem Gewicht des Ehestandes angemessen ist die Bedeutung, die die Frage der Partnerwahl, die Brautzeit für die junge Frau besitzt. Ihre Vorbereitung aber auf das Eheleben ist fast immer ungenügend, wenn sie überhaupt als solche thematisiert wird. Die Verklärung des Brautstandes – das glücklich erreichte Ziel verschiedenster Bemühungen – täuscht über die schwierige Ehewirklichkeit hinweg, in der zwei unvorbereitete, unreife Menschen ihren meist überidealisierten Erwartungen gerecht werden sollen. Sexuelle Aufklärung, die in unteren Schichten durch die engen Wohnverhältnisse und natürliche Umgebung viel unkomplizierter erfolgte, wurde für die jungen Mädchen des gebildeten Bürgertums nur sehr zögernd gefordert. Soweit sie keine Brüder hatten, waren sie noch nicht einmal den alltäglichen Umgang mit Männern gewohnt.*

Die Mädchen hatten bei der Wahl des Ehepartners gewöhnlich nur geringen Anteil, die Initiative lag jedenfalls beim jungen Mann, bzw. bei den Eltern. Derartig abgesprochene Heiraten wurden den Mädchen besserer Familien selten gegen ihren Willen aufgedrängt. Da ihre Abhängigkeit von den Eltern aber sehr stark war, es ihnen zudem an Überblick, an gesellschaftlichen Kontakten und Erfahrungen fehlte, schlossen sie sich meist den Wünschen der Eltern an, zumal wenn die ersten Begegnungen mit dem jungen Mann vielversprechend verlaufen waren. Noch Ende des 18. Jahrhunderts beteuert eine junge Frau mit großer Selbstverständlichkeit: «Doch werde ich nie vergessen, daß nur die Familie meine Hand vergibt».[2]

Die Kriterien einer guten Ehefrau lassen sich in den zwei Begriffen ‹Sanftmut› und ‹Ordnung› zusammenfassen. Die Sanftmut umschreibt die Biegsamkeit des weiblichen Charakters: er beugt sich willig unter alle Lasten des Alltags ohne zu brechen, er beugt sich unter den Willen des Mannes, um den ehelichen Frieden zu erhalten. Die Ordnung umfaßt auch Sparsamkeit und Fleiß; sie begründet und erhält

1 Johann Caspar Lavater, Physiognomische Fragmente, zur Beförderung der Menschenkenntniß und Menschenliebe III, Leipzig und Winterthur 1777, 295.

2 Franz Ilwof, Jean Paul und Karoline von Feuchtersleben, in: Euphorion 11 (1904) 497.

jedes gut funktionierende Hauswesen. Eine mit diesen Tugenden ausgestattete Ehefrau ist in den Augen der Aufklärer nicht nur ein erfreulicher Besitz ihres Mannes, sondern Garant der familiären Stabilität und damit auch des Staatswesens.

Trotz dieser grundsätzlichen, heute fragwürdigen Prämissen der Partnerwahl sprechen die Selbstzeugnisse des 18. Jahrhunderts von vielen glücklichen, auch für die Frau erfüllten Ehen. Daneben fehlen natürlich nicht die Fälle, wo unüberbrückbare Gegensätze das Zusammenleben unerträglich belasteten. Nachdenklich machen auch die von Müttern immer wieder ihren Töchtern gegebenen Ratschläge, den Ehemännern gewisse Freiheiten zu lassen, nicht zu viel Verliebtheit zu zeigen. Männer haben also anerkanntermaßen andere Rechte in der Ehe als Frauen, vor allem im Punkt der ehelichen Treue. Die Trennung vom Ehemann war anstößig und scheiterte meist auch an der Unfähigkeit der Frau, sich selbst zu erhalten. «Die Ehe ist ein Kefich, worein wir gesperret werden, niemand hat den Schlüssel darzu als der Todt».[1] Erst Ende des 18. Jahrhunderts wächst die Zahl der Ehescheidungen langsam an; auch wenn sie zumindest den Protestanten grundsätzlich immer möglich war, wurde die Ächtung der bürgerlichen Welt nur zögernd zurückgenommen. In den meisten Scheidungsfällen ergeht das Urteil zugunsten des Ehemanns, die Frauen werden mit harten finanziellen wie sozialen Sanktionen belegt. Der Mut, den eine Frau für eine Scheidung aufbringen mußte, war wesentlich verzweifelter als der eines Mannes.

Die Mutterschaft ist die Erfüllung der Ehe, sie gilt als die schönste Aufgabe, die höchste Beglückung der Frau. «Ihr Kind ist ein Theil ihres Wesens; und nach ihrem Gefühl bei weitem der bessere».[2] Doch auch dieser eigenste Bereich weiblichen Lebens soll der Kontrolle, der Oberaufsicht und Leitung der Männer unterstellt werden: ein Beispiel ist der lebhafte Diskurs der Männer über das Stillen. Getreu den Rousseau'schen Idealen vom natürlichen Leben verurteilen sie das in bürgerlichen Kreisen verbreitete Ammenwesen und drängen die Frauen zum Selbststillen ihrer Kinder.

1 Christiane Mariane von Ziegler, Moralische und vermischte Send=Schreiben, Leipzig 1731, 26.
2 s. S. 48.

Zu der Erfüllung der mütterlichen Pflichten gehört nicht nur die Pflege und Versorgung der Neugeborenen und Kleinkinder, sondern auch Erziehung und Unterricht der Kinder während der ersten Lebensjahre fallen der Mutter zu. Vor allem die philanthropischen Pädagogen haben sehr genaue Vorstellungen davon, welche Kenntnisse und Eigenschaften die Mütter in ihren Kindern grundlegen sollen. Dem natürlich-spontanen Verhalten der Mütter versucht man strenge Regeln aufzusetzen: sie sollen keine Zeit vertändeln, die Kinder nicht verzärteln, von Anfang an ihren Eigenwillen brechen. Wenn das Spielen mit den Kindern nicht überhaupt als Possen abgetan wird, soll es doch jedenfalls «ohne Geräusch und Ausgelassenheit»[1] *vor sich gehen.*

Gemessen an diesen Forderungen lesen sich die Zeugnisse der Mütter geradezu befreiend: sie sprechen von tiefer Liebe zu den Kindern, von Sorgen und Leiden. Meist werden die Kinder ganz unbefangen umsorgt und verwöhnt – und das ein Leben lang. Die besonderen Schmerzen um den Tod von kleinen und großen Kindern bleiben den Müttern nur in den seltensten Fällen erspart – ungeachtet der hohen Kindersterblichkeit trifft er sie immer wieder hart, führt zu erschütternden und bewegenden Klagen.

Die genannten Zeugnisse geben allerdings nur das Bild von Frauen wieder, die dank ihrer äußeren Lage Zeit hatten, sich um ihre Kinder zu kümmern, und dies auch auf Grund ihrer eigenen Erziehung taten. Für die Verhältnisse in bäuerlichen Familien oder bei arbeitenden Frauen fehlen die Quellen.

Der dritte und arbeitsintensivste Aufgabenbereich der Frau ist der Haushalt. Ordnung, Reinlichkeit, Sparsamkeit sind hier die Pfeiler ihres Tuns. Die häusliche Ökonomie ist weitestgehend ganz der Frau unterstellt, auf die dafür nötigen Geschäfte verstehen sich die Männer nicht. Dennoch fehlt es auch in diesem Bereich nicht an Versuchen von ihrer Seite, zumindest eine gewisse Kontrolle auszuüben, zumindest indem sie von der Frau Rechenschaft über das Haushaltsgeld fordern. Selbst die häusliche Herrschaft sollten Frauen «nur unter der Direktion ihrer Männer führen».[2]

Die Kompetenz der Frauen in diesem Bereich zu verbessern, die jungen

1 Johann Georg Sulzer, Vermischte Schriften. Zweyter Theil, Leipzig 1781, 138.
2 s. S. 41.

Mädchen für die häuslichen Pflichten vorzubereiten, ist ein Hauptanliegen der Mädchenerziehung. Die Bildung der klugen Hausfrau geht allerdings weit über wirtschaftliche oder technische Fertigkeiten hinaus. Wenn Sophie von La Roche in ihren Erziehungsbriefen an Lina einen Rundgang durch die Zimmer des Hauses macht, dann umschreibt sie damit den gesamten Wirkungskreis der Frau. Das Haus ist das Leben der Frau.

Die weibliche Bestimmung

Der Wirkungskreis der Frau *[1701]*

Christoph Selhamer

Näen und spinen flicken und butzen, kochen und reiben ist ein Arbeit für die Weiber. Ackeren und öcken[1], säen und schneiden gehört für die Männer, welche das Brod in das Haus sambt anderer Nothdurfft verschaffen sollen ... haben also die Weiber das Brod von Männern, die Männer Hau und Leinwad, Kost und Suppen von Weiberen zuempfangen. Der Mann soll aufs Land hinaus, von danen für das gantze Haus ordenlichte Lebens=Mitl zu verschafen, die Weiber sollen herentgegen das Haus hüten, und sich nit vil außer des Haus blicken lassen, als was die Nothdurfft erfordert. Wie der H. Geist redt, soll das Weib ihrem Hauswesen embsig vorstehen, alle Haus=Wincklen in acht nehmen, auf sich und ihre Haus=Genossen ein wachtbares Aug halten. Ein guts Haus=Weib soll alle Schlieff Wincklen[2] im Haus wissen, soll alles in Erfahrung bringen, soll überall nachgehen, und sehen, daß alles in Haus redlich ehrlich entricht werde; soll das Böß überall abstellen, ihren Leuten auf den Fuß nachmausen, alle Wincklen ausvisitiren, also zwar, daß sie gleichsam auch wissen mög, was Kinder, Knecht und Dirnen gar in Sinn haben, und was die Haus=Genossen für Gedancken formiren; worzu maistens vonnöthen, daß ein Weib fast immerdar ainsam zu Haus verbleibe, und nit vil die Gassen durchstreiche. Sol ihr Namen deßhalben durch die Stat unbekant und verfinstert werden, wird solche Namens=Finsterung dem gantzen Hauß=Wesen zum besten bekomen, und weit mehr guts erhausen, als wan sie Gassen und Straßen durchrennen ... Will man, daß die eheliche Lieb und Ruhe dem ehelichen Leben stets an der Seiten stehe, müssen sich sonderbar die Weiber befleissen

1 eggen.
2 Schlupfwinkel.

dise Lieb mit Zucht und Erbarkeit, mit Niechter- und Ainsamkeit, mit Stillschweigen und embsiger Arbeit ... in vorsichtiger Regirung des Hauß=Wesens immerdar zu erhalten. Was andere Gschäft seyn, so ausser des Hauß müssen entricht werden, gehören den Männern zu. Weil dise auf den Rathhauß, auf der Schranen[1], auf dem Feld, in der Werckstat, haben die Weiber ihren Handl beim Naküß[2], bei der Gunckl[3], in Speis=Kasten, in Klaider und Leinwat=Kasten, in der Kuchl etc. Die Männer schaffen ihre Knecht zur Arbeit, die Weiber ihre Dienst=Mägd ... Tragen auf obbesagte Weiß baide im Ehestand ihr Bürd, und ziehen mit gleicher Lieb ihr Joch, so wird sich die gantze Natur dises Jochs mercklich milderen, oder wol gar verliren. 155 / 230f

Die Führung des Hauswesens *[1724]*

Christoph August Heumann

Nun müssen wir weiter sehen, wie sich der Mann gegen seine Frau im Hause aufzuführen habe. Dieses ist aber leicht auszumachen, wenn man sich nur aus dem obigen erinnert, daß Eheleute in der genauesten Freundschafft mit einander stehen, bey welcher doch der Mann das Directorium hat. Diese Freundschafft nun machet beyde Eheleute gleich, und, obgleich in der That die Frau gegen ihren Mann Respect tragen muß, so führet sich doch ein kluger Mann also gegen sie auf, als wenn er nicht von der geringsten Ungleichheit wüste. Dannenhero diejenigen unrecht handeln, welche ihre Frau als eine Magd tractiren, und ein despotisch Regiment in ihrem Hause führen. Ja es fehlen auch diejenigen, welche ihre Frau so tractiren, als wenn es ihre Tochter wäre, das ist, welche sie zwar lieben und ernehren, aber ... in Hauß=Sachen ihr Einreden oder ihre Vorschläge nicht vertragen wollen ... Also soll auch ein Mann in Sachen, so das Hauß=Wesen betreffen, alles mit seiner Frauen communi-

1 Getreidemarkt.
2 Nähkissen.
3 Spinnrocken.

ciren, und ihren Beyfall erwarten, oder ihre Einwürffe anhören...

So soll ihr auch der Mann in Führung des Haußwesens, absonderlich, wenn er ihrer Geschicklichkeit versichert ist, freye Hand lassen, und nicht Rechnung von ihr fordern wegen der Einnahme und Ausgabe. Denn diß heisset, die Frau als seine Magd tractiren. Er thut zwar nicht unrecht, wenn er sie so wohl in Kleidung, als in andern Dingen, zur Sparsamkeit mit guter Manier angewöhnet: aber, wenn er alle Kleinigkeiten stricte wissen, oder ihr auch einen Küchen=Zettul auf alle Tage fürschreiben will, dadurch vermindert er der Frauen=Liebe gegen sich, indem sie siehet, daß ihr der Mann gar nichts zutrauet.

Jedoch in Sachen, die sein Amt betreffen, und davon die Frau nicht Verstand genug hat, soll er ihr nicht alles entdecken.

70 / 106–109

Er soll dein Herr sein [um 1762]

Isabella von Wallenrodt

Von Kindheit an hasse ich Weichlichkeit und Unbestimmtheit an dem männlichen Geschlecht, lieber hätte ich, wenn mir keine andere Wahl blieb, als zwischen einen Menschen, der kein Herz hatte und der schwach genug wäre, sich von mir nach Gefallen beherrschen zu lassen, und einem rauhen Mann, von dem ich wol gar Prügel zu befürchten gehabt, den letzten gewählt; ich hätte ein solches Unglück nicht lange vielleicht ertragen, aber doch den Mann, weniger als jenen verachten können. Eben dieser Meinung ist jedes weibliche Geschöpf, das von der Ehre und Zukommenheit der beiden Geschlechter, und von dem, was den Werth eines jeden ausmacht, richtiges Gefühl hat; Weiber, welche anders denken, und wol gar mit der Herrschaft über ihre Männer brilliren können, wissen nicht, wie sehr sie diese und sich selbst entehren. Diese Bemerkung, mein Freund! beweise Ihnen, daß ich nicht zu den Weibern gehöre, welche die fürchterlichen Worte, er soll dein Herr sein, vernichten möchten; indessen ist es auch wahr, daß es Männer giebt, die dieses Herrenrecht mißbrauchen, andere, die sehr wohl thun, es ihrer klügern Frau abzutreten; wenn sie aber Verstand und Delikatesse genug besitzt, so wird sie dieses vor andern zu verbergen wissen.

203 / I 128f

Meine süße Bestimmung *[1772]*

Caroline Flachsland an J. G. Herder

Aber was denken Sie, liebster Freund, daß Sie das wahre, menschliche, glückliche Leben ein mühselig Streben heißen? ich habe mir niemals das glückliche Menschenleben als eine romanhafte Wiese gedichtet, die mit lauter Blumen besäet ist... O nie war das die Illusion meiner Glückseligkeit! meine ganze, große, hohe Würde wird in der süßen Bestimmung bestehn (wenn ich sie jemals erlebe!) dereinst gute Gattin und gute Mutter zu seyn! o was für Glückseligkeit liegt in diesen zwey seligen Bestimmungen! Sie müßten ein weibliches Herz haben, wenn Sie das ganz mit mir fühlen wollten! Kann in dieser Glückseligkeit mühselig Streben seyn, und wenn es auch mit noch so viel Schmerzen verbunden wäre? Kinder zu erziehen, nach dem Bilde eines guten Vaters – ach, über diese Glückseligkeit geht nichts! 156 / II 125

Stärke für andere *[1774]*

Rudolf Heinrich Zobel

Ich habe es oft bewundert, daß das schöne Geschlecht, welches doch offenbar mehr Fühlbarkeit besitzt, als das unsrige, und wegen der Struktur des Körpers auch besitzen muß, dennoch vor uns in der Stärke bei dem Leiden anderer Menschen so viel voraus hat. Nicht allein ist ihre Bereitwilligkeit, den Unglücklichen zu helfen, viel größer, sondern sie übernehmen auch ohne Widerwillen die unangenehmsten Geschäfte, um die Schmerzen, worunter sie andere seufzen sehen, zu lindern, und, wenn es möglich ist, zu endigen... Mir scheint daher dieser, dem schönen Geschlecht so eigenthümliche Zug ein Wink der Natur zu sein, der ihnen die Sphäre ihrer Thätigkeit anweiset. Wenn sich die Männer durch anhaltende Arbeiten, und oft durch unruhige, lärmende Geschäfte ausser Hauses zerstreuen müssen, so ist das Frauenzimmer von Natur schon zu den stillen, sanften, häuslichen Tugenden berufen. Ihr Verdienst macht vielleicht nicht so viel Aufsehen; aber gewis hat es eben so vielen, wo nicht mehrern, innern Werth. 211 / 105f

Zum Gehorchen und Dulden geboren *[1783]*

Karl Friedrich Uden

Ein Mädchen ist fürs erste von der Natur zur Duldung und zum Gehorsam bestimmt...

Sie sind bis zu ihrer Verheirathung ihren Eltern unterthan; mit der Verheirathung verändert sich nur das Joch; den willigen Gehorsam, die von keinem Murren, keiner Widerspenstigkeit begleitete stille Folgsamkeit, die sie als einen natürlichen Zoll ihren Eltern erwiesen hatten, fodern nun ihre Gatten. Sie sind nie ohne eine häusliche Obrigkeit, die sehr oft nach strengen Gesetzen ihren kleinen Staat beherrscht, oft kein anderes Gesetz kennt, als ihre Laune. Aus dem anbetenden Liebhaber wird ein tyrannischer Ehemann...

Man vergesse nicht der vielfachen Mühseligkeit des Lebens, die auf das weibliche Geschlecht in weit größerer Zahl, und mit stärkerm Gewicht gelegt sind, als auf das unsrige... Ihr Körperbau und ihre ganze Anlage und Bestimmung führen nicht minder ihre besondere Lasten und Unannehmlichkeiten mit sich...

Ein Mann würde für sich und mit eigenen Kräften nicht fähig sein, das zu ertragen, und doch ward der größte Theil der Plagen nicht ihm, sondern dem schwächern Theil des menschlichen Geschlechts aufgelegt. Die Natur hatte dazu die weiseste Absicht, aber sie legte auch den Grund in das Frauenzimmer, ihre Last sich erträglich zu machen, indem sie ihm die Anlage zur Geduld, zur Sanftmuth, zur Nachgiebigkeit, und zur Mäßigung gab. 192 / 159–162

Eine Herrschaft der Sanftmut *[1784]*
Marianne Ehrmann

Die Herrschaft des Weibs ist eine Herrschaft der Sanftmuth, der Klugheit, und der Gefälligkeit. Ihre Befehle sind Liebkosungen, und ihre Drohungen Thränen.

Aus der ehelichen Verbindung entsteht eine moralische Person, wovon das Weib das Aug, der Mann der Arm ist. Das einte hängt aber so sehr von dem andern ab, daß das Weib von dem Mann, was sie sehen, und der Mann von dem Weib erlernen muß, was er thun solle...

In dem Haus muß ein Weib, wie im Staat ein Minister regieren, sie muß sich das befehlen machen, was sie thun will. Mißbraucht sie aber ihre Rechte, und will sie selbst befehlen, so entsteht immer nichts anders, als Elend, Ärgerniß und Unehre daraus.

Des tugendhaften und rechtschaffenen Weibs gröste Würde ist, verborgen zu bleiben; – ihr Ruhm besteht in der Hochachtung ihres Manns; – und ihr Vergnügen ist das Glück ihrer Familie.

Die erste und wichtigste Eigenschaft eines Weibs ist Sanftmuth. Geschaffen, einem so unvollkommenen Geschöpf, als der Mensch ist, zu gehorchen, der oft so lasterhaft, und immer so fehlerhaft ist, muß sie frühe selbst die Ungerechtigkeit ihres Manns ohne Murren ertragen lernen. 31 / 57ff

Immer nur Gehilfin des Mannes *[1786]*
Christian Ludwig Beck

Und Gott hat dem Weibe befohlen, ihren Willen dem Willen des Mannes zu unterwerfen. Im Ehestand ist sie allso eine Magd, und der Mann ist ihr Herr... Zwar ist das Wort Magd, dem weibischen Stolz sehr auffallend; die gesunde Vernunft aber benennet damit eine jede Person weiblichen Geschlechts; die nicht ihren, sondern den Willen eines andern thun muß. Wie kann demnach dieser Name für ein Weib schimpflich seyn, und wie darf sich ein

Weib, welches der Schöpfer nur zu einer Gehülfin des Manns erschaffen hat, sich einfallen lassen, dem Mann behülflich zu seyn, daß sein Wille geschehe, seye nicht ihre Bestimmung – sie seye keine Magd? – Insoferne sie eine oder mehrere Beyständerinnen, die ihr untergeordnet sind, im Hause hat; die Befehle ihres Mannes zu vollstrecken, so ist sie zwar freylich keine gemeine, sondern die – oberste Magd ...
Glaubt aber das Weib, diß seye nicht genug für sie, sondern sie seye um ihrer selbst willen in die Welt gesetzt worden, nur sich zu vergnügen und zu belustigen, und zwar alles dieses auf Kosten des männlichen Geschlechts ... so vergißt sie ihre Bestimmung und hört auf eine Gehülfin zu seyn, und ist ihrer Bosheit Schuld, wenn sie das Schicksal eines Stockfisches bekommt, dem der Kopf abgenommen wird und ungeklopft nicht zu geniessen ist. Dann nur eine solche Frau, die ihre Bestimmung weiste, und derselben gemäs lebt, ist der würdigste Gegenstand der Verehrung des Mannes. 7 / 23–26

Die Führung der häuslichen Angelegenheiten *[1787]*
Ernst Brandes

Wenn sie sich damit abgeben, vergessen sie, nach dem Verlaufe einiger Jahre, völlig, daß sie die Herrschaft nur unter der Direktion ihrer Männer führen sollten. Wenn sich eine Frau durch die gänzliche Besorgung der häuslichen Angelegenheiten zu dem, was unsre Nachbaren eine Maitresse-femme nennen, bildet, so gilt bald der Mann in seinem eignen Hause nicht viel mehr wie ein Fremder. Gewissermaaßen ist es die Schuld des Mannes, wenn es dahin kömmt, weil er nie der Frau die alleinige Direktion in mehreren häuslichen Angelegenheiten überlassen sollte.
Fast immer folgen die Weiber nur den augenblicklichen Eindrücken. Ordnung in Führung der Geschäffte, die aus dem Zusammenhange der Ideen entsteht, fehlt ihnen. Sie wissen keine gehörige Eintheilung zu machen, daher das Umständliche und der Mangel an Leichtigkeit. Dadurch, daß sie von Jugend auf

nur zu kleinen häuslichen Details erzogen worden, ist die natürliche Anlage ihres Geistes vermehrt. Sie wissen das wichtige von dem unwichtigen oder minder wichtigen nicht zu unterscheiden...
In einzelnen Fällen, die nicht zu sehr aus dem Zirkel ihrer Ideen liegen, ist das Weib die beste Rathgeberin des Mannes. Ihre Theilnehmung, ihre Feinheit ist im Einzelnen vortrefflich, aber nur das Ganze übersieht das Geschlecht nicht. Der Charakter einer Maitresse-femme, der aus den falschen Ideen der Societät von den weiblichen Vorzügen und der gänzlichen Direktion des Hauswesens entsteht, ist nur ein widernatürlicher Charakter. Dadurch, daß dem Weibe das Regiment überlassen wird, verliert die Frau so leicht die nothwendige Achtung für den Mann. Sie wird ihn, der erwirbt, von dem sie alles hat, Ehre, Stand, meistens auch Vermögen, bald als Nebenperson betrachten. Für die männlichen Geschäffte haben die Weiber keinen Sinn. Sie sehen sie zwar als nothwendig an, weil sie ihnen Rang und Achtung verschaffen, aber sie glauben, daß zu der männlichen Arbeit von einigen Stunden nicht mehr Aufwand des Geistes erfordert werde, als sie in eben der Zeit beym Stricken oder der Direktion des kleinen Hauswesens verbrauchen. 13 / 149f, 157ff

Bestimmt für den häuslichen Kreis *[1788]*

Johann Gottlob Marezoll

Ich bin für das häusliche Leben und zur engsten Verbindung, die je Menschen unter sich eingehen können, bestimmt... Diesen häuslichen Geschäfftskreis soll ich ganz ausfüllen; mit diesem soll ich mich begnügen lernen. Den Pflichten, die mir diese Verbindung auflegt, soll ich keine entferntern vorziehen; ihnen soll ich alle übrige je länger je völliger aufopfern lernen.
Und welche Klugheit, welche Geduld und Beharrlichkeit, welcher immer frohe, ausdauernde Muth, welche Gelassenheit und Selbstbeherrschung werden nicht zu diesem allen erfordert!...

Wie nöthig ist es hier, daß ich von den häuslichen Geschäfften selbst wohl unterrichtet, daß ich zur Ordnung, zum Fleisse, zur Sorgfalt und Genauigkeit geneigt sey; daß ich bey dem, was ich selbst thue und was ich durch andere verrichten lasse, immer einen bestimmten Zweck verfolge; daß ich nicht durch ein unvernünftiges, fehlerhaftes Verhalten die erste und giftigste Quelle des häuslichen Elendes, der Sorgen und Unzufriedenheit, des Mangels und der Verwirrung für mich selbst und für andere eröffne! – Wie nöthig ist es hier, daß ich die Familie, die durch mich geleitet werden soll, und die Dienstboten, die mir untergeordnet sind, durch ein liebevolles Betragen gewinne, ihnen Liebe und Zutrauen zu mir einflöße, und dadurch den Gang der Geschäffte selbst und den glücklichen Fortschritt derselben erleichtere!
Und welche noch höhere Pflichten leget nicht die eheliche Verbindung unserm Geschlechte auf! 113 / I 27f

Ein ehrwürdiger Beruf *[1790]*

Joachim Heinrich Campe

Ihr seyd wahrlich nicht dazu bestimmt, nur große Kinder, tändelnde Puppen, Närrinnen oder gar Furien zu seyn; ihr seyd vielmehr geschaffen – o vernimm deinen ehrwürdigen Beruf mit dankbarer Freude über die große Würde desselben! – um beglükkende Gattinnen, bildende Mütter und weise Vorsteherinnen des innern Hauswesens zu werden; Gattinnen, die der ganzen zweyten Hälfte des menschlichen Geschlechts, der männlichen, welche die größern Beschwerden, Sorgen und Mühseligkeit zu tragen hat, durch zärtliche Theilnehmung, Liebe, Pflege und Fürsorge das Leben versüßen sollen; Mütter, welche nicht bloß Kinder gebähren, sondern auch die ersten Keime jeder schönen menschlichen Tugend in ihnen pflegen, die ersten Knospen ihrer Seelenfähigkeiten weislich zur Entwickelung fördern sollen; Vorsteherinnen des Hauswesens, welche durch Aufmerksamkeit, Ordnung, Reinlichkeit, Fleiß, Sparsamkeit, wirthschaftliche Kenntnisse und Geschicklichkeiten, den Wohlstand, die Ehre, die häußliche Ruhe und Glückseligkeit des erwerbenden Gatten sicher stellen, ihm die Sorgen der Nahrung erleichtern, und sein Haus zu einer Wohnung des Friedens, der Freude und der Glückseligkeit machen sollen. Fasse diese hohe und würdige Bestimmung deines Geschlechts doch ja recht fest ins Auge, mein Kind; und siehe, wie das Wohl der ganzen menschlichen Gesellschaft am Ende lediglich davon abhängt, wie gut oder wie schlecht ihr dazu vorbereitet werdet. Denn nicht bloß das häußliche Familienglück, sondern auch – was dem ersten Gehör nach unglaublich klingt – das öffentliche Wohl des Staats, steht großentheils in eurer Hand, hängt großentheils, um nicht zu sagen ganz, von der Art und Weise ab, wie das weibliche Geschlecht seine natürliche und bürgerliche Bestimmung erfüllt. Wie die Quelle, so der Bach; also auch wie das Weib, so der Bürger, der vom Weibe gebohren wird, der die ersten, durch keine nachherige Erziehung jemals ganz wieder auszutilgenden Eindrücke zum Guten und zum Bösen von ihr erhält. Wie die Quelle, so der Bach; also auch wie das häusliche Leben der Menschen, so ihr öffentliches; wie das häusliche Familienglück, so das öffentliche Staatswohlergehn. Nun ist aber das erstere größtentheils, um nicht zu sagen ganz, das Werk des Weibes; mithin auch das letztere.

17 / 11f

Mache mir keine Vorstellungen! *[1795]*

J. G. Fichte an seine Frau Marie Johanne

Allerdings, meine gute Liebe, ist meine Angelegenheit die Deinige, und die Deinige die meinige, sowie die Angelegenheit eines Gliedes im menschlichen Körper die des andern ist. Wenn aber daraus der Fuß folgern wollte, daß er eben so gut Briefe schreiben könnte, als die Hand, und die Hand, daß sie eben so gut den Körper tragen könnte, als der Fuß, so würden sich beide sehr irren: gerade so sich irren, wie Du, wenn du mir mit vieler Mühe, u. der innigsten Herzlichkeit Vorstellungen machst, über das, was ich thun soll, oder nicht thun soll. Laße das hinführo – wie ich Dich schon oft mündlich gebeten habe, so bitte ich Dich hierdurch schriftlich, damit Du es aufheben kannst – laße das hinführo lieber seyn; denn Du erhältst dadurch nichts weiter, als daß ich Dir ein andermal nicht sage, was ich thun will, und daß die Herzlichkeit in unserm Umgange einen Stoß erhält. – Ich habe ehe ich Dich heirathete gethan, wie ich's für recht ansah; habe es gethan, seitdem ich Dich geheirathet; und siehe, ich lebe, und bin gesund und glüklich ... laß mich überhaupt, wenn Du es ändern kannst – zwar Vorstellungen über meine Depensen, Oekonomie, – oder über mein sittliches Betragen in der Welt – oder über die Rechtschaffenheit meines Charakters, diese laß mich von Dir hören, denn Du bist mein Weib, und ein braves biederes Weib – aber über meine öffentlichen Verhandlungen, über mein Verhältniß zum Publikum, zur Universität, zur teutschen Litteratur laß mich von Dir nichts hören; denn Du bist kein Mann, und hiermit Gott befohlen. Die naseweisen Gründe schenke ich um Deinetwillen den albernen Menschen, die sie Dir eingeblasen haben, und Dir halte ich Deine Weibheit zu gute. 38 / III 2, 389f

Eingezogenheit und Stille *[1797]*

Karl Friedrich Pockels

Das Weib ist an ihr Haus und ihr Hauswesen mit Fesseln angebunden, die es nicht zerbrechen darf, und die ihm die Natur selbst so schön und leicht gemacht hat. Hier soll sie ihrem Gatten und Vaterlande gesunde Kinder erziehen helfen, hier den großen Beruf ihres Geschlechts ohne wilde Zerstreuungen erfüllen. Ohne diese ihr von der Natur vorgeschriebene Eingezogenheit und Gemüthsstille, würden ihr die Tage der Schwangerschaft und die Geschäfte der ersten Kindererziehung unerträglich vorkommen, die sie nun so gern, so willig übernimmt, weil sie zu ihrer Geschlechtsbestimmung gehören, und weil ihr Mutterherz dabei lebhaft interessirt ist. Ohne jene Eingezogenheit kann sie durchaus keine gute Mutter, keine gute Gattinn, und, wie so viele traurige Beispiele beweisen, selbst keine gute Gebärerinn seyn. 136 / 19f

Tausendfältige Kleinlichkeit *[1797]*

Charlotte von Stein an Charlotte Schiller

Kant und Schiller können wohl Recht haben, daß unser Geschlecht mehr aus Neigung als aus Pflicht handle, aber nur deßwegen, wie ich bei vielen sehe, weil ihre Pflicht ihnen zur Neigung wird. Ich könnte viele Beispiele davon anführen, unter andern meine Mutter. Sie gefiel sich so wohl in den beständigen Aufopferungen, die sie zu machen hatte, daß, nachdem sie nach vielen Jahren zu ihrem eigenen freiwilligen Genuß kam, sie eine Öde in sich empfand, die sie noch bis jetzt nicht ganz überwinden kann. Überhaupt, glaube ich, hat die Natur dafür gesorgt, daß in unserem Geschlecht die ganz echte Tugend soll wohnend bleiben, indem bei uns kein Stolz noch Ruhm eine Triebfeder sein kann; denn unsere zu bearbeitenden Aufgaben, eben wegen ihrer tausendfältigen Kleinlichkeit etwas drückend auszuüben und doch so nothwendig im Leben, sind weder der Stoff für einen Dichter noch des Geschichtschreibers; auf's höchste können sie einmal so nebenher wie die Wäsche der Nausikaa und das Gewebe der Penelope angeführt werden, denn die beste Hausfrau ist die allerunbedeutendste für die Welt. 194 / II 321f

Untreue zerstört den Wert des Weibes *[1797]*

Philipp Christian Reinhard

Wahr ist es, daß das Weib durch Rüksichten aller Art zur Bewahrung der ehelichen Treue aufgefordert wird. Der Mann behauptet seinen Werth in der Gesellschaft durch seine äussere Thätigkeit, durch Ausbildung seiner Talente, durch Arbeit,

Muth, durch Dienste, welche er dem Staate leistet. Der Werth des Weibes, besonders so lange weibliche Geistescultur auf der bisherigen niedrigen Stuffe stehen bleibt, beruhet fast einzig auf der schönen Form ihres Leibes, auf ihrer Bestimmung, Mutter zu werden...

Das Weib, das Treue gelobt hat, hat den Mann zur Mitherrschaft über diesen Leib aufgenommen: sie hat sich verbindlich gemacht, seinen Kreis nur mit Kindern zu bereichern, welche sein Produkt sind, und der Erziehung seiner Kinder, der Erhaltung der Ordnung und Harmonie in seiner individuellen Sphäre ihre ungetheilte Thätigkeit zu weihen. Alle diese Verbindlichkeiten werden in ihrem ganzen Umfange durch die Untreue des Weibes verlezt: nicht nur die Harmonie ist gestört, sondern auch das Gefühl der freyen Herrschaft in seinem Kreise wird dem Manne entrissen, weil diejenige, welche in seinem Namen darinne herrschen sollte, durch ihre Anhänglichkeit an einen Andern zur Vernachläßigung seiner Kinder und seiner Güter verleitet, gegen seine innere Ruhe und seinen äusseren Wohlstand gleichgültig wird.

141 / 333 ff

Der tägliche Kreislauf *[1798]*

Helene Friederike Unger

Es ist allerdings für die Weiber unserer Zeit keine leichte Aufgabe sich zu eigentlichen Hauswirthinnen, und zugleich für den feineren Gesellschaftston zu bilden; ersteres erlernt sich nur durch viele Selbstthätigkeit und Erfahrungen, das zweite erwirbt sich ebenfalls nicht in einem Tage. Geistes- und mehr noch Karakterbildung erfordert warlich viel anhaltende Anstrengung und Aufmerksamkeit: und doch seid ihr Männer unbillig genug, beides vereinigt in Einer besitzen zu wollen. Und wenn Ihr es findet und besitzt, so seht Ihr's für etwas ganz Gewöhnliches an; für etwas, das Eurem überschwenglichen Verdienste nur so eben zukommt. Ihr seht, ihr fühlt nicht, wie schwer es einem an geistige Nahrung gewöhntem Kopfe werden muß, den täglichen

Kreislauf aller der unnennbaren Kleinigkeiten, in deren Genuß Ihr Euch so wohlbefindet, immer aufs neue unermüdlich zu beginnen; und dieser unsrer stillen Verdienstlichkeit wird und darf nie der Lohn der wohlgefälligen lauten Bemerkung werden, die Euch bei Euren Großthaten so mächtig stützt. Wer bemerkt unsre stille Resignation, unser gänzliches Hingeben, unsre verborgnen Aufopferungen? der Mann selten; öftrer der Hausfreund; die weibliche Bekanntschaft nie. Was den Philosophen eine so große Aufgabe ist, die Tugend um ihr selbst Willen zu üben, ist uns Weibern eine ganz geläufige Sache; wir thun das Gute daß etwas Gutes daraus komme, und werden dabei oft genug verkannt, wenn das stille Thun und Treiben uns um die gesellige Stimmung bringt. 193 / 45f

Verborgenheit als Gütezeichen *[1798]*

Johann Ludwig Ewald

Der Mann, für sich allein, kann auch nicht bestehen; er bedarf den feinen Takt, oft den Scharfsinn, die Gewandtheit und Anmuth des Weibes. Wenn er nach den Sternen sieht, und – fällt; so ist es das Weib, das ihm aufhelfen muß... Gehülfin des Mannes zu seyn, ist also ihr Erster und großer Beruf; obschon nicht ihr Einziger. Sie hat schon darum einen Andern, weil sie Gehülfin des Mannes seyn soll. Die Ungeschicklichkeit des Mannes in Besorgung kleiner Hausgeschäfte; des Weibes Talent dafür, ihr scharfes Auge, dem nichts entgeht, ihr Ordnungsgeist, Reinlichkeitsgeist, Verschönerungsgeist, Ersparungsgeist – Alles das zeigt ihr, daß sie nicht Gehülfin des Mannes seyn könne, ohne auch Hausfrau zu seyn. Mutter zu seyn, das lehrt sie der bereitete Nahrungssaft in ihrer Brust, und die zärtliche, sorgsame, für jedes Opfer bereite Liebe in ihrem Herzen. Ihr Kind ist ein Theil ihres Wesens; und nach ihrem Gefühl bei weitem der bessere. Es ist für sie, was das Auge für uns ist. In ihm lebt sie; in ihm genießt sie die Schöpfung; es ist so leicht verletzbar, so zart. Ihr ganzes Wesen hängt an dem Kinde, weil das Kind sie nicht

entbehren kann. Das Mutterherz rechnet ihm seine Hülflosigkeit zum Verdienste an.
Daß dieser dreifache Beruf wichtig ist, daran zweifeln Sie wohl nicht, wenn Sie den Einfluß bedenken, den er auf das Wohl der Familien hat. Das Glück, die Stimmung, die Lebensart, das ganze Seyn des Mannes hängt größtentheils von seiner Gattin ab...
Daß aber die Wichtigkeit des weiblichen Berufes so wenig erkannt wird; daß das Weib sein grosses Geschäft im Verborgenen verrichten muß: das macht jenen Beruf erst recht zum erhabenen. Das Beste, Edelste, Geistigste ist immer verborgen; und Sie wissen, daß die göttlichsten Verrichtungen, selbst in der Natur, im Verborgenen geschehen. 36 / 85 f, 101

Die Wahl des Partners

Ehe in der Liebe Christi *[1722]*

N. L. von Zinzendorf an Dorothea Erdmuthe von Reuß

Die Ewige Liebe walte über uns. – Holdseelige und in unserem Freunde theuer-geachtete Schwester. Wir fürchten uns glaub ich beyde für einander, und Ew. Liebden ist doch so gut als mir bekannt, was ich suche... Christus ist mein Bräutigam so gut als der Ihre und ich verlange Sie nur in der Göttlichen Ordnung zur Leid- und Freudengenossin. Darum soll es mich herzlich erfreuen, wenn Ew. Liebden sich an mich einmal attachiren, wozu mich auch vielzu unwert halte. Solte aber deswegen, da mir erlaubet ist, eine Schwester zum Weibe herumzuführen (nach Pauli Ausdruck), dieses getadelt werden können, daß ich mich nach einer solchen umsehe, die einen Mann haben kan, als hätte sie keinen, und die Jesum Christum über alles liebet. Wieweit Ew. Liebden bey mir eine gleiche Beschaffenheit vermuthen können, weis nicht, werde mich aber freuen, mit denenselben darüber fein herzlich und auffrichtig zu reden, damit wir einander fein gründlich verstehen. Ich wolte Ew. Liebden wol gar deutlich sagen, daß Gottes Wille sey, uns miteinander ehelich zu verbinden, ich meinte ihn gar deutlich zu sehen, wenn ich aber meine gar große Unwürdigkeit aufrichtig ansehe, so kan ich damit nicht zu marckte kommen, sondern muß aus Ew. Liebden Herzenslenckung mein Loß erwarten... Schaffet aber der Herr Ihre Einwilligung, so wil ich ihm herzlich dancken, und dieses edle Kleinod von seiner Hand in meine Verwahrung nehmen, auch ernstlich dahin trachten, ihm solches unversehret und in seeligem Stande wieder zu überliefern. 77 / 71f

Kriterien für die Brautwahl [1724]
Christoph August Heumann

Ein solcher Mensch nun ... hat bey einem Frauen=Zimmer auf dreyerley Qualitäten zu sehen, auf Gemüths=, Leibes= und Glücks=Qualitäten.

Was die Gemüths=Qualitäten anlanget, so muß sie erstlich von feinem Verstande seyn, daß sie vernünfftig reden, und mit jederman geschickt conversiren kan. Ein tummes Frauen=Zimmer, wenn es auch noch so schön und reich ist, ist einem Schafe gleich, welches ein güldnes Fell hat. Und es ist auch nicht vermögend, ihren Mann zu vergnügen, oder dessen Liebe zu erhalten. Hierher gehöret auch, daß sie haußhältig seyn muß, das ist, daß sie nicht nur das Haußwesen wohl verstehet, sondern auch ihre Sachen zu Rathe hält und nicht debouchiret. Vors andere muß sie einen guten Willen haben, ich will sagen, sie muß der Gottesfurcht und Tugend ergeben seyn, sie muß freundlich und höflich, sie muß keusch und obsequiosa seyn.

Was die Leibes=Qualitäten betrifft, so muß sie jung seyn... Denn eine junge Frau hat nothwendig gegen ihren Mann, der zehn oder mehr Jahr älter ist, mehr Respect, und glaubet, daß er klüger sey, als sie: und deßwegen unterwirffet sie sich leichtlich seinem Willen. So kan auch ein solcher Mann seine Frau ziehen, wie er will, und, wenn er klug ist, gleichsam ihr Præceptor seyn, und sie in der Tugend und andern einer Frauen wohlanständigen Dingen unterweisen. Ferner ist die Liebe bey ihr viel zärter, indem es ihre erste Liebe ist...

Zum andern muß ein Frauenzimmer gesund und starck seyn. Denn sonsten bekömmet sie unfehlbahr schwache und kranckliche Kinder... So ist es auch ein elendes Thun um eine schwache und ungesunde Frau, indem sie ihre Schönheit vor der Zeit verlieret, und dem Manne mehr Sorgen, als Vergnügen, machet.

Drittens muß ein Frauen=Zimmer auch schöne seyn. Ich meine aber nicht eine extraordinaire und gantz unvergleichliche Schönheit, sondern eine mittelmäßige, welche in einer guten Farbe, vollkommenen Gliedern, lieblichen Augen, ziemlich weissen und zarten Haut, bestehet. Denn ein Mann muß die Frau auch ihres Leibes wegen lieben...

Nunmehro komme ich auf das dritte, nemlich auf die Glücks=Qualitäten, deren zwo sind, Reichthum und eine vornehme Familie. Wovon überhaupt dieses zu mercken, daß, wenn die vorher beschriebenen Leibes= und Gemüths=Qualitäten da sind, man schon könne vergnügt leben, wenn es gleich an denen Glücks=Qualitäten, ich meyne, an hoher Ehre und grossem Reichthum, mangeln solte: dahingegen wenig Vergnügen zu hoffen, wo diese letztern sind, die ersten aber mangeln. 70 / 87–94

Königliche Ordre an Generäle und Minister *[1731]*

Friedrich Wilhelm I. von Preußen

Alsdann sollen sie hineingehen und der Prinzessin[1] in Ihro Kgl. Majestät Namen vorstellen: daß sie wissen würde, daß derselbe ihr Vater wäre und sie Dero Tochter, und daß eine Tochter keinen Willen haben müsse, sondern dem väterlichen Willen folgen solle, denjenigen zu heiraten ohne Räsonnieren, welchen der Vater wolle. Se. Kgl. Majestät hätten also gut gefunden und resolvieret, ihr den jungen Markgrafen von Brandenburg-Baireuth[2] zum Gemahl zu geben, und zweifele Derselbe nicht, sie würde freiwillig als eine gehorsame Tochter das Jawort von sich geben; denn wenn sie auch gleich ihr Fiat nicht geben wollte, so solle und müsse diese Mariage doch durch Dero väterliche und königliche Autorität vor sich gehen. Deswegen hielten sich Se. Majestät versichert, daß die Prinzessin, da sie doch sonst Verstand haben wollte, dieses de bonne grâce tun werde, wodurch sie Se. Kgl. Majestät und Dero ganze Königliche Familie wieder in Frieden und Ruhe setzen würde... denn widrigenfalls kein Friede noch Ruhe in Dero Königlichem Hause sein könnte, und würde die Prinzessin sich nur durch Ungehorsam höchst unglückselig machen und Se. Majestät

1 Wilhelmine.
2 Friedrich (1711–1763).

zwingen, sie nach Spandau bringen zu lassen, weil Sie absolute parieret sein wollten.
Woferne aber die Prinzessin für den Prinzen von Baireuth eine gänzliche Abneigung hätte, so solle sie sich von Dero Vetter Prinz Friedrich oder dem Prinzen Adolf von Weißenfels einen choisieren und sogleich ihre Resolution von sich geben, welche Se. Kgl. Majestät morgen frühe mit einer Stafette erwarten.

44 / I 459f

Eine Haus-Frau für den Handwerker *[1745]*

Georg Heinrich Zincke

Eine Frau ist eine verehlichte Weibes=Person, und in der Wirthschafft heißt die Wirthin die Frau, die Haus=Frau. Vieles nun haben die Handwercks=Frauen mit allen andern bürgerlichen Frauens von dem geringen und Mittel=Stande gemein, vieles aber auch besonders. Was die ersten betrifft, so gehören ihr die den Haus=Frauen überhaupt gantz eigene und verschiedene Rechte, Pflichten und Verrichtungen, in Ansehung ihres Mannes, ihrer Kinder, vornehmlich wegen der Töchter, des Gesindes, sonderlich des weiblichen, und hiernächst unter den wirthschafftlichen Geschäfften, insonderheit die Aufsicht und die Geschäffte in der Küche, dem Keller, und dem gantzen Hause wegen der Bewahrung, Reinigung, und Verfertigung der Kleider, Wäsche, Betten, des Brauens, Backens, Waschens und Kochens, Nehens, Webens und andern Geschäfften, mit der Wolle und Flachs, ja überhaupt wegen der Reinigkeit im Hause und von der Ordnung des Hausraths. Ihre Verrichtungen gehen auch meistentheils nicht auf den Erwerb selbst am nächsten, sondern vielmehr auf die Bewahrung, das Inachtnehmen, das Erhalten, und endlich nutzbare vortheilhafftige, wohl eingetheilte, sparsame und kluge Anwenden und Ausgeben. Eine Frau die zu diesem allen geschickt, und die erforderten Eigenschafften des Leibes und der Seelen, nebst verschiedenen andern weiblichen Tugenden hat, dahin nächst der Gottesfurcht, die Keuschheit, Freundlichkeit, ein lencksamer Sinn, die Arbeitsamkeit ohne Geitz, die Mäßigkeit, Gedult, Bescheidenheit und Reinigkeit gehören, ist, wenn sie auch eben nicht schön, reich oder vornehm ist, nur aber keine abscheuliche Gestalt, oder einen ungesunden Leib und einen allzu ungleichen Stand hat, ein großer Schatz eines Haus=Wirths, sonderlich aber eines Handwercks=Mannes, Manufacturiers und Fabricantens... Zu einer Handwercks=Frau aber insonderheit gehöret auch dieses noch, daß sie sich in den Kram und in das Handwerck ihres Mannes schicke, und entweder einiges mit arbeite, oder doch die Waare geschickt verkauffen lerne. Sie muß daher gelehrig, etwas gesprächig, klug und witzig, hiernächst aber im Rechnen und Schreiben etwas unterrichtet, und vermögend seyn, mit jederman, jedoch nach ihrem Stande, in Zucht, Ehrbarkeit und Niedrigkeit, umzugehen, und selbigen zu accommodiren wissen. Eine solche Frau kan einem Handwercks=Mann aufhelffen, eine andere aber verderbet ihn. 210 / 773

... auf niederdrückende Jahre gefesselt [1745–56]

Anna Luise Karschin

Die Vorsehung ergriff das härteste Mittel, mein Herz zu prüfen und meinen Verstand zu schärfen; sie liess geschehen, dass es einem Manne, der längst an seinem Glück verzweifeln musste, einfiel, mich zu wählen. Er war nicht viel über meine Jahre und seiner Handthierung nach ein Kleidermacher; sein äusserliches Ansehen war nichts für meine Wahl. Aber genug, er gefiel meiner Mutter; sie wiederholte ihre Beschwörungen beim Verlust ihrer mütterlichen Gunst und ihres Segens. Es ward mir unbeschreiblich sauer, meinem Herzen diese Gewalt anzuthun; ich fand in den Gesichtszügen meines Liebhabers etwas so Widersprechendes und Wildes, daß mir schauderte. Doch das ehrwürdige Anrathen und der halb göttliche Befehl einer Mutter vermochten mich, meinen Neigungen entgegenzuhandeln; ich überredete mein Herz, sagte ja und ward auf lange niederdrükkende Jahre gefesselt... Mein Mann, eins der sorglosesten

Geschöpfe des Erdbodens, misbrauchte meine natürliche Gutherzigkeit, verzehrte mir Alles und war nicht bemüht, sich Arbeit zu verschaffen oder fleissig zu sein ... jetzt gab mir ein Mann Kinder, die meiner Versorgung überlassen blieben, wenn eine unselige Trinklust ihn fortriss. Der Winter des Jahres 1751 und sein Nachfolger sahen mich alle Ungemächlichkeiten der Armuth leiden; schlecht bedeckt gegen den grimmigen Frost, ging ich und kaufte einzelne Bündel Holz, meine Kinder zu erwärmen. Nimmer soll es meine Seele vergessen, wie tief herunter ich gesunken, und wie hoffnungslos mein Zustand war. 85 / 14f

Angst vor einer Mißheirat des Sohnes *[1753]*

Regina Catharina Wieland an J. J. Bodmer

Meinen Hoch geehrtesten Herren Profeser, mit diesen schlechten Zeilen, zu beschweren, bite gehorsamst zu vergeben, ich weiß meine Zuflucht, nicht beßer zu nehmen, weil ich hoffe Sie werden die Wahrheit einer betrübten Mutter, und die lügen einer arglistigen Coquette[1], nach ihrer Menschen freundlichen unpartheylichkeit, ein sehen, es geht mir Tief zu Hertzen, daß ich mein liebstes Kind, worauff ich all mein weniges mit Freuden gewendt, wo von ich auch bißher alles vergnügen genoßen, und mir auff die Zukunfft viel angenehme Hoffnung gemacht, von einer Delila soll überwunden sehen ... warum ist das Mädle auß unserem Hauß gangen, das sie desto mehr Freyheit hab, wann mein Sohn mit prangen will, als wie das Mädle, mit ihren amanten, so bin ich zu frieden, was nutzen Sie ihre vortreffliche gaben, da sie da bey un tugendhafft ist, mit ihrem schönen schreiben weißt sie wohl, das sie alles wider gut machen kan, das war auch die Vrsach, warum ich nichts geklagt, wie sehr mich auch ihre aufführung betrübt, ich habe sie recht kennen lernen, meine liebe bekomt sie nicht mehr, sie müste sich anders bezeugen ...

Sie mag ihr nicht ein loch, an dem strumpf vernehen, sie reißt es

1 Sophie Gutermann war 1750–53 mit Christoph Martin Wieland verlobt. Ende 1753 heiratete sie Georg Michael La Roche.

lieber zusamen, und wirfft es in einen winkel, wan mein Sohn das Mensch zu seiner Frau bekomt, so ist er sein lebtag ein armer Mann und Märtherer, er möchte so viel ein kommen haben als er wolte, so würde sie vor her allemal mehr verliederlichen, als er ein zu nehmen häte…

Ich bite doch meinen Hoch Zuehrenden Herren Profeser, um gottes willen, sich meines Sohnes an zu nehmen, es ist die gröste beschimpfung vor ihn, daß er soll ein solches Mädle lieben, die es nicht werth ist, und sich seiner gantz un würdig macht, sprechen Sie ihm doch zu, an sich zu halten. 204 / II 199–202

Leidige Fragen des Ehevertrags *[1761]*

M. Mendelssohn an Vogel Gugenheim

Daß sie sich zu 2500 Goldgulden, gegen Verzichtleistung meinerseits, verpflichten sollen, ist zwar nicht vortheilhaft, indem ich dadurch in der Einschätzung gehöchert [erhöht] werde, indessen da dieses zu seiner Ehre seyn soll, bin es wohl zufrieden, und schicke noch heute die nöthige Verzichtleistung zu Händen des verehrten Herrn Ascher. Allein warum will man mir vorschreiben, wie ich meine Frau[1] nach meinem Tode versorgen soll? Kann man diese Kleinigkeiten wenigstens nicht meiner guten Denkungsart überlassen? Liebe Madame! Wenn mich Ihr Mann[2] für einen so pflichtvergessenen Menschen hält, daß ich seine Tochter nehmen werde, ohne sie zu lieben, so bin ich ihrer nicht würdig, so thut er unrecht daß er consentirt. Ich muß gestehen, daß mich diese überkluge Vorsorge von der empfindlichsten Seite attackirt. Ich müßte niederträchtig seyn, wenn ich eine Person, die ich liebe, nicht bestmöglichst versorgen wollte, und dafür habe ich in meinen Gedanken schon Anstalten gemacht. Die mich bey meinem Leben glücklich macht, soll nach meinem Tode nicht ganz elend seyn. Allein welches Recht hat ihr Vater hierin Gesetze vorzuschreiben? … Mein

1 Fromet Mendelssohn, geb. Gugenheim.
2 Abraham Gugenheim (gest. 1766).

ganz Vermögen ist ja so gut ihr als mein, bin ich denn der Mann, der eine Person lieben, und mit ihr ein getheiltes Interesse haben kann? Ich selbst, und was ich vermag, und vermögen werde, bleibt ihr Eigenthum. Warum sollte ich mich also weigern, einen Theil von meinem Vermögen, zu ihrem Vergnügen anzuwenden? ... Warum will man aber auch diese angenehme Pflicht in einen Zwang verwandlen? Soll ich bey jeder Gefälligkeit die ich meiner Frau erweisen will, immer den Ehevertrag nachsehen, was dort stipulirt ist? Ich kann mich unmöglich in eine solche Maschine verwandlen lassen. 119 / I 211f

Verlobung gegen den Willen der Eltern *[1768]*
Anna Schultheß an J.H. Pestalozzi

Ich umarme Dich mit inigster Zärtlichkeit, mein Bester! Dise Zärtlichkeit ist das, was mich auch dermalen beruhiget. Gestren habe ich den grausamsten Tag verlebet, und wenn ich Dein Brieff nicht gehabt häte, so wäre meine Trauer noch größer gewesen. Nun ist es – Gott im Himel, dessen Hilffe ich nun empfinde, seye es gedanket – wider einst vorüber! Ich sehe widerum Gründe, die mich beruhigen, auch wenn ich den entsezlichen Entschluß fassen muß, meines Vatters Haus im Zorn zu verlassen! Ich weiß, was ich Dir schuldig, und wil alles auf Dich und Deine Einrichtungen ankomen lassen; aber es zerschneidet mir vast das Herz – ich weine, so offt ich daran gedenke. Dis einige, mein Teurer: arbeite, daß es bald geschehe, und ich wil allen Verwandten schriftlich hinterlassen, was ich ihnen zu sagen habe, und gerade auf das Land. Ich wil diser letsten Marter enthoben seyn, noch in der Stadt herum zu gehen und pöbelhafftem Hongelächter ausgesezt seyn ... Wie stehet es um Dich? Bist Du noch imer traurig? Ach Gott, lasse Dich durch die Aussichten der Zukonfft beruhigen; wir sehen, wann es Gott gefält, ville heitere Tage, die noch heiterer werden, wann Du überfüret wirst, wie mit ganzer Zärtlichkeit ich Dich liebe. 133 / II 108f

Antwort auf den Heiratsantrag *[1769]*
Karoline Schulze an W. Kummerfeld

Aber, Freund, haben Sie auch alles wohl überlegt? Eine ewige, unzertrennbare Verbindung mit Ihnen sehe ich zwar für das größte Glück an, das mir je begegnen könnte. Aber ich würde doch dieses Glück ausschlagen, wofern der geringste Zweifel in meiner Seele zurückbliebe, daß Sie mit mir und ich mit Ihnen nicht bis zu dem Augenblick, da Gott uns voneinander trennt, gleich glücklich leben sollten. Vier Punkte, lieber Freund, müssen Sie mir aufrichtig beantworten, damit keiner von uns beiden einst dem andern Vorwürfe machen kann. Der erste ist die Religion. Ungestört will ich in der meinigen leben und sterben; so wie ich Sie ungestört die Pflichten der Ihrigen werde erfüllen lassen... Der zweite Punkt ist das Theater.[1] Sie wissen die Vorurteile, die die meisten dagegen haben. Fühlen Sie sich stark genug, über alle Vorwürfe, die man Ihnen einst machen kann und wird, hinauszusehen?... Das Dritte ist: Ich habe kein Vermögen. Mein Reichtum ist meine Kunst. Und wenn Gott mich gesund läßt und vor außerordentlichen Unglücksfällen beschützt, ja, so bin ich imstande, mir jetzt etwas zu sammeln bei meiner ordentlichen und wohleingerichteten Wirtschaft, daß ich nicht befürchten darf, im Alter zu darben...
Nie, lieber K., habe ich mich um das Ihre bekümmert! Ich weiß nicht, wie reich oder wie nicht reich Sie sind... Sind Sie in der Situation, ein Mädchen zu heiraten ohne Vermögen? Und gesetzt, Sie können es jetzt, vermöge Ihres Dienstes, sind Sie auch sicher, daß, wenn Gott Sie vor mir, das ich nicht wünsche, aus der Welt nehmen sollte, ich auch dann, als Ihre gewesene Gattin, mit Anstand werde leben können?... Kummerfeld, denken Sie, daß ich bloß Ihretwegen das Theater als meinen einzigen Stecken und Stab von mir lege. Bloß aus Liebe für Sie. Bloß als die einzige Hoffnung, im Alter versorgt zu sein. Gottlos, unver-

1 Karoline Schulze stammte aus einer Schauspielerfamilie und stand von Kindheit an auf der Bühne. Daran konnte die bürgerliche Familie Kummerfelds in Hamburg durchaus Anstoß nehmen.

antwortlich wäre es von Ihnen, wenn Sie mich jetzt in der Blüte meines Alters... aus meinem Brot... in Ruhe setzten, und in meinem Alter hilflos zurückließen... Prüfen Sie Sich! Ihre Freundin wird Sie segnen bis zum letzten Augenblick ihres Lebens. Aber als betrogenes Weib würde ich Ihrer Asche im Grabe fluchen.

Der vierte Punkt ist, daß Ihre ganze Familie mich als Ihre Frau erkenne und so mit mir umgehe... Nun, Freund, überlegen Sie alles! Können Sie mir bürgen für die vier Punkte, so bin ich die Ihrige. Können Sie nicht, so bleiben wir Freunde. 172 / I 271–74

Engherzige Maßstäbe *[1775]*

Philipp Matthäus Hahn

Meine Trauerzeit nahet sich anfangen zum Ende, da ich alsdan wieder eine Frau nehmen soll und weis doch keine, die mir recht anständig ist, und hätte doch gern eine, die für mich taugte.

1. Die nidrigen Sinnes ist, nicht stoltz und hofärtig in Kleidern wie meine vorige; dann das kost erstlich viel und ist auch sonst viel Eigengefälligkeit, Weltsinn und Erhebung des Herzens damit verknüpft.

2. Die schlechte Kost, Schwarzbrod etc., und überhaupt das gewohnt ist, was ich und mein Haus gewohnt ist; denn es läst sich nicht leicht jemand anders gewöhnen.

3. Die zu Fuße lauft und das Geschäft selber angreift, die keine Gutsche braucht, wann sie reisen will; dann diese sind und bleiben gesünder und machen keine Kosten, sondern ersparen eine Person im Haus.

4. Die einen wahren göttlichen Sinn hat, keine Anfängerin im Christenthum ist, denen man nicht trauen kan, mit einem Wort: die Geist oder die nächste Anlage darzu hat und zwar nach meinem und Jesu Geist; dann mit der kan man auch reden und sich im Geist erquicken und entleydet einem nicht, wie sonsten die Schönste einem zu entleyden pfleget, wenn man nur aufs Fleisch siehet, und wann solches gesättiget ist, ein Thier neben sich lie-

gen hat. Eine solche sorgt auch wahrhaftig für meine Kinder, weil sie mich liebet, und Jesu Worte liebt, geht nicht hinterrucks um mit mir und den Meinigen.

59 / 362f

Hochzeitstag *[1777]*

Ernestine Voß

Nach dem Frühstück ging Voß[1] spazieren, um dem Aufräumen überall auszuweichen. Hand anlegen durfte ich nirgend, also blieb ich mir allein überlassen. In meiner Einsamkeit flocht ich mir einen hübschen Brautkranz von den Zweigen eines Myrthenstöckchens, das eine arme Gärtnerfrau brachte... Mein Haar mußte ich mächtig frisiren und pudern lassen. Während Voß mit seinem Haar ein gleiches vornehmen ließ, schmückte ich mich selbst mit Hülfe einer Verwandten... Den Brautkranz, der auch ihm viel Freude machte, fügte Voß selbst in meine Haare, und recht wohl gefiel es mir, als er mit einem Kuß versicherte, er habe eine recht hübsche Braut. Kaum waren wir fertig, als die Mutter kam, uns zur Trauung abzuholen. Ich schämte mich meiner Thränen nicht, denn sein kräftiger Händedruck sagte mir, daß auch er sehr bewegt war. Der Pfarrer, ein stattlicher, aber uns fast unbekannter Mann, erörterte in einer langen Rede, wie schon die blinden Heiden einen hohen Begrif von ehelicher Glückseligkeit gehabt hätten, führte dieses durch bis zur christlichen Religion, und nach gemachter Nuzanwendung auf den Herrn Bräutigam... und auf die Jungfer Braut... segnete er uns zu einer glücklichen Ehe ein. Voß schloß mich mit den Worten in seine Arme: Jezt trennt uns nur der Tod. – Es folgte ein peinlicher Nachmittag im engen Zimmer, in für unsre Stimmung viel zu steifer Gesellschaft. Die Sonne schien so heiß, und nirgend war ein Mittel auszuweichen. Vor dem Fenster führten Stufen auf den großen mit Bäumen umringten Kirchhof. Da stand es den ganzen Nachmittag voll Neugieriger aus der un-

1 Johann Heinrich Voß.

teren Klasse. Als die Lichter angezündet wurden, sammelte sich die mir nahe stehende junge Welt; aber hinauszugehn zu ihnen, das schickte sich nicht. Wie oft hat Voß noch in den lezten Jahren gesagt, dieser Tag sei der langweiligste seines Lebens gewesen. 198 / II 14ff

Erwartungsvoller Brautstand *[1777]*

Henriette Herz

Ich freute mich kindisch darauf, Braut zu werden, und malte es mir recht lebhaft aus, wie ich, von meinem Bräutigam geführt, nun spazierengehen würde, wie ich bessere Kleider und einen Friseur bekommen würde, denn bis jetzt machte mir die Tante das Haar nach ihrem eigenen Geschmack zurecht; ferner hoffte ich auf ein größeres Taschengeld, das jetzt in zwei Groschen monatlich bestand, und von den kleinen, etwas feineren Gerichten, die zuweilen für meinen Vater bereitet wurden, hoffte ich etwas zu bekommen. Mit Ungeduld erwartete ich den Tag der Verlobung, den mir die Tante im Vertrauen genannt und mir dabei gesagt hatte, daß mein Vater mich fragen würde, ob ich zufrieden mit seiner Wahl für mich sei. Der ersehnte Tag erschien, der Morgen verstrich, und mir ward nichts gesagt; beim Mittagessen fragte mich mein Vater, ob ich lieber einen Doktor oder einen Rabbiner heiraten wolle. Mir klopfte das Herz mächtig, und ich antwortete, daß ich mit allem zufrieden sei, was er über mich beschließen würde. Nach dem Essen sagte mir meine Mutter, daß ich am Abend mit dem Doktor Marcus Herz verlobt werden würde, und hielt mir eine lange Rede, die mir im Augenblick langweilig und unangenehm war, von der ich mich aber in späteren Zeiten manches Guten erinnerte. Sie sagte mir, wie ich mich gegen meinen Bräutigam betragen und ihre Ehe zum Muster meiner künftigen nehmen sollte...

Ich durfte fast gar nicht ausgehn, nur selten mit dem Bräutigam, und war ich einmal allein ausgegangen, so ward ich früh abgeholt, weil M. gewöhnlich einen Abend um den andern kam und

Karten spielte, was mich entsetzlich langweilte, da ich kaum eine Karte kannte und immer neben ihm am Spieltisch sitzen mußte. Oft ward ich aus sehr vergnügter Gesellschaft zu dieser Langweile geholt. Allein war ich fast nie mit M., denn ich hatte kein eigenes Zimmer. Wenn er fortging, begleitete ich ihn, und war dann alles still im Hause, so blieben wir im Hausflur. Seine Liebkosungen taten mir dann wohl, doch verstand ich manche in meiner Unschuld nicht, denn trotz allem, was ich gehört und gesehen hatte, war mein Sinn doch völlig rein geblieben. So fragte ich einmal eine junge Frau in unserem Hause, wie man ein Kind bekäme, und sie antwortete mir, wenn man sehr oft an denselben Mann denke; das tat ich oft und viel an M., und ich ängstigte mich, daß ich so Schande über meine Eltern bringen würde. Ich freute mich mit der Aussicht, bald Frau zu werden, um ausgehen und essen zu können, soviel und was ich wollte.

69 / 229f

Gedanken vor der Eheschließung *[1784]*

Caroline Michaelis an Luise Gotter und Wilhelmine Bertuch

Gebt mir Eure Wünsche zum Hochzeitsgeschenk, Eure guten Wünsche, daß ich selbst die Gewalt, die ich in den Händen habe, es glüklich zu machen, gut anwenden möge. Diese Zeit über hatte ich keine, ernsthaft nachzudenken. Wozu noch denken, da ich schon genug überlegt habe, glaubt ich. Aber man entgeht ihm nicht. Jezt stellen sich meine neuen unbekanten Pflichten in Reihen vor mich hin. Auf einmal in ihre Mitte, auf einen andren Schauplaz versezt, und in einen ganz andern Cirkel von Menschen und herausgerißen aus dem meinigen. – Ja, es ist ein großer Schritt. Ich könt ihn nicht thun, wenn ich nicht unumschränktes Vertrauen auf den Mann[1] sezte, dem zu Lieb es geschieht, wenn ich mich nicht mit der vollsten Überzeugung ihm hingäbe, daß er alles thun wird, ihn mir zu versüßen. O daß keine seiner und meiner Hofnungen getäuscht werden möge.

1 Johann Franz Wilhelm Boehmer (gest. 1788).

Der Plan zu ihrer Erfüllung beschäftigte mich lange. Helfe mir Gott das Ideal ausführen, das vor meiner Seele steht. 167 / I 88f

Richtige Kenntnis von der Erzeugung des Menschen [1788]
Johann Daniel Hensel

Es ist ausgemacht wahr, daß gänzliche Unwissenheit in diesem Stücke schon großen Nachtheil verursacht hat, und daß die davon erlangte Kenntniß, aus dem Munde des unkeuschen oder unflätigen Gesindes, (denn von Müttern ward sie nur selten zu rechter Zeit erlangt,) nicht allein gewöhnlich falsch, sondern mit so vielem abgeschmackten und unanständigen Spaße vermengt ist, daß diese höchstwichtige, ganz ernsthafte Sache, immer nur von ihrer wollüstigen Außenseite, nie von ihrer erhabnern, auf Menschendaseyn, Bestimmung und Glück abzielenden Seite betrachtet wird. Es ist lächerlich wenn ein Frauenzimmer, das sich verheurathen will, gar nicht weiß, was der Ehestand auch körperlich auf sich habe; wenn eine junge Frau sich für schwanger hält, sich auch wohl in dieser Meinung ins öffentliche Kirchengebet einschließen läst, und am Ende doch nichts zur Welt bringt. Aber es ist schädlich, wenn eine Person sich nicht für schwanger hält, da sie es doch ist. Sie unterläst dann die nöthige Vorsicht in Schonung ihres Leibes und ihrer Frucht; und beide können dadurch elend werden. Besonders wenn junge Personen noch überdies zu einer übertriebnen Schamhaftigkeit gewöhnt sind, und sich scheun andern ältern Frauen, oder auch ihren Männern selbst etwas von ihren Umständen und Empfindungen zu entdecken...

Jeder Verständige wird mir daher wohl zugestehn, daß es unumgänglich nöthig sey einem Frauenzimmer, wenigstens wenn es über die Kinderjahre hinweg ist, das Zeugungsgeschäft, die dabey vorkommenden Umstände und Folgen so genau, so ernstlich und vorsichtig als möglich zu erklären, und dadurch den nachtheiligen Folgen der Unwissenheit vorzubeugen.

67 / I 279f, 282

Verheiratung der Tochter *[1789]*

Luise von Lengefeld an F. Schiller

Ja, ich will Ihnen das Beste und Liebste, was ich noch zu geben habe, mein gutes Lottchen, geben. Die Liebe meiner Tochter zu Ihnen und Ihr edles Herz bürgt mir für das Glück meines Kindes, und dieses allein suche ich. Verzeihen Sie aber der Besorgniß und der Pflicht einer Mutter: ist es möglich, Lottchen mit Ihnen, nicht ein glänzendes Glück, sondern nur ein gutes Auskommen zu verschaffen? Können Sie mich hier beruhigen, so nenne ich Sie mit Freuden Sohn. Wäre ich reicher, könnte ich Ihnen mit meiner Tochter ein ansehnliches Vermögen geben, wie gern würde ich Ihnen da zeigen, daß Verdienst und ein Herz, so wie ich mir das Ihrige denke, die schätzbarsten Dinge der Welt für mich sind. Da aber mein Vermögen nicht hinreichend ist, um Ihnen mit meiner Lottchen ein gutes Schicksal zu machen, so müssen Sie mir meine Frage vergeben. 194 / I 160

Verlassenes Mädchen *[1792]*

Friederike Schultz an F. L. Z. Werner

Lieber bester Werner
sie nicht böse das ich in diesen Brief sie nene indem nicht weis wie sie gesonen gegen ihre Fritze sind sie schmeichlet sich imer mit die Gedanke das sie noch eins mit Ihnen wird sein aber vergebens sie wird nicht mehr so glücklich sein
O bester Werner sie könen glauben das ihr magden so liebet wie sie Ihnen geliebet hat.
lieber Werner halten sie was sie mir versprochen haben zweiflen sie nicht an meiner liebe und treue
lieber werner bitt mir ihr liebe schreiben den ich hofe mit schmertzen auf ihr Antwort
lieber bester Werner
Hier überschike ich die knöpfe von diesen rothen kleid tragen sie zu meinen andenken halten sie es nicht für eine Ver-

achtung sondern das einen denkmahl eines aufrichtigen gemüths
leben sie wohl lieber bester werner ich küße ihnen tausendmahl abwesend in gedanken und

Verbleibe ihr unglückliches Mägden
Friderka Schultzin

40 / II 390

Tränenreiche Szenen *[1799]*

Helene von Manteuffel an G. v. Kügelgen

Ich selbst entdeckte mich meinem Vater[1], weil ich hoffte, daß Du bald kommen würdest, und weil ich Dich nicht dem ersten Sturm aussetzen wollte... Mein Vater lag laut weinend an meinem Halse, er bat, er flehte, ach, er wollte meine Knie umfassen – hörst Du es? meine Knie, die Knie seines Kindes. – O Gerhard, Gerhard! mein Herz wollte brechen, da ich das Wort aussprach, aber – ich entsagte Dir; zürne, wenn Du kannst – ich entsagte Dir und sank halbtot an meines Vaters Brust. Ich will ihn nicht, Vater, ich will ihn nicht, schluchzte ich leise, aber ich will auch nie einen andern. Meines Vaters Tränen strömten über mein Gesicht, und sprachlos drückte er mich an sein Herz... Erschöpft sank ich nun hin. Man ließ einen Arzt kommen und verzweifelte bald an meinem Leben... Da flüsterte jemand dem guten Arzt die Ursache meiner Krankheit ins Ohr. Gerührt setzte er sich an mein Bett und drückte sanft meine kalte Hand an sein Herz. «Armes, liebes, unglückliches Mädchen», sagte er leise, «fassen Sie Mut, Ihnen soll geholfen werden.» Er verließ mich schnell, und eine Weile darauf trat mein Vater ins Zimmer. Ein heftiges Fieber wütete in mir, meine Stirne brannte, meine Wangen glühten. Weinend nahm er mich in seine Arme und streichelte sanft mein brennendes Gesicht: «Armes, armes Kind, sei ruhig und fasse Hoffnung...» «So brächte mein Leben Ihnen den Tod.» «Nein, nein, lebe, sei glücklich, und ich werde

1 Wilhelm Johann Zoege von Manteuffel widersetzte sich noch lange über diesen Vorfall hinaus der Werbung des jungen Malers Kügelgen um seine Tochter Helene.

es dann auch sein.» So sprach der liebe, der gute Vater, während ich seine Hände mit heißen Tränen badete.
Die Freude hätte mich beinahe getötet, sie goß aber auch neues Leben über mich; ich erholte mich, wiewohl langsam, doch schneller als ich selbst hoffen durfte. O wie glücklich ich mich da fühlte.

96 / 19f

Werbung für die Schwägerin *[1799]*

J. G. Fichte an seinen Bruder Samuel Gotthelf

Diese Schwägerin[1] ist ein gutes, sanftes braves Geschöpf. Ihr Äusseres ist nicht ohne Annehmlichkeit. Sie erhält 50 r. schweres Geld Pension von dem Könige von Dännemark: ihr baares Vermögen wird sich gegen zwei Tausend Thaler belaufen: an Kleidern, Wäsche, Betten, SilberGeschirr aber hat sie einen sehr beträchtlichen Vorrath.
Die Möglichkeit, wie sie als Deine Frau leben könnte, sehen wir so an.
1. Du müstest ein anderes Haus kaufen, das Du ohne dies zu Deiner Fabrik brauchest: u. von der Mutter Dich trennen; es sey nun, daß sie in das andere Haus zöge, oder Du mit Deiner Haushaltung.
2. Sie wird in Kleidung, u. Betragen bescheiden seyn, und sich in ihren neuen Stand zu richten suchen. Sie wird ihre prächtigen Kleider nicht tragen die sie hat: aber ihren Schnitt, und überhaupt die Lebensart des höhern Bürgerstandes muß sie beibehalten. – Im übrigen z. B. Eßen, u. Trinken ist sie mehr als bescheiden
3. Arbeiten, wozu körperliche Stärke gehört, kann sie natürlich nicht treiben. Aber sie wird sich sehr leicht darin schiken, das, was zur Aufsicht, u. Anordnung mehrerer weiblicher Geschäfte bei einer Bandfabrik gehört, zu erlernen. In weiblichen Arbei-

1 Julia Friderica Rahn; sie hatte bis 1798 einem alten Onkel den Haushalt geführt. Die Verbindung mit Fichtes Bruder kam nicht zustande.

ten, Nähen, Striken, u. dergl. ist sie begreiflicher weise geschikter, als bei euch irgend ein Weib.
Jezt ist die erste Frage bloß die, ob Du frei bist, oder Dich machen kannst. Hier auf antworte mir mit umlaufender Post.
Die zweite wird seyn, ob ihr euch gefallet. Ich werde dann schon Gelegenheit verschaffen, daß ihr euch kennen lernt. Ich hoffe das beste. Meine Frau sagt mir, u. ich bemerke es selbst, daß auf sie Ehrlichkeit, Rechtschaffenheit, Biederkeit den meisten Eindruk macht. Dadurch, rechne ich, sollst Du ihr gefallen. Von Deiner Seite zweifle ich am Gefallen nicht. 38 / III 4, 163f

Der Ehestand

Die Pflichten der Weiber *[1704]*

Abraham a Santa Clara

Ein Weib gegen ihren Mann soll sein wie ein Wintergrün gegen einen Baum, den er umfangt und umarmt, wenn er auch verdorben.
Ein Weib gegen ihren Mann soll sein wie die Sonnenwend; diese Blum wendet stets und allezeit ihr Angesicht gegen die Sonnen, auch wenn selbe mit einer dunklen Wolken überzogen.
Ein Weib gegen ihren Mann soll sein wie der Meerfisch Polypus, der sich dergestalten an einen Felsen anhaftet, daß er ehender sich zu Stücken zerreißen als hinwegziehen läßt.
Ein Weib gegen ihren Mann soll sein wie die Planeten gegen die Sonnen: bei dieser bleiben sie ewig beständig und verlassen dieselbe zu keiner einigen Zeit.
Ein Weib gegen ihren Mann soll sein wie die Tauben gegen ihre Jungen: eine Taube wird mit dem Schnabel selbst die Federn ausreißen und den Jungen unterlegen, damit sie desto sanfter liegen. 1 / 291

Keine Gewalt in der Ehe *[1710]*

Jodocus Andreas Hiltebrandt

An sein eigen Eheweib gewaltsame Hand zu legen, ist gar wieder die Natur, und alle gesunde Vernunfft. Darum so stehet einem Ehemanne, der dabey ein Christ seyn will, solches zu thun nicht frey... Was thut der Mann, der sein Weib schläget? Er hasset sein eigen Fleisch, er wütet wider sich selbsten, er ist sein eigener Schinder, Schänder, Büttel, Mörder und Teuffel. Ist das nicht wider die Natur und Vernunfft? O verblendeter, liebloser Ehemann!... Man weise mir eine eintziges Exempel, daß solche ge-

waltsame Mittel ein böses Weib innerlich und von Grundaus solten gebessert haben... allermassen die Weibesbilder, welche von Natur schüchtern sind, durch leibliche Schläge nur immer noch mehr schüchtern und scheu werden, und mit ihrem Hertzen und Liebe von dem Manne gäntzlich absetzen...
Du, o armes Eheweib, die du von deinem unvernünfftigen Ehemann unverschuldet für böse gehalten, und daher öffters mit harten Schlägen tractiret wirst, klage Gott deine Noth, nimm es von der Vaterhand Gottes an, als ein heilsames Creutz.

72 / 22 f, 25, 35

Gebet – um ein gutes Weib zu werden *[um 1723]*

Anonym

Gib mit dein Gnad, daß ich gegen einem jeden Menschen, absonderlich meinem lieben Mann nicht falsch, hinterlistig und unaufrecht seye; verschaff mir auch deinen Beystand, daß ich mich nicht murrisch, verstockt und feindseelig gegen obbemeldten meinem Mann erzeige, daß ich gegen ihm das Maul nicht hänge, poche, oder sonst wie ein Polter-Geist im Hauß mich aufführe, sondern daß ich jederzeit gantz ehrbar, und nüchtern, sanfft und mild, still und verschwiegen, treu und beständig, fromm und gedultig, embsig und häußlich, redlich und wahrhafft, danckbar und erkanntlich seye, nicht mein, O Gott! sondern dein, und nach deinem, auch meines Manns Willen in allem geschehe; Letzlich auch verleyhe mir, daß ich meinen Mann besser respectiere, als es bißhero geschehen, und ihn nicht zu meinem Untergebenen verlange, sondern als meinen Herrn und Ernährer erkenne, und meinen Willen nach seinem Befelch richte, Amen.

179 / 132

Die unsittsame Frau *[1724]*

Christoph August Heumann

Es wäre auch wohl noch zu gedencken, was zu thun sey, wenn die Ehe übel gerathen ist, und man entweder eine ehebrecherische, oder gantz unsittsame Frau bekommen hat... Eine Frau, deren Sitten fast intolerable sind, soll man behalten, und in Gedult zu bessern suchen. Man hat ja ohnedem Gelegenheit genug, sich ihrer verdrießlichen Conversation zu entziehen, und kan nichts destoweniger von ihr zuweilen das Debitum coniugale geniessen, wie die Erfahrung lehret. Stösset man sie aber von sich, so beraubet man sich nicht nur dieses Vortheils, sondern machet auch seine Kinder, wenn man deren hat, unglücklich. Was aber eine Ehebrecherin betrifft, so muß man erstlich ihr zum Ehebruch keine Gelegenheit geben, weder durch Versagung der ehelichen Pflicht, noch durch Zulassung der Conversation mit verdächtigen Manns=Personen. Ist sie aber nichts destoweniger eine Hure, so hat sich der Mann zu gratuliren, wenn sie ihre Schelmerey so heimlich treiben kan, daß weder er noch die Kinder Schimpf davon haben. Unterdessen mag er seine Eifersucht überwinden, und sie in der Ehe behalten. Denn ob er gleich auf diese Weise ein unglücklicher Mann ist, so würde doch die Verstossung der Frauen ihn und seine Kinder noch weit unglücklicher machen. 70 / 111 ff

Glücklich gewählt *[1728]*

Barthold Heinrich Brockes

Und bin ich mit gedachter meiner Braut Anna Ilsabe Lehmann Ao. 1714 d. Febr. von Hrn. Pastore Heinson copuliret worden. Dem großen Gott, von dem allein alles Gute kommt, sey innbrünstig gepriesen, daß Er mir in derselben ein wolgestaltetes, fruchtbares, vernünftiges, tugendhaftiges und Ihn mit allen Kräften fürchtendes Ehegemahl beygeleget, und meinen damahligen Hochzeit=Tag zu einer Quelle gemacht, aus welcher mir nunmehr in die vierzehn Jahre viel tausendfaches Vergnügen zugeflossen, welches Er aus Gnaden, wofern es uns beiderseits nützlich, nach Seinem heiligen Willen von einer langen Folge und Dauer seyn lassen wolle! 15 / 206f

Scheidung der Eltern *[um 1737]*

Angelika Rosa

Meine Eltern inzwischen, die nun schon 12 Jahre in der vollkommensten Einigkeit gelebt und viele mühselige Tage mit einander durchwandelt hatten, fingen nun an uneinig zu werden. Meine Mutter hatte einen Argwohn gefaßt gegen eine Wittwe, welche ... für des Vaters Pflege und Haushaltung gesorgt hatte... Meine Mutter konnte ihren Verdacht nicht mäßigen, und es entstand daher täglich Streit, so daß noch kein halbes Jahr verging, da sich meine Eltern trennten. Mein Vater[1] bewohnte die oberste Etage, und meine Mutter die untere, und sie erhielt zu ihrem Unterhalt von meinem Vater 300 Thaler. Die Feindseligkeiten dauerten von beiden Seiten unablässig fort.
Als ich ein Jahr alt war, ließ mich mein Vater von der Mutter wegnehmen und gab mich nach Halle in Pension. Mein Bruder Philipp starb kurz darauf, und also hatte meine Mutter kein Kind mehr bei sich, denn die drei ältesten waren bei meinem Vater. Es entstand ein förmlicher Eheproceß zwischen meinen Eltern. Da ich aber wenig und in meiner Kindheit gar nicht um sie gewesen bin, kann ich auch nicht sagen, was vorging, und als Kind gebührt mir nicht zu untersuchen, wer von beiden Recht oder Unrecht hatte. Nur soviel weiß ich, daß ich immer geneigt war, zu glauben, sie hätten beide Holz zum Feuer getragen.

150 / 29f

1 Philipp Samuel Rosa (gest. 1794), Superintendent in Köthen und Halle.

Gründe gegen den Ehestand *[1743]*

Deliberir-Büchlein

Der Ehestand ist fürwar ein beschwerlicher Stand ... wegen so vilen, harten, und zuweilen fast unerträglichen Creutzen, so sich leicht und offt darinnen ereignen. Wann etwann der Ehestand, wie es zum öfftern geschicht, nicht wohl gerathet, wann die Eheleuth nit zusammen sehen, im beständigen Unfrid, Zanck, und Hader leben; so ist es ja ein grosses Creutz, und gleichsam ein halbe Höll...

Wann der Ehemann grob und ungeschlacht; wann er das Weib verachtet, sie haltet wie ein Sclavin, tractiret wie einen Hund; wann er sie nicht nur nichts gelten last, sondern auch ihr kein gutes Wort vergunt, ja gar mit Streichen grob zuesetzet; wann er andere lieber sicht, oder wol gar aus der Ehe tritt; wann er dem Trincken, Spilen, Müßigang, oder anderen Lasteren ergeben, nichts gewinnt, alles verthuet etc. wer will es aussprechen, was diß für ein Creutz seye für das Eheweib? Ist aber der Ehemann recht und gut, haußlich und vernünfftig, eines ehrlichen Wandls; stirbt aber etwann fruhezeitig dahin mit Hinderlassung viler Kinder, und villeicht weniger Mittl; was ist diß abermahl für ein Creutz für die Wittib?...

Weiters: Hat ein Ehefrau das harte Joch des Gehorsambs, weil sie dem Mann nit nur in Ehelicher Beywohnung, es seye ihr lieb oder leyd, sondern auch im Haußweesen und anderen Sachen zugehorsamen und unterthänig zuseyn schuldig, welches mancher Ehefrauen sehr hart fallet. 24 / 44ff

Ehealltag *[1751 ff.]*
Johann Salomo Semler

Was unsere tägliche Lebensordnung betrift: so hab ich, recht nach dem Wunsch und Verlangen meiner lieben Frau, sie stets um mich gehabt, ob ich gleich eine so genante Studierstube hatte... Wir haben uns dadurch ein vertrauliches Vergnügen geschaft, das täglich zunam; und so sezte ich wirklich auch diese Stubengeselschaft fort, da sie Kinder hatte. Sie sezte sich mit ihrer weiblichen Arbeit neben mich; und es konte völlig so aussehen, als wolten wir einander zur Arbeit anhalten. Nur selten hatten wir einige Geselschaft, die, ihrer Absicht nach, uns trennen solte. Ich konte mit meinen Arbeiten nie fertig werden; und sie hatte eben so wenig in so vielen Stunden des ganzen Jahres, iemalen viele übrig, die blos zum Zeitvertreibe hätten dienen sollen... Ich lies Einname und Ausname in den Händen meiner Frau; da ich ihre Kentnisse und Überlegungen, so gut als ihre ganze Treue, gleich vom Anfange an mit herzlicher Freude wahrgenommen hatte: so war dieses eine stete Vermehrung der häuslichen Richtigkeit und Ordnung. Dieser Fuß, nach dem wir zusammen lebeten, war in vielen Häusern ganz unbekant, weil er durchaus nicht für die Frau oder den Mann passete. 175 / I 283f

Mütterlicher Rat bei der Heirat *[1766]*
Maria Theresia an Marie Christine

Ihr möchtet gern von mir für Euren neuen Lebensabschnitt einen Rat haben. Es gibt mancherlei Bücher, die von diesen Dingen handeln, ich kann es mir ersparen, sie zu wiederholen. Ihr wißt, daß die Frau dem Manne untertan ist, daß wir unserem Gemahl Gehorsam schulden und daß er in allem unsere Erfüllung ist, daß wir ihm dienen, helfen und in ihm unseren väterlichen Freund und besten Gefährten sehen sollen. Wenn auch viele Beispiele heute das Gegenteil zeigen – ich könnte Euch niemals von diesen Pflichten entbinden. Ihr habt Euren Gemahl

aus Neigung erwählt, Ihr kennt ihn und habt allen Grund zu der Hoffnung, mit ihm so glücklich zu werden, wie man es in dieser Welt nur sein kann...
Ihr besitzet Anmut und seid anhänglich. Doch hütet Euch davor, diese Tugenden und Eigenschaften zu übertreiben. Ich muß Euch das besonders einschärfen, weil Ihr Euren Gemahl liebet und dabei in ein Übermaß geraten könntet, das ihm zur Last würde. An dieser delikaten Frage scheitern ja oft gerade die liebenden und tugendhaften Frauen, die aus Neigung heiraten. Je sparsamer Ihr mit Euren, auch den unschuldigsten Zärtlichkeiten seid, desto heftiger werdet Ihr begehrt werden.
In der heutigen Zeit schätzt man keinerlei Zwang. Darum, je mehr Freiheit Ihr Eurem Gemahl lasset, je weniger Zwang und Pünktlichkeit Ihr von seinen Besuchen erwartet, um so liebenswerter macht Ihr Euch und um so verlangender wird er Eure Nähe suchen... Nie soll eifersüchtiger Argwohn in Euer Herz dringen. Je mehr Freiheit Ihr Eurem Gemahl lasset, je mehr Ihr ihm darin Eure Gefühle und Euer Vertrauen zeigt, um so begehrenswerter werdet Ihr für ihn sein. Denn alles Glück der Ehe besteht im gegenseitigen Vertrauen und in gegenseitiger Zuvorkommenheit. Die tolle Liebe ist bald dahin – man muß einander achten und eines muß dem anderen dienen, man muß wahre Freundschaft füreinander empfinden, um in einer Ehe glücklich zu leben. 151 / 122ff

Eine Bäuerin sucht die Scheidung *[1766]*

Klage der Barbara Obermayr gegen ihren Ehemann[1]

Barbara Obermayrin am Tröschenberg bringt wider gegenwärttig ihren Ehemann Johann Obermayr demüthig clagbar vor und an, wasmassen derselbe schon über ain Jahr sich von ihr – ohne mündist habente Ursach – zu Pöth [Bett] geschiden habe, auch mit ihr nit mehr Haushalten, sondern sye nur vor

1 Offizialatsprotokoll aus der Datei Rainer Beck.

eine Dienstmagdt halten will, und sye so folglichen an Standt [anstatt] ihrer Stieftochter die schwere Hausarbeith verrichten müssen. Wie dan ferners, wan sye den jüngern Knaben wegen seines öfteren Sacramentiren nur mit Wortten bestraffen wollen, [sie] von bemelt ihren Ehemann mit Schlögen bethroet werde – ja sogar ihr Schwigersohn habe sich schon unterfangen, sye Clägerin mit Schlägen zu tractiren. Die Braunin, ihre Schwigertochter, und obermelter Knab machen es nit vill besser, indeme sye von selben ville Schmachworth und Unbilden erdulten müsse. Und der grössere Stiefsohn Joseph habe sye ebenfahls schon einmahl bluttig geschlagen, welches sye von ihrem Ehemann ebenfahls schon öfters erfahren müssen, der ihr nebst bey noch gethroet habe, daß, wan er sye Clägerin noch länger bey sich gedulten müsse, so wolle er sye wohl gar zu Todt schlagen. Entlichen bezichtigte er sye allerhandt Entwendtungen, mit dem Beyfügen, daß sye zur Führung des Hausweesen und zum Kochen nit tauglich seye – wo so folglichen sye denen Künderen [Kindern] nur zum Gespöth seyen müste. Weillen dan bey solch deren Sachen Bewandtsame sich von selbsten eussert, daß ihr die fernere eheliche Beywohnung unmöglich wäre, als bittet selbe, ein hochwürdiges Consistorium wolle ihr eintweders die vollständige Schaidung zu Tisch und Pöth hochgnädig verstatten, oder aber ihren Ehemann zu einer christfriedlichen Haushaltung zu vermögen suchen, – und thut anmit diemüthig sich empfehlen.

Unglückliche erste Ehetage *[1771]*

Elisa von der Recke an Caroline Stoltz

Gestern Abend fing er[1] an, sich an der Tafel über Mama recht lustig zu machen... Ich nahm seine Hand, küßte sie, drückte sie an mein Herz und bat ihn, wenn er dies Herz nicht verwunden wolle, so möge er nicht so von einer Frau sprechen, die mir lieber

1 Georg Peter Magnus von der Recke; das Ehepaar trennte sich 1776.

als mein Leben wäre. Er machte mir ein paar Augen, daß ich vor Angst in die Erde hätte sinken mögen, und sagte: «Das ist eine wahre empfindsame Theatersprache, mit der ich verschont zu bleiben wünsche» ... Er schwieg; wider meinen Willen flossen einige Thränen von meinen Wangen; er sah mich noch fürchterlicher an, stand schnell vom Tische auf, alles war erschrocken, ich wußte nicht, wo ich mich lassen sollte. Er nahm Hut und Stock und ging spazieren... Als wir nach Hause gingen und über die Brücke waren, bat ich ihn, da der Abend so schön sei, längs dem Mühlenteich nach dem kleinen Gebüsch zu gehn, wo die Nachtigallen singen. Er sagte, ein guter Wirth habe andre Dinge zu thun, als abends spät die Nachtigallen zu hören, er müsse morgen früh in das Feld hinaus, jetzt sollten wir nur schlafen gehen. Liebes Stolzchen! die Uhr war erst 9. – Doch ich sagte nichts und ging mit ihm aufs Schloß hinauf.
Recke legte sich sogleich zu Bette, ich kleidete mich so langsam als möglich aus – und war froh, als ich ihn schnarchen hörte. Da blieb ich noch eine volle Stunde im offenen Fenster liegen... Da ich glaubte, daß Recke schon ganz fest eingeschlafen sei, legte ich mich ganz sanft zu Bette, und Gottlob! er wurde auch nicht wach! Ich wurde wach, als er heute früh aufstand, aber ich that, als sei ich recht fest eingeschlafen. Er kam erst zu Tisch nach Hause, aber er sprach garnicht, und ich hatte auch nicht den Muth, ein Wort hervorzubringen. Gleich nach Tisch ritt er wieder aus, und so habe ich ihn heute fast gar nicht gesehen.

138 / 180f

Warnung an die Töchter *[1779]*

Margarethe Milow

Unser Herz kann sich binden, muß sich binden an Einen, so nicht das Herz der Männer, ihr Loos ist Freiheit, das wissen sie, und das lassen sie sich nicht rauben, besonders wenn wir uns merken lassen, daß wir sie binden wollen. Daher sind die ersten Jahre der Ehe, sobald der erste Rausch vorbei ist, durchaus nicht die glücklichsten. Bringt also ja keine hohen Erwartungen mit hinein, wie ich sie mit hineinbrachte, sondern stimmt sie nur ganz niedrig, dann werdet Ihr mit jedem Jahre glücklicher. Das Feuer des Mannes legt sich, er lernt täglich an Euch mehr kennen, als Gesicht und dergleichen, er bemerkt Eure Anhänglichkeit an ihn, Euren Fleiß in Geschäften, das was Ihr für Eure Kinder thut, wenn die kommen, und sein Herz kettet sich dann an Eures, und so könnt Ihr völlig ruhig sein, dann hängt sein Herz wie Eures sich an sie, und sie binden Euch, jedes Kind bindet Euch fester. Daß ich von keiner wirklichen Untreue eines Mannes rede, werdet Ihr wohl verstehen, dessen war mein Mann[1] nicht, dessen ist kein rechtschaffener Mann fähig, bei der ist auch an keine nur erträgliche Glückseligkeit zu denken. Es ist also bloß das, was ein Mädchen in ihrer Schwärmerei, in ihren überspannten Begriffen so nennt, wo schon ein Bild und viel mehr ein Kuß schon Untreue ist. 121 / 100

Immer dieser Ton! *[1780]*

Ulrich Bräker

Ey, der verdammte Ton! Unmöglich kann ich ihn ausstehen. Ist mir der Tod! In die Seele zuwider! Hasse ihn wie den Teufel an einem Mann. Und dann an einem Weibe – an meinem Weibe![2] Unmöglich kann ich des Dings gewohnt werden. Der tyrannische Donnerton! Und sie kanns nicht lassen, ist ihr in die Seele eingeflochten.

Ein Kind sollte ein Hemdgen waschen. «Ich schlag dich mitten entzwey, brech dir Hals und Bein, bring dich um etc., wanns du nicht recht weiß machst!» Wanns nicht mit einer Weiberstimm geschähe!... Ich leid es nicht, wills und kanns nicht leiden. Hörst, du mußts verantworten, wann unsere Kinder zu wilden Halbteufeln werden. Du machsts ihnen vor, lehrst sie, siehst, wie sie schon jetzt in deinem wilden Henkerston einander begeg-

1 Johann Nicolaus Milow.
2 Salome Bräker, geb. Ambühl.

nen, deine ungeheuren Grimassen annehmen und furiöse Gesichter machen. Siehst, wie ihre zarten, empfindsamen Herzen schon jetzt abgehärtet, versteinert werden…
Ich habe das Weib schon gebeten, so hoch ich bitten konnte, um Gottes und um der Kinder willen solle sie doch eine solidere Art, einen sanfteren Ton annehmen, alles umsonst! Wann ich sanft rede, ist das Übel ärger. Sie weiß hunderte, wo ich eins. Nun ist alles wieder einmal vorbey, wieder ein Sturm dem Papier angeklebt. Sie ist mein Weib wie zuvor und ich ihr Mann wie allwil.

196 / 193 ff

Verletzung der ehelichen Treue [1788]

Adolph von Knigge

Nichts erschüttert so heftig das Glück unter Gatten und Gattinnen, als die Verletzung ehelicher Treue. Der Moralität nach und unsern religiosen und politischen Grundsätzen gemäß, ist die Übertretung der ehelichen Pflichten von einer Seite so unedel als von der andern! In Rücksicht auf die Folgen hingegen ist freylich die Unkeuschheit einer Frau weit strafbarer, als die eines Mannes. Jene zerreisst die Familien=Bande, vererbt auf Bastarte die Vorzüge ehelicher Kinder, zerstöhrt die heiligen Rechte des Eigenthums, und wiederspricht laut den Gesetzen der Natur, nach welchen immer Vielweiberey weniger unnatürlich als Vielmännerey seyn würde – Man hat nicht einmal in irgend einer Sprache einen üblichen Ausdruck für das Letztere. Der Mann ist das Haupt der Familie; Die schlechte Aufführung seiner Frau wirft zugleich Schande auf ihn, als den Haus=Regenten – nicht umgekehrt also! 90 / 157 f

Schulderklärung vor Gericht *[1792]*

Elise Hahn

Es hat mein bisheriger Ehemann, der Professor Gottfried August Bürger allhier, einen zwischen mir und einer fremden Mannsperson gepflogenen Briefwechsel auszuforschen, und einiger OriginalBriefe sich zu bemächtigen gewust, welche ich von dieser Mannsperson empfangen, und welche in einer Brieftasche befindlich gewesen, die ich beständig an meinem Leibe getragen habe. Da ich in diesen Briefen mit der Nahmens-Unterschrift – *Fritz* – mit Du angeredet, sein Weib, seine Gattin genannt, und noch mit vielen andern zärtlichen Nahmen belegt werde... so hat mein bisheriger Ehemann mit Recht daraus geschlossen, daß ich die ihm schuldige eheliche Treue völlig verlezt – und die Ehe mit diesem fremden Mann völlig gebrochen habe, welches ich denn auch hiemit gerne eingestehe, und daher mich für unwürdig erkläre, des Professor Bürgers Ehegattin ferner zu sein, und zu heisen; Auf mein Bitten hat sich derselbe bequemt, mich nach dieser Entdekung nicht sofort durch eine erhobene Ehescheidungs=Klage bei meiner persönlichen Anwesenheit auf mein ganzes Leben hin höchst unglüklich zu machen, und zur Nennung des vollen Nahmens meines Verführers, welches zu unabsehlichen unglüklichen Folgen sein würde, zu nötigen. So wie nun der Professor Bürger, gütig genug gewesen ist, mich fürs erste in der Stille, und auf immer von hier reisen zu lassen, so willige ich ein, daß derselbe nach meiner Abreise, die gerichtliche Ehescheidungsklage gegen mich erhebe, entsage daher allen den Angeklagten sonst zukomenden Ansprüchen überhaubt, so wie besonders der vorgängigen Communication der Klage, Citation meiner Person, die ohnehin nicht erscheinen würde – der mündlichen oder schriftlichen weitern Erklärung, und versichere, daß ich mich ohne weitern Einwand einem sofort abzugebenden rechtlichen Urthel unterworfen haben will. –

Da ich übrigens durch verwahrlosete Hauswirthschaft, und übertriebenen Aufwand meinem bisherigen Ehemanne sehr nachtheilig gewesen bin, und derselbe noch überdiß einen Sohn, Nahmens Agathon, von mir zu erziehen hat: so will ich auf die Zurückfoderung alles Dessen, so ich ihm zugebracht (unter dem einzigen Vorbehalt meiner Leibwäsche und Leibkleider) hiemit gänzliche Verzicht thun. 185 / IV 196ff

Ratschlag für die Ehe *[1793]*

Caroline von Schwarzburg an Luise von Preußen

Weißt Du wohl, liebe Freundin, daß Du viel Mut brauchst? Was mich beruhigt, ist, daß man von Deinem Prinzen[1] allgemein Gutes sagt. Strebe danach, seine Freundschaft zu gewinnen, meine liebe, teure Luise; denn die Liebe vergeht. Das erste Jahr ist immer sehr schwer; denn wie Du anfängst, so bleibt es. Wenn Du glücklich sein willst, liebe Cousine, so sei immer die Gleiche gegen Deinen Mann. Darum, wenn Du in ihn verliebt bist, zeige es nicht zu deutlich, damit er Dir nicht eines Tages den Vorwurf mache, Du seiest kälter gegen ihn, und er dann daraus Vorteil ziehe. Versuche, ihn von Grund aus kennen zu lernen, und vor allem wahre Dir von Anfang an eine gewisse Stellung, damit er Dich niemals zur Sklavin machen kann, wie das bei den meisten Frauen geschieht. Ein wichtiger Punkt ist ferner, daß Du sein volles Vertrauen gewinnst; ohne das gibt es kein wahres Glück. Bedenke, daß, wenn Dir dies gelingt, Du dann viel Böses, aber auch viel Gutes tun kannst. Liebe Freundin, benütze jeden Augenblick, der Dir gehört, dazu, um zu lernen; mache Dich fähig, gute Ratschläge zu erteilen und Deinen Mann anzuspornen, so viel wie möglich Gutes zu tun. Sei sein zweites Gewissen ... wieviel Unglück kann durch Dich allein gelindert werden, teure Luise! Möge dieser große Gedanke Dein Trost und Dein Halt sein auf den dornigen Pfaden, die Du zu gehen haben wirst. Wieviel Verdruß, wieviel Feindschaft, wieviel Zwang

1 Kronprinz Friedrich Wilhelm von Preußen (1770–1840).

wirst Du zu überwinden haben! Aber mit einem guten Gewissen, mit reinen Absichten und mit Deiner Anmut wirst Du alles umgestalten. 47 / 25 ff

Endlich frei! *[1799]*

Dorothea Veit an K. G. Brinkman

Seit 3 Wochen bin ich, nach vielen Contestationen, Scenen, – nach manchem Schwanken, und Zweifeln – endlich von V.[1] geschieden, und ich wohne allein – aus diesen Schiffbruch, der mich von einer langen Sklaverey befreit, habe ich nichts gerettet, als eine sehr kleine revenue, von der ich nur äußerst sparsam leben kann, vielen guten, frohen Muth, meinen Philip,[2] einige Menschen, mein Klavier, und das schöne bureau, den ich von Ihnen habe, und vor den ich Ihnen jezt schreibe – da haben Sie in wenigen Worten alles was ich nun besitze – aber wie soll ich Ihnen alles herrechnen was ich los geworden bin?... Denken Sie sich mein Gefühl, so lange ich lebe, ist dies das erste Mal, daß ich von der Furcht frei bin, eine unangenehme Unterhaltung eine lästige Gegenwart, oder gar eine demütigende Grobheit ertragen zu müßen. Kaum fühle ich mich noch recht – noch bis jezt ist mir es wie einer, der lange eine große Last getragen, er glaubt sie noch zu fühlen nachdem er ihrer schon längst entledigt ist. Jezt bin ich was ich längst hätte sein sollen lieber Freund! jezt bin ich glücklich, und gut – keine Gruseley mehr, keine Beschämung vielleicht würden Sie mich auch nicht mehr so hart finden, ich lebe in Frieden mit allem was mich umgiebt! – Es war noch eben Zeit – hätte ich diesen lezten glücklichen Moment nicht fest gehalten, und benuzt, so wäre es dann zu spät gewesen ... daß ich es bis jezt [noch] nicht gethan habe, ist unverzeihlich von mir, zu meiner Vertheidigung kann ich nur das einzige anführen, das ich bis jezt meine Rechte eigentlich gar

1 Simon Veit. Dorothea war mit ihm seit 1783 verheiratet.
2 Philipp Veit, für den Dorothea das Sorgerecht behielt.

nicht kannte, die Freunde denen ich mich entdeckte nicht meiner Meinung waren so daß ich mich fürchtete ganz allein stehen zu müßen. 161 / 223ff

Wohltätiger Einfluß der Ehefrau *[1799]*

J. Chr. Dieterich an L. Chr. Lichtenberg

Thadeln Sie die That Ihres Seeligen Bruders[1] nicht, durch diese Heyrath ist Er zu einer ordentlichen Lebensarth und soliden Eheman geworden. Ihre vernünfftige Leitung, war ein Muster von Ehen... Vorher, hatte Er nichts, weder ganze Wäsche noch Tisch Zeug, und wan Sie jetzo Ihre Moebeln, Betten, und Tisch-Zeug Sehen solten, und seine Leib Wäsche, so würden sie sich Freuen, auch verschiedenes schönen Silber Zeug, Leuchter Meßer, Gabeln, Cofféе Kannen, Porcellan Taßen wo von eine jede 3 reichsthaler kost. Wäm ist also dieses alles zu dancken? Bloß einzig und allein Ihre gutte oeconomie, u. arbeith alles zu Rathe zuhalten, waß der Man verdiente. Sie lebt für sich so gering höchstens eine Bier Suppe Cartoffeln Butterbrodt, und Käse, womit Sie zufrieden ist, waß Sie Kochte, war bloß einzig und allein für Ihren Seeligen Man allein, und sein langes Leben, worüber sich jederman seines Körpers wegen gewundert, Sage ich nicht allein, sondern jederman alhier, Ihr allein zum Ruhme nach, und verdient dadurch allein den Lohn vom Himmel.

80 / 25f

Leben mit den Launen des Ehemanns *[1799]*

Christophine Reinwald an F. Schiller

Im ganzen habe ich nicht Ursache mich über mein Schiksaal zu beklagen; da ich mich entlich nach manchem harten Kampf gewöhnt habe mich ganz in seine[2] Launen zu schiken, und meine

1 Georg Christoph Lichtenberg hatte 1789 seine langjährige Haushälterin Margarete Elisabeth Kellner geheiratet.
2 Wilhelm Friedrich Hermann Reinwald.

Zufriedenheit blos in der Erfüllung meiner Pflichten zu suchen; und so bin ich wirklich auch in mancher Rüksicht so gar glüklich; ich habe mir manches versagen gelernt wo ich sonst nicht daran gewöhnt war; und dieses Bewußtseyn gibt mir Muth und Selbstgefühl auch in trüben Stunden nicht Muthlos zu werden. Auch kommen doch oft Augenblike bey ihm, wo ers zu erkenen scheint, ob er es schon nie sagen wird, dazu hat er viel zu viel Starrsin in seinem Karakter, und ich erspahre ihm sehr gerne diese Beschämung – wo er es nehmlich doch einsieht was ich ihm bin, und ein Blick voll Achtung mit Wehmuth gemischt ist mir von ihm schon hinlänglich, mir manches Unangenehme zu versüßen ... er ist zu Alt um sich hierinn zu ändern, und mir gebührt es eher diesen Schwächen nachzugeben als sie ihm fühlender zu machen. 159 / 38 I, 81 f

Der Reiz des männlichen Körpers *[1799]*

Friedrich Wilhelm Basilius von Ramdohr

Warum soll der edelste Mann, der einen schönen Körper hat, diesen für einen gleichgültigen Vorzug ansehen, um der Geliebten zu gefallen? Sie ist Mensch und Weib! und der Körper spielt eine große Rolle in der Liebe! Darin liegt nichts Niedriges und nichts Schwaches.

Ich kenne Weiber, die eine Art von Ehre darin suchen, die größte Gleichgültigkeit gegen die Figur der Männer vorzugeben, welche sie auch dadurch an den Tag legen, daß sie sich an Männer von häßlichen Formen hängen ... Nicht selten werden diese Weiber für die Abwesenheit der Wohlgestalt durch körperliche Eigenschaften schadlos gehalten, die viel gröbere Triebe befriedigen, als diejenigen, welche das Auge für schöne Formen empfindlich macht ...

Andere Weiber sind zwar nicht gleichgültig gegen die Figur des Mannes, aber das, was sie an diesem rührt, ist nicht die Wohlgestalt, die unserm Geschlecht eigen seyn muß; es sind entweder Formen, welche durch den Ausdruck der Stärke die Lüsternheit erwecken, oder solche, die durch ihre Zierlichkeit auf die Üppigkeit der Weiber wirken ... Gröber organisierte Frauen erklären sich für den Herkules, und der ungebildete Haufe verwechselt mit einer Gestalt dieser Art die Figur eines Lastträgers und Grenadiers. So etwas nennen sie superb! Andere werden durch die ausdruckslose Form schwammiger Knaben angezogen, welche das Creditiv ihrer Geistesarmuth auf Stirn und Wangen tragen: das nennen sie graciös! ... Kein Wunder, wenn Weiber, die einen solchen Geschmack hegen, und dabey Eitelkeit genug besitzen, sich mit ihrem Urtheile über Männerschönheit nicht lächerlich machen zu wollen, lieber eine gänzliche Indifferenz dagegen vorgeben. 137 / II 208ff

Brief zum 19. Hochzeitstag *[1800]*

Sophie Leisewitz an ihren Mann Johann Anton

Die innigste Dankbarkeit drängt mich Dir dies Blatt zu geben, denn, ich weiß es, Du würdest mich nicht sagen laßen was ich Dir jetzt schreiben will.

Ich kann nicht schlafen, mein süßer Freund! Der Anbruch des heutigen Tages weckt aufs neue und noch lebhafter die Gefühle mit denen ich mich gestern beschäftigte, und ich muß Dir endlich so danken wie mein Herz es will. Ich bin voll süßer Rührung, mein Leben bis itzt liegt vor mir ...

Ich verdanke Dir unendlich viel, das weißt Du, aber ich verdanke Dir noch unendlich mehr als Du weißt, mehr als Du vielleicht ahndest. Hätte vor 2 Jahren nicht so ein Heldenvertrauen zu Deinem Herzen und Character, wenn auch noch so versteckt, in den meinigen verborgen gelegen, wer weiß wohin es in einzelnen Augenblicken wahrer Verzweifelung mit mir gekommen wäre, wer kann berechnen zu welchen eigentlichen Verbrechen ich vielleicht herab gesunken und was jetzt aus Dir und mir geworden wäre? Woher kam dies Vertrauen? Wer hatte es erweckt? Mit welchem Rechte? Es wäre wohl sehr überflüßig diese Fragen zu beantworten, aber wie natürlich ist nicht die Betrachtung die sie veranlaßte! ...

Wenn ich bedenke was ich heute vor 19 Jahren von Dir erwartete, wie ich an Dir hing, wie das 19jährige Mädchen so recht eigentlich in Dich verliebt war! Ich habe viel von Dir erwartet, aber Du hast mir mehr gegeben als ich selbst in jenem Rausche hoffte, mehr als ich je dachte, mich selbst! Du bist ein edler Mann, kein Geschöpf kann dem andern mehr schuldig seyn als ich Dir, denn ich danke Dir Zeit und Ewigkeit! Mit einer heiligen und feyerlichen Erhebung der Seele gebe ich Dir heute die Versicherung, daß Du am Abend Deines Lebens die Verbindung die Du mit mir eingegangen bist, seegnen wirst! Mein ganzes Leben, so wie es Dein Werk ist, so ist es auch der einzige Dank der unser beyder würdig ist! 103 / 191 f

Die Mutterschaft

Verlust mehrerer Kinder *[1711]*

Liselotte von der Pfalz an Raugräfin Louise

Es ist leyder nur zu war, daß meine arme dochter[1] von 5 kindern, so sie gehabt, die 3 alsten, alß nehmblich 2 prinzessinen undt einen printz, in 8 tagen verlohren hatt undt gar kein ihrtum. Ihr elste dochter wer im October 11 jahr alt worden, die 2 ist im vergangenen December 9 jahr alt worden undt der printz ist im 28 Januari 7 jahr alt worden. Mein arme dochter kan sich noch gar nicht wider erhollen; gestehe, daß mir diß unglück sehr zu hertzen gangen undt noch schwer auff der brust. Alle die, so die arme kinder gesehen undt gekendt haben.... Es war unmoglich, meiner dochter kinder todt zu verhehlen, den mein dochter hatt alle sorg vor sie undt ist eygendtlich ihrer kinder hoffmeisterin selber...

Vor meiner dochter ist mir recht bang, den sie hatt ihr kindt nicht gefühlt seyder der andern todt. Ich fürcht, der schrecken von meiner dochter hatt es auch umbgebracht, undt wen daß were, würde mein arme dochter selber in gefahr sein. Daß man selber baldt sterben [wird], tröst gar nicht, contrarie, daß ist ahm schlimbsten. 34 / II 255f

Abergläubische Regeln fürs Wochenbett *[1729]*

Der Biedermann

Die Wöchnerin soll in ihren 6 Wochen nicht aus dem Hause gehen. Es stellt ihnen nach. Auch nicht zur Stuben=Thür hinaus gehen, wenn sie nichts von ihres Mannes Kleidern an hat. Es schlägt das Wetter ein.

1 Elisabeth Charlotte, Herzogin von Lothringen. Sie erwartete zu diesem Zeitpunkt wieder ein Kind.

Sie soll auch nicht nehen. Es stehen sonst dem Kinde die Kleider nicht wohl.
Vielweniger spinnen. Denn wenn das Kind, oder ihr Mann etwas auch nur einen Faden von diesem Gespinste an sich bekommt; so schlägt ihn der Donner todt.
Die Weh=Mutter soll anordnen, daß bey der Wöchnerin beständig ein Licht brennet; sonst plagt es dieselbe...
Stirbt die Mutter in ihren 6 Wochen; so soll sie verordnen, daß das Mandel=Holtz ins Wochen=Bett geleget, das Bett alle Tage zweymahl gemacht werde, als wenn sie am Leben wäre. Sonst kan sie nicht im Grabe ruhen, kömmt wieder und plaget das Kind.

56 / II 191

Brandbrief für den Sohn *[1731]*

Vossische Zeitung

Es hat eine herum vagirende Weibes=Person, die sogenannte dicke Cramerin Anna Margaretha Noltzin ... höchst freventlicher und strafbarer Weise sich unterstanden, nachfolgenden Brand Brief an den Stadt Magistrat allhier abgehen zu lassen ...:
Mit der grössesten Bestürtzung ist mir dieser Tagen unter meine Ohren gekommen, daß mein Sohn, mein unschuldiges Blut, unter Ihre Hand kommen, und solche erschreckliche Qualen und Torturen ausstehen muß, daß es ja kein Wunder, ein solcher Mensch bekennete, um der Marter loß zu werden, wann er nichts im Sinn gehabt; in meiner Auferzucht ist er zu nichts Böses gezogen worden, aber durch Harthaltung seines Stief=Vaters ist er mir entloffen, und kan wohl seyn, daß er etwan unter liederliche Leute gerathen, wo er nichts Gutes gesehen; soll man mit einem solchen jungen Blut nicht Einsehen haben, und es seiner Unschuld zurechnen? Ich tue mein Hertz offeriren, und verpflichte meine Seele und Leib, mich so zu rächen, daß ihr alle eure Hände über den Kopff zusammenschlaget, ich stecke das Ort mit Feuer an, daß es aus der Sargen[1] ausbrennet, wo ihr

1 Zarge = Seitenwand, hier wohl Stadtmauer.

mich um meinen Sohn bringet; die Rache wird nicht genug seyn, wir haben Leute genug, die sich annehmen; wir warnen, es geschicht so lange er noch sitzet; warum? es ist ein unschuldig Blut; gehet in euch, ich bitte euch, sonst gehet es übel.

16 / II 252f

Der Sohn geht außer Haus *[1731]*

Anna Maria von Hagedorn an Chr. L. von Hagedorn

Mein hertzvielgeliebter Sohn.

Mit welchen Freuden ich dein schreiben aus Altorf erhalten, und wie ich Gott gedancket, der dir so vätterlich die schwere reise überbringen laßen, kan ich nicht außdrücken ... die Stube Cabinet und Kammer stehen mir gut an, insonderheit die schrancken, die du aber wol zu untersuchen hast, ob die schlößer davor auch zu trauen sint, die einrichtung und ankauffung des The Keßels aprobire, wie auch die geführte und vorhabene Menage, du wirst auf die art ein haußhalter ohne ein collegium darüber halten zu dürffen. Aller Liebster Loudewig einmahl nur zu eßen geth nicht an, deinen Leib die nothurfft zu entziehen, dabey mustu nicht anfangen, 1 gulden die woche machen jährlich 104 fl, ich meine wenn es thunlich für die helffte des Abens dir etwas geben zu laßen, daß wehre beßer auch profitabler als Butter Brodt, und ich vermeine 152 fl möchten wol davon ab ... wer weiß waß Gott mir künfftig Jahr vor Kräffte giebt, deine Haußhaltungssorge zu unterstützen zu mögen, ach mit welchen freuden solte es geschehen, in absicht daß du deinen genie gemäß honorable leben könnest; schicke dich nur im anfang, so viel ohne deinen nachteil möglich, ich wil in des alles waß zu deiner einrichtung nöthig geweßen dir in möglichster eil wieder schicken nebst den seiden schnuptuch. und solst deinen Kopf absolut mit keine schwierigkeiten turbiren, noch dein gemüth distrahiren, den du brauchst es frey zu dein studiren, sey vielmehr bedacht, daß dich so vorsichtiglich conduisirest, daß du keine händel bekommen könnest gedencke an dein klein kritlich humeur, und gieß daher ein wenig Waßer zu deinen Wein, damit

du mein Trost, wie du mir versprochen, seyn mögest. diese zusage erinere ich mich offte, zweiffele auch gar nicht an die erfüllung den du meinst es aufrichtig...
P.S. ich protestire in optima forma mir nicht alzu kurtze Brife und ledig papir zu schicken, ich finde gar zu viel vergnügen angenehme nachrichten, und wie es dir wol gehet zu leßen, ich Gottlob, ich [bin] gesundt, die gar zu grose einsahmkeit aber wird mir penibler mehr als ich geglaubt habe, ich bin durch dein Brif recht aufgemuntert, froher und gantz ruhiger geworden.

110 / 90f, 95

Ein Mittel gegen die Empfängnis *[1741]*

Johann Peter Süßmilch

Die Zeit und Art, wie und wie lange Kinder von der Milch ernähret werden. Die Erfahrung lehret, daß die meisten Fraun so lange verschonet bleiben, als sie die Kinder säugen. Nun säugen einige die Kinder, andere aber nicht, einige säugen länger als andere... In Augspurg und anderswo in Schwaben soll es auch gebräuchlich seyn, die Kinder statt der Milch mit andern nahrhaften Geträncke zu ernähren. Hier zu Lande pflegt man in Städten die Kinder ein Jahr lang zu säugen, allein auf denen Dörfern dauert es länger. Man hat mir sagen wollen, es säugten die Bauer=Frauen ihre Kinder 2. Jahr und länger, um nicht viele Kinder zu haben... Der Unglaube und Mißtrauen an göttlicher Erhaltung, ist auch noch bey vielen rohen Gemüthern eine Verführung zu andern Sünden, die die Fruchtbarkeit verhindern können.

189 / 123f

Mütterliche Ermahnungen *[1743]*

Christiane Elisabeth Körner an ihren Sohn J. G. Körner

Nun bist du wieder mein Lieber Sohn, da ich einen Brief von dir bekommen und zwar ein rechter Kluger Sohn, daß du die 2 Gulden Postgelt erspaaret, und will ich dir es wieder abbitten was ich mit den Latschen geschrieben; vergiß ja meine Letzten Vermahnungen nicht, so wird der Liebe Gott auch meinen letzten Seegens Wunsch an dir erfüllen... Hier schicke ich dir auch die versprochene Golt Beurse, damit du etl. halbe Patzen Kanst zu dir stecken, und sie nicht auß den Hosen verlierest. du wirst denken muß meine Mama nicht gelacht haben, wie sie den köstl. beutel fertig gehabt, allein Er ist schon gut dazu, sammle Ihn nur voll Ducaten, obgleich heuer nicht; wir haben auch noch einen Schatz von dir gefunden neml. diese 2 6er in deinen Pulte in ein Kästgen, und 2 6er in deinen Tisch Kästgen, ich wolte es erst den Kindern geben, weil es aber noch dein Verdienst von Laternen tragen ist habe dir es nicht wollen endwenten; Lieber Gottfr. lege ja daß Gelt an einen gewißen Ort, und nicht balt hie balt da hin; dieses war bey dir gantz gut aufgehoben, aber du hast es nicht gewußt, hernach vergißt man, wo man es hingethan, wenn mann aber einen gewißen Ort hatt, so weiß mann es allezeit zu finden, und schreib auf was du ausgiebest, du solst es nicht etwa mir berechnen, sondern nur daß du weist wo du es hingethan; halt ja fein ordentl. Hauß; eine Kehrbürste laß dir auch auf meine Rechnung Kauffen und Kehre ja die Kleider fleißig auß. 92 / 3f

Die alte Mutter zu Gast *[1745]*

Chr. F. Gellert an Wilhelmine Steinauer

Itzt sehe ich meine alte Mutter[1] auf mich zukommen. Doch nein, sie sieht, daß ich schreibe, und schleicht ganz behutsam auf die andre Seite. Die liebe Mutter! Aber bald will ich sie herholen, und mich an ihrem freundlichfrommen Gesichte, an ihren ehrwürdigen weissen Haaren, die ganze Mahlzeit über recht satt sehen. Ich bewirthe sie diesen Mittag...
Alles, was sie redt und thut, ist Liebe und Gewissen... Letztens liest ihr meine Schwester aus einer von meinen Schriften etwas vor. Sie lächelt die ganze Zeit über. «Das hat er ganz hübsch gegeben, fängt sie endlich an. Wer muß ihm doch das alles gesagt haben! – Er hat es doch auch selbst gemacht? – Ich habe freylich wohl eine Freude, wenn ich ihn loben höre – Die Leute werdens doch aufrichtig meynen»... Ja, Madam, ich gefalle mir in diesem mütterlichen Lobe, voll natürlicher Unschuld, mehr, als wenn mich eine ganze Nachwelt gelobt hätte. – Wie glücklich bin ich, daß ich von ihr abstamme! Endlich nähert sie sich mir. Sie hat gewiß unter der Zeit für mich gebetet. 53 / I 12f

Wünsche für den Sohn *[1770]*

Anna Elisabeth Herder an J. G. Herder

Mein lieber Sohn dein Schreiben habe erhalten und daraus ersehen das der Herr dich noch bis her gesund erhalten wo vor ich gott danke ... mein liebes Kind du machest mir manche wache stunden wenn ich aufwache und denke an dich so ist der schlaf weg und kan doch nichts mehr thun als dich dem großen Gott befehlen ... mein lieber sohn und liebstes Kind wenn der große Gott dir so wo ein Brodstelgen zeigen möcht so trage es dem Herrn vor wen er es vor gutt befände so möchte er doch auch deine gedanken und gemüht beruhigen und führen doch alle

1 Johanna Salome Gellert.

deine Sachen herrlich aus ... mein Wunsch wäre wen du den wanderstaab niederlegen möchtest und ich jeder Zeit wüßte wo ich dich fände ... nim es mir nicht übel mein lieber sohn wo ich etwa was wieder deine gedanken geschrieben habe es geschiehet aus Mütterlicher Liebe, die schwester Hermin grüßet und küßet dich in gedanken gleich wie ich zu viel tausend Mahlen ... die Schwester Hermin ist immer kränklich ich tröste mich immer das ich auch ihr grab noch werde sehen müßen ... ich bitte dich sehr wo das Postgeld dir nicht zu schwer ist, so schreibe mir doch bald wieder ich schreibe mit vieler Freude an dich.

32 / 37ff

Geringes Wissen um den Geburtsvorgang *[1773]*

Maria Theresia an ihre Schwiegertochter Marie Beatrix

Ihr sollt mir ganz offen sagen, ob Ihr rot geworden seid, als Euch diese Zeilen die Hebamme gab. Wie gern würde ich Euch helfen, aber ich kann Euch nicht einmal einen ernsthaften Rat geben, denn trotz meiner sechzehn Kinder weiß ich nichts, rein gar nichts. Das mag Euch einiges zu denken geben über meine Tüchtigkeit, aber ich gestehe, was Niederkunft und alles sonstige Medizinische angeht, wollte ich unwissend bleiben, um besser gehorchen zu können. Denn ich habe immer gefunden, daß die Halbwissenden am schwersten zu pflegen waren. Die Hebamme kann ich Euch nur sehr empfehlen, man stellt ihr das beste Zeugnis aus, und manche Frau, der sie geholfen, hat ihr Dankestränen nachgeweint. Ich bin Eure getreue Mutter. 151 / 298f

Die Aufzucht der Kinder *[1777]*
Johann Friedrich Flattich

Wann man auch auf die natürlichen Pflichten einer Mutter Achtung gibt, so findet man, daß sie ihre Kinder am Leib wascht, daß sie ihnen den Brei in den Mund gibt, daß sie solche sitzen und laufen lerne u. s. w. Woraus man leichtlich schließen kann, daß eine fromme Mutter ihren Kindern auch den ersten Unterricht im Lernen geben soll. Denn eine fromme Mutter soll ihren Kindern nicht nur einen guten Leib, sondern auch eine gute Seele pflanzen...

Ich habe auch, da ich so viele junge Leute in der Kost und Information gehabt, selbst wahrgenommen, was an einer rechten Mutter gelegen, und wie viel durch eine schlechte Mutter verderbt werde. Denn wenn eine Mutter unverständig ist, oder wenn sie sich ihrer Kinder wenig annimmt, oder wenn sie solche verkehrt auferzieht, so ist es gemeiniglich schwer, bei solchen Kindern Etwas auszurichten... Weßwegen ich in der deutschen Schule darauf dringe, daß die Mägdlein etwas lernen und sich gut halten sollen, damit sie mit der Zeit keine schlechten Mütter werden, und dadurch ihre Kinder nicht Schaden leiden möchten...

Die Hindernisse aber, welche die Mütter abhalten, sich auf die Auferziehung ihrer Kinder gehörig zu applicieren, kommen theils daher, daß sie nicht dazu auferzogen worden, theils von der gegenwärtigen Beschaffenheit der Stände. Denn in dem sogenannten Herrenstand werden die Mütter oft durch die vielen Visiten, durch die Staatsgeschäfte, durch die Kostbarkeit der Haushaltung oder auch durch die Aufwartung, welche ihre Männer von ihnen fordern, verhindert, daß sie wenige Zeit auf ihre Kinder verwenden können. Und im geringen Stand haben viele Weiber zu viel zu schaffen, daß sie ihren Kindern nicht abwarten können. Manche Weiber von allerlei Ständen mögen ihre Kinder nicht unterrichten, weil sie zu commod sind, oder weil sie mit ihren Kindern nur Possen treiben oder weil sie lieber etwas Anderes thun. 101 / 180f

Trauer um die verstorbene Tochter *[1777]*

Catharina Elisabeth Goethe an J.K.Lavater

Er gibt den müden Kraft und Stärcke genung den ohnvermögenden – was Er zusagt hält Er gewiß. Ein neuer, lebendiger, dastehnder Zeuge sind wir, die wir unsre Cornelia[1] unsere eintzige Tochter nun im Grabe wissen – – und zwar gantz ohnvermuthet, Blitz und Schlag war eins. O lieber Lavater! die arme Mutter hatte viel viel zu tragen, mein Mann war den gantzen Winter kranck, das harte zuschlagen einer Stubenthüre erschröckte ihn, und dem Mann muste ich der Todes Bote seyn von seiner Tochter die er über alles liebte – mein Hertz war wie zermahlt... Ohne den Felsenfesten Glauben an Gott – an den Gott, der die Haare zehlet dem kein Sperling fehlet – der nicht schläfft noch schlummert, der nicht verreißt ist – der den Gedancken meines Hertzens kent ehe er noch da ist – der mich hört ohne daß ich nöthig habe mich mit messern u Pfriemen blutig zu ritzen, der mit einem Wort die Liebe ist – ohne Glauben an den wäre so etwas ohnmöglich auszuhalten ... wir! die wir wissen daß über den Gräbern unsterblichkeit wohnet, und daß unser spannenlanges Leben auch gar bald am Ziel seyn kan – uns ziemt die Handt zu küssen die uns schlägt, und zu sagen (zwar mit 1000 thränen): der Herr hats gegeben, der Herr hats genommen, sein Nahme sey gelobet. 93 / I 19

Tod der kleinen Tochter *[um 1780]*

Isabella von Wallenrodt

Man wies mich in den Saal, wo die Leiche stand... Meine Schwester saß über die Todte gebeugt, hielt ihre erstarrten Hände und ließ den Kopf auf der Leiche ruhn... Ich ging auf meine Schwester zu und suchte sie aufzurichten, denn der Blattergift des verstorbenen Kindes mußte ihr schaden. Hilf mir doch

1 Cornelia Schlosser, geb. Goethe.

um deine Bernhardine weinen, sagte ich, indem ichs vor Thränen kaum verständlich sagen konnte, sie richtete sich schnell auf, starrte mich fürchterlich an und sagte dann hastig: hat Gott wohl gethan?... Ich kniete neben sie hin, umfaßte sie und weinte, sie fing endlich mit mir an zu weinen... Diese Nacht war für meine Schwester ein Inbegriff der größten und folternsten Angst; wir brachten sie wachend zu, ich erhielts nicht von ihr, daß sie sich zu Bette legte; sie wollte aufbleiben, um ihre kleine Todte oft besuchen zu können. Ich ging mit ihr, und da sie sich doch immer zureden ließ, wieder weg zu gehen, so hielt ich sie nicht ab, so oft sie auch gehen wollte; denn es war ihr Erleichterung... Ich hatte mit meiner Schwester lange genug zu thun, ehe sie der Vernunft Gehör gab, der Verlust dieses einzigen und noch dazu sehr liebenswürdigen Kindes, welches 5 Jahr lang ihre einzige Freude gewesen, war zu tiefgreifend. Eine ganze Woche verging, wo jede Nacht nur wenige Stunden geschlafen ward. 203 / II 128–132

Die Braut in Kindsnöten *[1785]*

Sophie Becker

Diese Person ist ... die Wirthin in der Schenkstube ... und von einem Handwerksgesellen zu einem vertraulichen Umgange verführt worden. Sobald ihr Zustand sich merklich veränderte, wurde sie mit der hier im Hannöverschen üblichen zu zahlenden Strafsumme von 6 Rth. belegt.[1] Ihr Liebhaber, der so arm als eine Kirchenratte, war dennoch willig und bereit, sie zu heirathen und zwar noch vor ihrer Niederkunft, damit das Kind, wenn es ein Sohn wäre, zunftfähig würde. Das Konsistorium machte aber noch mancherlei Weitläufigkeiten, welche denn ihre Hochzeit bis heute aussetzten. Die Braut, welche mit etwas Einfalt eine große Gutwilligkeit und ein fröhliches Herz verbin-

1 Sexuelle Vergehen (vor- oder außerehelicher Beischlaf etc.) wurden mit obrigkeitlichen und kirchlichen Schand- oder Geldstrafen belegt. Uneheliche Geburt schloß die Aufnahme in eine Zunft aus.

det, bittet gestern, ob sie gleich sehr arm ist, doch eine Anzahl guter Bekannten zu ihrer heutigen Hochzeit. Heute morgen ganz früh liegt sie aber in Kindesnöthen. Der Bräutigam, welcher Cramer heißt, will sie dessen ungeachtet auf einem Schlitten in die nächste Kirche schleppen, damit nur ja das Kind zunftfähig bleibe. Unsre getreue Marie, ein sehr gutes Mädchen und gute Freundin von der Braut, kam früh bei mir guten Rath holen. Ich fragte, ob der nächste Prediger denn nicht ins Haus zur Trauung kommen könnte. Ei, das koste 10 Rth. Strafe an das Konsistorium... Der tiefbetrübte Bräutigam wurde hereingerufen, ihm die 10 Rth. geschenkt, und er flog wie der Wind und holte den nächsten Prediger nebst Kantor. Die Trauung wurde in der Geschwindigkeit vollzogen und sogleich die Lasten oder die Strafe des Apfelbisses getragen. Die Strafe, sage ich mit gutem Bedacht, denn die Schmerzen der armen Person haben heute den ganzen Tag gewährt, und noch jetzt, da es bald Mitternacht ist, liegt sie und erwartet ihre Niederkunft mit Angst.

139 / 226f

Ein Leben für die Kinder *[1785]*

Lili von Türckheim an J.K. Lavater

Ja schwer und viel sind der mutter leiden, und schmertzen, aber tausend mahl tausend der freuden die ihnen der gäber alles Guttes, durch Kinder gewärt. und nur so wie der siegende Gerechte sich über überstandene leiden freuet, und sich ihrer erinert, auch so gedenckt die Zärtliche mutter der leiden die ihr zur ewigen quele unendlicher Freuden wurde. ... Ich tatele mich oft über meine zu grose anhänglichkeit an diese liebe kleine, denn ich muß aufrigtig gestehen, ich habe keinen Sinn, vor nichts; auser dem glück vor sie zu Leben, und mich vor sie und mit ihnen zu beschäftigen, kenne ich keines, es ist auserst Summarisch berechnet der inbegrif meiner gedancken und beschäftigungen, und jeder Weeg der mich von dem Zweck scheint zu entfernen würde mir beschwerlich, so wie auf der andern seite alles was mich ihm nähren kann, am wichtigsten ist. 145 / 39

Die Pflicht zu stillen *[1790]*
Johann Jacob Ebert

Nach der Geburth eines Kindes muß die vornehmste Sorgfalt der Mutter darauf gerichtet seyn, ihm eine gesunde, und seiner zarten Leibesbeschaffenheit gemäße Nahrung zu reichen. Da nun, wie die Ärzte sehr oft schon bewiesen und tausend Erfahrungen gelehrt haben, einem zarten Kinde in den ersten Monaten seines Lebens nichts zuträglicher und nahrhafter ist, als die Milch seiner eignen Mutter, so ist es für eine Mutter eine weit wichtigere Pflicht, als von den verheyratheten Frauenzimmern gemeiniglich geglaubt wird, ihre Kinder selbst zu stillen, wofern nicht eine zu große Schwächlichkeit oder Krankheit die Beobachtung dieser Pflicht unmöglich machen. Denn da diejenigen Weibspersonen, die sich als Ammen vermiethen, meistentheils ein sehr unordentliches Leben geführt, und nicht selten sich solche Krankheiten zugezogen haben, welche sich durch die Milch auf ihre Säuglinge leicht fortpflanzen; so setzt eine Mutter ihr Kind keiner geringen Gefahr aus, wenn sie es die Milch einer solchen Weibsperson genießen läßt. 27 / 242f

Jeder Tag zehrt an mir *[1791]*
Caroline Herder an J. G. Müller

Ich konnte aus andern Ursachen nicht schreiben: ich kam den 21. August mit einem Sohn nieder... er ist unsre einzige Freude u. Liebe, dies zarte verständige Gebildchen, ein wunderbarähnlicher Abdruck seines Vaters. So haben wir nun Sechs Söhne u. Eine Tochter u. die heilige Zahl ist voll.

In mütterlicher Pflege um den Kleinen, u. Sorge über meine eigene Gesundheit ist mir der Winter entflohen; u. so flieht mir jeder Tag u. nimmt mir jeder Tag von meinem innern u. äußern Menschen. Ach die glücklichen Zeiten sind vorbei. Alles bleibt mir unter Hoffnung, Wunsch u. Vorsatz. Sie sind glücklich, lieber Müller, daß, in Ihrer Sehnsucht nach Arbeit, Sie die Natur anwehet u. Sie ihren Athem empfangen, u. sich erheben können. So wohl wirds uns nicht – oder vielmehr, ich ersticke das Gefühl wo ich kann, damit es mich nicht nach einem Tröpfchen Labung verlange... Die gute, reiche, schöne Natur wird Ihnen schon Kinder geben, warten Sie nur hübsch, sie werden Ihnen schon noch den Kopf warm machen, wenn Sie sitzen u. lesen wollen. Ich gönne der lieben zarten Maria[1] wohl noch diese Ruhetage, denn wenn sie einmal kommen, die Kinder, so hören sie nicht wieder auf. 68 / VI 235f

Dank an die Mutter *[1791]*

Novalis an Auguste von Hardenberg

Ich weiß, daß Du es so gern siehst, wenn ich an Dich schreibe, ob ich Dich gleich versichre, daß auch gewiß sonst die Errinnerung an Dich mir die glücklichsten meiner Stunden macht, wenn meine Fantasie schwelgt und Dein Bild lebendig mir vorschwebt. Wenn alle die schönen Szenen der Vorzeit und Zukunft, die ich mit Dir erlebte und erleben werde vor mir stehn und jeder Zug in ihnen beseelt ist: Wenn gar der blaue Schleyer der Zukunft sich hebt und ich Dich als Schöpferinn aller jener kühnen Entwürfe sehe, die eine allzukühne Zuversicht in meine Kräfte wagte. Denn wem dankten alle Männer beynah, die etwas großes für die Menschheit wagten, Ihre Kräfte; Keinem als ihren Müttern. Du trugst beynah alles zur Entwicklung meiner Kräfte bey, und alles was ich einst gutes wage und thue, ist Dein Werk und der schönste Dank, den ich Dir bringen kann. Wie befindest Du Dich denn izt, doch so, wie ich hoffe und wünsche, daß Du Dich noch eine lange Reihe Jahre befinden magst um uns allen nicht die höchste Zufriedenheit zu rauben, die an Dich geknüpft ist. 128 / 86f

1 Johann Georg Müllers Frau Maria.

Schamhaftigkeit der Stillenden *[1796]*

Johann Christian Siede

Selbst dem Gatten wird die mütterliche Schamhaftigkeit und Delikatesse den säugenden Busen nicht immer enthüllen; gern wird ihn der Tuch überdecken, wenn auch der kleine Säugling daran ruht.

Eine schamhafte Mutter ist ein nicht eben häufig anzutreffendes, aber schönes entzückendes Bild. Sanft sitzt sie ihrem Gatten gegenüber, oder neben ihm, und lächelt auf den kleinen am Busen herab, der unterm Tuch schläft, oder sich mit den kleinen Händen Platz macht; die sanfte Mutter lächelt, und bringt das verschobene Tuch wieder in Ordnung.

Ein vor Jedermann sich enthüllender und säugender Mutterbusen, wird bald nicht mehr für schön gehalten, und wenn er der schönste ist; denn er hat seinen ersten, schönsten Reiz, Schamhaftigkeit, verlohren.

Selbst bey dem jungen Mädchen gefällt er nicht so, wenn er ganz sich sehen läßt, als wenn er sein volles und blühendes Daseyn nur gleichsam dem spähenden Blicken ahnen läßt.

Bey säugenden Müttern ist dies um so mehr der Fall, da die Schönheit der säugenden Brust mehr in unserm innern Gefühl und in der Betrachtung ihrer Wohlthätigkeit und Nützlichkeit, ihr gerechtes Lob und Gemüth findet...

So manche freilich legt die feinere Schamhaftigkeit bald nach ihrer Verheirathung ab, und man sieht fast alle Tage Mütter, welche ... öffentlich, bey der weitesten Entblössung ihrer Brust, ihr Kind stillen, und es scheint ihnen kaum einmal in den Sinn zu kommen, daß dies ihren Gesellschaftern auffallen könne.

177 / II 69ff

Die Lasten des weiblichen Geschlechts [1796]
Charlotte von Stein an Charlotte Schiller

Niemand kann besser Ihre Leiden[1] fühlen als ich, denn mir war dieses Geschäfte auch auf eine schwere Art auferlegt. Von Thränen ermüdet schlief ich nur ein und schleppte mich wieder beim Erwachen einen Tag, und schwer lag der Gedanke auf mir, warum die Natur ihr halbes Geschlecht zu dieser Pein bestimmt habe. Man sollte den Weibern deßwegen viele andere Vorzüge des Lebens lassen, aber auch darin hat man sie verkürzt, und man glaubt nicht, wie zu so viel tausend kleinen Geschäften des Lebens, die wir besorgen müssen, mehr Geisteskraft muß aufgewendet werden, die uns für nichts angerechnet wird, als die eines Genies, der Ehre und Ruhm einerntet. 194 / II 310

Kinder sind Segen von Gott [1797]
Albertine Pfranger

Diese Woche war es meistens ganz still um mich... Diese Stille stach gewaltig ab, gegen das Getöse von 5 Kindern, an das ich mich gewöhnen mußte; da blieb alles so ordentlich und reinlich um mich herum, und das hatte immer viel Reitz für mich; der Kleine mahlte mir keine Landcharte in die Stube, schnitzelte kein Pferd von Karten, kramte seine Farben nicht auf den Tisch aus, um einen Leopard zu mahlen; sein Duzent Stöcke, mit denen er in der Kammer herum fuchtelt, ruhte hinter dem Kamin. Aber ich bin doch glücklicher, wenn ich meine Kinder um mich habe. Wohlgerathene Kinder um sich haben, ist Glückseligkeit! Nichts kann ein treues Mutterherz mehr erfreuen, als die Liebe zu ihren hoffnungsvollen Kindern; wenn man getrost hinsehen kann in die Tage, wo man nicht mehr hier ist; und man hoffen kann, sie, die Lieben von uns Entstandenen, setzen das Werk fort, das wir anfingen; wenn wir erwarten dürfen, daß sie

1 Charlotte Schiller stand vor der Geburt ihres zweiten Sohnes.

das Grab noch segnen werden, das unsre Hülle bedeckt. Wenn wir auch nicht sehen können, wie der Saame Früchte trägt, den wir in Hoffnung säeten; so freuen wir uns doch der Blüthe, und genießen im voraus die lieblichen Früchte. Ja, Kinder sind Segen von Gott. 134 / 34f

Der Tod der Mutter *[1797]*

Jean Paul an Chr. Otto

Über deinen ersten Brief wolt ich dir viel schreiben, über alle meine Schmerzen – über alle Stacheln, womit das Geschik mein Herz durchstochen hat – über die dramatische Pein, die ich vorausgesehen – über meine Klage ohne Trost, daß meine Mutter[1] nichts, nichts, nichts auf der Erde gehabt und daß ich ihr so wenig gegeben und über mein Erstarren über das Buch worin sie aufschrieb, wie viel sie sonst von Monat zu Monat gesponnen. – Wenn ich alle Bücher der Erde wegwerfe, so les' ich doch gute Mutter deines fort, worin alle Qualen deiner Nächte stehen und worin ich dich in der Mitternacht mit der keuchenden stechenden Brust den Faden deines kargen Lebens ziehen sehe. Ich habe sie 1 Vierteljahr vor ihrem Tode betrauert – aber doch jezt thut es meiner Seele zu weh, daß sie hier nichts hatte als ein sieches Herz vol Thränen. Ach! du warst glüklicher! – Ich wil dir meine Stunden nach dem Ende der ihrigen erzählen wenn ich einmal kan. Am Morgen wo ich gieng nahm sie Abschied und dankte mir für alles und war besorgt daß ich mich vom Boten verliere. Als ich wiederkam hatte die rauhe Hand des Todes, ungleich der Hand der Vorsehung, alle Leiden und alle Jahre auf dem blassen Angesicht ausgestrichen und sie war verjüngt und beruhigt. Ach wem wil ich etwas erzählen, da ichs nicht einmal schriftlich beschreiben kan? 78 / II 362f

1 Sophie Richter war am 25.7.97 gestorben.

Schwieriges Zusammenleben mit der Mutter *[1798]*

Karl von Stein an seinen Bruder Fritz

Meine Mutter[1] macht mich manchmal mit ihrer mitsorgfalt verdrüßlich so gut sie es eigentlich doch meynt, und wenn sie mir was rathen will so ist es immer mit Vorwürfen verknüpft. Ich habe meiner Frau einen Schreibtisch gekauft und da findet sie ich hätte lieber sollen eine eichne Stubenthür machen lassen, die wir doch nicht brauchen. Ich habe ganze Schüsseln voll selbstgezogener Melonen beynahe täglich auf den Tisch gebracht, und sie hat immer geklagt, daß ich keine Pfirsiche nicht hätte. Meine Spargel hatten nicht süß geschmeckt, meine neue Obstdarre war nicht recht, meine Ofen nicht, meine Milchwirtschaft nicht. Ich habe Pfirsische angelegt, habe 300 fortgekommene gestopfte Bäumchen und habe nun wieder den ganzen Garten voll Kirschbäumen, lasse immerfort welche vermehren und gebe mir alle Mühe, und siehe da, nun taugt meine Obstwirtschaft nicht. Und das geht in allen Dingen, ja den kleinsten so die ich nur unternehme. Eine solche immerwährende Ängstlichkeit und Tadelsucht von einem fremden Menschen kränkte mich nicht, aber von meiner Mutter ... bringt mich manchmal fast in Verzweiflung ... Indeß die Mutter hat uns doch lieb und ich will mir Mühe geben, das Gewicht nicht auf Sachen zu legen, deren unverbesserlichkeit meine mechante Eigenliebe offt ganz ohne Grund mir zueignet. 148 / 63f

1 Charlotte von Stein.

Der häusliche Alltag

Die leidigen Wirtschaftssorgen *[1753]*

Louise Gottsched an Dorothee Henriette von Runckel

Hier muß ich meinen Kopf täglich mit wahren Kleinigkeiten, mit Haus- und Wirthschaftssorgen füllen, die ich von Kindheit an, für die elendesten Beschäftigungen eines denkenden Wesens gehalten habe; und deren ich gern entübriget seyn möchte. Allein ein wesentliches Theil der vorzüglichen Glückseligkeit des männlichen Geschlechts, sollte in der Überhebung dieser nichtsbedeutenden Dinge bestehen; und wir dürfen nicht wider das Schicksal murren, daß uns diese beschwerlichen Kleinigkeiten vorbehalten hat. Sie verlieren nichts, liebste Freundin, daß wir in einer gewissen Entfernung leben, die Ihnen meine Schwäche nur von weiten erblicken läßt. Ich bin jetzt zuweilen so verdrüßlich, und so niedergeschlagen, daß ich alsdenn zu dem Umgange mit einer Person, der ich niemals mißfallen möchte, gar nicht fähig wäre. 57 / II 151f

Das liebe Haus *[1756]*

Meta Klopstock an ihre Schwestern

Ich bin müde, ich hab ein bischen Schnupfen, ich möchte beynahe nicht die wichtige Beschreibung meines Hauses anfangen, auf daß das liebe Haus nicht durch eine kalte Beschreibung leidet. Ja Kinder es ist ein Haus! ich weis wenns ich erst beschrieben habe, ihr werdet eure grossen weitläuftige Häuser gern mit meinem kleinen bequemen tauschen wollen. Ihr fahrt in einen Thorweg, (so sind alle Häuser hier, ohne Diehle) steigt zur Rechten in meine erste beste Stube aus, u geht durch in die zweyte. Bey der ersten Stube ist noch ein klein Kramloch. Ihr haltet noch immer im Thorwege, gerade aus ist der Hof; zur Linken steigt ihr in unsre Wohnstube, geht durch in die Schlafkammer. Sie ist ohne Ofen, aber nur durch eine hölzerne Wand unterschieden, folglich so viel Wärme darin, wie nöthig. Zur Rechten in der Wohnstube ... geht also eine Thüre in – – – die Küche, eine Thüre mit einem kleinen Fenster u einem kleinen grünen Vorhang, den Kl.[1] lieb hat, weil Meta ihn gemacht. Aus der Küche geht eine Thüre auf den Hof, worauf ein Brunnen, verschlossne Holz u Torfschauer, die Treppe nach dem Keller, unter der Küche, u meine Enten, Gänse, Kalikuten u Hü[hn]er sind. Die andre Thüre aus der Küche geht in die Gesindestube, aus der Gesindestube in die Speiskammer, woraus wieder eine Thüre auf den Hof geht. Auf dem Hof ist auch noch ein Waschhaus, welches ich mit meiner Wirthin gemeinschaftlich habe. Zwo Treppen hoch im Hause, auf Eine Etage, habe ich noch 2 Kammer, eine zu Fleisch, Äpfel, Kohl u dergleichen, die andre zu Unkram u den Kisten die ich nicht täglich brauche, denn alle meine weisse u schwarze Wäsche habe ich in den täglichen Stuben u dem Kramloch zu vertheilen gewust. Nun, bin ich nicht gut logirt? Ach, ich bin so vergnügt darin! 191 / II 553f

Verwaltung von Küche und Geld *[1764]*

J.J.Reiske an G.Müller

Meine Haußhaltung führe ich noch fort, wie ich vorhin gewohnt war. Ich gebe meiner Frau[2] ein gewißes Wochengeld, davon wir nothdürfftig leben können; und sie berechnet mir was sie ausgiebt. Sie, und Mama, sind an sich zu gottesfürchtig und zu edel gesinnt, als daß sie mich vervortheilen solten; welches ebensoviel seyn würde als sich selber das ihrige entwenden. Zudem gestattet auch die Mäßigkeit meiner Einkünffte nicht, daß einer großen Profit mache, sondern sie nöthigen mich aufmerksam zu seyn, und nach zu fragen wo jedes hinkommt. Ich habe auch noch nicht gesehen, daß meine liebste das übel genommen

1 Friedrich Gottlieb Klopstock.
2 Ernestine Reiske, geb. Müller.

hätte. Die Frau Mama verwaltet das Küchenwesen, womit ich meine liebste bißher nicht habe beschwehren wollen, eines theils, weil sie ihre Zeit sonst mit lesen und lernen und andern Beschäfftigungen nicht unnützlich verbringt, da indeßen auch die Mama mit dem Küchenwesen sich zu schaffen macht, und sie dieser Sorge überhebt...
Übrigens traue ich meiner lieben Frau allezeit noch die Geschicklichkeit zu, wenigstens für meinen geringen und sehr mäßig eingerichteten Tisch zu kochen. Solte Gott etwan einmal einen Sterbefall über unsere Mama verhängen, so wird sie schon ihrer Pflicht gemäß, sich der häußlichen Sorgen annehmen, zumal da die bey mir nicht so gar übermäßig schwehr und weitläufftig sind. Mit dem Gelde kan sie nicht nach ihrem willen hanttieren, weil ich deßen, zumal itzo, nach so starken Außgaben nicht viel habe. 142 / I 647f

Zuteilung des Haushaltsgeldes *[um 1765]*

Isabella von Wallenrodt

Ich war eigentlich sehr eingeschränkt in diesem Stück, er gab mir nicht vielmehr in die Hände, als zur Wirthschaft höchst nothwendig war, und es setzte wenig Geschenke, aber was das Erste betraf, so merkte ich wol, daß er mich wirthschaften lernen wollte, denn er hatte nun einmal in diesem Stück ein kleines Vorurtheil gegen mich gefaßt, welches ich durch meine Sparsamkeit ausrotten wollte... Er gab nur immer für das strengste Bedürfniß her, ich mußte ihm alles, nicht jeden Monat – nein! jede Woche abfordern, was zur Haushaltung gehörte. Es ist wahr, daß ich theils aus Ehrliebe, theils, um ihn anders zu überzeugen, damals sehr gut haushielt, und nicht 1 Gr. umsonst ausgab, aber oft reichte es nicht, und es ward mir sehr sauer, ihm das vorzutragen, weil er immer Anmerkungen machte. Es war mir schmerzhaft, daß ich als Frau, die doch nun einem Hauswesen vorstand, wie ein Kind, oder wie eine Ausgeberinn berechnen sollte. 203 / I 341, 351f

Fehlende Erfahrungen *[um 1770]*

Charlotte von Einem

M[ein] V[ater] war sehr klein und einfach eingerichtet: hatte eine alte 72jährige Holländerin zur Wirtschafterinn, bey der ich aber bald eine solche Unreinlichkeit entdeckte daß sie nur noch ½ Jahr bey uns blieb. Doch lernt ich vorher noch manches ab, denn leider, hatt ich von Kochen und Wirtschaften noch nichts begriffen, und dachte: es würde schon gehen. Papa war indeß zufrieden und ich muste mich gewöhnen sehr zu sparen und jeden Pfennig ihm abfodern weil er ins kleinste detail, alles von Einahme und Ausgabe, aufschrieb. In der Folge war ich so glücklich erfahrne wohldenkende Frauen zu finden die ich um Rath fragen durfte und die mich zurecht wiesen doch hab ich Lebenslang empfunden welch ein Unglück es für ein Mädchen ist wenn sie ohne Leitung einer Mutter – gleichsam in die Wirtschaft hineinstolpert und grade in den Augenblicken wo Zurechtweisung noth thut diselbe entfernt erst aufsuchen muß. Daß Großmama nicht früher gesorgt kommt nicht ihr, sondern mir zu Schulden ach ich war ja gar zu flüchtig, zu leichtsinnig und vergaß bald was sie mir mit Mühe eingepredigt hatte. Mann mag ja auch wohl für so ein paar Personen leicht kochen wenn der Geldbeutel die Weisung zur Hand gibt; aber wenn nun Gäste gebeten werden sollen – was bey uns die wir so sehr oft zu Gaste gebeten wurden – zwar selten – aber doch ja endlich der Fall seyn muste – da war Holland in Noth und es gab schlaflose Nächte vorher. Ich bin darum, mein Lebelang ängstlich bey dergl. geblieben. Ich bekam nun ein Bauermädchen was ich ... 10 Jahre bis zu meiner Verheurathung, im Dienst behielt. Es wurde reinlich und ordentlich gekocht und wenigstens alle Sontag ein Braten, am Spieß gemacht. Selbst in den theuren Jahren 71–72 kamen wir aus, wenn auch Papa, außer freyem Holz, kaum es auf 400 Thlr. brachte. Ich freue mich daß ich so sehr zur Sparsamkeit angehalten wurde und genüße izt – auf meine alten Tage die Früchte davon.

182 / 128f

Das erste Wirtschaftsjahr [1771/72]
Margarethe Milow

Wie aber Neujahr die Rechnung aus Hamburg kam, ich unsre Ausgaben mit der Einnahme verglich, da gings ziemlich im Kopfe herum. Das Mädchen, das wir mitgenommen, und die noch dazu meine Verwandte war, hinterging uns auf alle Weise... Auch war ich ... unwissend in der Wirtschaft, war in meinen ersten Mädchenjahren zu leichtsinnig gewesen, um darauf zu achten, und das letzte Jahr kam ich, wie Ihr wißt, nicht viel vom Zimmer, war der großen Haushaltung in meiner Eltern Hause gewohnt, hatte also nicht Verstand dazu, um eine kleine zu führen, richtete unsern Tisch, den Tisch des Mädchens, so ein, wie ich in meiner Eltern Hause gewohnt gewesen war, machte sie dadurch leckerhaft, kam in allen Sachen des Einkaufens an die unrechten Leute. Es ging also so, daß wir noch einmal so viel ausgegeben hatten, wie andre Leute von unserm Stande, und die doch besser dafür lebten, wie wir. Dreihundert Mark nehmen wir ein, und fünfhundert geben wir aus, wie lange können wir das machen? Ich faßte Mut, entdeckte unsre Ausgabe, nicht unsre Einnahme, einer alten, in der Wirtschaft erfahrenen Frau, die meine Freundin war. Diese zeigte mir Alles, worin ich gefehlt hatte, wo ich hier und dort was unnützes ausgegeben hatte, riet mir, mein Mädchen Ostern gehen zu lassen und dann eine ganz andre Einrichtung anzufangen. So sparsam, wie es mir nur möglich war, richteten wir uns schon gleich bei dem alten Mädchen ein... Ich legte mich mit allem möglichen Fleiß auf die Wirtschaft, sparte, wo ich nur sparen konnte, merkte auf, wo ich nur von Haushaltungssachen reden hörte, war den ganzen Tag fleißig, las nur, wenn ich dabei stikken konnte, schaffte den Thee nachmittags ab, das warme Essen, auch wenns nur Vorspeis sein sollte des Abends, schränkte unsern Umgang so viel nur thunlich ein ... ersetzte ungefähr auf diese Weise, was ich das vorige Jahr durch Mangel der Erfahrung und durch Nachlässigkeit versäumt hatte. Freilich gehörten Jahre dazu, bis ich das in der Wirtschaft ward, was billig jedes Mädchen, sobald sie heiratet, sein sollte. 121 / 106f

Sie kann nicht hausen *[1774]*

Philipp Matthäus Hahn

Als ich nach Haus kam, fieng meine Frau[1] Händel mit mir an, das ich ihr kein Geld zu Schu und Strümpf gebe, und verkleinerte mich vor den Leuten, die in der Nachtstund waren. Sagte ihr aber, das sie erstlich den Hanfzehenden habe und Geld machen könne zu ihrer Nothdurft und das sie aus bösem Gewissen kein Vertrauen zu mir habe, Geld zu begehren. Erfuhr auch, das sie Geld entlehnet, Kleider gekauft und weil sie die Rittmeisterin, wo sie es entlehnt, gedrungen, so war sie melancholisch und schon etliche Tage her voller Verdruß und Zorn.

Sie kan nicht hausen. Und wo sie einen Kreuzer von Menschen einnimmt, mus es in neubachene Wecken verthan werden zum Caffee. Sie hat nichts in der Ordnung, kan keiner Haushaltung vorstehen, ist falsch, hofärtig und ein elender Mensch, mit der ich geplagt bin. Ach Gott hilf! Ihr Christenthum ist nichts. Die Jahre sind vorbey, wo sie solte sich bessern. Sie ließt nichts, faullentzet, hängt alles an ihre Leute, läst sichs wohl seyn und sucht nichts als Augenlust, Fleischeslust und hofärtiges Wesen, und unterstützt mich nicht. 59 / 292

Einrichtung des Hauswesens *[1777]*

Ernestine Voß

Das Haus, das wir bezogen, hatte nur wenig Raum, zwei oder drei Zimmer, einen nicht kleinen Garten, und wir bewohnten es allein. Ein Duzend Stühle, einige Tische, und das unentbehrlichste Geräth ward so hübsch und mit so fröhlichem Herzen wie möglich geordnet; was irgend fehlen konnte, für die Zukunft aufgespart...

Die ersten Tage wurden in großer Geschäftigkeit zugebracht. Voß[2] war nicht bloß in seinem Fache thätig, er half mir auch in

1 Anna Maria Hahn, geb. Rapp.
2 Johann Heinrich Voß.

dem meinigen, zündete mir das erste Feuer an, und spaltete selbst Holz, denn der Vater hatte ihm eine Axt und ein Handbeil mitgegeben. Wasser holte ich mir aus dem Pumpbrunnen, der nahe an unsrer Wohnung war. Beim ersten Mittagsessen waren wir Beide einig, daß uns noch nie eine Mahlzeit so gut geschmeckt hätte... Unsre tägliche Regel war, am Vormittage sehr fleißig zu sein. Nach Tische gingen wir in dem schönen Schloßgarten spazieren. Dann wurden wol Besuche gemacht in den sechs Familien, mit denen wir nachbarlich verkehrten. Abends waren wir häufig mit Claudius zusammen, und in dem Hause, wo nach vorhergegangener Untersuchung das meiste Essenswürdige sich fand, ward die Tafel gedeckt. Eine bedeutende Rolle spielte ein Stück kaltes Pökelfleisch, oder ein Karpfen, den man vom Fischer im Schloßgarten selbst aus dem Teiche heben sah, und ins Schnupftuch gebunden nach Hause trug. Aber auch bei Reisbrei und abgesottenen Kartoffeln konnten wir sehr lustig sein. Wenn Claudius[1] bei uns war, so hatte er immer seine älteste Tochter mit einem Kreuzgürtel auf den Rücken gebunden; die ward dann in unser Bett gelegt, bis sie wieder heimgingen.

Wenn wir allein blieben, so ward um drei Uhr Thee, selten Kaffe, getrunken, und dabei gesprochen... Zu unsrer Hausökonomie gehörte unter andern, daß Abends nur ein Licht angezündet ward. Da Voß immer stehend am Pult arbeitete, und dazwischen auf und abging, entweder schweigend oder mittheilend, was in ihm lebte, ich aber für die zierlichen Stiche mit der Nadel der Helle nicht wohl entbehren konnte; so ersannen wir die Aushülfe, neben das Pult unsern Eßtisch und auf diesen für mich einen kleinen Strohsessel aus der Küche zu stellen.

198 / II 28f, 31, 34

1 Matthias Claudius mit seiner Tochter Carolina (geb. 1774).

Die häuslichen Tugenden der Mutter *[um 1780]*

Christoph von Schmid

Meine Mutter war, wie der Vater, klein von Person, wurde aber als eine Schönheit gepriesen. Sie hatte einen ganz vorzüglichen Verstand, den sie aber nur den häuslichen Geschäften zuwendete. Sie war unermüdet thätig; nie sah man sie müßig. Die Wohnzimmer waren höchst reinlich und in bester Ordnung. Die Küche besorgte sie selbst, indem sie sich auf die häusliche Kochkunst sehr gut verstand, und darin wirklich keine geringe Geschicklichkeit und Fertigkeit besaß. Sie wußte Alles sehr gut einzutheilen und zu benützen, um, was bei dem geringen Einkommen des Vaters sehr nöthig war, mit Wenigem weit zu reichen...

Die Mutter wußte auch mit den Speisen abzuwechseln; es kam die Woche hindurch täglich eine andere Suppe auf den Tisch, zu dem Rindfleische andere Beispeisen – Senf, Kreen, rothe Randich, Radieschen, Rettiche, frische oder eingemachte Gurken und dergleichen; eben so wurde mit Gemüse nebst Beilage gewechselt...

Auf einen Vorrath von Leinwand, auf immer reines Weißzeug, war die Mutter vorzüglich bedacht. Man kann denken, daß dieses bei so vielen Kindern ihr viele Mühe machte. Sie war unausgesetzt mit Stricken, Nähen – und Flicken beschäftigt, wozu sie denn auch die Mädchen frühzeitig anhielt. «Mit Ausbesserung alter Kleidungsstücke», sagte sie, «muß man die neuen Kleider neu und in gutem Stande erhalten.»

Wir zwei ältern Knaben erschienen, als wir anfingen Kirche und Schule zu besuchen, immer beide gleich und in keine helle, sondern meistens graumelirte Farben gekleidet;. hingegen war die Kleidung, auch an Werktagen, höchst reinlich und, wiewohl hie und da geflickt, durchaus ganz, ohne aufgerissene Nähten und fehlende Knöpfe...

Unsere Haare, die man damals lang trug, waren immer aufs sorgfältigste gekämmt und zierlich in Zöpfe geflochten. Deßhalb lobte man gar oft, nicht uns, sondern die Mutter. «Man kann», sagte einmal ein alter Herr, «an dem ganzen Aufzuge der Kinder sehen, was sie für eine Mutter haben; besonders aber erkennt man aus den wohl geordneten Haaren der Kinder den Fleiß und die Sorgfalt der Mutter.» 166 / 8–11

Unordnung und Unreinlichkeit *[um 1780]*

Henriette Herz

Das frühere Leben hatte nun wieder begonnen. H.[1] ging seinen Geschäften nach, die anfingen zuzunehmen; ich nähte, las, wusch, scheuerte und ging aus, das letzte indes selten; meine neuen Bekanntschaften waren noch eingeschränkt, und von den alten war mir fast keine geblieben. Ich wuchs und blühte immer mehr und mehr empor, vernachlässigte meinen Anzug und meinen Körper aber auf unerhörte Weise, so auch meinen kleinen Hausstand. Die Unordnung und Unreinlichkeit, welche mit so großem Rechte den Unwillen und Zorn meiner Mutter auf mich zogen, ehe ich verheiratet war, hatte ich mit in das neue Leben genommen, und mein Mann tadelte mich sehr ernstlich darüber, besonders dann, wenn seine Wäsche zerrissen war, die ich ihm meist aus irgendeinem Winkel des Hauses hervorgeholt hatte. Er ließ mich dann zu sich rufen und machte mir gerechte Vorwürfe darüber. Da es nicht half, ward er ernstlich böse; obschon ich erschrak, wenn er mich während seines Anziehens nach seinem Zimmer kommen ließ, so half es doch noch immer nichts. 69 / 23

1 Markus Herz.

Die sogenannte Bük-Wäsche *[1782]*
Johanna Catharina Morgenstern

Die schwarze Bükwäsche geschieht auf folgende Weise: Man weicht das Zeug Tags zuvor in Fluswasser ein; am andern Morgen reibt man es einmal vor der Hand mit Seiffe ab, bringt es in den Büke=Tubben, welches in einem Fasse besteht, das unten etwas enger ist, als oben. Unten hinein legt man das beste Tischzeug, dann Bettzeug und Hemden. Die Küchenhandtücher und das Gesindezeug bringt man gern in einen besondern Tubben, zumal wenn solche sehr schmutzig sind. Oben wird ein großes Laken oder Tuch darauf gelegt, und auf das Laken reine Asche; man muß aber ja fleißig nachsehen, daß kein Ruß unter der Asche ist, weil sonst alles Zeug verderben würde. Auf die Asche wird nun erst lauwarmes Wasser, hernach heißes und zuletzt kochendes Wasser gegossen. Unten in diesem Tubben oder Bükfasse ist ein Loch mit einem Zapfen, wodurch man das Wasser ablaufen lassen kann. In diesem Büke=Tubben läßt man die Wäsche 12 auch wohl 24 Stunden stehen; dann wäscht man das Zeug von der Büke und nachher etlichemale im Waschfasse mit reinem Wasser und weißer Seiffe, bis es rein ist.

123 / 408

Endlich eine geordnete Häuslichkeit *[1782]*
Johann Heinrich Jung-Stilling

So begann nun eine neue Periode seines häuslichen Lebens: Selma[1] ließ also fort die beyden Kinder aus Zweybrücken holen, und nahm sich ihrer sehr versäumten Erziehung mit äußerster Sorgfalt an. Zugleich stellte sie Stilling die Nothwendigkeit vor, daß sie die Kasse übernähme; denn sie sagte: Lieber Mann! deine ganze Seele arbeitet in ihrem wichtigen Beruf, in ihrer hohen Bestimmung; häusliche Anordnungen und häusliche Sor-

1 Jung-Stillings zweite Frau Maria Salome.

gen und Ausgaben, sie mögen groß oder klein seyn, sind für dich zu gering, gehe du deinen Gang ungehindert fort, warte du nur deines Berufs, und überlaß mir hernach Einnahme und Ausgabe, übertrage mir Schulden und Haushaltung, und laß mich dann sorgen, du wirst wohl dabey fahren. Stilling that das mit tausend Freuden, und er sahe bald den glückseeligen Erfolg: seine Kinder, seine Mobilien, sein Tisch, alles wurde anständig und angenehm eingerichtet, so, daß jeder Freude daran hatte. An seinem Tisch war jeder Freund willkommen, aber nie wurde tractirt...

Bey dem allen wurde die Kasse nie leer, immer war Vorrath, und nach Verhältniß, auch Überfluß da, und nun machte Selma auch den Plan zur Schuldentilgung: die Interessen sollten richtig abgeführt, und dann zuerst die Rittersburger Schulden getilgt werden. Dies letzte geschah auch in weniger als drey Jahren, und nun wurde Geld nach Schönenthal geschickt, dadurch wurden nun die Gläubiger ruhiger, mit einem Wort: Stillings langwierige und schwere Leiden hatten ein Ende. 82 / 425 f

Sparsame Ökonomie *[1788]*

Lotte Jacobi an ihren Neffen Georg

Eine Haupt-Statts u. Küchenveränderung geht in Mama Lehnens[1] Haushalt vor. Terese hat aufgesagt, weil ihr die Menge Fremden diesen Sommer die Imagination verrückt hatten. Wir laborierten 14 Tage lang stark am Mangel einer guten Köchin für an ihre Stelle. Es meldete sich eine Hübsche, die war liederlich, eine Häßliche, die war Diebin, eine dritte, die war zu altfränkisch. Es sollte ein Phönix aus aller dieser Asche entstehen, dachten wir; da der aber nicht kam, so bliebs bei der altfränkischen u. der Papa[2] tröstet nun die Tante Lehne damit, daß nichts über gründliches Wißen gehe. Diese ist von jugend auf in allen Regeln der Kochkunst unterrichtet worden, u. er ver-

1 Susanna Helene Jacobi.
2 Friedrich Heinrich Jacobi.

spricht sich einen guten Braten, kräftige Suppe, Gemüse u. Ragou; Vordersätze, an welche es kinderleicht seyn muß, das nichts bedeuten[de] Creme u. Gele Wesen jetziger Mode anzuschließen ... Zu noch größerer Vermehrung der häußlichen Economie hat Mama Lehne ihre Kammer-Jungfer au pied de la lettre in eine Kuh-Magd verwandelt, welche vorigen Mitwoch ihren Dienst angetreten hat, nachdem Jungfer Kirschbaum ihre Stelle die Woche zuvor verlaßen hatte. Ich habe diesen Sommer mit Verkauf von Ananas-Pflanzen u. Garten-Früchten einen beträchtlichen Theil der Garten-Unkosten bestritten. Sind wir nicht brav? u. soll's nicht wohl bey einer solchen Ordnung gut gehen? 71 / 237f

Reinlichkeit *[1788]*

Johann Daniel Hensel

Diese betrifft alles was im Hause ist; Wäsche, Kleidung, Tischgeräthe, Küchengeräthe etc. so, daß das ganze Haus, so viel möglich zu aller Zeit von jedem ohne Anstoß gesehn werden könnte. Sie muß aber nicht ängstlich seyn. Das Wohnzimmer darf nicht eben wie ein Putzzimmer aussehn. Die Ordnung kann darinnen nicht immer ganz streng herrschen, weil zuweilen wichtige Arbeiten, die viel Platz einnehmen, darinnen vorgenommen werden müssen. Gesetzt auch ein Fremder, wes Standes er auch sey, träte unvermuthet in ein solches Zimmer: so kann eine Frau mit Recht von ihm fordern, daß er alle die Unordnung, welche die Arbeit verursacht hat, übersehn, und keinen nachtheiligen Schluß für ihre Ordnungs- oder Reinlichkeitsliebe daraus ziehn müsse, wenn nur nicht mehrere Unordnung oder Unsauberkeit anzutreffen ist, als die Arbeit erfodert. Eben so wenig muß die Reinlichkeit in der Küche so weit gehn, daß wirklich reine Geräthe oder Materialien zu Speisen immer unnöthigerweise noch einmahl vor ihrem Gebrauche gewaschen werden müssen. Das wird am Ende Zeitverderb und Eigensinn. Aber mehr solten gute Hauswirthinnen für ihre eigne Reinlichkeit im Anzuge auch bey häuslicher Arbeit sorgen. Denn alle die Entschuldigungen, die auch vorgebracht werden, um dem gerechten Tadel zu entgehn wenn sie schmutzig erscheinen, halten nicht Stich.

67 / I 271 f

Ein Zimmer wird gesäubert *[1789]*

Johanna Catharina Morgenstern

Stühle und Tische müssen herausgesetzt, und die Fenster ausgehoben werden, alsdann wird alles rein abgefegt, und dazu bedient man sich einer Eule, oder Rauchkopf mit einer langen Stange. Mit dieser geht man Strich vor Strich sachte an der Decke und in den Ecken herum... Die Fenster werden mit bloßem Flußwasser gewaschen. Man legt ein Fenster in ein reines Waschfaß, taucht eine Fensterbürste in Wasser und wäscht es auf beyden Seiten, dann setzt man es auf einen breiten Tübben (breites Gefäß), und spühlt es auf beyden Seiten mit der Hand mit reinem Wasser ab, und setzt es auf ein Brett, oder wenn man das nicht hat, auf die Steine auf dem Hof, bis sie abgelaufen sind; aber ja nicht in die Sonne, sonst werden sie blau...

Das Porzellan, was auf den Tischen oder Komoden steht, wird auch so lange in einen festen Hebckorb gesetzt und herausgetragen. Die Gardinen werden ausgebürstet. Der Ofen wird, nachdem er abgefegt, mit einem feuchten Tuche abgewischt, dann werden die Schlösser mit feinem Ziegelmehle und einer Bürste abgebürstet und mit Handschuhleder nachgerieben; allein man muß ja dahin sehen, daß kein Sand in die Schlösser kömmt. Die Sachen von Nußbaum oder Eichenholz werden mit einem wollenen Lappen, welchen man über Kohlen hält, und gelbes Wachs darauf streicht, abgebohnt...

Alsdann wird die Stube gescheuert, man kann sie auf zweyerley Art scheuren, auf der Knie und mit dem Schrubbert... Im Sommer werden die Stuben weißer, weil die Bretter hurtiger trocknen, und man macht am Tage einige Fenster auf, damit es Zugluft hat...

Wenn die Stube trocken ist, wird alles noch einmal abgewischt, das Porzellan ausgewischt, die Stühle werden außerhalb der Stube, wenn sie von Sammet, Plüsch, oder Damast sind, abgefegt und ausgeklopft, die Gestelle, wenn sie von Eichen oder dergleichen, gebohnt... Wird weißer Sand gestreuet, so wird derselbe in einer Schüssel naß gemacht, und ganz dünne gestreuet.

124 / II 65–69

Die pflichtvergessene Hausfrau *[1791]*

G.A. Bürger an seine Frau Elise

Einer guten Hausfrau gebührt es durch die ganze Welt, auf Küche, Keller, Vorrathskammer, kurz, auf alles zu achten, was sie im Hause hat, damit sowohl die Consumtibilien gehörig zu Rath gehalten, als auch andere Sachen so lange erhalten werden, wie möglich. Es liegt der Hausfrau nicht sowohl ob, Geld zu erwerben, als vielmehr, des vom Manne erworbenen Geldes in allen, auch noch so geringfügigen Stücken möglichst zu schonen. Zu dem Ende geht nicht leicht ein Tag hin, da sie sich nicht fast überall im ganzen Hause, zum mindesten in Küche, Speise- und Vorrathskammer mehr als Ein Mahl sehen ließe. Sie läßt keineswegs das Gesinde für sich und allein schalten; sondern geht dem Gesinde überall nach, und sieht auf alle sein Thun und Lassen... Du aber, wie oft bist du seit 13 Monathen deines Hierseyns in Küche, Speise- und Vorrathskammer und in der Gesindestube gewesen? ...

So gewiß, als ich selig zu werden wünsche, bin ich überzeugt, daß bei einer rechtlichen, ihren Pflichten getreuen Hausfrau wenig über die Hälfte darauf gegangen seyn würde. Aber wie konnte es anders kommen, da liederliche Mägde das Hausregiment führten? ... Ich wünschte, daß du die Summe im Ganzen erblicken könntest, die solche auch nur kleine Schlampampereyen an Thee, Zucker, Butterbrod, Lichtern, Obst etc. das Jahr hindurch betragen. Und dann, was wird nicht versäumt? Was für Anlaß wird nicht dadurch auch den Mägden zur Versäumniß und Schlampamperey gegeben? Was wird nicht alles ruinirt! – Etwas, dessen sich in der ganzen Welt auch die Damen vom besten Weltton nicht schämen, habe ich dich nie thun sehen, z.E. Thee- und Kaffeezeug spülen, dieses nur meist mit eigenen Händen handhaben, nicht aber den rohen Fäusten der Mägde überlassen, nur damit es in gutem Stande erhalten werde! Wie oft habe ich die wackersten Damen sich hiermit nach geendigtem Trinken, wo nicht selbst noch in der Gesellschaft, doch unausbleiblich nachher beschäftigen, sich Wasser bringen lassen, das Geschirr ausspülen, abtrocknen und wegsetzen sehen! Auf diese Art ist denn auch etwas, was im ersten Ehejahre angeschafft ist, oft noch im dreyßigsten unversehrt vorhanden. Nie aber sah ich noch dergleichen von dir. In Mägdefäusten muß alles herumfahren. Es sieht aber auch darnach aus. Das grüne, doch eben nicht unfeine Kaffeegeschirr, war bis auf fehlende 2 Paar Tassen in gutem Stande, und sah sehr honett aus. Es hat mir 40 Louisd'or gekostet und konnte in jeder Gesellschaft mit Ehren erscheinen. Wie sieht es aber nun aus, von Mägdefäusten zerschmissen und zerstoßen! 185 / IV 154ff

Leben in Haus und Garten *[1793]*

Christiane Vulpius an J. W. von Goethe

Im Hause ist nun alles fertig, der Saal wird zu Ende jener Woche möblirt, die Stühle sind in der Arbeit; itzo werden noch die Ställe ausgeräumt, und ich halte so viel als möglich alles in Ordnung. Habe recht viel Gänse und Hühner angeschafft, und habe meine Freude so an dem Wesen. Über meine Gurken bin ich schon etwas ruhiger, ich habe spät welche gelegt, die sind recht gut, und wenn mir einen guten Herbst kriegen, so hoffe ich, soll alles gut werden. Es wird überhaupt heuer alles etwas später, auch der Waizen steht gut, und im alten Garten ist es itzo ganz herrlich: die Rosen blühen und die Kirschen wollen reif werden. Etwas kriegen mir dieß Jahr doch, wenn es bleibet. Das Abendbrot wird meist im Garten verzehrt. Wenn Du nur wiederkömmst, wenn noch schöne Tage sind, daß wir noch mannichmal im Garten am Hause schlampampsen können, da freue ich mich darauf. 112 / I 130f

Bitte um ein Darlehen *[1797]*
Caroline Herder an J. G. Müller

Ich bin nicht so glücklich wie jene Ameise, die zehn Heuschrekken auf sich laden und mit Muth forttragen kann. Mein Wille ist ganz gut, ich lade mir gern auf, aber am Ende will mir oft die Seele ausgehen ... Die Kinder, die Krankheiten meines Mannes, seine große Krankheit, die Reise und langwierige Krankheit seiner Schwester, hundert Dinge, die unser Stand nothwendig macht, haben endlich eine Bürde auf mich gewälzt, die mir gerade jetzt sehr drückend ist ... Wollten Sie mir wohl durch Schortmann in Nürnberg 60 Carolins in Silbergeld auf vier Jahre verschaffen, und sich bei ihm für mich verbürgen? Ich und Gottfried[1] unterschreiben es. Die Zinsen schicke ich alle Jahre gehörig an Schortmann. Nach diesen vier Jahren wünsche ich das Capital nach und nach abzahlen zu dürfen, nämlich 20 Carolins jedes Jahr ... Können Sie es thun, so werden Sie es thun, das weiß ich. Aber bald, bald, darum bitte ich angelegentlich. Haben Sie die Liebe, mir wo möglich mit rückkehrender Post zu schreiben ... Den Brief adressiren Sie gerade an mich ... Aus diesen Vorkehrungen sehen Sie freilich, daß mein Mann nichts davon weiß. Was soll ich ihn damit quälen. Er würde es nicht zugeben, daß ich Ihnen das ansinne ...
Ach, liebster Freund, dieser Brief ist mir sauer geworden zu schreiben. Ich schrieb ihn gestern vor Schlafengehen und weinte mich satt im Bette ... Indessen sind in den letzten zwei Jahren meine Haare fast grau geworden, und ich verberge Vieles vor meinem Manne, um ihn heiter zu erhalten bei seinen Arbeiten.

54 / 263f

1 Herders ältester Sohn.

Die Erziehung der Mädchen

Vorbemerkung

Zeugnisse über Kindheit und Jugend der Mädchen gibt es aus der 1. Hälfte des 18. Jahrhunderts wenige. Autobiographische Berichte fehlen für diese Zeit fast völlig – und wer hätte sonst über kleine Mädchen schreiben sollen? Die wenigen Nachrichten, die wir besitzen, zeigen kein besonders fröhliches Kinderleben. Daß man Kinder Kinder sein ließ, in der ihnen eigenen Welt der Phantasie, Spiele und harmlosen Vergnügungen, dafür finden sich vor dem Ende des Jahrhunderts nur geringe Spuren. Wie das Leben der Erwachsenen stand auch das der Kinder unter strengen Anforderungen von Pflicht und Moral. Auch wo die kleinen Mädchen noch nicht unmittelbar in den Arbeitsprozeß des Elternhauses eingebunden waren oder gar schon in fremdem Dienst standen, ließ man ihnen für ihre kindlichen Spiele wenig freie Zeit. Im Müßiggang wurde von den Aufklärern mehr als je zuvor der Ursprung aller Fehler und Missetaten gesehen, er war das Schreckbild aller Erzieher. Und so sorgten sie für ständige Beschäftigung, wie sinnlos und geisttötend auch immer sie sein mochte. Auf diese Weise sollten die Kinder «die Arbeit lieb gewinnen, vom Müßiggang entwöhnt werden»[1]. Als die harte und an Prügeln reiche Erziehung in der 2. Hälfte des 18. Jahrhunderts durch die neue, philanthropische Pädagogik abgelöst wurde, unterstanden die Kinder einem ganz anderen, subtil ausgeklügelten System von erzieherischen Maßnahmen und Lernzielen. Sittliche Besserung, geistige Fortschritte und körperliche Ertüchtigung sollten für diesen aufklärerischen Optimismus von Tag zu Tag augenfällig erkennbar werden.

Selbstverständlich entsprechen diese in einem mehr oder weniger gelehrten Diskurs erhobenen Forderungen nicht den tatsächlichen Verhältnissen. Breite Schichten blieben von derartigen Maximen lange völlig un-

1 s. S. 201.

berührt, selbst die Wirklichkeit bürgerlicher Kreise stimmte damit nicht überein. Dennoch darf der Einfluß der erziehungs- und bildungstheoretischen Schriften nicht unterschätzt werden – die autobiographischen Zeugnisse belegen die große Verbreitung und Wirksamkeit vieler Forderungen. Dies ist nur ein Zeichen dafür, wie sehr der pädagogische Diskurs Teil eines aufklärerischen und moralisierenden Prozesses war, der das 18. Jahrhundert und seine Menschen prägte.

Das erschreckende Wort: «Wir durften kaum lachen»[1]*, mitten zwischen sonst recht heiteren Kindheitserinnerungen einer Frau aus gutbürgerlichem Haus, weist auf diesen grundsätzlichen Ernst, der die Erziehung des 18. Jahrhunderts prägte. Schon das kleine Mädchen durfte keinen Augenblick unnütz vertun, sollte über jede Minute Rechenschaft geben können. Erzogen wurde es zu einem Leben in Gottesfurcht, zu einem Leben in Haus und Familie.*

Die erste Erziehung erfolgte im wesentlichen durch die Mutter, durch Hausgenossen oder auch eine im Haus lebende Erzieherin. Neben der Unterweisung in elementarsten Kenntnissen und Fertigkeiten sollte auch der Charakter gebildet werden: ein ‹artiges›, ‹sanftes›, ‹liebenswürdiges› Mädchen war das Ziel dieser Bemühungen.

Eine schulische oder gar wissenschaftliche Erziehung war zu Beginn des 18. Jahrhunderts fast ausschließlich den Söhnen der bessergestellten, adeligen und bürgerlichen Schichten vorbehalten. Die allgemeine Schulpflicht wurde im Laufe dieses Jahrhunderts erst ansatzweise eingeführt und nur sehr zögernd auch auf die Mädchen ausgedehnt, über den elementarsten Unterricht hinaus führte sie noch lange nicht. Den Töchtern wurde nur in seltenen Fällen, meist veranlaßt von gebildeten Vätern, eine gewisse schöngeistige Ausbildung zuteil, deren Ziele auch dann nur ausnahmsweise über die ‹schöne Hand› der Briefschreiberin wie die Fähigkeit zu gefälligem Geplauder in Gesellschaft hinausgingen. Diese Erziehung übernahmen für die ‹höheren Töchter› auch private Pensionsanstalten oder Klosterschulen, ein vertiefter Unterricht wurde den Mädchen erst in den seit den 80er Jahren gegründeten Erziehungsanstalten angeboten. Merkliche Fortschritte der Mädchenbildung allerdings brachte erst das 19. Jahrhundert.

1 s. S. 145.

Im Unterschied zur Verstandesbildung wurde – dem jeweiligen Stand entsprechend – die praktische Anleitung der jungen Mädchen zu allen Geschäften des Hauswesens meist ganz selbstverständlich und umfassend von jungen Jahren an betrieben. Die Mädchen wurden durch frühe Mitarbeit für den Beruf der Hausfrau und Mutter vorbereitet, auch wenn die philanthropischen Pädagogen diese Ausbildung noch in vielem vertiefen und systematisieren wollten. Für irgendwelche Tätigkeiten außerhalb des häuslichen Kreises aber wurden Mädchen nicht ausgebildet: nur dieser einzige Beruf war ihre Bestimmung. Selbst als Kinder in den staatlichen Industrieschulen in praktischen Fertigkeiten zum späteren Gelderwerb angeleitet wurden, waren dies bei Mädchen immer häusliche Arbeiten.

Alle Forderungen und Pläne für eine vermehrte Bildung der Frauen stammen selbstverständlich aus der Feder von Männern – auch wenn sie sich gelegentlich hinter einer fingierten Briefschreiberin verstecken, um den Anschein eines genuin weiblichen Anliegens zu unterstreichen. Männer fordern für Mädchen mehr Bildung, Männer entwerfen Pläne für Lehrinhalte und Schulformen. Das Bild, das sie sich von idealer Weiblichkeit machen, wird unangefochtene Grundlage, wird das Muster, wonach sich die Bildung der Mädchen auszurichten hat. Als unstreitig schickt Fichte seinen Überlegungen zu diesem Thema den Satz voraus: «Ein Frauenzimmer eigentlich gelehrt machen zu wollen, kann wohl keinem vernünftigen Manne einfallen»[1]. Er unterstreicht damit, daß das Ausmaß und das Wie weiblicher Bildung Ermessenssache allein von Männern ist. Frauen werden dazu nicht gefragt, von sich aus steuern sie allerdings zu dieser Diskussion auch kaum etwas bei. Die wenigen Frauen, die sich überhaupt grundsätzlich über Bildungschancen und -wünsche ihres Geschlechts äußern, fügen sich überwiegend in die ihnen von den Männern zugeschriebene Rolle, nehmen ihre ‹weibliche Bestimmung› unkritisch und sogar freudig an.

Die Männer dagegen diskutieren die Fragen der Mädchenerziehung, der öffentlichen Mädchenschulen und allgemein der weiblichen Bildung in großer Breite. Auffallend ist dabei, wie stark Befürwortung und Ablehnung einer verstärkten Mädchenbildung wechseln. In dem ersten

1 s. S. 134.

aufklärerischen Elan vor der Jahrhundertmitte, im Umkreis der Moralischen Wochenschriften etwa, wird mit besonderem Nachdruck eine bessere Ausbildung auch für Mädchen verlangt und dies mit den grundsätzlich gleichen Verstandesgaben beider Geschlechter begründet. Doch vor allem unter dem Einfluß Rousseaus wird diese Forderung bald abgeschwächt und auf eine Bildung beschränkt, die der eigentlichen, ‹natürlichen› Bestimmung der Frau Rechnung trägt. Man glaubt an Frauen eine physische und psychische Disposition zu erkennen, die einzig und allein in ihrer Bestimmung als Gattin, Mutter und Hausfrau ihre vollgültige Erfüllung findet. Und danach muß sich auch die Erziehung der jungen Mädchen orientieren. Allenfalls werden den Frauen solche Kenntnisse zugebilligt, die es ihnen ermöglichen, «am Gespräche der Männer, ohne Furcht sich zu compromittiren, Antheil zu nehmen, und einige leere Stunden mit nüzlicher Lektüre angenehmer ausfüllen zu können»[1].

Das oberste Ziel der Mädchenbildung erkennen die meisten Aufklärer in einem Katalog von Eigenschaften, die ein erquickliches und konfliktfreies Verhältnis von Mann und Frau garantieren: Nachgiebigkeit, Unterwürfigkeit, Sanftmut. Diese Erziehungsziele werden ganz unverblümt benannt und mit den gottgewollten oder natürlichen Aufgaben der Frau legitimiert. Die Frau ist zu einem Leben in Unterwürfigkeit bestimmt – also muß sie beizeiten lernen, unterwürfig zu sein.

Neben diese Eigenschaften treten noch jene Erfordernisse, die eine geregelte und reibungslose Haushaltsführung sicherstellen: Ordnung, Reinlichkeit und unermüdlicher Fleiß.

Je stärker zu Ende des Jahrhunderts die Bestrebungen für eine allgemeine Mädchenbildung werden, desto ablehnender und härter werden jene Stimmen, die Frauen rigoros in den häuslichen Kreis verweisen und ‹Weiblichkeit› für unvereinbar mit einer Ausbildung des Verstandes erklären. Demgegenüber regt sich nur äußerst zaghaft die Kritik daran, daß Frauen jede Ausbildung verschlossen ist, die irgend geeignet wäre, Gelderwerb und eine gewisse Unabhängigkeit auch für alleinstehende Frauen zu ermöglichen.

1 s. S. 135.

Allgemeine Leitlinien

Auch Töchter müssen erzogen werden *[1724]*

Christoph August Heumann

Es ist höchlich zu bedauren, daß die Eltern insgemein ihre Töchter nicht als Menschen, sondern als Affen tractiren, und sie in nichts unterweisen lassen, als daß sie nur etliche Gebeter und Psalmen, wie auch den Catechismum, auswendig können, und über dieses die Kunst zu nehen, zu spinnen, und zu kochen verstehen. Weil nun die Töchter eben so wohl Menschen sind, als die Söhne, so folget, daß man einerley Aufferziehung beyderseits gebrauchen müsse, mit dieser einzigen Ausnahme, daß, weil sie zu öffentlichen Ämtern und Professionen zu gelangen keine Hoffnung haben, man sie auch hierzu vorzubereiten keine Ursach hat. Daher ist es nicht nöthig, die Töchter in denen Sprachen unterweisen und gelehrt machen zu lassen... Im übrigen aber hindert es nicht, die Töchter in der allen Menschen nützlichen Weißheit in der Mutter=Sprache zu unterrichten, damit sie nicht nur ihren Verstand recht gebrauchen lernen, sondern auch ihre Affecten in gute Ordnung bringen, um hierdurch zur wahren Gemüths=Vergnügung und recht tugendhafften Conduite zu gelangen...

Es ist also billig, daß man auch junge Töchter lehre, wie sie recht raisoniren, wie sie tugendhafft leben, wie sie wohl reden, und sich der Höfligkeit gemäß aufführen sollen. In specie aber muß eine jede Mutter ihrer Töchter beste Lehrmeisterin seyn, und sie so wohl in der Haußhaltung unterrichten, als auch zu einem vergnügten Ehestande præpariren. 70 / 143ff

Ein Frauenzimmer muß schreiben können *[1731]*

Christiane Mariane Ziegler

Es ist in der That nichts kläglichers, als wann ein Frauenzimmer, und zumahl von guten Stande und Geburth, nicht einen einigen Buchstaben ordentlich zu schreiben weiß, und dergleichen Fehler wird man bey denen meisten von unsern Geschlechte unter denen Deutschen leider gewahr. Ihrer viele von denen Eltern sorgen bey Auferziehung ihrer Kinder vor alle Galanterien, und vergessen bey ihrer Anstalt und Aufsicht gar nichts von demjenigen, was dem äusserlichen Schein nach in das Auge fallen kan; allein das allernöthigste, und was zu Anführung einer ordentlichen und wohlgesetzten Schreib-Art gehöret, wird insgemein darbey versäumet. Wie beschwerlich und verdrüßlich ist es nicht, wenn man über einer eintzigen Seite eines Frauenzimmer-Briefes etliche Stunden lang buchstabiren muß... Wie viel Gelegenheiten fallen einem Frauenzimmer nicht vor, bald einen Klag- und Trost-Brief, bald aber ein Glückwunsch- oder anderes Schreiben dem Wohlstande nach abzufassen. Soll Sie nun einen andern mit in Ihr Blat schielen, und sich von selbigem die Feder führen lassen? Dieses wolte ich Ihr nicht anrathen, weil dabey gar viel zu bedencken stehet. Was aber Ihre Furcht wegen der Liebes-Briefe anbelanget, als welche Ihnen, Liebste Freundin, im Wege stehet, dergleichen Unterrichtung Dero beyden Fräulein zu gestatten, so halte ich selbige in der That vor gantz unnöthig. 209 / 49f

Mangelnde Gelegenheit zum Studieren *[1742]*

Dorothea Christiana Leporin

Darum ist meine Schuldigkeit ohne weitern Anstand zu untersuchen: Ob das Frauenzimmer zum studiren auch Gelegenheit hat.

Die Wahrheit zu sagen, wenn wir nicht auf einzelne Personen, sondern auf viele zugleich unsere Gedancken richten, wenn wir unter diesen vielen solche finden, denen das väterliche Haus weder Unterricht noch Bücher, anders, als durch eigene dazu gerichtete Kosten, darreichen kan, und wenn man endlich überdencket, wie viele Vorsicht dabey walten müsse, wenn das weibliche Geschlecht fremden Præceptoribus soll anvertrauet werden, insonderheit aber wie bedencklich es seyn würde, Frauens=Personen in die Fremde mitten unter die Herren Studiosos zu senden, so solte man fast auf die Gedancken gerathen: Es werde selten ein Exempel vorkommen, da es nicht dem Frauenzimmer an der zum Studiren erfoderten Gelegenheit fehle; und ich leugne nicht daß dieses die erheblichste Schwürigkeit ist, von der ich glaube, daß dadurch eine große Anzahl vom Studiren abgehalten wird.

Es sind diese Schwürigkeiten an sich selbst groß genung, darum haben wir uns desto mehr in acht zu nehmen, daß wir sie nicht durchs Vergrösserungs Glas ansehen, und dieselbigen nicht noch schwerer achten, als sie würcklich sind, sonst werden die mehresten, wie es zugehen pflegt, frühzeitig aus der Schule lauffen, und zum Spinn Wocken ihre retirade nehmen, welchen zu erreichen nicht solche Schwürigkeiten im Wege stehen. Diesemnach ist es eine unvermeydliche Nothwendigkeit, daß wir untersuchen: Ob noch Hoffnung für dieses Geschlecht übrig sey, die Gelegenheit zu überkommen, die erfodert wird, wenn sie studiren sollen? Ist diese gar nicht zu erlangen, so haben sie ihre Fähigkeit zum studiren umsonst empfangen, und sie sind leicht zu entschuldigen, wenn sie einer Sache, welche zu erreichen schlechterdinges unmöglich ist, sich entschlagen...

Ich weiß, daß vieles kan darwieder eingewendet werden, wenn das weibliche Geschlecht, so lange die Vorschläge zu einer Jungfern=Academie noch nicht in Erfüllung gegangen, des öffentlichen Unterrichts soll theilhafftig werden, und man würde mir ein grosses Unrecht zufügen, wo man von mir glaubte, ob behauptete ich, es könne das weibliche Geschlecht, ohne daß gantz besondere Vorsichtigkeit dabey angewendet werde, gar wohl ohne einiges Übel dabey zu befahren, mit Manns Personen zugleich zum öffentlichen Unterricht admittiret werden... Aber ich trage auch kein Bedencken nochmahls zugestehen, daß man diese Sache so sehr gefährlich ansehe, theils weil man nicht gewohnt ist, daß solches geschicht, theils weil man nur auf die üble Beschaffenheit der menschlichen Gemüther allein, nicht aber auf die deshalb zu machende Anstalten siehet. Wäre es durch den Gebrauch eingeführet worden, daß Mannes- und Weibes-Personen einerley Unterricht genössen, so würde es denen Menschen, welche so sehr an der einmahl eingeführten Gewohnheit kleben, bey weiten nicht so gefährlich vorkommen, als es ihnen jetzo, da mans nicht gewohnt ist, anscheinet. 108 / 72 ff, 79, 81 f

Vorbereitung auf den weiblichen Beruf *[1757]*

Dorothee Henriette von Runckel an Louise Gottsched

Die Klugheit erfordert, junge Personen bey Zeiten auf jeden Beruf vorzubereiten, darzu die Vorsehung sie bestimmt hat oder bestimmen möchte... Es ist die Erlernung aller weiblichen Arbeit auch eine wahre und ganz unentbehrliche Nothwendigkeit. Eine genaue Aufsicht in der Wirthschaft und eine strenge Ordnung muß ihnen beständig angepriesen und eingeschärft werden...

Welche wichtige Rollen sind unserm Geschlechte bestimmt und zugetheilt! und wie viel ist an der guten Ausführung unsers Berufs gelegen! Viele Personen sind schon im funfzehnten Jahre ausersehen, reizende und gefällige Gattinnen, kluge Hauswirthinnen und vernünftig zärtliche Mütter zu werden. Die glücklichen oder unglücklichen Folgen dieser Verhältnisse entstehen blos aus der genauen oder nachläßigen Erfüllung ihrer Pflichten. Und wie sehr bin ich überzeugt, wenn man alle junge Personen nicht nur zu den schönen Wissenschaften anführte, sondern vornehmlich auf die Bildung eines guten Herzens und auf die Vermeidung aller Verstellung bedacht wäre; wenn man dieselben zur fleißigen Arbeit, zur häuslichen Ordnung, zur Eintheilung bey allen unentbehrlichen Dingen und zur Vermeidung eingebildeter Nothwendigkeiten von Jugend auf gewöhnte: so würden mehr glückliche Heyrathen geschlossen werden, und zufriedenere Ehen daraus erfolgen. 57 / III 86ff

Nützliche Anwendung der Zeit *[1768]*

*Catharina Helene D****

Ich ... hege die Meynung, daß man jungen Töchtern die nützliche Anwendung eines jeden Augenblicks nicht zu früh anrathen könne... Der Fleiß wird ihnen solchergestalt zur Gewohnheit, die Gewohnheit zur andern Natur werden; mithin wird es ihnen unmöglich fallen, müßig zu seyn, oder die Zeit nicht gut anwenden zu wollen...

Haben junge Töchter das 7te Jahr erreichet, so müssen sie nach gerade anfangen, ihre Tageszeit ordentlich einzutheilen, und auf selbige etwas geizig zu werden. Dieser einzige Geiz ist löblich und tugendhaft. Denn von solcher Zeit an bis in das 14te Jahr, sollen sie billig so viel gelernet und sich so geschickt gemacht haben, daß sie sich nachgehends im Stande befinden, in allen übrigen Dingen, die ihnen vorkommen, sich selbst weiter zu helfen.

Die Vormittagsstunden gehören solchemnach 1. zur Theologie, um in selbiger einen hinreichenden Grund zu legen. 2. Zum Schreiben und Rechnen, um ersteres nach der Orthographie, auch schön, und beydes recht fertig zu können. 3. Zu fremden Sprachen, in so ferne selbige nöthig oder nützlich gefunden werden. 4. Zur Erlernung der Geographie, der Historie, des Zeichnens, der Musik etc. wie solches die jedesmaligen Umstände mit sich bringen.

Die Nachmittagsstunden können sie zu solchen Dingen anwenden, die nicht sowohl eine Anstrengung des Verstandes erfordern, als vielmehr entweder zur Leibesübung gehören, oder in einer Handarbeit bestehen, oder sonst zu nützlicher Ergötzlichkeit dienen. Das Tanzen, in so ferne es nicht sündlich ist, kann und muß nur alsdenn geschehen. Die Nähe- und Strickarbeit muß jedoch dabey nicht versäumet, vielmehr so emsig getrieben werden, daß sie alles, was sie von solcher Art brauchen, sollten sie es gleich noch so gut bezahlen können, sich selbst zu verfertigen im Stande seyn mögen, und auch wirklich verfertigen. Findet sich Gelegenheit, Kinder in anständige Gesellschaft zu schicken, oder ihnen selbige zu Hause zu verschaffen, so ist solche nicht hintan zu setzen. Nur lasse man Kinder immer eher und mehr mit erwachsenen Personen, als mit andern Kindern umgehen.

Das Lesen guter Bücher ist insonderheit nicht zu vergessen, doch läßt sich selbiges nicht so schlechterdings an die Nachmittagsstunden binden, daß es nicht auch des Abends nachgeholet werden könne, zumal wenn sich bis dahin etwa keine Zeit dazu gefunden hätte...

Gegen das 12te Jahr mögen junge Töchter sich nachgerade, und gleichsam nebenher, um die Küche zu bekümmern anfangen. Mit dem 13ten Jahre können sie, daferne sonst nichts daran hindert, vollkommen dazu, wie auch zu den übrigen Haushaltungsgeschäfften angewiesen werden. Und mit dem 14ten, höchstens dem 15ten Jahre, müssen sie, wenn ich so sagen darf, ihre Anweisungsstunden völlig geschlossen haben. Und nun muß alles auf die Ausübung des guten gerichtet seyn. 22 / 129 ff, 134 ff

Einübung in die Abhängigkeit *[1770]*

Johann Bernhard Basedow

Hingegen ist eine Person des andern Geschlechts am geschicktesten durch ihre Annehmlichkeit, dem Manne zu gefallen, durch die Sorgfalt für viele kleine Bedürfnisse und Vergnügungen und durch kluge Abwendung vieler kleinen Übel und Verdrießlichkeiten dem Manne, sich selbst und der ganzen Familie im ganzen sehr große Dienste zu leisten. Sie darf sich nicht so teilen und zerstreuen wie der Mann... Sie ist unter der Herrschaft, folglich muß sie dieselbe zu ertragen wissen; sie nimmt aber teil an der Herrschaft über Kinder, Hausgenossen und Gesinde; sie muß also auch die Gaben und Tugenden einer häuslichen Regentin besitzen. Sie muß auch jede kleine Familienangelegenheit besser als der Mann verstehen. Daraus folgt, daß die Erziehung einer Tochter die Ausübung aller dieser Pflichten, welche ihr bevorstehen, erleichtern müsse. Sie muß angewöhnt werden, ihre Person und ihren Umgang angenehm zu machen und zu erhalten, das männliche Geschlecht als das zum Vorzuge der Herrschaft bestimmte von Jugend auf anzusehen, sich dasselbe durch Sanftmut, Geduld und Nachgeben geneigt zu machen, die Aufmerksamkeit auf die kleineren Angelegenheiten des Hauses für wichtig zu halten und endlich die Schamhaftigkeit und Ehrbarkeit in Worten und Handlungen mit der äußersten Sorgfalt zu beobachten...

Ein Mädchen wird fast niemals in den Stand der Unabhängigkeit kommen. Daher muß es von Jugend auf gewöhnt werden, keine Zusage von irgendeiner Wichtigkeit zu geben, ohne diejenigen, von denen es abhängt, vorher zu fragen... Töchter muß man zu der Möglichkeit einer jeden glücklichen Heirat erziehen. Wenn sie aber in das dazu reife Alter treten, so wünsche ich, daß ein einsichtsvoller, beredter und lehrreicher Moralist ersucht werde, ihnen durch Gespräche und Bücherlesen eine förmliche Unterweisung in den Pflichten und Regeln der Jungfrauschaft, der Verlobungen, des Ehestandes und des weisen Verhaltens einer Mutter, einer Hausfrau und einer Gesellschafterin zu geben. 4 / 97, 101, 106

Das Philanthropin für Mädchen – eine Grille? *[1776]*

J. Chr. Blum an F. E. von Rochow

Was hat die schöne Hälfte des Menschengeschlechts gesündigt, daß wir ihre Bildung immer noch nicht zu einem Staatsinteresse gemacht, immer noch nicht öffentlich genug und allgemein betrieben haben? Wir Deutschen, wir Brandenburger insonderheit, wollen wir nicht einmal der französischen Erziehungsart, dem leidigen Pensionsunwesen ein Ende machen, welche den

Geschmack der Nichtswürdigkeiten unter uns gemein gemacht und unsere besten Mädchen in Drahtpuppen verwandelt haben? ... Wäre ein Philanthropin[1] für Mädchen so etwas Unmögliches, und wenn es irgendwo möglich wäre, wäre es nicht gerade bei uns am möglichsten, wo so viele Tausende an Franzosen und Pensionsanstalten verwendet werden? Es versteht sich, daß in einem solchen Institute nicht wie gewöhnlich angenehme Gesellschafterinnen allein, sondern vielmehr künftige gute Mütter, Aufseherinnen über Keller und Küche, Wirtinnen etc. und gewiß auch brauchbare rechtliche Dienstboten gezogen werden müssen.

Im Mittelstande, den ich ziemlich genau zu kennen glaube, sind auch die guten Frauenzimmer mehrenteils nur gut von einer Seite. Eine gute Wirtschafterin versteht noch wohl ihren Katechismus und stoppelt zur Not einen nichtsbedeutenden Brief von einigen Reihen zusammen; aber noch keine vorzügliche Tänzerin habe ich angetroffen, die Apost. Gesch. 2, 9. 10. 11.[2] ohne Angstschweiß und unter fünf Minuten hätte über die Lippen bringen können. Die lesende weibliche Welt ist mit wenigen Ausnahmen das Hauskreuz der Männer. Besserer Unterricht, weise Institute dazu, werden dem Übel abhelfen, und unsere Nachwelt den Glückseligkeiten des Jahres 2240 näher bringen können. Meinen schwachen Kopf und meine wankende Gesundheit gäb' ich mit Freuden dazu her und auch Geld, wenn ich es hätte. – Aber man wird der Grille lachen. 146 / 159f

1 Das von Basedow in Dessau gegründete Philanthropin war die Musterschule der neuen Pädagogik.

2 Eine Bibelstelle mit vielen fremdländischen Namen.

Wünsche eines Außenseiters *[1777]*

J.M.R. Lenz an J. Sarasin

Mich dünkt eine Frau bedarf in aller Absicht eines stärkern, zu mehr Leiden abgehärteten Körpers als ein Mann... Die meisten Leibesbewegungen die sich unsere Damen und Mädchen erlauben sind, das Gehen. Da dieses aber eigentlich nur eine Bewegung der Füße ist, so ist sie im Grunde kein Tragen, tragen müssen Ihre Mädchen alle Tage eine Stunde, Winter und Sommer... Übrigens wünschte ich auch ebensowohl daß von der frühsten Jugend an die Kochkunst ein wenig eifriger mit ihnen getrieben würde. Nicht daß sie einmal selbst kochen lernen, sondern daß sie alles wissen was zu einer guten Suppe gehört. Die gehörige Temperatur der Gewürze, die Abänderung der Gerichte nach den Jahreszeiten, die Planmacherey zum wohlfeilsten Einkauf der dazu gehörigen Provisionen sind doch wirklich die Fundamente einer guten Haushaltung, allzuoft der Gesundheit der Eltern und Kinder, und des ganzen Ehelichen Glükkes...

Sollte ich zu irgend einer Kunst oder Wissenschaft bey Ihren Frauenzimmern rathen, so wär' es das Zeichnen. Bey Blumen fiengen sie an und hörten bey Rissen aus der Baukunst auf; wohin ich auch die Gärten rechne. Da ist die eigentliche Sphäre des Geschmaks der Damen, aus der sie auf den unsrigen so allmächtig einwirken können, eingewirkt haben und einwirken werden. In der innern Einrichtung eines Hauses liegt die Seele alles unsers Glücks ... auch der Tanz muß früh mit ihnen getrieben werden. Wär es auch nicht weiter als um die Begriffe von Takt und Ordnung in ihre Seele zu bringen, – in denen sich die Welt dreht...

Rechnen lassen Sie sie doch ja nicht anders lernen als nach Aufgaben aus der Haushaltung... Selbst Addition, Subtraktion und die fünf Species darf sie nicht anders treiben als nach Aufgaben wie sie im gemeinen Leben vorkommen...

Naturhistorie, Kenntniß von Pflanzen und Thieren auch Mineralien ist ihnen wohl unentbehrlich, sowie die anatomische

Kenntniß des Menschen, ohne der sie elende Kinder erziehen werden...

Alle übrige Wissenschaften können sie entbehren. Kleine Unwissenheiten in der Historie in der Geographie reitzen oft mehr als die Schönflecken. Wenn sie nur das Allererste davon wissen. Man muß ihren Männern auch was übrig lassen.

106 / II 109–112

Selbstdenken – Selbsturteilen *[um 1780]*

Johann Gottlieb Fichte

Ich kann und darf über das, was ein Frauenzimmer wißen sollte, nur sehr kurz, und bescheiden sprechen, aus dem natürlichen Grunde, weil ich mich hierinne leicht irren könnte. – Ein Frauenzimmer eigentlich gelehrt machen zu wollen, kann wohl keinem vernünftigen Manne einfallen. Doch giebt es mehrere Kenntniße, die nicht eigentlich dazu gehören gelehrt, sondern vernünftig, in seiner Sphäre brauchbarer, und glüklicher zu sein; und diese, glaube ich, sollte man jedem, in dem Grade der Vollkommenheit beizubringen suchen, als es unter den Umständen, und ohne den höhern Zweken zu nahe zu treten, möglich ist. – Schreiben und Rechnen zähle ich hieher gar nicht; diese sind unentbehrlich. Ob es mit der Französischen Sprache, die an sich es gar nicht ist, wegen des Lokalen sich eben so verhalte, kann ich nicht entscheiden. –– Selbstdenken, selbsturtheilen, ist Vorrecht des Menschen, als Mensch, und nicht des Geschlechts, und die höchste Quelle seines Glük's. Aber das ist keine besondre Wißenschaft, sondern muß an alle dem, was gelehrt wird, gelernt, und ausgeübt werden. Und schon in dieser Rüksicht ist es nöthig auch mit dem Frauenzimmer einige Wißenschaften zu treiben – sollte man sie auch nur als Mittel zur Entwikelung, und Übung des Verstandes, als Materie betrachten, woran sich der Geist in der Arbeit übe. – – Aber diese Mittel können auch an sich wahren reellen Nuzen stiften. – Es ist einem Frauenzimmer sehr anständig von den Gegenständen in der Natur, die sie umgeben, und von den Wirkungen derselben auf unsern Vortheil oder Nachtheil einige Begriffe zu haben, um sich vor den gewöhnlichen Vorurtheilen, vor ungegründeter Furcht, vor Aberglauben hüten zu lernen. Es könnte ihm sehr dienlich sein – etwa durch die Geschichte – einige Anleitung zur Menschenkenntniß zu erhalten, um diese, mit denen sie doch einst leben muß, bestimmter zu fixiren, geschikter zu behandeln, richtiger, gelinder, und liebevoller beurtheilen zu lernen. Es könnte ihm nicht schaden von der bürgerlichen Verfaßung der gegenwärtigen Welt etwas Kenntniße zu haben, um am Gespräche der Männer, ohne Furcht sich zu compromittiren, Antheil nehmen, und einige leere Stunden mit nüzlicher Lektüre angenehmer ausfüllen zu können. 38 / II 1, 180f

Besorgung des Hauswesens *[1781]*

Johann Georg Sulzer

Es ist in unsern Sitten und vielleicht nicht ohne Veranlassung der Natur eingeführt, daß das weibliche Geschlecht die Besorgung des Hauswesens auf sich nehme. Es ist deshalb schlechterdings notwendig, daß die Töchter durch die Erziehung die Fähigkeiten zu einer ordentlichen Bestellung des Hauswesens erlangen. Dies ist bei ihrer Erziehung beinahe der wichtigste Punkt, da ihre künftige Ruhe und Zufriedenheit und einigermaßen ihr ganzes zeitliches Glück davon abhängt...

Ich will alles, was mir hierüber beifällt, in folgende fünf Hauptpunkte zusammenfassen.

1. Ordnung in den zum Hause gehörigen Sachen und Verrichtungen. 2. Arbeitsamkeit, Fleiß und Geschicklichkeit. 3. Sparsamkeit. 4. Kenntnis aller Sachen, die ins Haus gehören und ihres Wertes. 5. Gute Regierung des Hausgesindes.

Die Ordnung ist also das erste, wozu die Kinder angeleitet werden sollen. Sie muß in Sachen, die man hat und in den Verrichtungen, die täglich vorfallen, beobachtet werden...

Zur Ordnung gehört auch die Reinlichkeit, als ein gar wesentlicher Punkt. In allem, was zum Hause gehört, und auch was den Kindern persönlich nötig ist, muß nichts Schmutziges, Beflecktes, Zerrissenes oder Zerbrochenes geduldet werden; alles muß, so weit immer möglich, gleich wieder in guten Stand gestellt werden...

Es ist aber auch Ordnung in den Verrichtungen nötig. Man muß nicht zugeben, daß die Kinder aus Leichtsinn von einer Arbeit zur andern springen. So viel möglich ist, muß eine vollendet werden, ehe eine andre angefangen wird. Jedes muß zu seiner Zeit geschehen, und das Notwendige und Nützliche muß dem Angenehmen und dem, was zum bloßen Zeitvertreib geschieht, vorgehen...

Das zweite Hauptstück betrifft die Arbeitsamkeit, den Fleiß und die Geschicklichkeit. Arbeitsam muß jeder Mensch sein, der Geschäfte hat, sie seien von welcher Art sie wollen, wenn er sich selbst nicht großen Verdruß aufladen will. Damit die Kinder arbeitsam werden, müssen sie nie ohne Beschäftigung gelassen werden. Ihre täglichen Verrichtungen müssen ihnen vorgeschrieben sein, und von Arbeit muß ihnen soviel aufgegeben werden, als sie bestreiten können. Man muß beständig ein Auge darauf haben, daß sie hintereinander wegarbeiten, ohne alle Augenblicke sich umzusehen, oder die Arbeit aus der Hand zu legen; dieses würde sie träge und zu guter Arbeit untüchtig machen...

Mit der Arbeitsamkeit muß der Fleiß verbunden werden, der dem Sudeln und Pfuschen entgegengesetzt ist. Es wäre beinahe besser, gar nichts zu arbeiten, als die Arbeit schlecht zu machen. Freilich können die Kinder die Sachen nicht gleich vollkommen ausführen. Aber man muß sehr genau darauf halten, daß sie auf die Arbeit aufmerksam seien und sich möglichst Mühe geben...

Der dritte Hauptpunkt ist die Sparsamkeit, eine Eigenschaft, die nicht nur Kindern von geringerem Vermögen, sondern auch den allerreichsten nötig ist, wenn sie nicht in große Verlegenheit kommen wollen. Die Sparsamkeit besteht hauptsächlich in zwei Stükken. 1. In Vermeidung alles unnützen oder überflüssigen Aufwandes. 2. In guter Zurathaltung dessen, was man braucht...

Es wäre sehr gut, wenn man ihnen beizeiten angewöhnen

könnte, einen vernünftigen Überschlag dessen zu machen, was sie in einer Woche, in einem Monat oder in einem Jahr brauchten, wenn sie, ehe sie in das Alter kommen, da man sie ihnen selbst überläßt, wüßten, wieviel sie jährlich an Kleidung, an Wäsche, an Kaffee, Tee, Zucker und allen dergleichen Sachen, benötigen. Denn dadurch lernen sie einen vernünftigen Überschlag machen und das Geld, das sie einnehmen, mit dem, das sie notwendig ausgeben müssen, zu vergleichen...

Endlich ist in Ansehung des Hauswesens auch noch nötig, daß die Kinder zu einer guten Regierung der Dienstboten im Hause angeleitet werden. Denn ob man ihnen gleich keinen Teil der Herrschaft über sie gestatten muß, so können sie dennoch lernen, wie sie künftig, wenn sie Dienstboten unter sich haben werden, mit denselben verfahren sollen. Man hat oft Gelegenheit ihnen begreiflich zu machen, wie glücklich man in einem Hause ist, wenn man gute und getreue Dienstboten hat, und welcher Verdruß und welches Unheil aus dem Gegenteil entsteht.

190 / 189–195

Die Rolle des Vaters *[1783]*

Karl Friedrich Uden

Dem Anscheine nach haben zwar die Väter mit der Erziehung der Töchter nicht viel zu thun, und man kann auch nicht läugnen, daß ihre Erziehung nicht die beste zu sein pflegt, weil sie entweder ihren eigenen Geschäften zu sehr nähern, und bei den eigentlichen weiblichen Besorgungen nicht beobachten... Allein, es giebt auch Väter, die Beispiele einer sehr guten weiblichen Erziehung gegeben haben, und es ist wenigstens so viel gewiß, daß ihre Erziehungsentwürfe im Ganzen wichtiger sind, als die von Frauenzimmern herrühren, und eine Erziehung durch den Beistand eines vernünftigen, die Welt und Menschen kennenden, Mannes sehr gewinne.

So dünkt mich, giebt die Bildung des Vaters den Frauenzimmern ein gewisses gesetztes ernsthaftes Wesen, dessen sie in vielen Vorkommenheiten des Lebens bedürfen. Die Pflichten der Reli-

gion machen mehr Eindruck, wenn sie ein Mann von Gefühl ihnen vorträgt. Manche Zweige des Unterrichts, gewisse Kenntnisse, die fürs Hauswesen, für ihre künftige Bestimmung als Gattin und Mutter brauchbar sind, können nicht leicht so zweckmäßig von der Mutter, die oft sie nicht kennet, empfohlen und eingeflößet werden.
Indessen gestehe ich gern, daß der Einfluß des Vaters bei der Erziehung seiner Töchter nur mittelbar ist, und daß er genug gethan hat, wenn er manche Fehler verhindert, und seiner Gattin oder der angenommenen Erzieherin gute Entwürfe zur Erziehung angiebt; die Ausführung dieser Entwürfe aber ihnen überläßt. 192 / 63f

Hinführung zu einem würdigen Frauenleben [1783]
Sophie von La Roche

Sieh die jetzige Jahre deines Lebens als die Sammlungszeit aller guten und nützlichen Sachen an, die du in Zukunft wirst nöthig haben, um als ein schätzbares junges Frauenzimmer, oder als die Gattin eines würdigen Manns, und die geliebte Freundin und Gesellschafterinn von hochachtungswerthen Personen angesehen zu seyn... Glaube es nie, mein Kind! daß vernünftige und wohlgesinnte Leute eine Puppe wahrhaft lieben. Suche daher, deinem Herzen alle Tugenden, und deinem Geist alle einem Frauenzimmer anständige Kenntnisse eigen zu machen. Denke daß deine Fähigkeiten das dir anvertraute Pfund sind, mit welchen du für dein Glück wuchern sollst. – Tugenden werden dich in die Ewigkeit begleiten – Geschicklichkeit und Wissenschaft deines Standes werden dein Ruhm ausser deinem Hause, deine Gesellschaft in einsamen Stunden, und dein Vergnügen in derjenigen Zeit des Lebens seyn, wo die jugendliche Ergötzlichkeiten von uns weichen, wo deine jetzige Freundinnen mit dir älter geworden, und, wie du, an allem, was euch jetzo auf das vollkommenste und beste freut, keinen Gefallen mehr finden werden, und wo allein euer mit guten und artigen Sachen angefüllter Verstand die traurige Leere auf eine edle Art erfüllen kann...

Dennoch must du die Vorzüge deines Verstands eher zur Hälfte verhüllen, als in allem zeigen, weil du dadurch nicht nur den Ruhm der Bescheidenheit erlangest, sondern auch eine Pflicht der Schonung gegen andere erfüllst, denen entweder die Natur oder das Glück nicht so günstig war, oder die Gelegenheit, sie anzubauen, versagte. Lasse also, meine Lina! wenn dein Bruder mit seinen Freunden sich über Weltbegebenheiten oder andere Gegenstände unterredt, wenn du auch vollkommne Kenntniß davon hättest, deinen Geist nur durch das Vergnügen sichtbar werden, welches bey Anhörung vernünftiger und nüzlicher Gespräche durch dein bescheidenes Schweigen hervorleuchten wird. Sind aber Frauenzimmer da, die den nemlichen Geschmak nicht haben, wie du, so rede von etwas anders mit ihnen – von dem, was sie lieben und gut verstehen. Denn nie, mein Kind! muß man sich mit seinem besser wissen auf eine Art zeigen, woraus andern ein Misvergnügen entstehen kann...

Gute, liebenswürdige Lina! wie seelig wirst du einst die Gewohnheit finden, daß von der Morgenstunde an nützliche Arbeit im Haus, das Lesen nützlicher Bücher, dein Klavier, dein Singen und Zeichnen dich vor jedem Fehler der Unwissenheit bewahrte, und dich jedes Verdienst des Geistes und des Herzens sammeln ließ. 97 / 213f, 591f, 301

Gewöhnung zur Unterwürfigkeit *[1788]*

Adolph von Knigge

Ein Mädgen, wäre es auch vom Schicksal bestimmt, die Gattinn des vornehmsten, reichsten, mächtigsten Mannes zu werden, bleibt immer dem Gesetze der Natur unterworfen, das ... ein Frauenzimmer anweiset, ihren Mann für ihren Herrn zu erkennen... Die erste Regel, welche ich daher bey Erziehung der Mädgen geben würde, ist: Gewöhnt sie an Nachgiebigkeit,

Sanftmuth, Unterwürfigkeit, ja! bis auf die Gebehrden und den Ton der Stimme, müsse alles an ihnen den weiblichen Character verrathen...

Eine Frau ist oft in dem Fall, ihren Umgang nach dem Willen ihres Mannes, oder nach dessen Bedürfnissen und Verhältnissen einrichten zu müssen. Damit nun diese Aufopferung ihr einst nicht zu theuer zu stehen komme; so gewöhne man die Tochter frühzeitig, alle Arten von Menschen dulden und ertragen zu können...

Wenn es wahr ist, daß pünctliche Ordnung alle Geschäfte in der Welt erleichtert, beschleunigt, und angenehm macht; so ist diese Eigenschaft bey einem Frauenzimmer vorzüglich erforderlich. Auf der Hausfrau beruht die ganze innere Einrichtung des Haushalts, wobey eine so unendliche Menge von Kleinigkeiten vorfällt, daß, wenn diese Details nicht mit der strengsten Pünctlichkeit verwaltet werden, allgemeine Verwirrung, Zeitverlust und Betrug von Seiten des Gesindes die Folgen davon sind ... ich brauche nur das Nähekästgen der gnädigen Frau zu sehen, um zu wissen, wie es in der Vorrathskammer, in der Küche, auf dem Speicher und im Keller aussieht.

Eben dies gilt von der Reinlichkeit. Nicht alle Frauen sind in den Umständen, sich prächtig kleiden und kostbar wohnen zu können; aber da der größte Theil ihrer Kleidungsstücke sich waschen läßt; da sie sich weder durch Actenstaub noch grobe Handarbeit zu beschmutzen brauchen; da Wasser mehrentheils gar nichts, Seife und Besem aber wenig Geld kosten; so verlange ich Reinlichkeit am Leibe und im Hause. Sowohl diese Reinlichkeit als jene Ordnung kann man früh den Kindern zum Bedürfniß machen, und die Mädgen gewöhnen, selbst in ihren Spielwerken, in der Einrichtung ihres Puppenhaushalts, sich davon nicht zu entfernen.

Mit Hülfe dieser Spielwerke und der Puppen hat man auch die herrlichste Gelegenheit den jungen Frauenzimmern Geschmack an weiblicher Handarbeit und an Haushalt und Küche einzuflößen. Meine Tochter, und könnte sie einst einen Kaiser heyrathen, muß nur Kenntniß von diesen Dingen haben; Das ist ihre natürliche, eigenthümliche Bestimmung. Lieber, wenn eins seyn müßte, soll sie nicht lesen noch schreiben, als nicht stricken noch kochen können. 89 / 53, 57, 59f

Werden die Frauen zu klug? [1788]

Johann Daniel Hensel

«Wenn man sie zu sehr aufklärte: so würden sie klüger als die Männer werden, oder es doch seyn wollen. Wie wäre dann mit ihnen auszukommen?» Dies ist nun eigentlich der allerlächerlichste Einwurf. Ein wirklich aufgeklärtes und gut erzognes Frauenzimmer, wird auch Bescheidenheit gelernt haben, und die Schwächen eines Mannes zu verzeihn, zu tragen, oder zu bedecken wissen. Nur ein zweckloser Unterricht, nur eine halbe Aufklärung kann schädlich werden. Und auch hier schadet nicht die Aufklärung, welche wirklich vorhanden ist, sondern die Mangelhaftigkeit, und die unterlassne Vollendung derselben bringen Nachtheil. Sind aber die Männer in der That so schwach oder vielmehr so fehlerhaft, und so unverständig, daß sie so leicht von einem Frauenzimmer übermocht werden können: so ist ihnen kein andrer Rath zu geben, als daß sie durch anhaltenden männlichen Fleis, durch Übung im richtig Denken, durch nützliche und gute Handlungen und Gesinnungen, und durch desto grössere Klugheit im Betragen, sich achtungswerth machen, und dem schönen Geschlechte die Waage halten müssen. Jener vermeinte Vorwurf aber ist eigentlich ein Lob auf den Scharfsinn der Frauenzimmer. Auch kann ich nicht einsehn was Frauenzimmer für eine Verbindlichkeit auf sich hätten, einfältig, oder doch weniger vollkommen zu bleiben, weil Männer zu faul sind sich in gleichem Maaße und Verhältnisse Vollkommenheiten zu verschaffen. 67 / II 189f

Das kleine Mädchen

Puppenwerk *[1715]*

Gottlieb Sigmund Corvinus

Puppen=Werck, oder, Spiel=Sachen, auch Docken=Werck Genannt, heisset überhaupt alles dasjenige Spielwerck, woran die Kinder ihre eigene Lust und Freude haben, und mit welchen sie sich die Zeit zu passiren pflegen. Die Materie, woraus diese Spiel= und Docken=Waaren bestehen, sind entweder Silber, so von denen Gold= und Silber=Arbeitern verfertiget werden, oder Holtz, welche die gemeinen Bildschnitzer und Drechßler zu machen pflegen, theils Alabaster und Marmor, welches eine Arbeit der Alabasterer ist. Andere werden von Wachs possiret, wie auch von Krafft=Mehl oder gegossenen Zucker, so die Zucker=Becker zu formiren pflegen... Uberdieß machet man auch allerhand Docken= und Puppenwerck von Pappen=Zeuge, so von aussen bemahlet und mit einem Firnüß bestrichen werden... Man kan aus solchen der Jugend vorgelegten Puppen= und Spielwerck öffters ihr Gemüthe artig erforschen, und aus deren Erkiesung zuvoraus erlernen, worzu sie geneigt, ob sie Weibische oder Kindische oder Ernsthaffte ihrem Stande nach wohlanständige Sachen wehlen und belieben, wie sie sich damit aufführen, und sie verwahren, ob sie solche recht anzuwenden und zu gebrauchen wissen, ob denen kleinen Jungfern die kleinen Puppen=Küchen angenehm, und ob sie darüber die Liebe zur künfftigen Haußhaltung auch darbey blicken lassen, ob sie schon die Hauß=Geschäffte aus einer Begierde suchen in der Zeit nachzuäffen, und sich dadurch zu allerhand Guten anführen und anmahnen lassen. Dergleichen Puppenwerck und Spiel=Sachen pflegen die Kinder insgemein zur H. Christ=Bescherung, Martins=Zeit, Nahmens= oder Geburths=Tägen statt eines Geschenckes zu überkommen. 21 / 1565ff

Erziehung der jungen Fürstin [um 1745]

Anna Amalie, Herzogin von Weimar

Meine Erziehung zielte auf nichts weniger, als mich zur Regentin zu bilden. Sie war, wie alle Fürstenkinder erzogen werden. Diejenigen, die zu meiner Erziehung bestimmt waren, hatten noch selbst nötig, gouvernieret zu werden. Eine Person, die sich völlig ihren Leidenschaften überließ, war Die, die ein junges Herz führen sollte. Sie hatte leider viele Leidenschaften, folglich auch viele Launen, die ich allein entgelten mußte.

Nicht geliebt, von meinen Eltern zurückgesetzt, meinen Geschwistern in allen Stücken nachgesetzt, nannte man mich nur den Ausschuß der Natur. Ein feines Gefühl, welches ich von der Natur bekommen hatte, machte, daß ich sehr empfindlich die harte Begegnung fühlte. Es brachte mich öfters zur Verzweiflung, so gar, daß – – –

Durch diese harten Unterdrückungen zog ich mich ganz in mich selbst. Ich wurde zurückhaltend, ich bekam eine gewisse Standhaftigkeit, die bis zum Starrsinn ausbrach. Ich ließ mich mit Geduld schimpfen und schlagen und tat doch so viel wie möglich nach meinem Sinn. 12 / 2

Freudlose Jahre [1750–1760]

Karoline Rudolphi

Das Gärtchen, worin ihre frühe Kindheit sich gesonnet, war mit dem Vater auch für sie verschwunden. Einige Jahre verflossen in dumpfer, trauriger Eingeschlossenheit in ihrer Mutter Stübchen, ohne daß sie durch irgend einen kindlichen Genuß erquickt worden wäre. Während dieser Zeit ward sie strenge zu jeder Art weiblicher Beschäftigung angehalten, und sie fand darin bald etwas wohlthätig Süßes, Abstumpfendes, Behagliches, und erlangte in allem, was man sie der Art lehrte, eine große Fertigkeit...

Bis ins dreizehnte Jahr blieb alles öde um sie. Einzig auf ihr einsamen Spiele, auf Spinnrädchen und Nährahmen beschränkt, lachte ihr kein Wechsel in dieser Einförmigkeit entgegen, als der, dessen auch der ärmste Taglöhner sich freut. Der Sonntag mit seiner Aufhebung der gewöhnlichen Arbeiten, mit seiner höheren Reinlichkeit, mit seinen bessern Kleidern und Speisen, mit seinem Kirchengeläut und Orgelton schien wie ein glänzendes Gestirn in die öde Finsterniß ihres Lebens hinein; daher noch jetzt ihre, soll ich sagen, kindische Liebe zum Sonntag.

152 / 13ff

Bürgerliches Kinderglück [um 1756]

Margarethe Milow

Von der Zeit an, da ich mich erinnern kann, ging ich in die Schule, um Lesen zu lernen. Wie ich acht Jahre alt war, und meine Mutter 6 Kinder hatte, im Jahre 1756, bekamen wir drei Mädchen eine Aufseherin im Hause, bei der wir die meiste Zeit waren, und wozu das Zimmer, welches mein Vater sonst wohl vermietet hätte, bereitet wurde. Doch war die Zeit der ersten Kindheit die glücklichste; kamen wir aus der Schule, so hatten wir frei und spielten bei unserer Mutter; abends, bis wir zu Bette gingen, saßen wir bei einer Näherin, die so schöne Geschichten zu erzählen wußte, daß wir manche herzliche Thräne dabei vergossen, auch manchmal so bange wurden, daß wir dichte zusammen krochen. Mein ältester Bruder war immer mit bei uns, und gab unseren Spielen und Freuden erst ein recht fröhliches Ansehn, besonders die Weihnachtsfreuden, das Hoffen darauf, das Lernen der Weihnachtswünsche, der kleinen Adventsgebete, alles das war eine herrliche Sache. Aus kamen wir nicht anders, als einmal alle Jahr im Sommer in der großen Arche nach Harvestehude, und Winters einen Tag in Weihnachten nach Altona zu meines Vaters Bruder, wo wir anders eben keine Freude hatten als eine schöne Apfeltorte, die schon auf dem Ofen stand, wenn wir kamen. Bei dieser Aufseherin nun lernten wir etwas französisch plappern, alle möglichen Handarbeiten, Katechismus und Gebete in Menge. Sie hatte einen Hang zur

Schwärmerei, und wenn wir nähten, sang sie beständig. Doch hatte das den Vorteil, daß auch mir das Gebet meine liebste Beschäftigung ward. Sonst mußten wir beständig von 8 des Morgens bis 8 des Abends nähen oder lernen, und nur Sonntags hatten wir Zeit und Erlaubnis zum Spielen. Diese Gewohnheit, beständig geschäftig zu sein, ist, wie ihr wißt, bei mir geblieben. Wir durften kaum lachen, und sie hatte uns sehr in Furcht, doch liebte sie mich vorzüglich, weil ich mit ihr singen konnte und mochte. Auch bekamen wir Unterricht im Schreiben und nachher im Rechnen. Den Winter über kamen wir nicht aus dem Hause als zur Kirche, auch wohl mal nach unsern Großeltern, und jährlich einmal nach den Tanten. Im Sommer gingen wir Sonntags nach einem kleineren Garten im Mohre, den mein Vater gemietet hatte. Dies war mal eine Wonne, übern Wall zu gehen, wenn wir die ganze Woche in unsern Mauern gesessen hatten. Die Natur und freie Luft war schon damals für mich Alles, und doch genoß ich sie so selten. 121 / 10f

Die junge Schauspielerin [um 1756]
Karoline Schulze-Kummerfeld

Ich war nun mein elftes Jahr passiert, spielte Rollen, die sich freilich für mein Alter nicht schickten, als z. B. eine Laura im «Blinden Ehemann». Ein großer Reifrock, hohe Absätze und Frisur, machten mich nun freilich eine Viertelelle länger. Aber im Ballett, das nur in drei Personen bestand, war ich dann wiederum so viel kleiner. Also, um kein Ärgernis zu geben, weil ich schon Weiber und junge Witwen spielte, gaben mich meine Eltern für 3 bis 4 Jahre älter aus. Ich selbst, die eben keine kindische Erziehung gehabt, gab mir in Gegenwart von Leuten ein ziemlich ernsthaftes Wesen. Doch gab ich oft noch heimlich, wenn ich meiner großen Puppe im Koffer ansichtig wurde, derselben einen Kuß. Und wenn ich ein Mädchen von gleichen Jahren mit mir fand, trug ich sie heimlich unter meiner Schürze nebst der ganzen Küche fort und spielte damit. Wenn ich so über mich selbst nachdenke, Gott, so freue ich mich noch meiner Jugend. Welch liebes Geschöpf war ich! Mein Betragen gegen jeden war so, daß man mich lieben mußte. Vielleicht wird es, wenn jemand diese Blätter lesen sollte, eitel klingen, wenn ich von mir selbst sage: die Natur hatte mich verschwenderisch schön gebildet. 172 / I 58f

Harte Bestrafung *[um 1760]*

Elisa von der Recke

Ungefähr im 5. Jahre meines Alters, als wir in Mitau waren, sollte ich für eine Unart, deren ich mich nicht mehr erinnere, bestraft werden; indem kamen Fremde, die Strafe unterblieb, doch sagte meine Großmutter: «Warte nur, die Ruthe wird dir schon gegeben werden, sobald die Fremden fort sind.» Angst ergriff mich, ich sah umher, niemand war da, schnell kroch ich unter das mit schweren Falbeln besetzte Damastbette meiner Großmutter und freute mich, der Strafe entkommen zu sein. Als der Besuch fort war, rief meine Großmutter mich zur Züchtigung. Unbeweglich still blieb ich unter dem Bette liegen, ich wurde gesucht, man fand mich nicht. ... Bis zum anderen Morgen um 8 Uhr hielt ich still unter dem Bette aus; als meine Großmutter aufstand, kroch ich hervor, und da sie mich erblickte, rief sie: «Die Ruthe her!» Diese war sogleich da, ich erhielt auf der Stelle tüchtige Ruthen, und eine mir sehr viel schmerzlichere Strafe erfolgte noch. Auf einem Bogen Papier schrieb meine Tante Kleist meine Unart auf; dieser Bogen wurde um meine Zobelmütze, die ich trug, gesteckt; so mußte ich mit diesem Bogen Papier den ganzen Morgen bis nach der Tafel bleiben. Um 11 Uhr wurde ich an die große Uhr gestellt, die im Besuchzimmer nahe dem Eßzimmer stand; alle die Gäste, die zur Tafel kamen, sahen sogleich die kleine Sünderin da wie am Pranger, stehen; alle baten meine Großmutter um meine Befreiung; mit kaltem Ernste erwiederte sie: «Acht Tage soll das unartige

Kind, das einen solchen Schreck machte, bei Wasser und Brot Schildwache stehen!» – Die Bitten der Gäste änderten den Ausspruch nicht. 138 / 24 ff

Müßiggang ist aller Laster Anfang *[um 1770]*

Karl Friedrich von Klöden

Besonders verpönt war es im Hause des Großvaters, unbeschäftigt zu sitzen, und bis zur greisen Großmutter hinauf, die überhaupt eine Frau aus der alten Schule war und die drei schlesischen Kriege durchlebt hatte, wurde streng darauf gehalten, sich zu beschäftigen: Müßiggang sei aller Laster Anfang. Als einst meine Mutter noch als kleines Mädchen nur einige Minuten stillsaß, rief ihr sofort ihre Großmutter zu: «Aber Mädchen, du tust ja nichts!» Auf ihre Antwort: «Ich habe nichts zu tun», antwortete die Großmutter ärgerlich: «Ach was! Wenn ein Mädchen nicht weiß, was sie tun soll, schneidet sie sich ein Loch in die Schürze und flickt es wieder zu.» Meine Mutter merkte sich die Lehre und führte sie bei der nächsten Gelegenheit buchstäblich aus. Nun sollte es Prügel setzen, und schon war der Anfang gemacht, als die Großmutter bekannte, sie sei daran schuld, wofür sie einen harten Verweis hinnehmen mußte, den nur der Respekt vor dem Alter mäßigte. Ähnliche Szenen fielen nur zu viele vor. Von der frühesten Jugend an mußte meine Mutter wie angefesselt sitzen und stricken, oder in der Wirtschaft helfen und ihre Brüder abwarten. Bei alledem fehlte es nie an Vorwürfen und Schlägen. Entschuldigungen wurden mit dem damals beliebten: «Nicht räsoniert!» zurückgewiesen und machten das Übel nur ärger. So verfloß ein Tag wie alle Tage in der freudenlosesten Jugend, und nur das auch hier hochgehaltene Weihnachtsfest warf in das ganze Jahr einen heiteren Sonnenblick, an welchem sich meine Mutter lebenslang erfreute.

Der Schulunterricht, den sie empfangen hatte, war kurz und dürftig gewesen, hatte aber doch ihre ganz vorzüglichen Anlagen geweckt und teilweise entwickelt. Lektüre beim Stricken und der Umgang mit ihren Brüdern, deren Lektionen sie in der Wiederholung mit ihnen gleichfalls lernte, halfen weiter. Lesen durfte sie nur beim Stricken, und selbst da oft nur verstohlen.

88 / 17f

Liebelos und unbeaufsichtigt [um 1700]
Therese Huber

Ich war meiner Mutter Liebling gar nicht, ich war häßlich, heftig und wahrscheinlich nie brillant. Bis in mein dreizehntes Jahr erinnere ich mich nicht, daß jemals wer gesagt hat, ich habe Verstand oder ich sei drollig... Ich erinnere mich keiner einzigen Ergießung von Liebe zwischen meinen Eltern und mir, solange ich lebe; gegen meine Mutter hatte ich nie Zärtlichkeit, bald beleidigte sie meine Sinne, bald meinen Verstand, mein Gefühl...

Sie war gar keine Hausfrau, wir wurden in Schmutz und Unordnung erzogen, in so einem Grade, daß Ungeziefer uns plagte, und wir weder ganze Hemden noch Schuhe hatten. Sie hatte höchst unelegante Sitten, sie war unschamhaft mit ihrer Person. Ich erinnere mich noch, daß sie in die Hände spuckte, um mir die Haare hinauf zu streichen, wobei ich schauderte, und daß sie durch die Indelikatesse, womit sie unvermeidliche Unannehmlichkeiten unseres Geschlechts behandelte, mich empörte... Sie war eine Schwärmerin, war an kein Hausgeschäft gewöhnt, liebte keine weibliche Arbeit, – der Vater war an den Arbeitstisch geschmiedet, um die Familie, die immer aus drei bis vier Kindern bestand, bei der fahrlässigsten Ungeschicktheit seiner Frau zu unterhalten, – kurz, sie hatte einen Liebhaber bis zu ihrem Tode, etwa im fünfundvierzigsten Jahr...

Bis zu meiner Mutter Tod verfloß meine Kindheit also sehr trübe, und so, daß ich keinen einzigen frohen Eindruck behalten habe, kein besonders heiterer Tag, kein Fleckchen, das mir durch ein Lieblingsspiel heilig wäre, keinen Jugendbekannten, den ich geliebt hätte. Wir liefen in der Irre herum, erhielten von armen Studenten schlendrianmäßigen, schlechten Unterricht,

mein Selbstgefühl ward durch den meinen Geschwistern gegebenen Vorzug erbittert, mein Stolz durch die Unordnung, den Schmutz, die Ärmlichkeit unseres Hauses gedemütigt. – Ich war zwölfeinhalb Jahr, als sie starb...
Ein Betteljude (arme Gumprecht), unser Nachbar, sah mich stundenlang täglich in seinem Hause, der Scharfrichter Göbel, der hinter uns wohnte, war mir ein werter Bekannter. Sein Sohn studierte, hatte Sammlungen, lehrte mich Knochen und Gerippe kennen; der Vater war ein blasser, freundlicher Mann, erzählte mir von Tieren: wie sie krank, aus Mitleid getötet wurden, und dadurch ihre Felle für die Handwerke oft erhalten, zeigte mir das Richtschwert, sprach ernst und fromm von dem schweren Amte, das er führe. Weder Vater noch Mutter fragten: wo bist du gewesen? 49 / 2 f, 6, 9

Kinderjahre auf dem Land [um 1770–1775]

Charlotte von Schiller

Ich hatte Unterricht in den Morgenstunden; ich lernte nicht gern, und es war mir peinlich, wenn ich die Stunde schlagen hörte, und mein Lehrer begann eine neue Materie des Unterrichts. Französisch lernte ich auch nicht gern; Zeichnen und Schreiben wurden mir auch schwer. Aber am allerunangenehmsten war mir die Tanzstunde. Mittags freute ich mich immer an Tisch zu gehen; da saß mein Vater und erwartete uns, er konnte nicht allein gehen, und seine Jäger, deren er viele hatte, mußten ihn stets führen.
Er war immer heiter und freundlich bei Tisch, erzählte uns lustige Geschichten, erkundigte sich nach unserm Fleiß... Nach dem Essen kam der Lehrer, und wir hatten Unterricht in der Geographie, lasen Zeitungen oder schrieben Briefe. Alsdann kam noch der französische Sprachmeister, und unsere Stunden hatten ein Ende. Der übrige Theil des Tages gehörte uns. Wir gingen auf unserm Berg herum, und ich bildete mir ein, jeder neue Busch, den ich fände, sei auch Andern fremd... Ich hatte

noch eine Art Unterhaltung, die mich besonders anzog. Ich hatte Figuren aus den Kalendern, die ich mir künstlich ausschnitt; mit diesen spielte ich die Romane nach, die ich hörte...
Nach sieben Uhr gingen wir zu unserem Vater, wo wir ein kleines Mahl einnahmen, und nach dem Essen blieben wir noch bei ihm bis um neun Uhr, wo meine Mutter uns begleitete. Die Mädchen im Hause wurden versammelt; die Cousine las einen Abendsegen; es wurde ein geistliches Lied gesungen; die gute Mutter segnete ihre Kinder ein, und so gingen wir gläubig zur Ruhe und erwarteten den andern Morgen, um wieder so zu leben...
Es war uns eine eigene Freude, die Ernte einfahren zu sehen, und an diese wiederkehrende Freude knüpften wir unsere Erinnerungen. Bald halfen wir die Gemüse aufzubewahren, bald das Obst für den Winter zu legen, bald halfen wir einmachen, Obst trocknen. Alles wurde uns wichtig, und es wurde mit einer Art Wichtigkeit behandelt, wovon man nur in einer einfachen Lebensweise einen Begriff hat. Das ganze Hause hatte nur einen Gesichtspunkt bei einem ökonomischen Fest; Alles war beschäftigt. Ich zog indeß freilich lieber auf dem Berg herum, den sich meine kindische Phantasie vergrößerte, suchte Blumen und Zweige und kam oft recht von Dornen zerrissen zurück und ganz athemlos. Bald wollte ich eine Blume pflücken, die unzugänglich war, bald fiel ich aus Unvorsichtigkeit den Berg hinunter, ohne Wunden ging keine meiner Streifereien ab. Kam zuweilen ein Besuch, der unsere Art zu leben unterbrach, so vernahmen wir nichts neues, denn jedes lebte auf diese Art. 194 / I 32–35

Erzieherischer Wert der Puppen *[1774]*

Rudolf Heinrich Zobel

Ein kleines Mädgen erhält von ihrer Mutter oder Erzieherin Lehren, Erinnerungen, Liebkosungen, Verweise; sie sieht um sich her Wirthschaft, Einrichtung der Küche, Befehle ans Gesinde, Nähen und andere weibliche Arbeiten; sie ist bei den Besuchen zugegen, und bemerkt die Höflichkeiten, die gegen einander gemacht, und die Unterredungen, welche gehalten werden. Diese Ideen, womit ihre Seele angefüllet ist, wird sie ganz sicher bei ihrer Puppe und ihrem Spielzeuge wieder anbringen. An ihre Puppe richtet sie alle die Moralen, die sie selbst bekommen hat; mit ihr giebt sie Besuche, und unterhält sie mit allerhand Gesprächen; bald muß sie ihr zur Köchin, bald zum Kammermädgen dienen, und die Befehle werden allemahl gerade in dem Tone gegeben, der im Hause eingeführt ist...

Das Kind erhält Erinnerungen, die Puppe zu schonen, die Kleidung derselben zu verwahren, die kleinen Wirthschaftsgeräthe in Ordnung zu halten, und jedesmahl an Ort und Stelle zu bringen. Anfangs hilft man ihm dabei, und zeigt, wie es verfahren soll. Allmälig lernt das Kind selbst mit seinen Sachen zu wirthschaften, und gewöhnt sich zur Ordnung. Wird etwa ein Kleidungsstück zerrissen, so giebt man der Kleinen nichts wieder. Sie muß es selbst nähen. Hat sie etwas von ihren Geräthschaften zerbrochen, so mag sie ihre Erfindungskraft angreifen, wie das wieder herzustellen ist, oder ob sie sich auch nicht ohne dem behelfen, und andere Geräthe zu eben dem Zweck gebrauchen kann. Reinlich muß sie alle ihre Sachen halten, sonst wird sie beschimpft, oder man nimmt sie ihr auch ganz weg. Sieht sie bei einer Gespielin eine Puppe die ihr gefällt, so wird sie natürlicher weise wünschen, auch eine solche zu haben. Gegeben wird ihr keine. Kinder müssen früh lernen, genügsam zu sein...

Auf die Art verspielte die Kleine ihr erstes kindisches Alter, gewöhnte sich bei ihrem Spiel arbeitsam, ordentlich, sparsam und genügsam zu sein und bereitete sich unvermerkt zu den ernsthaften Geschäften, die bei den Frauenzimmern höherer Stände etwa bis ins achte Jahr aufgeschoben werden können, bei den niedrigen aber schon früher ihren Anfang nehmen müssen.

211 / 127–132

Gib über jede Stunde Rechnung! *[1782]*

J.H. Pestalozzi an die 6jährige Gertrud Battier

Liebs Gertrudli, alles, was ich dem Felix sagte, sage ich auch Dir. Gib Achtung auf die Stunden Deiner Jugend und gib Herrn Petersen und der Mama davon Rechnung!
Liebes Gertrudli, mach Du Dir Dein Leben nicht zur Plag, denke, eh Du redest, und noch vill mehr, eh Du handelst, an das, was Du sagen und thun willt! Gewöhne Dir das an und rede alle Morgen mit Herrn Petersen und Mama davon, wie Du heute diesen Fehler Dir abgewöhnen könest! Bitte sie, daß sie Dich stündlich daran erinneren, wenn Du lebhaft handelst, daß sie Dir rathen und helfen, auf Dich Achtung zu geben. Denn Du kannst nicht glauben, wie vill Leiden Du Dir selber und wie viel Jammer Du Deinen Eltren zuziehen köntest, wenn Du nicht bedechtlicher und ruhiger in Deinem Thun würdest. Liebes Gertrudli, nichts macht den Menschen verstendiger und glüklicher als Arbeiten und Beten, aber bydes recht! Denke an das, und glaub mir, ich war auch jung und auch lebhafft, aber ich litte auch vill um dieses Fehlers willen!
Staune nicht vill! Das verderbt das Leben. Nimm an allem Theil, was Du siehest und hörest, und gehe nie müßig!

133 / III 145

Die kleine Schülerin [1788]
Luise Herder an J. G. Herder

Lieber Vater.
Es geht jetzt gar hübsch in der Schule ih rechne nun, u. Wir haben die Landcharte da suchen Wie oft Italien[1] auf das liegt gegen Mittag. u. ich habe auch Verona gesehn. ich habe das Lied gelernt. befiel du deine Wege u jetzt lerne ich meinen Jesu las ich nicht. Kommen Sie balt wider der liebe Gott wirt Sie auch nicht verlassen Sie sind ein Guter Vater Ihre gehorsame

Luise Herder.

118 / 75

Körperliche Erziehung in Schnepfenthal [1791]
Christian Ludwig Lenz

Sie[2] wurde am 8. August 1791 des Abends geboren. Die Nabelschnur wurde ihr ausgedrückt, nicht aber die Brüste, welche letztere unsinnige und sehr gefährliche Gewohnheit hier und da herrschend ist. Alsbald badete man sie in Wasser, das weder mit Wein oder sonst etwas vermischt war und eben den Grad der Wärme als die äußere Luft hatte. Diese war damals sehr kühl, weil es einige Tage lang geregnet hatte und noch regnete. Dennoch war immer in dem Zimmer, wo sie lag, ein Fenster offen; ja auch ward schon am ersten Abende zuweilen die gegenüberstehende Thüre geöffnet, was in der Folge täglich längere Zeit hindurch geschah. Denn sie lag mitten in einem geringen und freilich fast unbemerklichen Zuglüftchen, bedeckt nur von einer dünnen baumwollenen Matratze, auf Pferdehaaren und nicht auf den so schädlichen Federbetten. Nie ist sie in eine Wiege gekommen, noch weniger jemals gewickelt worden. Ihre Lagerstelle ist ein Korb, den man leicht hin und her tragen, auch sogar, auf ein Gestelle mit Rädern gesetzt, umherfahren kann, um

1 Johann Gottfried Herder befand sich auf einer Italienreise.
2 Thusnelda Gertrud Lenz.

dem Säuglinge Bewegung zu verschaffen... Daß ihre Mutter sie sowohl selbst säugte, da sie es konnte, als auch überhaupt bis heute fast nie dem Gesinde auch nur eine Viertelstunde überlassen hat, versteht sich von selbst. So wie am ersten Morgen ihres Lebens, so auch ferner alle Tage ohne Ausnahme bis heute, ward sie mit so kaltem Wasser über dem ganzen Körper und Kopf gewaschen, als es jedesmal augenblicklich vorher aus der Quelle kam. Nie, selbst im härtesten Winter nicht, ließ man das Wasser überschlagen... Von ihrer ersten Woche an ist sie in Zugluft, ja, zur Stärkung der Lunge und Erweiterung der Brust, im heftigsten Sturmwinde, beinahe so oft dergleichen war, sehr oft aber im sanften Regen und (späterhin) im Schneegestöber fünf bis zehn Minuten lang ganz nackt herum getragen, öfter ganz nackt in sehr weichen und tiefen Schnee gelegt, darin herum gewälzt, damit abgerieben, auch mehrmals auf ein paar Augenblicke nakkend in Schnee (Augen, Nase und Mund ausgenommen) ganz vergraben worden. Fast täglich, den ganzen Winter hindurch, wurden wenigstens die Füße (deren Abhärtung am nötigsten) in zarten Schnee, aufs Eis oder ins Eiswasser gestellt. In freier, uneingeschlossener Luft ist sie zu jeder Jahreszeit, so viel es sich immer thun ließ, gewesen. Jetzt hat sie sechs Zähne, davon sie fünf ohne Not bekommen. Sie geht nunmehr barfaß ziemlich lange über scharfe Steine. Nie aber ist sie zum Gehenlernen gereizt oder angeführt worden, sondern man hat sie nur nach ihrer eignen Neigung auf Händen und Füßen zugleich kriechen lassen. Und bei dieser Erziehung oder Behandlung war mein Töchterchen bis jetzt, da es ein Jahr alt ist, ununterbrochen so äußerst gesund und wohl, daß ihm... nie das geringste an der vollkommensten Gesundheit gefehlt hat; es wuchs und gedeihete herrlich, war kraftvoll, ruhig, freundlich, munter und lustig bis auf diesen Tag: alles Zeichen des behaglichsten Wohlseins!

105 / 56–59

An der Schwelle der Jugend *[1799]*

Karoline Rudolphi an ihre Schülerin Anna

Wenn ich nicht irre, so magst Du gerne dann und wann ein kleines Briefchen erhalten, und sieh da, liebe Anna, da sitze ich schon am Pult, um Dir eins zu schreiben, damit Deine Wünsche am Geburtstage, so viel es von mir abhängt, erfüllt werden. – Zehn Jahr also bist Du heute alt geworden? – Glückliche Anna! wie viel schöne Zeit hast Du noch vor Dir, alles das zu lernen, was ein recht gebildetes Mädchen wissen und können muß, und alles das zu werden, was ein recht gutes vortrefliches liebenswürdiges Frauenzimmer sein soll. Wie viel schöne Eigenschaften, wie viele Tugenden kannst Du Dir noch erwerben! Aber weißt Du auch wohl, meine liebste Anna, daß mit dem 10ten Jahre die eigentliche kindische Kindheit aufhört, und daß mit dem 11ten Jahre ein neuer Zeitpunkt des Lebens eintritt, von wo an man viel ernstlicher streben muß, sich alles das Gute und Schöne zu eigen zu machen, wodurch wir uns als erwachsene Personen auszeichnen, und uns die Liebe und Achtung der verständigsten Menschen erwerben wollen? – Fängt man mit diesem Zeitpunkt nicht recht eifrig an, so bringt man es niemals weit; denn späterhin lernt man nicht mehr so gut und gewöhnt sich nicht mehr so leicht. – Nun mein' ich es aber nicht so, als ob von jetzt an die Zeit zum Spielen und lustig zu sein aufhören müßte. Nein, liebste Anna, diese glückliche Zeit kann und soll noch lange dauern: Du sollst Dich Deiner Kindheit noch lange ungestört freuen, und ich will um desto lieber für Dein Vergnügen sorgen, je aufmerksamer ich Dich bei ernsthaften Dingen sehe.

Auch heute wollen wir froh sein; denn geboren sein und Leben ist eine köstliche Sache, worüber man sich am Geburtstage wohl doppelt freuen mag. 154 / 252f

Das junge Mädchen

Angst vor der väterlichen Gewalttätigkeit *[1712]*

Friederike Caroline Weißenborn an den Rat der Stadt Zwickau

Es, soll sich, dem sichern verlaut nach, mein Hr. Vatter itzo meistens dahin bemühen, wie er mich wieder in seine gewalt Kriegen möge...[1] nach dem aber verhoffendlich dennen wohllöblichen Herren Stadtgerichten aus der abgehörten Zeugenaußage einiger maaßen wissen, wie grausam obgedachter mein Hr. Vatter, auch aus der allergeringsten Uhrsache, mir in meiner zahrtesten Jugendt mitgespielet, und mich gleichsam als wäre ich Keine von gott Erschaffne und Erlöste Seele, verfluchet und verwünschet; mir das allerschändlichste nativität gestellt; und mit solchen Unkhristlichen begünstigung mich unverantwortl. geärgert: zu dem auch das durch seine an meiner Seelichen Fr: Mutter verübten tyranney dargestellte Exempel noch mäniglich vor auchen [Augen]; und über dieses leichtlich zu erachten das ich ins Künfftige, gegenwärtiges meines Arests halber, worein mich die tyranney und Affecten meines Hr. Vatters gestürtzet bey ihm noch weit hefftigere Saevitien als zuvor würte unterworffen und in steeter lebensgefahr seyn müssen; in dem er ja sein hitziges naturell nimmer mehr andere, viel mehr aber seinen ein mahl gegen mich gefasten Zorn, auch wen ich das geringste versehe, stärken wirt: als lebe der gewissen hoffnung, es werden die wohl löbl. Stadtgerichten, woferne mein Hr. Vatter, nun mich wieder in seine tyranney zu zwingen, sich bey denen selben schrifftlich oder durch seinen gevollmächtigten bearbeiten möchte, dieses sein bitten nicht stattfinden lassen. 140 / 24f

1 Friederike Caroline Weißenborn, die später unter dem Namen Neuber als Schauspielerin und Theaterreformerin bekannt geworden ist, versuchte sich durch die Flucht mit dem Studenten G. Zorn ihrem jähzornigen Vater zu entziehen. Auf dessen Betreiben wurde sie 13 Monate in Haft gehalten und zur Rückkehr zu ihm gezwungen.

In strenger Zucht und Gottesfurcht [1765–70]

Charlotte von Einem

Für mich trat nun die Großmütterliche Erziehungsweise ein, welche ganz auf Strenge sich gründete, denn G. M. hatte den Grundsatz den Kindern nie Liebe und Nachgiebigkeit zu zeigen... Doch bin ich ihr ewig dankbar, und glaube gern, daß grade dise Behandlung mir zugesagt, und heilsam gewesen sey. –

Gottesfurcht – Fleis – Demuth – Sittsamkeit und allgemein dinstfertiges Betragen prägte, und predigte sie mir beständig ein – Alles mit reichlichen Belegen von Sprüchen aus der Bibel und Liederversen daran ihr Wissen unerschöpflich war. Wie hab ich ihr Bild bey Stilling und Hippel so treffend gemalt gefunden! – Morgens und Abends mußt ich bey ihr im Bette, wo ich schlief – beten, durfte keinen Gottesdinst versäumen und jede kleine Versündigung strafte das Lesen oder Lernen von Bußgebethen oder Bußpsalmen. Keinen Augenblick konte sie mich müßig sehen. «Müßigang aller Laster Anfang, ist des Teufels Ruhebank!» «Schlaf ein wenig, lege die Hände in den Schoos daß dich Armuth überfalle.» «Der fleiß'ge Mensch hat immer Brod, der Lediggänger kommt in Noth.» Das waren bey disem Artikel die tausendmal wiederholten Ausrufe, und so ging es bey allen oben genanten Vorschriften. – Sie mußte aber genau die Gränze und meine Bedürfnisse kennen, denn meine heitre kindlichfrohe Laune blieb ungetrübt; ich fühlte mich ganz glücklich – meist ausgelassen lustig, singend und springend wenn es zur Stube oder zum Hause hinaus, unter die Bauerkinder ging, kein Gedanke etwas Bessers seyn zu wollen – so hatten sie mich denn herzlich gern unter sich. Nur: «die Flüchtigkeit, die Flüchtigkeit!» das war Großmama's beständige Klage und das Singen und Springen (was aber unvertilgbar blieb)...

Was die gute Großmutter vielleicht strenge befahl das ergänzte die liebevolle Pflege einer sehr braven Person, die in meinen Ersten Jahre als Haushältrin und Wärterinn meiner, zu uns gezogen und zu welcher ich leichter und zutrauvoller in Verlegenheiten mich wenden mogte. Ihr moralisch ächter und frommer Sinn und ihre große Ordnungsliebe hielten mein unruhiges Temperament gewissermaßen im Zaum. Pünktlich, und nach dem Schlage unsrer großen Hausuhr z. B. durft ich nur Frühstück und Vesperbrod erhalten, und nie durch Leckerbissen verwöhnt erbat ich mir meist lieber die grobe Kost des Gesindes als mir dagegen das weichliche zarte süße von der Großmutter Tische nie schmackhaft dünkte. Auch theilt ich gern die ländlichen Arbeiten die Kühe melken – Heumachen – Leinenweben und spinnen was mir geläufig – ja so gar drosch ich mit den Dreschern die mir einen kleinen Dreschflegel geschnizt hatten, oder wendete wenigstens die Garben auf der Tenne, ging Winters bey meine lieben Bauermädchen, deren 2 mir vorzüglich lieb waren, in ihre Spinnstube und wurde von den Müttern mit süßer Milch (die Bauern selbst essen nur abgeschöpfte und saure) traktirt... so verging ohne große Merkwürdigkeit die Zeit bis anno 70.

182 / 102ff, 115f

Anleitung zur Selbstbildung *[1767]*

J. W. Goethe an Cornelia Goethe

Gewiß Schwester, du verdienst einen recht langen Brief. Ich habe heute frühe alles durchgelesen was du mir dieses Jahr über geschrieben hast... Zuförderst muß ich von deinen Ausarbeitungen reden, von denen ich bißher, auf eine etwas unhöfliche Weise sehr stille geschwiegen habe. Ich muß dich nohtwendig loben, und glaube daß du viel Gutes dencken und schreiben würdest, wenn deine Einbildungs Kraft, deine Art eine Geschichte zu betrachten, und deine Erzählungs Art, in eine andre aber doch nicht sehr veränderte Richtung gebracht würden. Ich kann mich hierüber nicht deutlicher erklären, ohne äusserst weitläufig zu werden, habe Geduld biß ich zu euch komme, da will ich dir hierinn, wie in verschiednen andern Wissenschafften Unterricht geben, die ich nur für dich, und wenige Mädgen gesammelt habe. Dieses nur kann ich dir eistweilen sagen; ich finde daß deine Ideen über die meisten Gegenstände noch sehr brouillirt sind. Du hast zwar feine Empfindungen, wie jedes Frauenzimmer das dir ähnlich ist, aber sie sind zu leicht gefült und zu wenig überlegt. Ferner sagst du manchmal Dinge, die ich mit aller meiner Mädgenkänntniß nicht debrouilliren kann, wie sie ein Mädgen sagen kann. Ferner mercke ich daß verschiedne Lecktüren deinen Geschmack in verschiednen Dingen mercklich verdorben haben, der denn wie der meisten Frauenzimmer Geschmack bigarrirt wie ein Harlekinskleid ist, deßwegen wollte ich dich bitten, daß Jahr über das wir noch von einander seyn werden, so wenig als möglich zu lesen, viel zu schreiben; allein nichts als Briefe, und das wenn es seyn könnte, wahre Briefe an mich, die Sprachen immer fort zu treiben, und die Haushaltung, wie nicht weniger die Kochkunst zu studiren, auch dich zum Zeitvertreibe auf dem Claviere wohl zu üben, denn dieses sind alles Dinge, die ein Mädgen, die meine Schülerinn werden soll nohtwendig besitzen muß (die Sprachen ausgenommen die du als einen besondern Vorzug besitzest) Ferner verlange ich daß du dich im Tanzen perfecktionirst, die gewöhlichsten Kartenspiele lernst, und den Putz mit Geschmack wohl verstehest. Diese letzten Erforderniße werden dir von so einem strengen Moralisten wie ich bin, äuserst seltsam vorkommen zumal da mir alle dreye fehlen; allein sey ohne Sorgen, und lerne sie nur, den Gebrauch und den Nutzen davon sollst du schon erfahren; doch dieses muß ich dir nur gleich sagen, ich verlange nicht nur daß du, (besonders die beyden ersten), im geringsten nicht lieben, sondern vielmehr fliehen sollst, demohngeachtet aber mußt du sie wohl wissen. Wirst du nun dieses alles, nach meiner Vorschrifft, getahn haben, wenn ich nach Hause komme; so garantire ich meinen Kopf, du sollst in einem kleinen Jahre, das vernünftigste, artigste, angenehmste, liebenswürdigste Mädgen, nicht nur in Franckfurt, sondern im ganzen Reiche seyn.

125 / I 173ff

Häusliches Leben *[um 1770]*

Ernestine Voß

Im dreizehnten Jahr fing eine neue Lebensperiode an. Man nahm die Mädchen aus der öffentlichen Schule und ließ sie bloß des Abends in eine Privatstunde gehen, um die Übung im Rechnen und Schreiben fortzusetzen. Dann wurden sie Vor- und Nachmittags in die Nähschule gesandt, und lernten feinere Sachen arbeiten. Reiche Eltern sorgten auch wohl für Unterricht in Musik und Tanzen, manche sogar im Zeichnen. Mit dem fünfzehnten Jahre mußte ein Mädchen ernsthafter im Hause mit angreifen. Wo mehrere Töchter waren, wurden die Geschäfte nach Geschicklichkeit und Kräften gleichmäßig vertheilt; bei einer einzigen wurde dem Gesinde mehr überlassen. Morgens wurde einem Mädchen nicht erlaubt, sich zu schmükken, ehe sie ihr Bett gemacht, und die unter ihrer Aufsicht stehenden Zimmer geputzt hatte. – Mußte sie die Küche besorgen, so legte sie Nachthaube und Laibchen nicht ab, ehe sie zu Tische ging, und die Küchenschürze durfte auch nicht fehlen. Eigentliche Freistunden gab es wenig: Morgens vor sieben, so viel sich eine vom Schlaf abbrechen wollte, eine nach Tisch, und im Sommer Abends nach sieben, wo man gewöhnlich zu Nacht speiste. Der Abend des Sonnabends war Winters und Sommers frei. Besuche geben und nehmen war wenig Sitte; einmal die Woche höchstens; sogar Spazirengehen wenig...

Auch die häuslichen Arbeiten wechselten mit der Jahreszeit. Am Michaelistage wurden die Spinnräder in Ordnung gebracht, und dann entstand ein Wetteifer in den Familien, die zusammenhielten, wer das meiste und schönste Garn lieferte. Es gab wenig Mädchen, die nicht einen bedeutenden Theil ihrer Aussteuer selbst gesponnen. Ein Tag der Woche ward höchstens ausgesetzt, um das Unentbehrlichste auszubessern. Wer den besten Faden spann, mußte den Zwirn zum Nähen liefern. Eine Ehre, auf die man stolz sein durfte! Je näher der Frühling kam, je langsamer rollten freilich die Räder, doch ward selten vor Ostern Halt gemacht. Bis Johannis ward dann fleißig genäht und gestrickt, damit es in keinem Stück am täglichen Bedürfniß fehle. Dann fand man die Mädchen auch wohl am Stickrahmen, welches sie als Belohnung des Fleißes ansehen mußten. Auch in der Gartenarbeit wurden die Mädchen geübt. Hatte der Tagelöhner im Frühjahre das Land gegraben und in Beete abgetheilt, dann ging die Mutter mit einem Körbchen voll Säcken und Tüten voran, die Mädchen folgten mit Rechen und anderem Gartengeräth, sahen erst, wie man's macht und legten dann selbst Hand an. Jeden Tag ging man nun in Gemeinschaft hin, zu sehen, ob etwas Gutes hervorkeime, und etwas nicht Gutes auszurotten war. Das Gemüse selbst zu pflücken und zu schneiden, war eine der größten Freuden, wozu nur die Verständigen gelassen wurden. Blumen zu ziehen, war jedes Mädchens Lieblingsgeschäft; denn keine erschien gern am Sonntage in der Kirche ohne einen hübschen Strauß. Manche häusliche Geschäfte, die mehr Hände erfordern, wurden als Feste betrachtet, wozu jedes Mädchen ihre liebsten Freundinnen einladen durfte, als Obstbrechen, Einschlachten, Bohnenschneiden, Wäschefalten. Dabei ward gesungen und gescherzt, und wenn Alles fertig war, Blindekuh gespielt...

Fröhlich, thätig und anspruchlos trat zu meiner Zeit ein Mädchen in die Welt; ihr drohte keine Störung ihrer Heiterkeit dadurch, daß sie manches gelernt hatte, um es zu vergessen. Im Bezirk ihres Hauses war sie gewandt und unverlegen; sie hielt keine Arbeit für zu niedrig. An ihre Eltern und an's elterliche Haus hatte sie eine unbegrenzte Anhänglichkeit... Schüchtern freilich, fast blöde, war sie außer ihren Wänden; wenige gab es, die nicht roth wurden und verlegen, wenn ein Fremder sie anredete. Mit großer Furcht übernahm sie ein eigenes Hauswesen, besonders, wenn es das Schicksal fügte, daß sie einem Manne in die Fremde folgen sollte. 197 / 15–20

Haustöchterchen *[1775]*

Caroline Herder an ihre 11jährige Nichte

Mit der Gesundheit Deiner Mutter gehet es besser Gott sei Dank – ich würde mit Wehmuth an sie gedenken wenn ich nicht wüßte daß Du ihre Gesellschaft und Aufheitrung jetzo seyn kannst und es bist – Laß Dir keine Mühe u. Arbeit verdrüßen liebes Mädchen, denke daß es Gott vorzüglich versprochen hat zu belohnen was Kinder ihren Eltern thun. Laß auch nicht eher ab liebe Henriette[1] bis Du die Haushaltung, Nähen und Flicken gelernt hast. In Deinem Alter wird einem alles leicht zu lernen und Du hast zu Allem Geschicklichkeit, es kommt blos darauf an, daß Du anhaltenden Fleiß dazu hast, und dazu zwinge Dich lieber die ersten Wochen bis der Fleiß Dir zur Gewohnheit geworden. Arbeit haltet auch von viel müßigen Gedanken ab und Deine blühende Jugend muß in Unschuld dahin gehen damit Du einmal gute Früchte davon einerndest, daran wirst Du einmal gedenken liebes Mädchen wenn Du in meinen Stand kommst.

126 / 148

Steif und sittsam *[1777]*

Amalie Kotzebue an J. Fr. Gildemeister

Beklagen Sie mich ein wenig, bester Freund, wir sind nun seit sechs oder sieben Wochen wirklich in Jena ... Die Lebensart, die Menschen, die Häuser, die Straßen, alles mißfällt mir hier. Die Steifigkeit und das Komplimentieren hat hier seinen ordentlichen Wohnsitz. Kommt man in Gesellschaft mit Professorsfrauen, die meist alle einen ziemlichen Dünkel besitzen, so ist solch ein Mädchen, wie ich bin, viel zu gering, als daß viel auf sie geachtet würde, und man muß auf seinem Stuhl so steif und ehrenhaft sitzen wie angenagelt. Kommt man etwa bei ähnlichen Gelegenheiten mit Studenten zusammen, so muß man natürlich

1 Henriette von Hesse (geb. 1764).

äußerst zurückhaltend sein und doch noch bei jedem vielleicht etwa munteren Schritte, als die Jenaserinnen tun, befürchten, daß man für frei ausgeschrien wird. Ob ich gleich sagen muß, daß mich das Urteil der hiesigen Damen wenig kümmert, sobald ich durch die Ruhe meines Gewissens und durch den Beifall meiner lieben Mutter zu meinen Handlungen von der Unschuld meines Herzens überzeugt bin. Sie wissen aber wohl, wieviel oft lächerlichen Moden und närrischen Vorurteilen aufgeopfert werden muß. 23 / 468

Ungesundes Stillsitzen [1784]

Johann Gottfried Essich

Und was soll ich von den armen lieben Geschöpfen – von den Mädchen sagen, mit diesen verfährt man leider ja noch übeler, denn nebst dem, daß sie nicht oft ausgehen können, so müssen sie noch den lieben ganzen Tag im Sitzen zubringen: Fileestrikken, Nähen, und dergleichen zur Erhaltung der Gesundheit undienliche Arbeiten sind ihre größte Beschäftigung. Das viele Sitzen aber macht die festen Theile des Körpers schlaff, wodurch sie ihre Schnellkraft verlieren, folglich das Blut nicht so gut ausarbeiten können, und es also zum Umlauf oder zu den gehörigen Absonderungen untauglich machen. Daher entstehet auch bey den meisten jungen Mädchen das träge Betragen, das schlaffe entnervte Fleisch des Körpers, die blasse Todtenfarbe; und wenn sie mannbar werden, die verschiedenen Gelüste nach unnatürlichen Sachen, die verstopfte monatliche Reinigung, die üble Beschaffenheit der Säfte und des ganzen Körpers, und die so große Reizbarkeit der Nerven, wovon so verschiedene und jammervolle Zustände entstehen können. Ich dächte demnach, es gereichte zu keiner Schande, wenn das heranwachsende Mädchen eine kleine Arbeit im Zimmer oder in der Küche verrichtete, wodurch sie dem Manne mit der Zeit nützlich würde; es geschieht dieses nicht um Euch, liebenswürdige Geschöpfe herabzusetzen, oder gar Eure Geburt zu verunehren, nein: es geschieht blos um Eure Körper ein wenig abzuhärten, und Eure Kenntnisse im Hauswesen sowohl als Eure Gesundheit zu befördern.

35 / 36f

Selbstmord aus verletzter Scham [1784]

G. Chr. Lichtenberg an S. Th. Sömmerring

Am Sonntage vor 8 Tagen hat sich hier ein liebreiches, schönes und munteres Mädchen von noch nicht völlig 17 Jahren aus einer Ursache ertränckt, die würcklich etwas Großes verräth, und Sie gewiß, wenn Sie es lesen werden mit etwas mehr als Unwillen gegen den Schurcken den jungen Boßiegel erfüllen wird. Das Mädchen diente bey ihm, wo viele schlechte Pursche logiren, qualis Rex, talis grex, as poor Richard says. Diese stunden dem Mädchen nach sie empfing aber ihre Anträge mit der stolzesten Verachtung. Den Sonnabend bekam das Mädchen zum erstenmal ihre Reinigung. Boßiegel rief sie, und als sie nicht gleich kam gieng er nach ihrer Kammer und fand diese verriegelt, (das arme Teufel hatte das Hemd gewechselt) als sie nun gleich darauf zu den Purschen gegangen war, wurde Boßiegel neugierig zu wissen, was das Mädchen in der Kammer gemacht hatte und fand das blutige Hemd. In der größten Freude nimmt er es und läuft damit hierauf zu den Purschen und breitet es in des Mädchens Gegenwart aus. Dieses machte einen solchen Eindruck auf sie, daß sie aus dem Dienst lief, sich die Nacht über im Felde aufhielt, und den Sonntag früh an der Stelle, wo Haller ertruncken ist, in die Leine warf. Ist das nicht schrecklich?

109 / II 870f

Lebensträume *[um 1785]*

Karoline Pichler

Ich entwarf meinen künftigen Lebensplan, und nachdem ich alles reiflich erwogen und geordnet hatte, brachte ich einen Aufsatz zu Papier, den ich in Briefform an Josefinen[1] richtete, und der ungefähr folgende Ansichten und Vorschläge enthielt.

Wir wollten beide unverheiratet bleiben, da ich eine Ehe ohne Liebe für Entheiligung hielt und dieser Leidenschaft, nach zweimaliger Täuschung, mein Herz abgestorben glaubte. Die Lage meiner Freundin versprach damals auch ihr keine glänzenden Aussichten; so wollten wir denn, wenn wir unsere Pflichten gegen unsere Eltern, solange sie lebten, erfüllt haben würden, mit dem nicht beträchtlichen, aber hinreichenden Erbteil, welches ich hoffen konnte, uns eine kleine Besitzung auf dem Lande kaufen und dort still beisammen leben.

Um aber auch andern nützlich zu werden, und das Gute, welches wir beide für das Höchste hielten, sittliche Ausbildung, nach unsern Kräften zu verbreiten, wollten wir einige Mädchen aus der Nachbarschaft zu uns nehmen und erziehen. Das sollte unser mäßiges Tagewerk sein; außerdem aber wollten wir so viel möglich abgezogen und beschaulich leben, wenig Umgang und Verkehr mit andern Menschen haben, und selbst unsere Nahrungsweise sollte darauf hinzielen, das Irdische an uns ja nicht ohne Not zu vermehren. Wir wollten uns nämlich nur von Pflanzenspeisen nähren (ich hatte damals eben die Rede des Pythagoras in den Metamorphosen gelesen), grobe Fleischnahrung, Wein und alle Leckereien vermeiden und so dahin streben, uns schon hienieden soviel als möglich zu vergeistigen, damit unsere Seelen, wenn der Tod sie einst abriefe, keine so schwere Hülle abzustreifen und nur lockere Bande zu zerbrechen hätten. Alle diese Ansichten und Vorschläge waren mit Zitationen aus den Schriftstellern, die meine beständige Lektüre ausmachten, und aus denen ich jene Ideen auch geschöpft, belegt.

1 Maria Josefa von Ravenet.

Diese Arbeit machte ich während eines Sommers auf dem Lande mit großer Liebe und ebenso großem Fleiße und fühlte mich ungemein beruhigt, getröstet, gestärkt, als ich sie vollendet und nun den Pfad für mein künftiges, einsames, aber nicht zweckloses Dasein mir fest vorgezeichnet zu haben glaubte. Was ist der Mensch und seine Entwürfe! 135 / 142f

Gedanken über die Verheiratung *[1785]*

Dorothea Schlözer an Luise Michaelis

Deine Frage habe ich nun recht wohl verstanden. Meinst Du denn, daß Kochen und Spinnen angenehmer ist, als wenn ich ein historisches Collegium bei meinem Vater[1] höre? Freilich wenn ich Latein oder einen schweren Satz im Euklides auszuarbeiten habe, so vergeht mir wohl zuweilen die Geduld, aber da denke ich denn, wenn ich diesen Satz und Latein fix verstehe, so lerne ich dadurch, wie eine Brille beschaffen sein muß, und das ist doch wohl angenehmer, als bei Hitze und Frost in der Küche zu stehen. Und wird es mir manchmal ein wenig sauer, so werde ich jetzt schon genug dafür belohnt, weil mir mein Vater so manches Extra Vergnügen dafür erlaubt.

Du mußt Dir aber ja nicht einbilden, daß ich nichts von weiblichen Arbeiten verstehe: im Kochen nehme ich es doch wohl mit Dir auf, und meine Mutter macht mir oft Schmeicheleien über mein flinkes Stricken. – Ich kann spinnen, nähen, mit Wein umgehen, denn ich besorge größtentheils den Keller allein; nur im Putzmachen fehlt's mir noch ein wenig, da möchtest Du wohl schon mein Meister sein, und meiner Mutter vollends komme ich in diesem Capitel all meine Tage nicht bei. Nicht einmal, sondern wohl zehnmal hat es mir mein Vater freigestellt, ich sollte keine Lernstunde mer haben, sondern nur weibliche Sachen treiben – aber ich hielt es noch nicht für rathsam, warhaftig nicht bloß weil ich fürchtete, meinen Vater bös zu machen.

1 August Ludwig Schlözer (1735–1809).

Liebes Mädchen, ich will Dir Vieles beichten, was wir 15jährigen Mädchen sonst in der Welt nie so früh erfahren, und auch in keinem Buche steht, was ich aber schon seit mehreren Jahren unter vier Augen von guter Hand habe: Weiber sind nicht in der Welt, blos um Männer zu amüsiren. Weiber sind Menschen wie Männer: eines soll das andere glücklich machen. Wer blos amüsirt sein will, ist ein Schlingel, oder verdient nur ein Weib von schönem Gesicht, das er in vier Wochen satt ist.

Nun, macht ein Weib einen Mann blos dadurch glücklich, daß sie seine Köchinn, Näherinn und Spinnerinn ist? Ey so wollt' ich mich doch lieber als Köchinn, Näherinn und Spinnerinn vermiethen, so könnt' ich ja von dem Teufel, wenn's ein Teufel ist, wieder loskommen. – Aber meinst Du denn nicht, daß ein Mädchen durch das, was ich lerne, einen Mann wirklich amüsiren könne? Meinst Du, daß ich durch mein Lernen dem Stande, dem ich gewidmet bin, ganz entgehe? Wie, wenn ich nun einen Kaufmann oder Fabrikanten kriegte, der nach Spanien, Frankreich, Holland, Italien, England, Schweden u.s.w. handelt, und ich verstehe die Sprache dieser Länder und könnte ihm gar seine Correspondenz führen? Wieviel Kaufmanns Weiber giebt es denn, die so ein halb Dutzend Sprachen verstehen; und müßte mein – will's Gott! – Künftiger denn nicht ein Flegel sein, wenn er mir nicht eine Köchinn bezahlte, weil ich ihm einen Buchhalter ersparte?

Freilich wählen können wir Mädchen nicht, weder ich noch Du; wenn ich also einen Gelehrten kriegte, so wäre mein bischen Lernen verloren, aber Schaden thät's mir doch auch nicht. Gesetzt ich müßte, der Haushaltung wegen, Clavier, Singen, Mathematik und Latein niederlegen, meine Sprachen spräche ich doch noch immerfort, und mein Mann hätte doch sein Vergnügen dabey, und ich läse doch immer so was nebenher von Rom. Denn immer vor dem Heerd zu stehn, wäre meine Sache auch nicht, denn armes Schofel Zeug nehme ich nicht, und dazu zwingt mich mein Vater auch nicht. Ich laure nicht auf einen Mann, der so viel Einnahme hat wie Dein Vater und meiner. Aber hungern und darben will ich auch nicht, sonst bleibe ich lieber allein. Wenn mein Temperament so bleibt wie bisher, so heirathe ich nicht anders als aus Vernunft. 164 / 108f

Umgang mit Mannspersonen *[1788]*

Johann Daniel Hensel

Es ist ganz falsch junge Frauenzimmer wie Nonnen zu erziehn, sie vor allem Umgange mit dem männlichen Geschlechte zu hüten, bis sie schon fast erwachsen sind. Denn erstlich sind ja Frauenzimmer bestimmt einst mit Männern zu leben. Sollen sie diejenigen nicht kennen lernen, mit denen sie leben müssen? Eben dadurch kommt ja so manches Unglück in die Ehen, daß das Paar sich zu wenig kennt, auch sich nicht frei genung beurtheilen kann. Aber Kenntniß eines ganzen Geschlechts in seinen Hauptzügen, ist nicht das Werk weniger Tage des Brautstandes, wo noch dazu so oft die Augen geblendet sind, oder geblendet werden. Deswegen sollte dieser Umgang schon früh anfangen, damit auch die Möglichkeit da wäre, sich kennen zu lernen. –

Zweitens, wenn ein Frauenzimmer nie in seiner Jugend frei mit Mannspersonen umgehn durfte oder konnte, was ist die Folge? – Sie wird entweder ganz schüchtern und albern vor jedem männlichen Gesichte zurückbeben, und roth werden wenn ein Mann nur ihren kleinen Finger berührt, und sich lächerlich machen. Oder der Reiz der Neuheit wird ihr jede Mannsperson, die nur irgend erträglich ist, doppelt angenehm, und wenigstens zum Umgange höchst wünschenswerth machen, so lange sie noch unerfahren träumt... Wäre sie hingegen von Jugend auf gewohnt mit Mannspersonen von gleichem und verschiedenem Alter, von verschiedenen Ständen umzugehn; wäre ihr der Umgang mit ihnen nicht als etwas vom Frauenzimmerumgange sehr verschiednes geschildert worden; hätte man sie schon in den Kinderjahren, da der Umgang noch gefahrlos war, schon unter Aufsicht, die aber keinen Zwang auflegte, an diesen Umgang gewöhnt: so würde sie schon früh ein anständiges, und freies Betragen gegen Mannspersonen gelernt haben. 67 / II 16–20

Sittsamkeit und Würde *[1792]*

D. Rätzer an seine Schwester Marie

Gewiß ist Sittsamkeit die schönste weibliche Tugend aber kann sie auch zu weit getrieben werden? ich glaube in gewißen Fällen, ja! sie hindert dann zuweilen sich von einer vortheilhaften Seite zu zeigen, sie steht einem nothwendigen Zutrauen auf eigene Kräfte, auf eigene Würde, im Wege, sie kann sogar in gewißen Fällen schädlich werden. Deine stille Sittsamkeit ists vorzüglich, verbunden mit einer vortreflichen Denkungsart welche dir sogleich jederman von etwas feinerm Gefühl zum Freunde macht, aber nur ein Grad Energie mehr wird dieser Sittsamkeit jene unverkennbare Würde geben, die wie Zauber auf beide Geschlechter wirkt, deren man eine gewiße Achtung zollen muß. Noch hast du eine lange Reihe Jahre vor dir, in denen du durch Lektur und Umgang dich bilden kanst, in denen du beständige Gelegenheit hast deinen Verstand auf zuklären, und dir die höchst nothwendige Menschenkentnis zu erwerben...
Vortreflich, meine Beste, du fängst ein Tagebuch an? o! laß ja den Muth dazu nicht sinken. Wie wichtig ist am Abend eines jeden Tages der Gedanke «wie hab ich diesen Tag zugebracht? in welche Fehler bin ich gefallen? welche unter denen die ich mir mit Recht vorzuwerfen habe, habe ich vermieden? welche Mittel muß ich wählen um mich von denselben so viel möglich zu befreien? habe ich auch etwas nuzliches gelernt? habe ich andern dazu Gelegenheit gegeben? kurz, in wie weit kann ich mit meiner heutigen Aufführung zufrieden seyn?» 6 / X 2

Unbeschwerte Backfischzeit *[1793]*
Luise Schlosser an Clara Jacobi

Abends vor dem Nachtessen.

Liebes bestes Clärchen!

Man sollte denken, ich hätte wunders wie viel Zeit zum schreiben; aber da irrt man sich gewaltig. Seit Sonntag, da ich Deinen überherzigen Brief bekam, studiere ich dran, nur ein paar Wörtchen zusammen zu bringen, aber umsonst! Gestern auf den Neujahrs-Tag sollte es nun pardu geschehen, ich schrieb wie ich aus dem Bette kam gleich den Füßlis ein Billettchen, daß ich nicht in die Kirche könnte, ich rannte und machte alles in Ordnung, so schnell ich nur konnte, und als ich eben in Bereitschaft zu schreiben war und ich nur eben der Mama guten Morgen sagen wollte, so hörte ich, daß die Christine und die Lene sich in der Neujahrsnacht einen Branntweinrausch getrunken hätten und daher nun beide sterbensweh und recht krank wären. Da müssen also die Mama, die Lisel und ich die Küche versehen, wo just den Tag so viel zu machen war, daß ich mich kaum vor Tische anziehen konnte. Und den Nachmittag! sieh so einen ganz herrlichen erlebte ich noch nie, N.b. (auf diese Art). Höre also: Wir waren bei der Msll. Ring. Nu, das wird Dich nicht sehr reizen! Wenn Du aber die Gesellschaft hören willst, die da war, dann wird's anders um Dich aussehn, nämlich es war der junge Krieg, sein Bruder und der junge Ring; eben höre ich, daß Dir die Juliette[1] die Frauenzimmer genannt hat, also bleibe ich bei den Chapeaus. Denke, wir spielten mit ihnen, wie wenns noch ein paar Schwestercher wären. Die Juliette stellte sich aber sehr spröde, sie wird Dir vermutlich ihre Gedanken drüber sagen. Das Letzte, was wir spielten, war Bock und Gärtner, man mußte sich fangen und da lief man sich gemeiniglich in die Arme, bekam von ohngefähr eine Hand, drückte sie, dann kam noch ein Nachdruck, und dann war man gefangen. Du mußt nun nicht denken, daß mir's so ging, sondern ich sah's nur an den andern. Die

1 Luises jüngere Schwester Julie Katharina Schlosser.

Luise Preusch und das Lischen Reinhard stellte sich sehr frech, besonders mit dem jungen Ring; dieser spielte auf der Flöte, ganz schmachtend wie ein arkadischer Schäfer, sah alle nach der Reihe an, (denn wir saßen in einem Halb=Zirkel um ihn herum) und dudelte, bis ich das Lachen fast nicht mehr halten konnte. Einmal mußte er auch der Nanzi ein Bützchen geben. Ach! da beneidete ich sie recht! Wie fatal, da muß ich zum Essen. Morgen schlachten wir! Prost – Neu=Jahr! 9 / 46ff

Was sich für ein Mädchen schickt *[1797]*

Luise von Günderode an ihre Enkelin Karoline

Vor deinen lieben Brief, meine Lina, dank ich dir so hertzlich. Ich zweifle gar nicht, daß du liebes Medgen dein Betragen so einrichten würst, daß du uns alle Ehre magst und dir hierin die gröste. Auch immer so dein Vertrauen zeigst, sowohl der Fräulein Pröbstin wie Fräulein Gredel, was schiklich oder nicht Schiklich ist. Dises sind vernünftige Menschen. Daß Nächtliche laufen bringt Keine Ehre, weil sich alsdann hier und da Etwas anfedelt, wo durch ich nichts gewönne Nein, vielmehr meine Ehre, Wo doch ein Medgen, und Jeder Vernünftige alles aufsetzen mus ins Spiel setzen. Ach Gott regiere dich mit dem heiligen Geist, werde und Sey eine recht Schaftene Christin, so würst du dich auch bestreben eine Tugendhafte Person Zusein und daß gehet über alles. Hast du noch Liebe vor mich, so verwürf meine Ermahnung nicht und denke daran, wenn ich schon lange Erkald bin, Gott Seegene dich. 48 / 8f

Lebensplan und weibliche Bestimmung *[1799]*

H. von Kleist an seine Schwester Ulrike

Du sagst, nur Männer besäßen diese uneingeschränkte Freiheit des Willens, Dein Geschlecht sei unauflöslich an die Verhältnisse der Meinung und des Rufs geknüpft. – Aber ist es aus Deinem Munde, daß ich dies höre? Bist Du nicht ein freies Mädchen, so wie ich ein freier Mann? Welcher andern Herrschaft bist Du unterworfen, als allein der Herrschaft der Vernunft?
Aber dieser sollst Du Dich auch vollkommen unterwerfen. Etwas muß dem Menschen heilig sein. Uns beide, denen es die Zeremonien der Religion und die Vorschriften des konventionellen Wohlstandes nicht sind, müssen um so mehr die Gesetze der Vernunft heilig sein...

Aber noch weit mehr, als ich fürchte, Du möchtest noch bisher keinen Lebensplan gebildet haben, muß ich fürchten, daß Du grade den einzigen Lebensplan verworfen hast, der Deiner würdig wäre. Laß mich aufrichtig, ohne Rückhalt, ohne alle falsche Scham reden. Es scheint mir, – es ist möglich daß ich mich irre, und ich will mich freuen, wenn Du mich vom Gegenteile überzeugen kannst, – aber es scheint mir, als ob Du bei Dir entschieden wärest, Dich nie zu verheiraten. Wie? Du wolltest nie Gattin und Mutter werden? Du wärst entschieden, Deine höchste Bestimmung nicht zu erfüllen, Deine heiligste Pflicht nicht zu vollziehen? Und entschieden wärst Du darüber? Ich bin wahrlich begierig, die Gründe zu hören, die Du für diesen höchst strafbaren und verbrecherischen Entschluß aufzuweisen haben kannst...

Aber was soll ich glauben, wenn Dir der, nicht scherzhafte, nur allzu ernstliche Wunsch entschlüpft, Du möchtest die Welt bereisen? Ist es auf Reisen, daß man Geliebte suchet und findet? Ist es dort, wo man die Pflichten der Gattin und der Mutter am zweckmäßigsten erfüllt? Oder willst Du endlich, wenn Dir auch das Reisen überdrüssig ist, zurückkehren, wenn nun die Blüte Deiner Jahre dahingewelkt ist, und erwarten, ob ein Mann philosophisch genug denke, Dich dennoch zu heiraten? Soll er

Weiblichkeit von einem Weibe erwarten, deren Geschäft es während ihrer Reise war, sie zu unterdrücken?
Aber Du glaubst Dich trösten zu können, wenn Du auch einen solchen Mann nicht fändest. Täusche Dich nicht, Ulrikchen, ich fühle es, Du würdest Dich nicht trösten, nein, wahrlich, bei Deinem Herzen würdest Du Dich nicht trösten...
Und was würde Dich für so vielen Verlust schadlos halten können? Doch wohl nicht der höchst unreife Gedanke, frei und unabhängig zu sein? Kannst Du Dich dem allgemeinen Schicksal Deines Geschlechtes entziehen, das nun einmal seiner Natur nach die zweite Stelle in der Reihe der Wesen bekleidet? Nicht einen Zaun, nicht einen elenden Graben kannst Du ohne Hülfe eines Mannes überschreiten, und willst allein über die Höhen und über die Abgründe des Lebens wandeln? Oder willst Du von Fremden fordern, was Dir ein Freund gern und freiwillig leisten würde?
Aus allen diesen Gründen, deren Wahrheit Du gewiß einsehen und fühlen wirst, gib jenen unseligen Entschluß auf, wenn Du ihn gefaßt haben solltest. Du entsagst mit ihm Deiner höchsten Bestimmung, Deiner heiligsten Pflicht, der erhabensten Würde, zu welcher ein Weib emporsteigen kann, dem einzigen Glücke, das Deiner wartet.
Und wenn Mädchen wie Du sich der heiligen Pflicht, Mütter und Erzieherinnen des Menschengeschlechts zu werden, entziehen, was soll aus der Nachkommenschaft werden? Soll die Sorge für künftige Geschlechter nur der Üppigkeit feiler oder eitler Dirnen überlassen sein? Oder ist sie nicht vielmehr eine heilige Verpflichtung tugendhafter Mädchen? – Ich schweige, und überlasse es Dir, diesen Gedanken auszubilden. –

Konkrete Erziehungsverhältnisse

Abgebrochener Lerneifer *[um 1730]*

Anna Luise Karschin

Mein Oheim fragte eines Tages nach den Massregeln meiner Erziehung. «O!» sagte meine Mutter, «das unartige Kind soll lernen, und es ist nichts in sie zu bringen!» Mein Oheim bewies ihr die Unmöglichkeit in dem Geräusch des Wirthshauses. Er nahm mich mit; seine Wohnung war in Polen; er genoss in einem kleinen Hause der Ruhe des Alters und lebte von Dem, was er in jugendlichen Jahren als Amtmann erspart hatte. Die liebreichste Seele sprach in jedem Wort seines Unterrichts, und in weniger als einem Monat las ich ihm mit aller möglichen Fertigkeit die Sprüchwörter Salomonis vor. Ich fing an zu denken, was ich las, und von unbeschreiblicher Begierde angeflammt, lag ich unaufhörlich über dem Buche, aus welchem wir die Grundsätze unserer Religion erlernen. Mein ehrlicher Oheim freute sich heimlich, aber er riss mich oft vom Buche und wandelte mit mir durch ein kleines Gehölz oder durch eine blumige Wiese. Beides war sein Eigenthum, und beides gab ihm Gelegenheit, mit mir von den Schönheiten der Natur zu reden ... Ich lag ihm an, mich schreiben zu lehren; meine Grossmutter widersetzte sich und wandte alle ihre Beredtsamkeit an, um diesen Vorsatz zu zernichten. Es mislang ihr; ich suchte aus irgend einem Winkel ein Bret hervor und brachte es meinem gütigen Oheim. Er zeichnete mir Buchstaben darauf, ich malte sie nach, sehr bald ergriff ich die Feder, und als einstmals meine Eltern uns besuchten, hüpfte ich ihnen mit einem Papier in der Hand entgegen und rief voller Empfindung: «Vater, ich kann schreiben!» Dieser gute Vater küsste mich, und ich sah ihn nicht mehr. Er starb wenige Monate nach diesem Besuche. Meine Mutter blieb nicht lange Witwe. Sie gab ihr Herz einem andern Manne und kam in seiner Gesellschaft, uns zu besuchen. «Herr Vetter», sagte sie, «ich komme, meine Tochter abzuholen! Ich brauche sie künftig zur Wiege, und ich fürchte, sie wird verrückt im Kopfe werden, wenn sie fortfährt, Tag und Nacht über den Büchern zu liegen. Sie kann lesen und schreiben, dies ist Alles, was ein Mädchen wissen muss!»... Mein Oheim segnete mich, und ich reiste mit seiner Thräne auf meiner Wange fort. Meine Mutter gab ihrem zweiten Manne einen Sohn, und ich bekam das Amt einer Kindwärterin. Zehn Jahr war ich alt, mein Stiefbruder ward meine einzige Beschäftigung. Traurig sass ich an seiner Wiege, weil mir Bücher fehlten.

85 / 2ff

Unbeschränkter Wissensdurst *[um 1730]*

Susanna Katharina von Klettenberg

Bis in mein achtes Jahr war ich ein ganz gesundes Kind, weiß mich aber von dieser Zeit so wenig zu erinnern, als von dem Tage meiner Geburt. Mit dem Anfange des achten Jahres bekam ich einen Blutsturz, und in dem Augenblick war meine Seele ganz Empfindung und Gedächtnis...

Während des neunmonatlichen Krankenlagers, das ich mit Geduld aushielt, ward, so wie mich dünkt, der Grund zu meiner ganzen Denkart gelegt, indem meinem Geiste die ersten Hülfsmittel gereicht wurden, sich nach seiner eigenen Art zu entwickeln... Man brachte mir Puppenwerk und Bilderbücher, und wer Sitz an meinem Bette haben wollte, mußte mir etwas erzählen.

Von meiner Mutter hörte ich die biblischen Geschichten gern an; der Vater unterhielt mich mit Gegenständen der Natur. Er besaß ein artiges Kabinett. Davon brachte er gelegentlich eine Schublade nach der andern herunter, zeigte mir die Dinge und erklärte sie mir nach der Wahrheit. Getrocknete Pflanzen und Insekten und manche Arten von anatomischen Präparaten, Menschenhaut, Knochen, Mumien und dergleichen kamen auf das Krankenbette der Kleinen; Vögel und Tiere, die er auf der Jagd erlegte, wurden mir vorgezeigt, ehe sie nach der Küche gingen, und damit doch auch der Fürst der Welt eine Stimme in dieser Versammlung behielte, erzählte mir die Tante Liebesgeschichten und Feenmärchen. Alles ward angenommen, und alles faßte Wurzel...

Nach Jahresfrist war ich ziemlich wiederhergestellt; aber es war mir aus der Kindheit nichts Wildes übriggeblieben. Ich konnte nicht einmal mit Puppen spielen, ich verlangte nach Wesen, die meine Liebe erwiderten. Hunde, Katzen und Vögel, dergleichen mein Vater von allen Arten ernährte, vergnügten mich sehr...

Als ich weiter heranwuchs, las ich, der Himmel weiß was, alles durcheinander; aber die römische Oktavia behielt vor allen den Preis. Die Verfolgungen der ersten Christen, in einen Roman gekleidet, erregten bei mir das lebhafteste Interesse.

Nun fing die Mutter an, über das stete Lesen zu schmälen; der Vater nahm ihr zuliebe mir einen Tag die Bücher aus der Hand und gab sie mir den andern wieder. Sie war klug genug zu bemerken, daß hier nichts auszurichten war, und drang nur darauf, daß auch die Bibel ebenso fleißig gelesen wurde. Auch dazu ließ ich mich nicht treiben, und ich las die heiligen Bücher mit vielem Anteil...

Meiner Mutter und dieser Wißbegierde hatte ich es zu danken, daß ich bei dem heftigen Hang zu Büchern doch kochen lernte; aber dabei war etwas zu sehen. Ein Huhn, ein Ferkel aufzuschneiden, war für mich ein Fest. Dem Vater brachte ich die Eingeweide, und er redete mit mir darüber wie mit einem jungen Studenten und pflegte mich oft mit inniger Freude seinen mißratenen Sohn zu nennen.

Nun war das zwölfte Jahr zurückgelegt. Ich lernte Französisch, Tanzen und Zeichnen und erhielt den gewöhnlichen Religionsunterricht. Bei dem letzten wurden manche Empfindungen und Gedanken rege...

Französisch lernte ich mit vieler Begierde. Mein Sprachmeister war ein wackrer Mann. Er war nicht ein leichtsinniger Empiriker, nicht ein trockner Grammatiker; er hatte Wissenschaften, er hatte die Welt gesehen. Zugleich mit dem Sprachunterrichte sättigte er meine Wißbegierde auf mancherlei Weise. Ich liebte ihn so sehr, daß ich seine Ankunft immer mit Herzklopfen erwartete.

Das Zeichnen fiel mir nicht schwer, und ich würde es weitergebracht haben, wenn mein Meister Kopf und Kenntnisse gehabt hätte; er hatte aber nur Hände und Übung.
Tanzen war anfangs nur meine geringste Freude; mein Körper war zu empfindlich, und ich lernte nur in der Gesellschaft meiner Schwester. Durch den Einfall unsers Tanzmeisters, allen seinen Schülern und Schülerinnen einen Ball zu geben, ward aber die Lust zu dieser Übung ganz anders belebt. 46 / 65–69

Die notdürftigen Kenntnisse [um 1730]

Isabella von Wallenrodt

Wir wuchsen demnach unter den Augen einer edelen Mutter, bei den glücklichsten Aussichten groß. Sie selbst besaß die vorzüglichsten Eigenschaften, welche das Weib schätzenswerth machen, und hatte das beste Herz; es fehlte ihr auch nicht an Verstand; allein ihre eigene Erziehung reichte noch nicht an die Zeiten, wo man die Begriffe des weiblichen Geschlechtes zu bilden und zu ordnen anfing. Es gab zwar auch damals, wie zu allen Zeiten, sogar gelehrte Weiber, sie waren es aber durch eignen Antrieb, oder durch die Grille eines gelehrten Vaters, der vielleicht keinen Sohn hatte, geworden. Außerdem war das höchste bei Erziehung der Töchter, ihnen eine Hofmeisterinn von den ausgewanderten Franzosen zu halten, die zugleich ihre Sitten bilden mußte. Ein Lehrer unterrichtete sie im Christenthume, Schreiben, und ein wenig Rechnen. Die weitern Wissenschaften blieben für die Söhne. Demnach waren auch die Geistesgaben meiner guten Mutter nicht in Übung gesetzt worden, und sie hatte wenig Begriff von den feinern Erziehungsregeln für Töchter. Doch wollte sie, daß wir alles, was man schon zu unsrer Zeit von gut erzogenen Mädchens verlangte, auch besitzen möchten, d. h. ein wenig Musik, Zeichenkunst, Geschichte, Geographie, und etwa die Lektüre französischer Bücher, zur Übung in dieser Sprache, oder wenn es deutsche waren, eines Dichters, oder moralischen Buches.

203 / I 19f

Bedenken gegen frühen Schulbesuch *[1755]*

Meta Klopstock an Elisabeth Schmidt

Ist meine arme, liebe, natürliche Meta[1] denn schon in einer Schule? Ich kann nicht läugnen daß wenn ich bedenke, daß alles was du u ich in 5 Jahren gearbeitet haben, sie unschulhaft zu machen, daß daß nun in einem Vierteljahr aus ihr heraus, so geht mirs durchs Herz… Mache ihr Veränderung damit, daß du sie allemögliche Gewerbe schickst. Sie muß itzt viele Zeit mit Handarbeit beschäftigt seyn. Hat sie gar keine Lust dazu; so gewinne sie mit kleinen Belohnungen, u aufheiternden Gesprächen… Läßt du M[eta] dieses Jahr keine Musick anfangen? Denke einmal wie sie das beschäftigen wird! Der kleine Balcio hat im 5ten Jahr angefangen. M. lernt diesen Sommer doch tanzen? Ich denke du kömmst ohne Schule fort. Ich habe schon 100mal sagen wollen: Beunruhigt es dich; so schicke sie hinein; aber es kann nicht heraus. Daß man sagt: die Schulfrau ist gut, das verschlägt mir nichts. Für mich ist keine gut… Ihr ungleiches Hümeur must du mit Aufmuntern u Beschäftigung zu helfen suchen u must Gedult haben; tollköpfisch aber, wie dus nennst, muß sie nicht seyn. Du must so viel du kannst mit Sanftmut, wenns aber nicht anders ist mit Strenge; solls auch Hunger u zu Hause bleiben seyn. Aber vergiß ja nicht sie zu belohnen wenn sie sich mässigt. 191 / II 465f

Erziehung außer Hause *[1766]*

Regina Möser an J.G.Friderici

Den grund zu einer guten erziehung hoffe ich bey Ihr[2] gelegt zu haben, das Wesentliche der Geselschaft aber kan ich Ihr nicht geben, das mus sie aus dem Umgang mit andern leüten lernen, und der fehlet Ihr hier; sie kommet selten ausser unser Verwandschaft, und wenn Sie mal daraus kommt, so ist alles über Ihrer

1 Die Nichte und Patentochter Catharina Margaretha Schmidt (1750–66).
2 Ihre Tochter Johanna Wilhelmine Juliana, gen. Jenny.

Sphere, Wüßte ich also eine art da Sie Vor aller üppiger lebens art bewahret wäre, und da ich Sie ohne sorge vertrauen könte, so thäte ich Sie sicher auf ein Jahr von mir, damit Sie sähe wie es in andern häusern zugeht, und sich nicht zu sehr auf ihrer Mutter verläßt... behalte ich Sie bey mir, oder suche ich Sie einerwärts unterzubringen? ich wil nichts an ihr ersparen, und ob ich sie gleich nichts weniger als zur grossen Welt destiniere, ihre gantze Persohn auch nicht dazu gemacht, und sie selber nicht dazu geneigt ist...

176 / 9

Erste Schulstunden *[um 1770]*

Johanna Schopenhauer

Kaum hatte ich das dritte Jahr meines Lebens zurückgelegt, als ich schon täglich zweimal, vormittags und nachmittags, in eine kaum zweihundert Schritt von meinem elterlichen Hause entfernte Schule auf ein paar Stunden geschickt wurde...
Stillsitzen lernen war alles, was fürs erste von mir gefordert wurde; anfangs protestierte ich sehr laut gegen diese Zumutung, doch niemand kehrte sich daran. Ich mußte den sauren Weg zur Schule gehen und ging schon am zweiten Tag ihn gern, denn außer mir waren noch zwanzig Kinder aus der Nachbarschaft, Knaben und Mädchen, zu dem nämlichen Zweck dort versammelt, von dem ich aber nicht rühmen kann, daß er dadurch sonderlich gefördert worden wäre.
Die düstere Schulstube mit ihren getäfelten Wänden von durch die Zeit gebräuntem Eichenholz, in der wir dennoch so fröhliche Stunden verlebten, das große, aus mehr als hundert kleinen runden Scheiben zusammengesetzte Fenster stehen noch sehr lebhaft in meiner Erinnerung. In der Ecke dieses Fensters thronte in ihrem geräumigen Sorgstuhl eine uralte Frau mit schneeweißem Haar in etwas fremdartiger, sehr sauberer, aber einfacher Tracht.

169 / 54f

Bildungsreise in die Schweiz [1786]
J.H. Merck an seine Tochter Adelheid

Ich habe Dir noch nicht geschrieben, mein Kind, indessen wirstu gewiß glauben, daß es nicht aus Mangel an wahrer Liebe u. Zärtlichkeit geschehen ist. Es that mir sehr leyd, Abschied von Dir zu nehmen, und in diesen Augenbliken empfindet man zu erst, was man Einander ist... Schreibe so offt Du kanst; dadurch machstu uns das gröste Vergnügen. Ich wünschte daß Du Dir in Deutscher Sprache ein Journal hieltest, worin Du pünktlich aufzeichnest, alles was alle Tage vorgefallen ist, was Du gethan hast, welche Gesellschafft da gewesen ist, u.s.w. Dadurch gewöhnt man sich zur Ordnung, u. ist auch der Vortheil dabey, daß man nach langer Zeit sich vieler merkwürdigen Dinge wieder erinnern kan. Ein Auszug aus diesem Tagebuch würde alsdenn für uns ungemein angenehm seyn. Ich will Dir indessen nichts vorschreiben, es wird Dich aber nicht gereuen, wenn Du meinem Rathe folgst. Ich wünschte auch daß Du Dich zuweilen übtest einen Aufsaz in französischer Sprache zu machen z.E. eine Erzählung von einer ganz gemeinen Begebenheit, die Du selbst gesehen hast. Der Oncle Arpeau, der sehr gut französisch schreibt u. spricht, würde gewiß alsdenn die Gefälligkeit haben, die Ideen zu ordnen, u. das Ganze zu corrigiren.

Du thust mir einen grosen Gefallen, wenn Du mir schreibst, ob Etwas aus meinem Vorschlag geworden ist. Deine französische Art sich auszudrüken, hat schon merkl. gewonnen seit Deiner Anwesenheit in der Schweiz, u. wenn Du Dir ferner Mühe giebst, kanst Du Dir dadurch ein Talent mehr erwerben, weswegen man Dich schäzen wird...

Lebe wohl Liebstes Kind, thue alles was Du Deiner lieben Tante an den Augen ansehen kanst, u. fahre fort mit Deiner Dir ganz natürl.en Diskretion und Verschwiegenheit, an Nichts theil zu nehmen, was Unsere Verwandten unter einander gegen sich zu erinnern haben. Sie sind alle durchaus rechtschaffne Leute, die uns sehr viele Liebe u. Freundschafft erzeigen, und in Ertragung der Schwachheiten anderer, müssen wir eben das an andern thun, was wir wünschen daß uns gethan würde. Ich umarme Dich von ganzem Herzen, thue desgl. in meinem Namen an Deiner Lieben Tante, u. Deinem Lieben Oncle. JHM.

120 / 569f

Wider den kindlichen Stolz *[1787]*

Fr. von Fürstenberg an die Fürstin Gallitzin

Guten Morgen, liebste Adelheide, Ich hoffe du bist wohl und bey zeiten nachhauß komen: · Ich wollte einmahl kommen und dich abholen: demnechst bedachte ich mich wieder, vieleicht hätte ich eine interessante unterhaltung gestöret.

Bey der übersetzung gab mir Mimi[1] gelegenheit, sie übersetzte einen vers unrecht, und mit einem ton von gleichgültigkeit: · hierüber hatte ich mit ihr allein eine Unterhaltung: Ich sagte ihr sehr freundlich, daß dieser ton unschicklich und unhöfflich wäre: · Sie entschuldigte sich gut und ohne laune. Ich nutzte aber die Gelegenheit um ihr den Text im allgemeinen zu leßen. Mein ton blieb freundschafftlich, aber außführlich: um ihr ihre fehler recht anschaulich zu machen, biß auff außsprach, ton der stimme, und Gesicht.

Es ist nöthig daß ich dich hierüber recht verstehe; Ich will dir sagen wie ich es verstehe, wan ich es nicht recht verstehe so bitte es mir zu verdeutlichen wan ich zu dir komme.

1. Ich suche, ihr keinen Damen stoltz beyzubringen, dadurch daß ich sie als kind behandle; sie gutheiße; oder umgekehrt, aber niehmahlen ihre approbation suche.

2. Wan sie voreilig, oder schnippisch ist, und ich es mercke, so sage ich es ihr freundlich oder noch lieber nehme ich sie demnechst alleine. Abkappen thue ich aber nicht gerne: wan man das nicht recht gut machet, so schadet es: Es würcket von selbst nur auff das äußere, macht laune: und man siehet auß als wenn man auffgebracht wäre, oder gar sich beleidigt fühlte und in seiner eignen sache straffte: dann würckt die ermahnung nicht

1 Marianne von Gallitzin, die Tochter der Fürstin.

bleibend, nicht auff das innere. Ich suche ihre fehler so anschaulich zu machen, und sie dabey so achtsam und auffnehmend zu erhalten als ich kan: sie muß sich wie im spiegel sehen.
3. Da ihr Stoltz wohl in etwa auff ihre intellectual fahigkeiten sich gründen konte; so suche ich sie auch von der seythe zu demüthigen. «siehe, liebe daß du den vers nicht verstandest, das war nicht sprach unwißenheit, sondern abgang von Sagacitæt, von Combination, von tact etc.» insonderheit thue ich dieses, wan sie einen vers leicht von der hand schlägt.
4. Ich gebe ihr beyfall auff eine art welche ehender dependentz, als stoltz hervorbringt «so, das war mit achtsamkeit», oder aber «es freut mich daß du dich beßerst:» · ich bezeige ihr aber nicht leicht zufriedenheit als nur über Sanfftheit, gelehrigkeit und wahrheit. G. g. U. L. u. L.[1] Ich Küße dir die hände und die lieben Kinder. 188 / 336f

Gesund an Körper und Geist *[1789]*
J.G.Forster an Chr.G.Heyne

In Rücksicht unserer kleinen Jeannette[2] seyn Sie doch nicht besorgt. Ich schreibe Ihnen alles was ich bemerke... Sie ist übrigens sehr gesund; hat Appetit, schläft vortreflich, verdaut sehr gut, und ihre Indolenz ist sicherlich eben so viel der habitude als dem Temperament, und dem Bau ihres Körpers zuzuschreiben. Sie hatte ehedem, weil mehrere die Aufmerksamkeit theilten, nicht so strenge Aufsicht, und gewöhnte sich also an mancherley Dinge, die sie jezt allmählich wieder verlernen muß. Was ich ihr hauptsächlich verbiete, ist das Sitzen gleich nach Tische; und was ich empfehle ist eine etwas mäßigere und länger fortgesetzte Bewegung, anstatt der kurzen Anfälle von ausgelassenem Toben, wodurch sie sich nur erschöpft. Sie hat während ihres Hierseyns schon drey Paar Strümpfe gestrickt; außerdem näht sie zuweilen, und mit dem Schreiben bin ich jezt auch zufrieden; sie

1 Gott gebe uns Licht und Liebe.
2 Jeanette Heyne (geb. um 1780), eine Tochter von Chr. G. Heyne.

bekommt nach und nach eine sichere Hand, und das ist die Hauptsache. Ihre Launen sind bey weitem nicht mehr so arg als sie waren; sie kommt gleich wieder zu sich, wenn sie etwas versehen hat, und mault nicht mehr wie ehedem. Kurz, einen deutlichen Fortschritt kann ich gewahr werden; die Zeit wird mehr thun, und wir wollen uns bemühen das Unsrige zu thun. Daß wir nicht anders als sanft und freundlich mit ihr verfahren, ist sicherlich das einzige Mittel sie zu bilden, zumal wenn man Ernst im erforderlichen Augenblicke zeigt. Ihr Kopf wird doch auch bey zunehmendem Alter klarer, und sie sieht selbst ein, daß man sie um ihres eigenen Besten willen belehrt, zurechtweiset, tadelt oder schilt, wenn die Umstände es erfordern. In Betracht ihres Körpers bleibt es vorerst bey dem Kalten Bade, welches sie Nachmittags um fünf Uhr nimmt, beym Trinken des Schwalbacher Brunnens, und bey einer gewißen Auswahl in ihrer Diät, z. B. daß sie nicht zuviel Saures ißt. Da sie schnell wächst, so wird unter unabläßigem Erinnern sich gerade zu halten, die Natur selbst in den noch biegsamen, weichen Knochengerüste wirken, und wie es in unzäligen Fällen zu gehen pflegt, sie wieder gerade bilden. 42 / XV 299f

Kochkunst aus der Klosterschule *[1796]*

Cl. Brentano an seine Schwester Gunda

Du bist doch wohl recht glücklich, liebe Schwester, ruhig, ohngestört in der Gesellschaft würdiger Damen und guter Freundinnen, hast Deine guten jüngern Geschwister um Dich, bei denen Du mit Vergnügen den Einfluß Deiner richtigen Grundsätze und guten Sitten auf ihr Herz bemerken kannst. Du lebst in einer schönen angenehmen Gegend und kannst täglich das Angenehme eines schönen Gartens genießen. Bei allem dem Angenehmen noch das Nützliche betrachtend, kannst Du nicht anders als recht glücklich sein, dessen ich mich recht herzlich freue; und was wirst Du einstens von uns und jedermann geliebt werden, wenn Du in der sämtlichen Haushaltungskunst erfah-

ren und mit freundlichen ungekünstelten Sitten ausgeziert wieder unser Haus betrittst...
Wenn Du Dich nicht recht glücklich glaubst, so irrst Du Dich und an Zeitvertreib kann es Dir nicht fehlen, besonders, wenn Du suchst die edle Kochkunst recht aus dem Fundament zu erlernen; denn es wird itzt die neuste Mode, daß die Hausmütter selbst kochen, in Engelland kochen alle die Ladys vom bon ton, in Italien alle Donne galanti, in Frankreich alle Citoyennes qui ont du monde selbst, und in Wien macht man auch schon den Anfang. Und wenn Du dann in Frankfurt den Anfang machst, so müssen wir 6 Frankfurter Grenadiers vor unser Haus stellen, um die Freier abzuhalten, und der Herr Schwab wird Dich zum Erben seiner Confect=Niederlage einsetzen, wenn Du ihm rechte Kraftsuppen kochst. Wir freuen uns alle recht sehr Dich einstens mit Kenntnissen und Haushaltungs[künsten] versehn zur Hülfe unserer guten Maman hierherkommen zu sehen. 157 / 57

Das Pensionsjahr *[1797]*

J. G. Herder an seine Tochter Luise

Nach einer so langen Zeit, liebes Kind, muß ich doch auch wieder einmal an Dich schreiben, da ich gewiß täglich an Dich denke. Mich freuets, daß Du Dein Exilium so gut anwendest, Engelskind, u. daß Du es ansiehest, wie es angesehen werden muß, als eine Gelegenheit der Selbstbildung. Laß diesen Gesichtspunkt nie aus den Augen, liebes Mädchen, u. Alles wird für Dich bildend u. lehrend seyn; selbst das, was Dir sonst unangenehm seyn würde. Eben dies ist die lehrreichste Schule der Bildung. Bald wird die Zeit vorüber gehen; mit jedem Tage kürzet sie sich; u. wie werden wir Dich empfangen, Dich, unsre liebe holde Tochter. Deine Briefchen lese ich so gern; Deine Hand gefällt mir gar wohl (Du sollst meine Abschreiberin werden) und alles, was Du von den Lectionen schreibest, oder was Du sonst meldest, ist mir eine gar liebliche zarte Stimme. Schreibe nur viel: Deine Briefe müßen jetzt Deine Gegenwart vertreten; Rinaldo[1] lieset sie gar hübsch vor. Wie werde ich mich freuen, wenn Du wieder an meiner Seite bei Tisch sitzest, oder zu mir aufs Zimmer kommst, u. wenn ich schmäle, lachend zur Thür eilest. Wenn Du wiederkomst, will ich nicht mehr schmälen. – ... Die Mutter versorgt Dich mit Pelzen; ich schicke Dir nur einen Taschenkalender; aber auch der ist ein gutes Vergißunser nicht. Behalte uns lieb, wie wir Dich lieben, u. lebe gesund, fleißig, thätig, aufmerksam, munter, froh u. hoffend auf die Zukunft. Lebe wohl, liebes Kind, unsre gute Tochter. 68 / VII 339

Aufwachsen in der Emigration *[um 1797/98]*
Katharine von Bechtolsheim

Unsere frühere Tageseinteilung musste nun manche Abänderung erfahren; es wurde als Lehrer ein sachkundiger, junger Mann, Namens Bärmann, ausgesucht, welcher uns Unterricht gab in Geschichte, Geographie, deutscher Sprache und Rechnen. Fräulein Marchais übte uns im Französischen und liess uns den Katechismus wiederholen, der gute Baron korrigierte unsre Aufsätze und die häufigen Briefe an die Eltern. Des Morgens nach dem Frühstück gingen wir zu ihm auf ungefähr eine Viertelstunde, während welcher er sich mit uns abgab; es war auch die Zeit, wo der französische Koch Bonvalet, mit dem Küchenzettel in der Hand, bei ihm eintrat. Bei dieser Gelegenheit erfuhren wir, ob wir allein oder mit mehr oder weniger Gästen speisen würden. Wir zogen das Erstere vor, weil dann das Tischgespräch uns galt, doch waren kleine Diners leider sehr häufig, der Stellung des Barons gemäss; grössere kamen nur vor bei Anwesenheit ausserordentlicher Fremden. – Nach diesem Morgenbesuch fingen unsre Lehrstunden an, wozu auch die Klavierlektion zu rechnen, die ich stets sehr uninteressant und gar nicht nach meinem Geschmacke fand. Gegen Mittag gingen wir aus, entweder in den Garten, oder, wenn es etwas zu besorgen gab, in

1 Der jüngste Sohn Herders.

die Stadt. Zum Diner um drei Uhr zogen wir uns sorgfältiger an. Nachmittags machten wir etwas Handarbeit und lasen mit Fräulein Marchais. Dann wurde meist ein grösserer Spaziergang unternommen, oder wir durften in unserem Winkel im Salon spielen, manchmal folgten wir einer Einladung zum Thee, jedoch nicht zu grössern Gesellschaften...
Alle diese genannten Damen waren sehr liebreich gegen uns Kinder, ebenso auch mit seltener Treue der gute Struve, der uns nicht nur in alle Gärten der Umgebung begleitete, wobei er, als guter Botaniker, uns auf alle schönen Pflanzen und Blumen aufmerksam machte, sondern uns auch auf unsren Spazierwanderungen half, ein Herbarium zu sammeln und es selbst schön ordnete; unter seiner Anleitung legten wir auch eine Schmetterlings- und Vogeleiersammlung an. Durch einen Tanzmeister, den nicht mehr jungen französischen Emigranten Marquis de Faymoreau, der herzliche Freude an uns, seinen kleinen Landsleuten, hatte, lernten wir einige recht liebe Kinder verschiedener Banquiers und Handelsherren kennen, die er im Laufe des Winters, meist alle drei Wochen, zu sich zum Tanzen einlud. Diese kleinen Zusammenkünfte veranlassten gar bald andere [Zusammenkünfte], auch Kinderbälle... Die Bälle, Tanzstunden und Gesellschaften hatten für uns eigentlich wenig Reiz, und wir fühlten uns ebenso zufrieden, allein zu Hause zu spielen, oder freuten uns über eine unterhaltende Geschichte von Antoinette Marchais, erzählt beim Lindenblütenthee, den wir abends bei ihr nahmen. 129 / 52 ff

Mädchenschulen

Ordnung für die Waisenmädchen *[1710]*

August Hermann Francke

1. Frühe morgens sollen alle Waisen=Mägdlein bald nach 5 Uhr in die große Mägdlein=Schule zur Betstunde kommen, welche ein gewisser dazu bestellter Praeceptor halten soll.
2. Alle Waisen=Mägdlein, kein einziges ausgenommen, sollen in ihre 4 ordentliche Schulstunden gehen und niemand soll sie ohne meine oder des Inspectoris Concession davon abhalten, damit sie nicht im Christentum und Lernen versäumet werden...
4. Die Waisen=Mägdlein sollen nie allein gelassen werden, sondern die Waisen=Mutter soll, außer den Schulstunden, allezeit bei ihnen sein...
5. Damit die Mägdlein zu ihrer Gesundheit mehr Bewegung haben, auch sie andern Leuten zu dienen desto geschickter werden mögen, so sollen sie nicht nur spinnen, sondern auch allerhand andere häusliche Arbeit verrichten, als: kehren, scheuern, waschen, rollen, Holz tragen, Holz sägen, Wasser tragen etc. und dazu sollen sie von der Mutter angewiesen werden. Geschieht dieses, so werden sie nicht so leicht die Krätze, als wie bishero geschehen, bekommen.
6. Weil nun die ordentliche weibliche Arbeit ist spinnen, nähen, stricken: so sollen teils Mägdlein ordentlich zum Spinnen, teils zum Nähen (daß sie nicht nur Kreuz= und Maler=Naht, sondern auch Hemden, Hauben, Schürzen, Halstücher etc. nähen, wie auch flicken lernen) teils zum Stricken (daß sie ihre eigene Strümpfe stricken) angehalten und darinnen unterrichtet werden...
8. Sie sollen alle nach einander das ganze Haus, die Wohnstube und die Schulstuben alle Tage einmal, den Bet- und obersten Saal, wie auch den Hof wöchentlich einmal kehren und also alles fein reinlich halten.

9. Daher sollen sie auch alsbald frühe, des Sommers nach dem Morgengebet, des Winters aber, sobald es Tag wird, ihre Betten machen, damit, wenn fremde Leute herumgeführet werden, der Bett=Saal fein sauber aussehe.
10. Und weil ich nicht will, daß ein einziges krankes Mägdlein auf dem Bett=Saal liege, so soll, sobald eines krank wird, solches in die Kranken=Stube gethan werden.
11. Nicht nur sollen die Mägdlein, sonderlich die größesten und ältesten nach der Reihe täglich ihr Zinn, als: Schüsseln, Becher und Teller aufwaschen, sondern auch sie nebenst ihren Tafeln und Bänken wöchentlich einmal scheuern, auch die Schul=Tafeln und Bänke, wie auch die Treppen, so oft es nötig, abwaschen und scheuern. Denn je reinlicher sie alles in dem neuen Hause halten, je lieber wird es mir sein, und je besser wird es den fremden Leuten gefallen.
12. Vier Tage in der Wochen sollen sie eine Stunde Holz sägen und abwechseln, daß sie teils das Holz zu- und wegtragen, teils den Sägebock und Holz halten, teils aber sägen. Die Mutter aber muß allezeit dabei sein.
13. Sobald es sein kann, sollen sie, sonderlich die größesten, nebst einer Waschfrau unter der Inspection oder Direction der Mutter, alle 3 Wochen einmal ihre Wäsche selbst waschen, trocknen, zusammenlegen und rollen. Daher soll ihnen, wenn es noch nicht geschehen ist, so viel Wäsche angeschaffet werden, daß sie fünfmal das Wechsel haben ...
16. Und weil es auch sehr nötig ist, daß die Mägdlein etwas zur Küchen=Arbeit angewöhnet werden, so ist mein ernster Wille, daß drei bis vier Mägdlein, die rein sind und keine Krätze haben, Kohl und Salat lesen, Möhren schaben u. dergl., wenn es der Oeconomus ihnen hinüber in ihr Haus sendet, jedoch, daß sie die Schulstunden nicht versäumen, auch eine Abwechselung geschehe, daß es immer andere thun.
17. Wenn ihnen ein Stück Garten wird eingeräumet worden sein, so sollen die Mägdlein denselben unter der Direction ihrer Aufseherin oder der Mutter selbst mit graben, düngen, jäten, begießen und bestellen etc.

18. Ob wohl die Mägdlein fleißig zur Arbeit anzuhalten; doch soll man mit den neu ankommenden Mägdlein im Anfange nicht so scharf verfahren, sondern mit ihnen eine Zeitlang Geduld tragen, bis sie es allmählich gewohnen. Auch soll die Mutter ohne mein Wissen und ohne des Inspectoris Consens kein Kind mehr um der Arbeit willen schlagen...
20. Was das Kirchgehen betrifft, so sollen die Mägdlein alle miteinander nicht nur Sonntags Vor- und Nachmittag dem Gottesdienst bei denen andern Mägdlein auf dem Saal beiwohnen, sondern auch in der Woche alle 14 Tage einmal des Freitags von der Mutter in die Glauchische Kirche geführet werden.
21. Zur Sommerszeit sollen sie bei gutem Wetter gegen Abend entweder vor oder nach der Mahlzeit wöchentlich einmal um ihrer Gesundheit willen von der Mutter in den Weinberg geführet werden, daß sie im Garten, so lange kein Obst darinnen ist, herumgehen...
22. Die Mutter soll sorgen, daß wöchentlich ein halbes oder ganzes Bund Stroh in das Secret komme, damit der Gestank vermieden werde. Und wenn es voll, soll sie es beim Oeconomo erinnern, damit der Mist beizeiten herausgezogen werde.

43 / 187–190

Privates Pensionat *[1724]*

Anzeige aus Frankfurt

N. B. Jedermänniglich wird hiermit wissend gemacht, daß wer Lust und Belieben hat, Töchter von 10 biß 12 Jahren in die Kost ausserhalb der Stadt Franckfurth zu thun, die können um ein Wochentliches Kostgeld vor F 1. 20 Kr. im Lesen Schreiben und was zu eines rechtschaffenen Christen Unterricht gehöret, treulich gelernet werden, dabey im kostbahren Stricken von allerlei Art, wie auch im Nähen, im Sticken, im Stoppen, und vielerley Galanterie=Arbeit bestens und schönstens unterrichtet werden, nicht minder soll ihnen die schönste Lebens=Art in allem gezeiget und in allen Tugenden angeführet, anbey ihnen auch s. v. gewaschen werden; die Bettung belangend, kan eins allein oder zwei zusammen sich stellen und mitbringen; Man hat schon allbereits Töchtern auß Franckfurth, Hanau, und andern Orten mehr hierdurch grossen ja den allerbesten Nutzen geschaffet, und ist bey Außgeber dieses fernerer Bescheid, auch Anweisung zu haben. 8a / I 51f

Frauenzimmerschulen als öffentliches Anliegen [um 1770]

Isaak Iselin

So wichtig die Erziehung des männlichen Geschlechts für den Staat ist, so sehr ist es auch dieselbe des weiblichen. Und in diesen Stücken sind die öffentlichen Anstalten noch mangelbarer. Die wichtigen Einflüsse, welche dieses reizende Geschlecht in die Glückseligkeit der Menschen hat, scheinen von den meisten Gesetzgebern mißkannt worden zu sein. Indessen ist dennoch unzweifelbar, daß die Erziehung, die Sitten, die Denkungsart, die Glückseligkeit der Männer fast gänzlich von dem weiblichen Geschlecht abhängt. Es bildet ihre ersten Gefühle in der Kindheit; es beherrscht ihre Neigungen in der Jugend; es leitet ihre Entschließungen in den männlichen Jahren... Ein Geschlecht, das in so engen und so wichtigen Verhältnissen mit dem unsrigen steht, verdient also auch alle Sorgfalt einer weisen Regierung, und Anstalten zu seiner Erziehung können mit Recht als unentbehrliche Mittel der öffentlichen Glückseligkeit angesehen werden.

Die Einrichtung solcher Anstalten muß auch nach den verschiedenen Bedürfnissen jedes Standes verschieden beschaffen sein... Die allgemeine Absicht derselben ist, die zukünftigen Hausmütter in denjenigen Kenntnissen zu unterrichten und ihnen diejenigen Fertigkeiten beizubringen, durch welche sie ihr Haus weislich besorgen, ihre Männer durch eine kluge Hilfeleistung und durch einen vernünftigen Umgang glücklich machen und ihre Kinder wohl erziehen können. So wenig man bei der Erziehung der Töchter auf diese großen Pflichten das Augenmerk richtet, desto nötiger ist es, daß in den öffentlichen Anstalten da-

für gesorgt werde. Die besonderen Eigenschaften und Geschicklichkeiten, welche die Weibspersonen jedes Standes nötig haben, um ihre besondern Pflichten zu erfüllen, sind eigene Gegenstände jeder Anstalt, welche für die Erziehung jeder besonderen Klasse bestimmt ist.
Diese Frauenzimmerschulen können auch nicht alle in ihren äußerlichen Einrichtungen gleich sein. Dieses sollten sie alle gemein haben, daß außer dem hohen Unterrichte in der Religion jedes Lehramt nur von Frauenzimmern verwaltet würde. Dieses Geschlecht ist weit fähiger, die Herzen zu bilden, als das unsrige... Nach der hohen Bestimmung jeder der Erziehung des weiblichen Geschlechts bestimmten Anstalt müßte sodann auch jede ihre eigene Einrichtung, und diejenigen, in welchen Personen von höherem Range gebildet werden sollen, sollten, jedoch mit vielen Verbesserungen, die Form von Klöstern haben.

76 / 134f

Lehrerin für Höhere Töchter *[1774]*

Leonhard Usteri

[Als Lehrerin ist vorgeschlagen] Jgfr. Susan Gossweiler,[1] die durch einen eingegebnen schriftlichen Aufsatz, durch mündlich mit Ihr gepflogene Unterredungen, durch die Achtung, in welcher Sie Ihres sittlichen Charakters und ihrer Geschiklichkeit wegen bey dem Publico stehet, und durch die Bereitwilligkeit, mehrere Belehrung anzunehmen, die gegründete Hofnung von sich giebt, dass Sie an dieser Stelle unter dem Seegen des Höchsten mit Nuzen arbeiten werde.
Diese Lehrerin wird täglich zwey Stunden geben, von 10 bis 12 Uhr; zwey Tage werden wochentlich dem Lesen, zwey dem Schreiben und zwey dem Rechnen bestimmt seyn, es seye dann, dass die Übung selbst hierüber eine andre Eintheilung anrathe... Den Platz dazu wird Sie selbst in Ihrem Wohnhauß, in einer geräumigen, heitern Stube geben, wo in absicht auf Tische

1 Susanna Gossweiler, die erste Lehrerin an der Höheren Töchterschule in Zürich.

und Size die nöthigen Anstalten auf Kosten der Subscription so werden gemachet werden, dass das angeschafte der Subscription eigen bleibt, und von derselben auch unterhalten wird...

Die Aufsicht bestehet allervorderst darin, dass die Lehrerin auf die Sittlichkeit, die Aufführung, auch die Manieren und das äusserliche Betragen der Schülerinnen acht gebe, was sie daran fehlerhaftes, unanständiges, grobes und auf irgend eine Weise beleidigendes wahrnehme, nach Beschaffenheit mit Freundlichkeit und Sanftmuth verwiese, oder mit einem liebreichen Ernst ahndete, davor wahrnete, Mittel angebe, sich Unarten abzugewöhnen... Besonders soll Sie auch auf Reinlichkeit und Wohlstand im Anzug und in der Kleidung sehen, und nicht gestatten, dass etwas garstiges, ekelhaftes, unanständiges oder zerrissenes zum Vorschein käme, sonder die Töchter frühe, neben der Aufsicht, die sie bey Hause haben, sich auch in der Schule an Reinlichkeit und gute Ordnung gewöhnten. Und diese Reinlichkeit und Liebe zur Ordnung soll sich dann ferner auch auf die Schriften und Rechnungen der Schülerinnen erstrecken: Theils weil die Unordnung hierin ein wesentlicher Fehler ist, und am Fortgang im lernen hindert, theils weil eine jede Tochter alle diese Übungen im Schreiben und Rechnen aufbehalten soll, wie man ein Recept Buch aufbehaltet, damit sie sich dabey wieder Raths erholen könne. 195 / 8 ff

Kosten der Erziehung [um 1775]

Isabella von Wallenrodt

Für meine älteste Tochter mußte ich, da sie jetzt in der Pensionsanstalt ... erzogen ward, allein über 100 Thaler des Jahres zahlen, und das war noch wenig gegen das, was Andere, die ihre Töchter in dergleichen Anstalten erziehen lassen, daran wenden, weil ausser dem dort gewöhnlichen Unterricht die Lehrmeister, welche man noch ausserdem haben will, apart bezahlt werden müssen. Indessen, wenn ich sie gut gebildet haben wollte, so mußte ich wenigstens Zeichen= und Tanzmeister nicht weglassen, am allerwenigsten aber den Musikmeister, da es unverantwortlich gewesen wäre, ihr den guten Anfang, den sie schon hatte, vergessen zu lassen. Ausser diesem Gelde für die Erziehung mußte ich doch auch für ihren Anzug sorgen, damit er einem heranwachsenden Mädchen bei unsern Verbindungen ... angemessen sein möchte. 203 / II 6f

Ein Erziehungshaus für junge Mädchen *[1785]*

Frankfurter Zeitung

Aus Frankenthal: Die hiesige Erziehungsanstalt für junge Frauenzimmer protestantischer Religion hat Herr Geheimrath Fontanesi errichtet. Der Kurfürst hat das Gebäude dazu geschenkt und noch 1400 fl. Zuschuß. In diesem Institut sind zwei Vorsteherinnen, Mme. Moissonnier und Degelieu und drei Gouvernantinnen, die Tochter Moissonnier, Mlle. Prince und Breguet, alle aus der wälschen Schweiz.

Jedes Frauenzimmer zahlt einen neuen Louis d'or oder 11 fl. Eintrittsgeld, sodann für jeden Monat 14 fl. Kost und Erziehungsgeld. Jedes muß mitbringen: ein silbernes Besteck, zwei Paar Leintücher, ein Dutzend Servietten und soviel Handtücher. Die länger als ein Jahr in dem Erziehungshaus bleiben, müssen dies alles zurücklassen, aber nur die Hälfte, wenn sie nur ein Jahr bleiben.

Sie bekommen täglich: Morgens Brod, Milch, Mittags Suppe, Fleisch, Gemüse, Beilage und um 4 Uhr Obst und Brod, Abends Suppe und Braten. Wein bekommen alle, die solchen zu trinken gewohnt sind. Dazu auch die Einfeuerung, Licht, bey kleinen Unpäßlichkeiten Arzeneyen und freye Wäsche. Ferner die Unterweisung durch verschiedene von dem Erziehungshause besoldete Meister in der Religion, Sittenlehre, Erdbeschreibung, Geschichte, Naturlehre, Schreiben, Rechnen, sowie Stricken, Nähen, Sticken, Blonden, Klöppeln, Modearbeit, Kopfputz, Haarkräuseln und Haushaltskunst, alles dieses für 14 fl. monatlich, welches jährlich 16–17 alte Louis d'or und 1 fl. beträgt. Tanz, Musik und Zeichnen, sowie die englische und italienische Sprache müssen besonders bezahlt werden. Französisch wird beständig gesprochen. Die Zahl der Zöglinge ist schon auf 40 gestiegen. 116 / 24

Kritik an staatlicher Schulpolitik *[1786]*

Johann Heinrich Campe

Was das weibliche Geschlecht, besonders in den gesitteten Ständen betrift, so scheint es den besagten Staaten gleichviel zu seyn, ob Menschen oder Meerkatzen daraus werden, so wenig bekümmern sie sich darum!

... Denn wo ist der deutsche Staat, welcher zur Unterweisung und Erziehung seiner Bürgerinnen, besonders der aus den gesitteten Ständen, irgend eine allgemeine zweckmäßige öffentliche Veranstaltung getroffen hätte? Ich suche ihn vergebens. Denn, daß die Töchter unserer Bauern und Handwerksleute zugleich mit den, der Unwissenheit und Rohheit preisgegebenen Knaben dieser Stände heerdenweise in eine und eben dieselbe höchst unzweckmäßig eingerichtete Volksschule getrieben werden, um erbärmlich lesen, allenfalls auch erbärmlich schreiben und einen unverständlichen Catechismus erbärmlich herplappern zu lernen – das wird man doch wol nicht eine vernünftige Unterweisung und eine zweckmäßige Erziehung nennen wollen? Ferner, daß etwa hie und da eine französische Putzhändlerin, der es in ihrem Vaterlande nicht glücken wollte, oder ein gewesenes Kammermädchen mit etwas französischem Caquet sich, in Ermangelung eines bequemern Nahrungszweiges, beigehen lassen, das Schild der Erziehung auszuhängen und dem Staate treffliche Bürgerinnen von ihrem Machwerke zu verheissen: – das, hoffe ich, wird man doch nicht öffentliche zweckmäßige Anstalten nennen wollen? Oder glaubt man endlich, mir die Mädchenwaisenhäuser und die wenigen Mädchenschulen, denen etwan ein Cantor oder ein Schulmeister vom gewöhnlichen Schlage vorgesetzt ist, entgegenstellen zu dürfen; so frage ich: sind diese denn wirklich schon das, was sie seyn sollten? Und wenn sie es wären, sind es allgemeine Anstalten für alle Stände? Auch für die gesitteten und verfeinerten Stände?

... Denn man erwäge doch nur, welch einen beträchtlichen Theil der menschlichen Gesellschaft dieses so sehr vernachlässigte Geschlecht ausmacht – grade die Hälfte! Man bedenke ferner, welch einen starken Einfluß die Mütter auf die Erziehung ihrer Kinder, auf die frühe Gewöhnung derselben zur Ordnung oder zur Unordnung, zum Fleiß oder zur Faulheit, zur Sparsamkeit oder zur Verschwendung, zu allen andern moralischen und politischen Tugenden oder Untugenden – also auf den ganzen Nationalcharacter und auf die Nationalglückseeligkeit haben! 17 / 45, 50–53

Vorzüge öffentlicher Schulen *[1786]*

Johann Stuve

Dabei haben Eltern und Kinder das große Vergnügen, daß sie in dem natürlichen häuslichen und Familienverhältnisse zusammenbleiben. Die Kinder sind nur einige Stunden des Tages, und zwar die Zeit, in welcher eine Mutter die zugleich Hausfrau ist, sich am wenigsten um sie bekümmern kann, aus dem elterlichen Hause entfernt. Die Eltern können also beide die genaueste sorgfältigste Aufsicht auf ihre Kinder haben, tägliche Zeugen und Beförderer ihrer Ausbildung und ihrer Zunahme an jeder Art von Vollkommenheit seyn. Die Mutter kann die Tocher zu wirthschaftlichen Geschäften, so wie sie dem kindischen und jugendlichen Alter angemessen sind, anführen und anhalten, ihr Geschmack daran einflößen und ihr die nöthige Geschicklichkeit dazu mittheilen. Das Mädchen wird von Jugend auf mit allen den unendlich mannichfaltigen Auftritten des häuslichen Lebens bekannt und vertraut, und nimmt in stärkerem und minderem Grade Theil daran, je nachdem es sein Alter, sein Verstand oder die Umstände erlauben. Dadurch wird dann von selbst seine ganze Art zu empfinden, zu denken und zu handeln gehörig eingeleitet und bestimmt, so wie es für das menschliche Leben und die weibliche Bestimmung nöthig und gut ist...

Wie unbeschreiblich vortheilhaft für Kinder ein gemeinschaftlicher Unterricht mit mehreren ihres Alters ist, liegt aus Vernunftgründen und Erfahrung klar am Tage. Der bloße Umgang mit andern Kindern unter einer sorgfältigen weisen Aufsicht ist unendlich vortheilhaft für die Verstandes- und Characterbildung – dazu kommen die Erregung des Wetteifers, die Gewöhnung an Ordnung und Regelmäßigkeit und so manche andere gute Folgen des gemeinschaftlichen öffentlichen Unterrichts – so daß man unmöglich seinen großen Werth und seine Vorzüge vor dem Privatunterrichte verkennen kann.

Zu dem allen nehme man nun noch die geringen Kosten, die die Theilnehmung an dem öffentlichen Schulunterrichte verursacht, und den wichtigen Umstand, daß selbst junge Mädchen, die Zeit, die sie außer der Schule in dem elterlichen Hause zubringen, in häuslichen und wirthschaftlichen Geschäften allerlei nützliche Dienste leisten können, und so urtheile man, ob es nicht die zweckmäßigste und beste Art der Mädchenerziehung ist, wenn sie außer einer guten häuslichen Aufsicht und Bildung an dem öffentlichen Unterrichte in einer wohleingerichteten Schule Theil nehmen? 187 / 84–87

Tagesplan der Schülerinnen *[1788]*

Johann Daniel Hensel

Die Zeit des Aufstehns wäre im Sommer spätstens 5 Uhr, da sich dann in ein ganz leichtes Negligé geworfen, und im Saale ein kurzes Gebet, von allen die zum Institut gehörten, gemeinschaftlich verrichtet würde. Allenfals könnte auch ein Lied noch vorher gesungen werden... Nach Endigung der Andacht giengen nun alle Frauenzimmer gemeinschaftlich ins Bad, wenn die Witterung schon warm genung wäre, das, wo möglich im Garten, im Freien, als ein Bassin, angelegt wäre. Auch ein warmer Regen müste daran nicht hindern; denn der ganze Körper würde ja ohnehin im Bade naß, und der Kopf auch beim Einsteigen untergetaucht: folglich wäre es ganz einerlei, ob dies von Bade oder vom Regen geschähe...

Das Baden würde längstens eine halbe Stunde Zeit erfordern, wenn auch bei schöner Witterung die Mädchen sich noch einwenig, nahe am Bade, herumtreiben wolten. Mit dem Schlage 6 Uhr (wenn früher als um 5 Uhr aufgestanden würde, noch ehr) müsten alle angekleidet seyn, (denn Frisur und Putz würden, nach meinem nachher vorkommenden Vorschlage, wenig Zeit erfordern,) und gemeinschaftlich frühstücken. – Die folgende Zeit bis 7 Uhr, könnte nun zu einem Spaziergange ins freie Feld oder im Garten, oder auch zu leichter Handarbeit, aber nur bei schlechter Witterung, und die lezte Viertelstunde zu einiger Vorbereitung auf die Lekzionen verwendet werden...

Die Zeit von 7–12 Uhr wäre dem Unterrichte, einigen kleinen Erholungen, auch wohl Leibesübungen gewidmet. Um 12 Uhr würde gemeinschaftlich gespeist. Bis 2 Uhr, müste keine eigentliche Arbeit vorgenommen werden. Die Zeit von 2–7 Uhr wäre für Unterricht, Erholung und eignen Fleiß; um 7 Uhr würde gespeist; die folgende Zeit von 8–9 Uhr könnte im Sommer recht eigentlich zur Erholung; im Winter ebenfals zu gewissen Gattungen von Erholung, zu Übung eigner Arbeiten, auch wohl zu Geselschaft bestimmt seyn. Mit dem Schlage 10 Uhr müsten alle zum Abendgebete, und dann gleich zu Bette gehn.

67 / II 253–56

Frau als zweite Direktorin *[1788]*
Johann Daniel Hensel

Neben dieser Oberdirezion, ist, vorzüglich bei der weiblichen öffentlichen Erziehung, noch eine Unterdirekzion nöthig. Diese müste einem Frauenzimmer von dazu erforderlichen Eigenschaften übertragen werden. Man würde dies wohl an sich schon billig finden, da die Erziehung das weibliche Geschlecht betrift. Aber es sind auch noch einige besondre Gründe vorhanden, die es nothwendig machen.

1. Männer können bei der weiblichen Erziehung unmöglich alles allein ausführen. Sie würden theils nicht im Stande seyn, die ganze weibliche Industrie zu lehren, da das blos Sache der Frauenzimmer ist, theils würden sie weder den Fleiß, noch die Güte solcher Arbeiten richtig beurtheilen, noch auch die Nothwendigkeit gewisser Arbeiten einsehen können...

2. Frauenzimmer müssen sehr vieles lehren. Hierher gehört das ganze Feld weiblicher Arbeiten, das Männer nicht lehren können. Auserdem giebt es noch gewisse Kenntnisse, die am füglichsten, und noch andre die nothwendig von Frauenzimmern gelehrt werden müssen, wäre es auch nur der Erfahrung oder des Wohlstandes wegen. Zu diesen rechne ich den genauern Unterricht über den menschlichen Körperbau, besonders in Rücksicht auf Erzeugung des Menschen. Ferner über gewisse gewöhnliche, oder doch unter gewissen Umständen häufige weibliche Krankheiten, Z.B. bei Schwangerschaft, wovon mit erwachsnern Mädchen recht ausführlich und ernstlich gesprochen werden müste, um allen übeln Folgen der Unwissenheit vorzubeugen. Dies kann aber doch nicht füglich ein Mann thun; wenigstens sind wir jezt noch nicht so weit... Würden nun diese Lehrerinnen wohl gern blos unter Mannspersonen stehn wollen? Ja würden sie wohl gern in Gegenwart eines Mannes ihren Zöglingen dergleichen Materien erklären wollen? ... Deswegen ist also wiederum die Aufsicht oder Mitdirekzion eines Frauenzimmers nothwendig.

3. Frauenzimmer müsten vorzüglich die besondre Aufsicht über

die Zöglinge haben, sowohl bei den Vergnügungen als bei den Leibesübungen; – in Pensionsanstalten auch beim Essen und Schlafen etc. Männer würden sich vieleicht nicht einmahl gern den ganzen Tag mit Mädchen beschäftigen wollen...
4. Es kommen oft ausserordentliche Vorfälle, bei denen blos Frauenzimmer zugegen seyn dürfen, des Anstandes wegen. Hierher gehören vorzüglich Krankheiten... Doch auch auser den Krankheiten sind noch Vorfälle genung, bei denen blos Frauenzimmer zugegen seyn dürfen, besonders in Pensionsanstalten. Z. B. Aufstehn, Schlafen gehn, Aus- und Ankleiden, und was sonst dahin einschlägt. – Soll nun dies alles in gehöriger Ordnung gehn, soll auf alles genaue Aufsicht seyn: so muß diese Aufsicht ein Frauenzimmer haben, die dann in wichtigen Fällen erst dem männlichen Aufseher Bericht abstattet, und sich Rath oder Hülfe vom ihm holt. 67 / II 92–98

Praktischer Unterricht *[1789]*
Christian Karl André

Für ihre zukünftige Bestimmung ganz besonders, finden sie hier eine kleine Oekonomie, in welcher sie practischen Unterricht erhalten. – Die Geschäfte der Küche sollen sie abwechselnd selbst betreiben – eine Tafel reinlich und mit Geschmack zu appretiren – Speisen nicht blos nach Geschmack, sondern auch hauptsächlich diätetisch zu bereiten, werden sie lernen können. – Man wird sie vor dem Spinnrade, dem Waschzuber, der Flachshechel, dem Nähepult so gut als vor dem nützlichen Buche, der Landcharte, dem Claviere, dem Zeichentisch und Schreibepult finden – nur alles nach abgemessener Ordnung von Zeit, Ort, Alter und andern Umständen. – Ein Mädchen muß schon der künftigen Ordnungspflichten wegen als Hausfrau – noch mehr um ihres dereinstigen Erziehungsamtes willen und zunächst als Mädchen, die sich eines Gatten würdig machen will, ihren Geschmack gebildet haben, daher hier Lectüre unsrer klassischen Dichter und Prosaiker, unter Aufsicht und Anleitung – Bildung der Muttersprache, um wenigstens mit kalligraphischem und orthographischen Anstand einen geschickten Aufsatz in jeder üblichen Form verfertigen zu können – daher vor allem Singen und Clavier, Zeichnen und Tanzen – französische Lectüre gleich von Anfang an, um dabey die Sprache beyläufig zu lernen, ohne Ausschluß der englischen und italiänischen, für die Zukunft, wenn das Mädchen vor allen Dingen gelernt hat, ihrer Kuh die beste Milch abzugewinnen, ihr Federvieh zu behandeln, den Flachsproceß von der Aussat an bis zum eingenäheten Buchstabenzeichen im Hemde selbst zu handhaben etc. Sie soll den Gebrauch der Electrisirmaschine, Luftpumpe, des Barometer und Teleskops etc. einsehen lernen, wenn sie vorher mit dem Backtrog und Bügeleisen, Butterfaß und Bratenwender vertrauliche Bekanntschaft wird gemacht haben. Die practische Haushaltungsrechenkunst muß mein weiblicher Zögling, wie den Katechismus inne haben, weil wir sie jeden Abend des Tages, bey jedem Schlusse der Woche, bey jedem Abschlusse des Jahres nöthig haben werden. Oekonomische Naturgeschichte sollen meine weiblichen Zöglinge hauptsächlich studiren, damit sie nicht blos mechanische sondern auch denkende Hausmütter werden... Ein täglicher Stundenmarsch im Freyen wird der Gesundheit zuträglich, und dazu beförderlich seyn, die gewöhnliche Weichlichkeit der Frauenzimmer unvermerkt zu härten... Jeder Zögling wird, um mit dem Gelde wirthschaften zu lernen, seine eigne Kasse haben, welche durch Fleiß, Sparsamkeit und Erfindungsgeist ansehnlich zu vermehren, hinlängliche Gelegenheiten sich vorfinden werden. 2 / VI–X

Verordnung über die Arbeitsschulen [1789]

Würzburger Schulkommission

Die Absicht Seiner Hochfürstlichen Gnaden gehet für jetzo lediglich dahin: die Kräfte der Kinder, männlich= und weiblichen Geschlechtes von 6ten bis zum 12ten Jahre, als welche Zeit sonst lediglich mit dem litterarischen Schul=Unterrichte da-

hin gieng, und wovon außer diesem Unterrichte alle übrigen Stunden in Nichtsthun vertändelt wurden, besser und zwar dahin zu benutzen, daß sie schon in diesen Jahren die Arbeit lieb gewinnen, vom Müßiggange entwöhnt werden; daß solche Kinder ... mehr dazu gebildet werden, was sie einstens ihrer Bestimmung nach seyn, und womit sie sich zeitlebens beschäftigen und ernähren müßen.
Zu dem Ende wollen Höchst=Sie bis zu einer erfolgenden ordentlichen Verfügung in Ansehung des weiblichen Geschlechts vor jetzo nur noch, jedoch Ernst gemeint wünschen, daß außer jenen Orten, wo besondere Schullehrerinnen schon angestellet sind, auch in allen übrigen Schulen einige Arbeitslehrerinnen als bald bestimmet werden, welche neben dem, wie gewöhnlich, von den Schullehrern fort zu ertheilenden litterarischen Unterrichte, diese weibliche Schuljugend im Nähen, Spinnen, Strikken u.d.g. unterrichten und üben; auch daß, soviel thunlich, bey jeder Landschule ein Industrie=Garten angeleget werde, wo verhältnißmäßig die weibliche und männliche Schuljugend in verschiedenen Stunden, in der Kultur des Bodens, Garten und Futterkräuter kenntnißen ... unterrichtet und geübet werden.

180 / I 68

Handarbeitslehrerin in der Industrieschule *[1792]*
Arnold Wagemann

Die Lehrerinn, welche in der Indüstrie=Schule Unterricht in Hand=Arbeiten giebt, muß eine Person von reinen Sitten und gesundem Verstande seyn, welche die Arbeiten, worin sie die Kinder unterrichten soll, gründlich versteht, und das Talent hat, sie den Kindern beyzubringen; auch muß sie so viel schreiben und rechnen können, daß sie von jeder Woche Materialien= und Arbeits=Rechnung führen, und am Ende der Woche dem Rechnungs=Führer bestimmte Auskunft über das Detail geben kann. In einer kleinen Gemeinde kann wohl die Frau des Schul=Meisters die Stelle der Lehrerinn erhalten, wenn sie Geschicklichkeit dazu hat, und ihre häuslichen Geschäfte nicht Unterbre-

chungen in den Stunden des Unterrichtes veranlassen; im Ganzen aber wünsche ich mehr, daß die Frau des Schulmeisters den jungen Mädchen in den Geschäften der Küche und der Haushaltung Anweisung gäbe, und eine andere eigentlich dazu bestimmte Person den Unterricht in der sitzenden Arbeit übernähme... Endlich wird es sich aus der Zahl der Kinder ergeben, ob eine oder mehr Lehrerinnen anzustellen seyn...
Auf den Fall, daß des Schul=Lehrers Frau den Unterricht in der Indüstrie=Schule übernimmt, – und dieser muß, als am häufigsten vorkommend, vorausgesetzt werden – ist es, in einigen Rücksichten, sehr vortheilhaft, wenn die beyden Schul=Stuben unmittelbar neben einander liegen... daß, wenn die Lehrerinn der arbeitenden Kinder, während den Arbeits=Stunden, häuslicher Geschäfte wegen genöthigt wird, die Stube auf einige Augenblicke zu verlassen, durch die geöffnete Thür zwischen beyden Stuben, die Kinder vom Schul=Lehrer beobachtet und in Ruhe gehalten werden können. 202 / 430 f, 449

Mühe mit den Zöglingen [1796]

Charlotte Schleiermacher an ihren Bruder Friedrich

Heut schreibe ich zwar in meiner Stube, aber nicht so wie sonst – bei mir, und hinter mir stehen Betten – indem fast 20 Kindern in den Rötheln liegen und wir 5 von den Unsrigen in der Stube haben, 2 liegen oben in der eigentlichen KrankenStube ... daß eben jezt da ohnedies die Bescheerungen und Feyertage eintreffen diese Krankheit sich eingestelt hat ist mir recht lieb – denn im gewöhnlichen Schulgange hindert es doch gar sehr – da werde ich denn jezt bald da, bald dort seyn – bald hier heben und tragen – The geben – und dergleichen dan wieder in den andern Stuben Schule halten wie es geht – und mit dem neuen Jahre werden wir hoffentlich dan wieder so in Ordnung seyn daß die Betten nicht mehr in der Stube seyn; heute ist Sontag und da will mir freilich die neue Scene nicht recht behagen, auch hat meine liebe Arndt ihren GeburtsTag – da hätte ich gern irgend ein kleines Vergnügen gehabt – oder doch recht viel an Sie geschrieben, welches sich aber hier nicht gut thun läst auch habe ich heftiges Kopfweh – und hiemit will ich schließen. 163 / II 55f

Aufklärung und Bildung *[1800]*

Daniel Jenisch

Die Anschließung des weiblichen Geschlechts an die Erziehung des männlichen ist einer der vielen glücklichen Gedanken, welche die Weisen lange gehegt, die von einzelnen Menschenveredlern frühe befolgt, von unserm Jahrhundert aber verallgemeinert und auf das Ganze angewendet worden. Diese verstärkte Sorgfalt für die Bildung des weiblichen Geschlechts muß als ein wesentlicher Fortschritt zur Veredlung desselben, so wie der kommenden Generazionen, angesehen werden; wofern es anders wahr ist, daß wenigstens zwey Drittel des Guten, so wie des Bösen in der Welt, mittelbar oder unmittelbar, durch Weiber oder um der Weiber willen geschieht; wofern es wahr ist, daß weisere und bessere Mütter auch weisere und bessere Kinder bilden, und daß Kinder die Hoffnung des Menschengeschlechts sind. 79 / 289f

Die Frau im gesellschaftlichen Leben

Vorbemerkung

Das gesellschaftliche Leben der Frauen im 18. Jahrhundert war in den meisten Fällen nicht das Gegenstück zu ihrem häuslichen Leben, sondern bestenfalls dessen Ergänzung und Erweiterung. Mit ‹gesellschaftlich› soll deshalb in diesem Kapitel nichts anderes gemeint sein, als jene Beziehungen und Tätigkeiten, die über den engsten Familienkreis und über die unmittelbar häuslichen Aufgaben hinausgehen: Beziehungen zu den Geschwistern, zu Haus- und Seelenfreunden, Beschäftigungen und Geselligkeit, die Feier- und Mußestunden erfüllten. Dieses gesellschaftliche Leben der Frauen war nur zu einem kleinen Teil öffentlich, Einrichtungen wie die literarischen Salons von Damen gehören erst dem 19. Jahrhundert an.

Die Freundschaft besitzt im 18. Jahrhundert ganz allgemein einen besonders hohen Stellenwert. Empfindsamkeit und Herzensergießungen sind keine Eigentümlichkeit weiblicher Beziehungen, Männer stehen darin keineswegs hinter den Frauen zurück. Freundschaftsbünde und Brieffreundschaften werden oft ganz bewußt geschlossen, Freundschaft ist gleichbedeutend mit dem ‹Sich-Finden treuer Herzen›. Immer jedenfalls weist sie über die sehr viel prosaischeren Alltagsbeziehungen hinaus, in der Seelenfreundschaft wird ein Verstehen, ein ‹süßes Einswerden› mit der Freundin, gegebenenfalls auch dem Freund, erhofft und postuliert, von dem etwa im Verhältnis zum Ehemann nie die Rede ist. «Die Freundschaft ist doch mein größtes Glück!» [1]

Im Unterschied zu der ganz bewußt gesuchten und gepflegten Freundschaft sind die Zeugnisse einer Geschwisterliebe, die über die Kindheit hinausgeht, weit spontaner und inniger. Oft genug ließen die verschiedene Lebensweise und äußere Trennung vor allem Brüder sich ihren im Elternhaus verbliebenen Schwestern ganz entfremden – ein

1 s. S. 216.

großer Altersabstand, Bildungsunterschiede und schwierige Post- und Reiseverhältnisse taten das Ihre dazu. Doch es gibt auch sehr enge geschwisterliche Bindungen, die trotz Trennung zeitlebens dauern. «Herz beim Herzen durchwandern wir diese Welt»[1].

Wie die Freundschaften findet auch die Geschwisterliebe ihren Niederschlag in einer oft umfangreichen Korrespondenz. Hier wird die starke Orientierung der Mädchen auf ihre Brüder sichtbar, die bereits in jungen Jahren schon ganz die männliche Rolle übernehmen und ihre Schwester anzuleiten, zu ermahnen und erziehen suchen. So kommen für viele junge Mädchen die Impulse zu Bildung und Selbständigkeit stärker vom Bruder als von Eltern und Erziehern. Doch je enger das Verhältnis der heranwachsenden Geschwister ist, desto klarer wird den Mädchen die Unterschiedenheit der Lebensperspektiven. Der Weggang des Bruders beraubt oft die Schwester der geistigen Anregung und erweiterten sozialen Kontakte, er macht ihr die eigenen, vergleichsweise viel geringeren Bildungsmöglichkeiten und Freiheiten deutlich.

In den höheren Ständen ist das Verhalten der Frauen in gemischten Gesellschaften, bei Bällen und anderen Vergnügungen durch Sittsamkeit und Wohlanständigkeit sehr streng umschrieben. Entsprechend müssen ihnen auch die Männer mit Distanz, Ehrerbietung und Höflichkeit begegnen. Aufgabe der Frauen in Gesellschaft ist die Beförderung der «feinen und gefälligen Sitten»[2]*, daneben aber auch, der Runde die gehörige Leichtigkeit und Annehmlichkeit zu verleihen, die sie für alle entspannend und erholsam werden läßt. Die muntere Konversation, Spiele und Musizieren sind im wesentlichen der weibliche Beitrag in größeren Gesellschaften. An geschäftlichen, politischen oder gelehrten Gesprächen der Männer nahmen die Frauen meist nicht teil, konnten es wegen fehlender außerhäuslicher Erfahrungen und Bildung auch oft nicht. Typisch war das «flüchtige, vorbeisäuselnde Geplauder»*[3]*, das bei Frauen mit höheren intellektuellen Ansprüchen Überdruß an derartigen Gesellschaften hervorrief.*

Außerdem gab es durch das ganze 18. Jahrhundert viele Formen geselligen Beisammenseins im häuslichen Kreis. Ein Beispiel dafür ist das so-

1 s. S. 217.
2 s. S. 234.
3 s. S. 232.

genannte ‹Kaffee=Kränzchen›, eine regelmäßige Zusammenkunft befreundeter Frauen oder Mädchen zu einer Kaffeetafel, die reihum bei einer der Teilnehmerinnen stattfand. Vor allem für junge Mädchen wurde diese Einrichtung aus aufklärerisch-pädagogischer Sicht durchaus befürwortet, da sich hier die eifrige gemeinsame Handarbeit mit allerlei nützlichen und belehrenden Gesprächen, mit einem Erfahrungsaustausch oder Lesungen verbinden ließ. Natürlich fand auch das «weibliche Geschwätze»[1] seinen Raum, beschlossen wurden derartige Zusammenkünfte oft mit harmlosen Spielen oder kleinen Tanzereien.

Frauen, die in Gesellschaft das Gespräch mit klugen Männern vorzogen oder gar sich selbst um ein wirklich profundes Wissen bemühten, stießen fast durchweg, bei Frauen und vor allem bei Männern, auf heftige Ablehnung. Wenn sich schon an der Schulbildung für Mädchen die Geister schieden, so waren die Fronten noch weit härter, wo es um wirkliche Gelehrsamkeit von Frauen ging. Auch bekannte Vertreter der Aufklärung versuchten das Eindringen der Frauen in diese männliche Domäne mit einer Fülle von Argumenten abzuwehren. ‹Gelehrte Frauen› werden unverhohlen und z. T. mit grotesken Begründungen diskriminiert, als abstoßendes Zerrbild ihrer eigentlichen Natur hingestellt. Vielfach wird den Frauen die Fähigkeit zu wirklicher Gelehrsamkeit von vornherein abgesprochen. «Ich brauche das Wort ‹denkend› vom weiblichen Geschlechte nicht gern; auch die verständigsten Frauen denken wenig oder nicht – Sie sehen Bilder, reihen diese – aber mit abstrakten Zeichen wissen sie kaum umzugehen»[2]. Gelehrsamkeit ist jedoch nicht nur der Natur der Frau zuwiderlaufend, sondern lenkt sie auch sträflich ab von ihrer wahren Bestimmung, dem dienenden Wirken im häuslichen Kreis. Schreckensbilder von vernachlässigter Häuslichkeit, von ungestopften Socken und angebrannten Speisen dienen zur Illustration und Warnung. Entsprechend sind gerade gebildete Frauen gezwungen, immer wieder den untadeligen Zustand ihres Haushaltes, die pünktliche Erfüllung aller ihrer Pflichten zu betonen, um wenigstens für die verbliebene Freizeit das Recht auf geistige Beschäftigung zu reklamieren. Ein Entweder – Oder von Haushalt und geistiger oder gar beruflicher Tätigkeit ist undenkbar, aber auch jedes Neben-

1 ebd.
2 Johann Caspar Lavater, Physiognomische Fragmente IV 229.

einander muß gegen direkte und indirekte Widerstände erkämpft werden. Natürlich gibt es durch das ganze Jahrhundert Stimmen, die sehr energisch für das Recht der Frauen auf Gelehrsamkeit eintreten. Allerdings wird diese Befürwortung oft dahingehend differenziert, daß man den Katalog wissenschaftlicher Gegenstände danach aufteilt, ob sie für Frauen geeignet sind oder nicht. Oder es wird einigen wenigen Frauen auf Grund ihrer überragenden und untypischen Geistesgaben das Privileg eingeräumt, sich in dieser Domäne der Männer einen Platz zu erobern. Der Allgemeinheit bildungsbeflissener Frauen aber wird unterstellt, daß sie nur den Schein der Gelehrsamkeit suchen, nur aus Eitelkeit und Geltungssucht in den Kreis der Männer drängen. «Was die gelehrten Frauen betrifft: so brauchen sie ihre Bücher etwa so wie ihre Uhr, nämlich sie zu tragen, damit gesehen werde, daß sie eine haben; ob sie zwar gemeiniglich still steht oder nicht nach der Sonne gestellt ist»[1]. *Ein Bereich der Geistesbildung allerdings steht den Frauen relativ unangefochten offen: das Lesen. Seit etwa der Mitte des 18. Jahrhunderts machen die Frauen den größeren Teil der Lesenden zumindest für die nicht-gelehrte Literatur aus, sie werden zu den bevorzugten Adressaten der Moralischen Wochenschriften und Romane. Das Problem der Frauen ist die Auswahl der Bücher. Ein Großteil gelehrter Bücher kommt für sie wegen des fehlenden Grundwissens nicht in Frage. Deshalb stellen schon die frühaufklärerischen Wochenschriften sogenannte Frauenzimmerbibliotheken zusammen. Damit versuchen sie zwar das Lesen der Frauen in ein bestimmtes Bildungsprogramm einzubinden, es nach den Vorstellungen und Interessen der Männer zu leiten. Gleichzeitig aber dienen sie tatsächlich einer Beförderung des Lesens, einer Aufschlüsselung des Büchermarktes auch für Frauen. Erst gegen Ende des Jahrhunderts nimmt die Zahl der eigens für Frauen – manchmal sogar von Frauen – geschriebenen Bücher zu, die praktische und wissenschaftliche Kenntnisse leicht verständlich machen wollen. Daneben wächst das Angebot an populären Romanen, die durch Leiden und Freuden ihrer Heldinnen vorzugsweise ihre Leserinnen zu einem idealischen Leben aneifern wollen. Die Freude am Lesen spielt für viele junge Mädchen und Frauen eine immer größere Rolle. So nimmt es nicht*

1 Immanuel Kant, Anthropologie in pragmatischer Hinsicht, in: Werke, 6 Bde, hg. v. Wilhelm Weischedel, Bd. VI, Darmstadt 1964, 654.

wunder, daß auch hier die Stimmen von Männern laut werden, die vor der verderblichen Lesewut der Frauen warnen. Frauen sollten nur unter der Anleitung und nach der Wahl kluger Männer lesen: erbauliche, moralisierende, schöngeistige Literatur ist für sie passend, Romane nur mit Maßen und großen Vorbehalten. Gelehrte Literatur aber bleibt auch zu Ende des 18. Jahrhunderts den Männern vorbehalten. Dennoch hat die neu entstandene Lesegewohnheit interessierte Frauen einen Schritt auf dem Weg zur Selbstbildung weitergebracht. Denn gerade bei der Lektüre dürfte die ‹Zensur› der Männer relativ unwirksam geblieben sein.

Ähnlich dem Lesen wird auch das Schreiben den Frauen durchaus zugebilligt, allerdings dürfen sie auch hier die Grenzen ihrer Bestimmung keinesfalls überschreiten. Briefe waren die Form, in der Frauen unangefochten eine geistige Produktivität entfalten durften und dies auch in hohem Maße taten. Sie widmeten dem Briefschreiben viel Zeit, ließen hier ihre alltäglichen und praktischen Themen ebenso wie ihre Beobachtungen, Überlegungen und Empfindungen eine Gestalt annehmen, die man als echte literarische Ausdrucksform werten kann. Vor allem die Frauen waren es, die im 18. Jahrhundert dem Brief als literarischer Gattung zu besonderer Bedeutung verhalfen. Selbst wenn sie sich über das Briefschreiben hinaus als Schriftstellerinnen versuchen wollten, wählten sie vorzugsweise die Briefform, um darin ihre Romane, ihre moralischen Reflexionen, Reisebeschreibungen oder auch ihre Autobiographien abzufassen. Es war das ihnen geläufige Ausdrucksmittel, das keine spezifische Ausbildung, kein literaturtheoretisches Wissen voraussetzte. «Die Natur und die Empfindungen müssen hier die besten Lehrmeisterinnen seyn»[1].

Neben dieser hohen Entwicklung der Briefkunst wird im allgemeinen die Beschäftigung mit Zeichnen und Malen nur selten ernsthaft betrieben, meist bleibt sie ein hübscher Zeitvertreib für junge Mädchen. Ähnlich verhält es sich mit dem Musizieren – es gilt als gesellige Tugend. Merkwürdig ist hier, daß selbst bei der Wahl des Instruments das Geschlecht eine maßgebende Rolle spielt: Streich- und Blasinstrumente gelten als unpassend oder sogar unschicklich für eine Frau. Nicht

1 Henriette von Runckel, in: Briefe der Frau Louise Adelgunde Victorie Gottsched III, Dresden 1772, 74.

die Musikalität, sondern die graziöse Erscheinung ist hier entscheidend.

Ein letzter Punkt in diesem Zusammenhang ist die Frömmigkeit bzw. der Aberglaube der Frauen. Die Frömmigkeit ist natürlich nur bedingt eine Komponente des gesellschaftlichen Lebens, berührt sich aber – wenn man von der reinen Gläubigkeit absieht – mit den Bereichen der Bildung und geistigen Selbständigkeit. Frömmigkeit ist eine Tugend, die von den Aufklärern besonders eng mit dem Wesen der Frau verbunden wird: «Sie sind zur Andacht und Religion gebildet, die weiblichen Geschöpfe»[1]*. Eine Frau als Freigeist wäre die unnatürlichste, abstruseste Vorstellung schlechthin. Tatsächlich stellte sich dies Problem wohl kaum. Natürlich gab es Frauen, die sich selbst einen sehr aufklärerischen Glauben zu eigen gemacht hatten. So etwa spricht Elisa von der Recke von ihrem «Glauben an den Geist der Welten» und der «Glückseligkeitslehre des sanften Menschenfreundes Jesu»*[2]*. Überwiegend aber zeigen die Frauen eine starke, selbstverständliche Frömmigkeit, die natürlich in ihren Inhalten je nach dem Bildungsstand beträchtlich abgestuft war. Daß der Aberglaube besonders den Frauen nachgesagt wird, mag bis zu einem gewissen Grad an ihrer Unwissenheit liegen. Außerdem manifestiert er sich vor allem in den Praktiken des täglichen Lebens, die primär in das Ressort von Frauen fallen. Daß auch Männer nicht dagegen gefeit waren, zeigen nicht nur die im 18. Jahrhundert trotz aller Aufklärung immer noch veranstalteten Hexenprozesse und Exorzismen.*

1 Johann Caspar Lavater, Physiognomische Fragmente III 296.
2 Elisa von der Recke, Mein Journal. Elisas neu aufgefundene Tagebücher aus den Jahren 1791 und 1793/95, hg. v. Johannes Werner, Leipzig 1927, 189.

Empfindsame Liebe zu Geschwistern und Freunden

Ein Freundschaftsbündnis *[1731]*

Christiane Mariane Ziegler

Sie machen sich durch Ihr höfliches Anerbiethen anheischig, sich eine wahre Freundin künfftighin von mir zu nennen, und sind in dem Begriff ein solches Freundschaffts=Bündniß mit mir zu schliessen und aufzurichten, welches weit fester, als der Gordische Knoten, seyn soll, und bey dessen Auflösung niemand, als der Tod, des Alexanders Stelle vertreten würde. Ich verpflichte mich darbey von Hertzen, Ihnen allezeit meine aufrichtige Gegen=Bezeigung zu machen, und in der That zu weisen, daß meine Freundschafft ungefärbt heissen müsse. Allein, meine Liebste Freundin, die Zeit wird es lehren, wer die ächteste und längste Probe unter uns beyden halten wird. Erwegen Sie es sehr wohl, zu was Sie sich verbindlich machen, und überlegen zuvorher, was Sie mir versprechen. Das Wort Freundschafft bestehet zwar nur aus zwey kurtzen Sylben, eine desto längere Erklärung aber will selbiges haben. Die wahre Eigenschafft einer recht beständigen und aufrichtigen Freundschafft bestehet nicht nur darinnen, daß wir bloß einander, fleißig schreiben, öffters besuchen, und uns über unser Wohlergehn erfreuen, und mit einander gerne vergesellschafftet seynd, sondern es gehöret mehr darzu ... Doch wir, Meine Werthe Freundin, wollen der Welt ein gantz anderes Beyspiel von einen Freundschaffts=Band geben. Die Aufrichtigkeit soll es weben, die Liebe binden, und die Treue färben ... In zwey Cörpern soll nur ein Hertz und Seele wohnen. Und ob Sie mir gleich im Antrag zuvor gekommen, so werde ich Ihnen doch desto eyfriger bey allen Fällen und Begebenheiten darthun, daß ich, so lange ich lebe, bin und bleiben werde,
Dero aufrichtige Freundin. 209 / 155f

Wetteifer der Liebe *[1737]*

Friedrich der Große und Wilhelmine von Bayreuth

Liebste Schwester! Du mußt mein Schweigen lediglich dem Mangel an Neuigkeiten zuschreiben. Wir führen ein zu einförmiges Leben, um Dir viel von uns zu berichten. Ich glaube, wenn ich Dir täglich schriebe: «Liebe Schwester, ich liebe Dich», oder «Ich liebe Dich, liebe Schwester», so würde Dich das arg langweilen. Wünsche also meinetwegen nicht, Dich in Stein zu verwandeln; Du verlörest dabei zu viel. Dein Geist, den ich liebe und den jeder bewundert, ist in Deinem Leibe so wohl aufgehoben, daß es eine Sünde wäre, ihn daraus zu vertreiben. Miß die Freundschaft nicht mit der Elle!

Liebster Bruder! Ich schreibe Dir heute nur, um Dich für Deine unerträgliche Faulheit zu schelten. Man kann sich die Finger wund schreiben, ohne eine Antwort von Dir zu erhalten. Ich kann mir die Antwort auf diesen Brief schon denken. Du wirst schreiben, Du wüßtest nichts Neues, Du hättest keinen freien Augenblick und dergleichen leichtfertige Ausreden mehr. Wenn Du mir tausendmal schreibst: «Liebe Schwester, ich liebe Dich; ich liebe Dich, liebe Schwester», so wird mich das tausendmal freuen und mir alle Neuigkeiten ersetzen, die Du mir schreiben könntest. Mir macht es Vergnügen, Dir zu sagen, daß ich Dich liebe. Ich mache mir kein Gewissen daraus und wenn Dich das langweilt, so ist es Dein Schade; denn ich erlaube Dir, meine Briefe ungelesen zu verbrennen, wenn Du mir nur die Genugtuung läßt, sie zu schreiben. So, nun wollen wir sehen, wer von uns beiden am meisten liebt. Ich behaupte laut: ich!

44 / I 361f

Herzliche Sehnsucht *[1769]*

Lotte Jacobi an ihren Bruder Johann Georg

Ich danke Dir liebstes Brüderchen für Deine nidligen Geschenke, welche Du uns unter Deiner Adresse hast zukommen laßen, sie haben mir unendlich vieles Vergnügen gemacht. Deine zärtliche Güte welche da durch gegen Deine Einhörnger zeigest, rührt mich mehr wie ich Dir sagen kan. Das beste Kanonicechen[1] bist Du, dabey bleibe ich, gut daß ich Dein Schwesterchen bin ich würde mich sonst gewiß in Dich verlieben und was solte dann aus dem armen Mädgen werden? Denn mich so wie Dafne mit ein paar freundlichen seiten Blicke begnügen müssen, nein, mein Bewunderter Domherr, das lernt ich in meinem Leben nicht...

Wenn doch nur der Frühling erst wieder da wäre, doppelt soll er Deinem Einhörngen willkommen seyn! Ein Plätzgen haben wir schon in unserm neuen Zimmer für dich ausgesucht wo du sitzen solst und denken; recht lieb habe ich diese Kleine Stube, ich brauche nur vors Fenster zu treten so sehe ich den Bach, die Hasestäuche u. die Kleine Insel welche wir Geörgens Insel nen, und das sind lauter Gegenstände, die mir etwas von meinem lieben Kanonicechen erzehlen. Oft beklage ich im ganzen Ernste, daß keine Verwandlungen unter den Menschen möglich sind, längst hätte ich mich in eins der hurtigsten Tirgens Verwandelt und so in der größten Geschwindigkeit von einem Orte zum andern gehüpft, bis ich bei Dir nach Halberstatt gehüpft wäre, bleiben wollte ich da, bis Du mich wieder hierher begleiten könntest. Aber so gut soll ich es nicht haben. Leb wohl, bestes Brüderchen ich umarme Dich Tausendmahl und bin Dein Dich stetz zärtlich liebendes Einhörngen. 71 / 213f

1 Johann Georg Jacobi war durch Vermittlung von J. W. L. Gleim seit 1768 Kanonikus in Halberstadt.

Süßes Empfinden der Freundschaft *[1770]*
Auguste Stolberg an Sophie Bernstorff

Meincr Schwester[1] in Rondstedt werde ich schreiben daß sie sich ihrer so freundschaftlich errinnern, sie liebt Sie gewiß recht sehr zärtlich. Ach! Liebste Bernstorffen an die Stunden die ich mit dieser meiner Geliebten Schwester ganz einsam beym sanften Mondschein herumgieng kan ich noch gar nicht ohne die größte Wehmuth dencken, ach! da entdeckten wir uns alle unsre kleinsten Gedancken als Embryonen, da sagten wir uns wie zärtlich wir uns und unsre Freunde liebten, der Mond lächelte uns diese freundschaftlichen Empfindungen zu, er der allein unser Zeuge war, nur der trübe Gedancke daß wir uns bald verlaßen solten konte unsre Ruhe und Zufriedenheit stören, dann aber sahen wir uns nur noch einmal mitleidig an und giengen von einander – – Ach! nur ein Blick von Ihr, nur eine von den Stunden, die zwischen ihr und mir oft ungefühlt verschwunden – – Ich will mich nur geschwinde diesen traurigen Gedancken mit gewalt entreißen, der mich nur in gar zu feste Banden hält...
Sie fragen mich liebe Freundinn nach der Oberg[2]... Ich weiß sie nehmen einen sehr freundschaftlichen Antheil an meinen Glück, und also sage ich Ihnen viel von meiner Freundinn. Ach liebste Freundinn wie glücklich bin ich daß ich hier eine Person gefunden habe der ich diesen süßen Namen geben kan, ich liebe sie recht sehr zärtlich und sie liebt mich auch. Welchen unschäzbaren Werth hat doch der Umgang einer Freundinn, bey ihr empfinde ich recht oft die Süßen und angenehmen Empfindungen der Freundschaft, die Freundschaft ist doch mein größtes Glück! 173 / 256

1 Katharina Stolberg.
2 Vielleicht Anna Meta von Oberg (geb. 1737).

Gruß von der Reise *[1773]*

W.A.Mozart an seine Schwester Maria Anna

Ich hoffe, meine königin, Du wirst den höchsten grad der gesundheit geniessen und doch dan und wan oder vielmehr zuweilen oder besser bisweillen oder noch besser qualche volta wie der welsche spricht, von Deinen wichtigen und dringenden gedankken (welche alzeit aus den schönsten und sichersten vernunft herkomen, den Du nebst Deiner schönheit besizest, obwohlen in so zarten Jahren und bey einen frauenzimer fast nichts von obgesagten verlangt wird, Du, o königin, auf solche art besizest, das Du die Manspersonen Ja so gar die greise beschämest) mir etliche darvon aufopfern. lebe wohl.

Wolfgang Mozart.

hier hast Du was gescheides

158 / I 45

Lebenslange Verbundenheit *[1774]*

J.v.Müller an seine Schwester

Wenn über kurz oder lang der Zufall einen geschickten Mahler oder Zeichner zusendet, so will ich dir meine Leibsgestalt ebenfalls übersenden. Gegenwärtig gedenkest du wohl noch genug an mich, und brauchst kein Gemälde mich dir vorzustellen.
Nie wirst du eines brauchen, meine l. Schw., ob ich dir gleich es verschaffen will. Ich bin durch deine letzten Thränen beim Abschiede, und noch mehr durch unsern Umgang, dein gutes schönes Herz und meine gute Denkungsart gewiß und überzeugt – In allen Altern unsers Lebens, in allen Zufällen, o Schwester! bei allen Verhängnissen der göttlichen Vorsorge, bleiben unsere Herzen durch Freundschaft vereiniget. Hand in Hand, und wenn ich entfernt bin, Herz beim Herzen durchwandern wir diese Welt, bis wir abgerufen werden, und unsern Nachkommen unser Beispiel hinterlassen... Sei gewiß, gute Schwester, dein Bild, dein Andenken ist immer bei mir. Laß uns zutraulich bleiben und vertraue mir ohne Furcht allezeit die Angelegenheiten

deines Herzens. Sage mir auch selbst Kleinigkeiten von deinem Leben... Glaube nicht, daß ich nicht abgereiset wäre, wenn ich dich wirklich liebte. Die Pflicht, welche den Menschen obliegt, ist nicht, daß sie täglich oder oft im Arm dessen, was sie lieben, sich vergnügen... Siehe auf, meine Schwester! dieser Gott, der mir solches auflegt, wird ewig unsere Freundschaft erhalten, und es ist ein Opfer, das du Ihm schuldig bist, mich nicht zurück zu wünschen, wenn ich anderwärts mich noch zur Zeit zu wichtigen Geschäften geschickt mache. 127a / IV 154ff

Ekstatische Sehnsucht *[1780]*

Jenny von Voigts an Luise von Anhalt-Dessau

Schon drey Wochen heute da ich Sie sah des Abends – und wie viel Wochen werden nicht noch in den Abgrund der Ewigkeit sich hineinstürzen, ehe ich Sie wiedersehe. Den Gott! Sie wiedersehen – vieleicht nie – Sie so gantz die Einzige – Original des Ideals was ich mir sonst immer schuf – in Ihnen habe ichs gefunden Sie – konte ich's Ihnen nur ausdrücken wie mich jeder Gedancke an Sie beglückt, beruhigt – allein auch jeder Gedancke der Trennung, jedes Gefühl des gewis Wissens das ich Sie nicht sehe, nicht bey Ihnen bin – obzwar mein Geist Sie umschwebt, Sie verfolgt, sich vereinigt mit dem Geiste meiner Freundin um Sie nie zu verlassen diese ist zwar wohl, aber ohnerachtet allem Ihrem Muth, ihrem Glauben an Liebe, doch so verlassen – dünckt sich fühlt sich oft verlassen – doch den rafft sie sich auch wieder auf, die Gewisheit von der ganzen Übereinstimmung der Seele mit der Ihrigen erhebt sie über diese Welt, führt sie zu jener Höhe, wo künftig ewige vereinigung sein wird – in einer andern Welt wo nichts mehr Seelen trent, die eine für den andern geboren waren, die ein in den andern Harmonieren...

Und so faß ich Dich den nun iniger fester heiliger! beste beste über alles beste, nun alles hin was nicht da ist, Kein Kommen zu Dir mehr, durch die Hülle des lebens auf Erden um so viel [ärmer] dann – und sieh Louise das sey Dir denn Betheüert hier auf ewig betheuert bey diesem letzten letzten Kusse. – Daß ichs hier annehme vom vater des Schicksahls und der liebe! so, so es annehme, und dan Dich nun haben will in Allem was sein Werck ist um mich her. haben in Aller Natur in jedem guten Gefüle jedem Gedancken, Luise Du, die Du mein Bist/ mein, daß keine kraft Dich zu trennen vermag, mein, mein, im algemeinen Schiffbruch alles vergänglichen mein durch Glauben, mein durch hofnung, Mein durch liebe. 176 / 61f

Meine Seele hängt an Deiner *[1781]*

Albertine von Grün an Marianne Höpfner

Kaum wird die Sonne 3 Mal aus ihrem Bette gegangen sein, so werde ich Dich liebste Freundin in meinen Armen haben und noch einmal eine Reihe von Seligkeiten fühlen. Meine Seele hängt ganz an der Deinigen; ich kann nicht getrennt von Dir leben, ich bin wie ein Körper ohne Seele, wie eine Maschine, die ganz unbelebt ist. Du darfst den Brief Deinem Manne[1] nicht weisen. Er glaubt nur die Liebe, wie alle Dichter. Das ist ein unerträglicher Glaube für mich. Warum sollten wir uns nicht reiner, nicht heiliger lieben? Habe ich deßwegen eine männliche Seele, weil ich keinen Unterschied der Geschlechter in der Liebe kenne? Du glaubtest einmal, daß ich aus Versehen die Adresse verwechselt. Von der Zeit an glaube ich nicht, daß Du mich nur halb so lieb haben kannst, wie ich Dich ... Lieber soll mir der Tod durch seine falsche Sense meinen Lebensfaden abschneiden, als daß ich so eine große Glückseligkeit, wie unsre Freundschaft ist, entbehren lernen sollte ... 174 / 112

1 Ludwig Julius Friedrich Höpfner.

Mehr als Bruderliebe *[1786]*

A. W. Iffland an seine Schwester Louise Eisendecher

Ach, es ist ein ewiges Streben in mir, nach – einfachen Glück! Ich würde es schätzen und genießen können. Meine Jugend vergeht, indem ich mich verzehrend um diesen Punkt drehe. Oft schon habe ich gleichsam den Himmel gefragt, warum Du meine Schwester bist, nicht meine Frau? Denn eben so selten ist, daß Du mich über Deine Kinder nicht vergißt, als daß kein Weib Dein Gedächtniß in mir mindern konnte. Mir gefallen nur Weiber, damit ich desto inniger denken kann, wieviel Du mir lieber bist! ..... Zerreiß diesen Brieff, einem Konsistorialrath wäre er Ärgerniß und den meisten Menschen Thorheit. Sieh aber eben darinn den Grund, warum ich nie heurathe. Ich glaubte eine Untreue an Deiner Liebe zu begehen. Ich muß Dein Gefühl, Dir ganz erwiedern, nicht halb..... 50 / I 190

Ausgleich zwischen Vernunft und Empfindung *[1786]*

Caroline von Beulwitz an W. von Wolzogen

Das Einverständniß unsrer Herzen gab uns ja so viel Glück! Unpassend fand ich in Ihrem Briefe den Ausdruck kalte Sprache der Freundschaft und das Zanken auf die Vernunft. Warum sollte die Sprache der Freundschaft kalt sein? und warum sollten Ihre Empfindungen für mich mit Ihrer Vernunft streiten? Liebster Freund,[1] Sie haben mir so oft gesagt, daß ich Ihre erste Freundin wäre, haben es noch nicht widerrufen, daß ich also noch immer ein Recht habe für Ihre Glückseligkeit zu sorgen. Ewig wird mir dieses Recht theuer und heilig sein, selbst wenn Sie mir es entreißen wollten. Ihr Glück liegt meinem Herzen zu nahe... Ihre Freundschaft, der Gedanke Ihnen etwas zu sein, Ihnen vielleicht durch meinen Rath und durch meine Mitempfindung und herzliche Liebe das Leben leichter zu machen,

1 Caroline von Lengefeld war 1784–93 mit Wilhelm von Beulwitz verheiratet; mit Wilhelm von Wolzogen schloß sie 1794 die Ehe.

machte mich sehr glücklich. Aber lieber Freund, wenn Ihnen diese Freundschaft für mich Unruhe machte, wenn Sie, noch unbekannt mit Ihrem eignen Herzen und den Verhältnissen gegen unser Geschlecht, sie zu einer Lebhaftigkeit aufkommen ließen, die Ihnen die Entfernung von mir so tief fühlen ließ, daß sie eine Trübe über Ihr Leben verbreitete – dies würde mich sehr traurig machen, da ich Ihr Glück über Alles wünsche, und da einmal das Schicksal will, daß wir getrennt leben... Aber ich fühle, es ist möglich, daß Sie mein eben so warmer Freund sein können, und doch mit ruhigem Herzen jede Lebensfreude dabei genießen, und es nicht mehr bald für Glück bald für Unglück zu halten brauchen, daß wir uns fanden.

...Wenn Sie mir sagen werden: «Caroline, ich denke oft an Dich, sehne mich nach Dir, aber doch ist mein Herz ruhig, und meine Vernunft so wie meine Empfindung heißen mir Dir gut sein, und ewig will ich es bleiben» – o, dann werde ich glücklich sein!

207 / II 125–128

Vertrauen und Gleichklang *[um 1790]*

Karoline Pichler

Es ist vielleicht hier der Ort, mich auch über meine Ansichten von der Freundschaft auszusprechen. Sie waren denen der Alten nachgebildet, und folglich streng und würdig. Mir galt die Freundschaft als ein Bund für das Leben und noch weiter hinaus, dessen eigentlicher Zweck gegenseitige Vervollkommnung war... Jedes Verhehlen auch nur eines Gedankens oder Gefühles schien mir Verrat. Wohl sollte meine Freundin jedes kleine Begegnis, das ich erlebte, erfahren; aber das Erzählen desselben war nicht, wie ich es bei den meisten meiner Gespielinnen sah, der einzige Zweck dieses Vertrauens... Nein, meine Freundin sollte mich ganz erkennen, beurteilen, ermahnen, tadeln, mit einem Worte, bessern können, sowie ich das gleiche bei ihr zu tun bereit war. Hierzu ist nun freilich eine große Ähnlichkeit der Jahre, der Bildungs- und Lebensweise erforderlich. Es gehört aber auch, um solch ein Band in seiner ganzen Würde und Schönheit aufrecht zu erhalten, dazu, daß jene Bedingungen fortdauern. Ändern sich die Beziehungen der beiden Personen zueinander merklich, führen Schicksale, fremde Einwirkungen die eine oder die andere einen ganz verschiedenen Lebensweg und hält sie lange auf demselben, so daß dessen Gewohnheiten und Einflüsse die früheren Eindrücke verwischen, so kann wohl Neigung und Achtung noch wie ehemals fortbestehen, aber die feineren Beziehungen, der innere Anklang, der der Empfindung oder dem Gedanken der verwandten Seele entgegenkommt, müssen sich dann verlieren. 135 / 138f

Schmerzliche Trennung *[1793]*

Sophie Tieck an ihren Bruder Ludwig

Du hast sehr recht das du mich schwach nenst aber ich will doch sehen ob ich diese Schwäche nicht entschuldigen kan. Rechne es dir nicht zum Verdienst an das du stärker bist bedencke selbst die verschiedenen Verhältniße in denen wir leben. Ich bin sehr davon überzeugt das du mich herzlich liebst aber du hast immer einen Freund zur Seite dem du dich mitheilen kanst du lebst überhaupt mehr in Zerstreuung als ich und kanst die Trennung von mir also nicht so schmerzlich empfinden. Wen ich auf der weiten Erde der einzige Mensch währe dem du dich vertrauen köntest liebster Bruder du würdest anders dencken. Als du abreistest verlohr ich mit dir jede Geselschaft mir blieb selbst nicht einmal ein Geschöpf mit dem ich hätte lustig sein können viel weniger das jemand einen kleinen Grad von Freundschaft für mich gehabt hätte. Ich wahr also ganz mir selbst gelaßen ich hatte keine Freude als einen Brief von dir. Ich zählte ängstlich jeden Tag bis zu deiner Ankunft ich sahe dich und jede dieser angenehmen Tage wahren wie ein Traum verflogen... Ich fühlte mich nie so unglücklich als da wir uns damals trenten indeß die Vernunft siegte. Du hattest mir versprochen im Sommer zu kommen. Du kamst nicht und schriebst ich würde dich auf Mi[c]haeli gewiß sehen. Ich muste also meine Freude ein par Wochen weiter hinaus sch[i]eben und nun schreibst du ich würde dich erst auf Ostern vieleicht gar erst auf Pfingsten sehen dan verlangst du ich soll darüber nicht traurig sein und frägst um mich zu beruhigen was du mir in ein par Tagen sein kanst. Überdencke das einmal recht genau und dan frage ich dich ob du meinen Schmerz so ungerecht nennen kanst. Ich bin nicht so schwach zu fordern das du so wie ich fühlen solst ja es würde mich sogar unglücklich machen wen einer deiner Briefe in einer so traurigen Stimmung geschrieben währe. 115 / 341

Seelenfreundschaft *[1796]*

Novalis an Wilhelmine von Thümmel

Endlich ergreife ich eine der süßesten Erlaubnißen meines Lebens. Es würde langweilig seyn Ihnen die Hinderniße vorzurechnen, die bisher Einem meiner liebsten Wünsche entgegentraten. Lieber verweile ich bey dem frohern Hinblick auf eine Zukunft, wo ein regelmäßiger Briefwechsel, Leiden und Freuden zwischen uns theilt und eine Freundschaft schon hier unterhält, die längern Othem haben dürfte, als für die Erdgebürge. Das Bedürfniß einer Mittheilung an eine feingebildete, weibliche Seele ist für mich so dringend, so wolthätig, so natürlich, daß ich es als einen sehr bestimmten Zug meines Lebens ansehe, daß ich Liebe und Freundschaft zugleich fand – und so beyde durch diese Vereinigung gewannen. In der Freundschaft muß ein Funken Liebe – in der Liebe eine Ader von Freundschaft seyn – In Mischungen solcher Art wohnt die Seele des Genusses. Ich fodre Sie zu der wolthätigsten Bestimmung auf – Ihr Geschlecht empfieng von der Natur die unauslöschliche Sehnsucht – wolzuthun – Seyn Sie meine Bildnerinn – meine Rathgeberinn, meine Freundinn – und erlauben Sie mir dann alle Bürgerkränze Ihnen zu Füßen zu legen, die ich dann verdienen muß. Ruhe – verständiger Sinn – Geschmack und Aufheiterung – das hoffe ich in Ihrer Schule zu lernen – Mehr aber noch, als dies, ich hoffe dabey von Ihnen zu lernen wolthätig zu seyn ohne Dank zu verlangen, ohne Erwiederung voraussehen zu können.

128 / 165ff

Eine Liebesgabe für die Freundin [1798]

Sophie Dollfus an Maria Ruedt

Meine gute Marie schrieb mir einmahl, das selbst ein schlegter Strumph von meinen händen gestrickt ihr Freude machen würde, dieser gedanke verbunden mit der begirde das zu lernen, was andere so schön machen, hat mich bewogen, eine haube zu unternähmen, ich habe diese arbeit mit Freude gemacht, den der gedanke führ dich zu arbeiten, that mir wohl... liebe Marie wie oft denke ich an dich, doch gewis nie ohne den wunsch mit dir zu sein, du warst so ofen gegen mich, und manges was du anderen nicht sagen würdest, sagtest du mir, ach ich wahr so froh in deiner nähe, den bei dir fande ich die wahre hertzligkeit, die in dem sie von hertzen kömt auch wieter, zu hertzen tringt. Ich bin diesen abend mit Sussette[1] und der Sömering[2] gewähsen, du kanst dir wohl denken, das da recht viel von dir die rede wahr, die guten Menschen wissen wohl das sie mir Freude damit machen, und wen ich stum gegen ihnen über sitze, so öfenen sie mir den mund in dem sie deinen nahmen ausspregen. 6 / IX 139

Freundschaft zwischen den Geschlechtern [1798]

Friedrich Wilhelm Basilius von Ramdohr

Eben so wird das gebildete Weib den Unterschied zwischen Freundschaft und Geschlechtszärtlichkeit fühlen. Wie behutsam ist es, dem trauten Bruder seine Weiblichkeiten, die übertriebenen Äußerungen seiner Zartheit zu gestehen! Es verbirgt sich vor ihm, wenn es vor einer fernen Gefahr für das geliebte Kind zittert, von deren Unwahrscheinlichkeit sein Verstand

1 Susette Gontard.
2 Margarethe Elisabeth Sömmering.

überführt ist, ohne sein Herz beruhigen zu können! Wie viel lieber schwatzt es darüber mit der Freundin aus! Wie viel lieber schüttet es in den Busen dieser letzten seinen Schmerz über mißlungene häusliche oder gesellige Einrichtungen, und sucht bey ihr Hülfe und Rath! Wie ungern gesteht es dem trauten Bruder seine Schwäche für Putz und Schmeicheley der Kinder und Dienstbothen, und wie gern zeigt es sich vor ihm in der Gestalt einer strengen Hausfrau und gerechten Mutter! So hebt sich die Zartheit der Frau der Stärke des Mannes entgegen, während sie sich ganz zur Zartheit im Mitgefühl ähnlicher Anlagen, bey der Freundin hingiebt. Wo sie aber Hülfe, Rath, Trost in ihren Verhältnissen zur größern bürgerlichen Gesellschaft braucht, wo sie Anspruch auf Kenntnisse und gründliche Ausbildung des Geschmacks macht; wo sie überhaupt Wahrheit, Richtigkeit mit Schönheit und gefälliger Behandlung zu paaren sucht; da ist der Beystand, der Beyfall, die Mittheilung des trauten Bruders von einem Werthe, den ihr die Freundin nicht ersetzen kann.

137 / I 225f

Die Schwester wird vom Hof verbannt [1799]

Luise von Preußen an ihren Bruder Georg

Sie ist fort! ja, sie ist auf ewig von mir getrennt.[1] Sie wird nun nicht mehr die Gefährtin meines Lebens sein. Dieser Gedanke, diese Gewißheit umhüllen dermaßen meine Sinne, daß ich auch gar nichts anderes denke und fühle. Ach Gott! helfe mir diese schwere Trennung tragen. Der Himmel allein weiß, was ich die Zeit über litt, und wie viel Tränen heimlich des Nachts mein Lager netzten. O! wie gerne will ich dieses alles erduldet haben und mit Freuden noch einmal (dieses ist zwar schrecklich) so viel auf mich laden, hätte ich nur die Gewißheit, daß ihre Zukunft heiter und glücklich wäre. Ach! lieber George, wie viel Prüfungen sind wir unterworfen, und wie unbegreiflich sind die Ratschlüsse Gottes! Das unumschränkte Vertrauen, was ich zu Gott habe,

1 Friederike, verw. Prinzessin von Preußen, war eine Ehe mit Friedrich von Solms-Braunfels eingegangen und mußte den preußischen Hof verlassen.

der Glaube an seine Liebe erhält mich, daß ich nicht ganz kleinmütig werde. Wenn ich mir vorstelle, daß Frederike unglücklich werden könnte, so recht elend und gequält, so kann ich Augenblicke haben, wo ich ganz verzweifelt und trostlos bin. Ach, gütige Vorsehung, verhindere dies. Es wäre mein Tod, das fühl' ich, so wahr ich lebe. O lieber George, ich kann nicht mehr.

58 / 120f

Brüderliche Verantwortung *[1800]*

E.M. Arndt an seine Mutter

Meine süße Mutter, Schon vor etwa 14 Tagen habe ich in einem Briefe an den Vater einige Worte über unser Gab[1] fallen lassen und fühle mich jetzt gedrungen, Ihnen, liebe Mutter, recht eigens darüber zu schreiben. Das seltne Gemüth und Talent dieses Mädchens sehen oder ahnden alle, die es erblicken, und die Seinigen, wir sehen es mit Freude. Ich sage es Ihnen aber mit der Festigkeit, die mir als ihrem Bruder ansteht und als ihrem besten Freund, wofür sie mich durch eine gewisse Sympathie schon bei dem Wiegenlächeln erklärt hat, ich sage es Ihnen mit der Festigkeit und dem Ernst, daß ich glaube, nur durch mich und nur bei mir kann sie werden, wozu die heilige Natur sie beruft. Sollte ich also hier fest werden, o so geben Sie mir das liebste Kind, das sicher einherschreiten soll unter dem Schirm meiner Liebe, geben Sie sie mir, daß sie frei sich ausbilde, wie sie begonnen hat; denn diese Natur wird jeder Zwang verderben, wie er mich verdorben haben würde. O Mutter, braves Weib voller Liebe und Ernst, jene Geister, die um die Wiege Ihrer Kinder sangen, werden einst um Ihren Todeshügel freundliche Klagelieder säuseln, denn Sie gebahren uns in Kraft. 3 / 29

1 Dorothea Arndt.

Geselligkeit und Spiel

Gesellschaftsspiele *[1715]*

Gottlieb Sigmund Corvinus

Blättgen der Liebe, Ist ein dem Frauenzimmer gebräuchliches und bekanntes Spiel, vermöge dessen man eine gantze Teutsche Karte verdeckt auff den Tisch in einen Creyß herum blättert, und das um den Tisch sitzende Mannes= und Frauen=Volck ein Blatt nach dem andern aufheben läßt: wer Eicheln oder Eckern bringt, richtet seine beyden Nachbarn zur rechten und lincken Hand aus; Schellen=Blatt theilet kleine Maulschellen aus; Grün lobet die Nachbarn beyderseits; Roth aber oder Hertzen, theilet auf beyden Seiten ein Küßgen aus.

Blinde=Kuh, Ist ein dem jungen und lustigen Weibes=Volck gebräuchliches Spiel und Zeitvertreib, wenn nemlich sie unter einander oder auch mit Mannsvolck vergesellschafftet einen runden Creyß schliessen, einem aus ihrem Mittel die Augen mit einem Tüchlein festezu binden, selbige in die Mitten des Creysses führen, und hernach solche blinde Jungfer um sich greiffen heissen, ob sie eine von ihnen ertappen kan, erwischt sie eine, muß sie die Person mit Nahmen nennen, trifft sie es nicht, muß sie weiter gehen, trifft sie es aber, so wird sie von solcher Person, so sie erhascht, abgelöset.

21 / 226, 229

Anstand in Damengesellschaft *[1717]*

Julius Bernhard von Rohr

Kommt man in eine Gesellschafft, wo viele Dames beysammen, von denen man die wenigsten kennet, so ist es eben nicht nöthig, daß man einer jeden ein besonder mündlich Compliment mache, sondern es ist genug, wenn man bey dem Eingange sie alle zusammen mit einem allgemeinen Reverence begrüst, biß man Gelegenheit findet, sich an eine oder die andere ins besondere zu wenden, und sie mit Discoursen zu unterhalten. Es ist ein Fehler vieler jungen Leute, daß sie sich in Frauenzimmer=Gesellschafften gemeiniglich an diejenigen machen, so die andern an äusserlichem Ansehen und Schönheit übertreffen, und hingegen die übrigen allein stehen lassen... Dem Wohlstande nach muß man sich an diejenige adressiren, die in der Gesellschafft die vornehmste, und wenn sie im übrigen noch so alt und heßlich aussähe, es müste denn seyn daß sie von einem so gar hohem Range wäre, und der Cavalier, der sie mit Discoursen unterhalten solte, nach einem sehr hohem Grad von ihr unterschieden, daß er sich, ohne dero ausdrücklichen Befehl oder Erlaubniß, hierzu nicht unterstehen dürffte. Sind aber die Dames alle einander am Range und Umständen gleich, so ist das beste Mittel, daß man sich nicht einer allein, sondern allen in der Conversation, ohne Ausnahme, auf eine vorsichtige, kluge und ehrerbietige Art gefällig erweiset.

149 / 368f

Die Gräfin gibt ein Fest *[1718]*

Johann Michael von Loen

Den 12ten May gab die Gräfin Dänhof dem König[1] auf dessen Geburtstag ein Fest in ihrem Garten. Alle darzu eingeladene junge Damen erschienen als Schäferinnen in weissen mit Blumen ausgeschmückten Kleidern um dem König bey der Tafel

1 Friedrich August I. der Starke, Kurfürst von Sachsen und König von Polen (1670–1733).

aufzuwarten. Sie hatten Kränze auf den Häuptern und Stäbe in den Händen. Eine jede erhielte einen nach ihrem Los ihr zugefallenen Cavallier, diesen Loszettel hatte jede auf der Brust angehefftet. Der Anfang wurde durch ein französisches Lustspiel gemacht. Darauf begab sich die ganze Gesellschaft in ein von Laubwerk erbauetes groses Sommerhauß. Der ganze Garten war beleuchtet und hatte in den beyden Ecken zwey Cabinette. In einem speißte der König mit den vornehmsten Herren und Damen, und in dem andern die übrige Gäste. Die Music ließ sich oben über dem Lustgebäude des Königs hören; doch so, daß man die Spielende nicht sehen konte. In der Vertiefung zeigte sich ein mit Lichtern erhelltes Grottenwerk, mit Wasserfällen und brennenden Sinnbildern. Alles gefiel mir bey diesem herrlichen Fest. Nur zuletzt sah ich, daß die Menschen ihrer Lust nicht ehender Schranken setzen können, als bis die Unlust darzu kommt. Man trank stark wo der König war. Die Damen, die Gesandten und diejenigen Herren, welche auf diesem Kampfplatz keine Helden waren, hatten sich davon gemacht. 111 / I 2,50f

Einladung zu einem Winterabend *[1748]*

Der Gesellige

Mir ist ein kleiner Einladungszettel zu einer Wintergesellschaft in die Hände gefallen, den ich meinen Lesern mittheilen will. Ich bin gewiß, daß kein einziger meiner Leser diese Einladung würde ausgeschlagen haben; auch selbst das vertrauliche Anerbieten einer nicht kostbaren Speise, die in diesem Zettel benennet ist, ersetzet die kostbarsten und seltensten Trachten. Mir würde es wenigstens besser geschmeckt haben, als eine Schüssel voll dem Winter geheiligten Austern, bey einem erwärmenden Glase Pontak.[1] So lautet die Einladung:

1 Französischer Rotwein.

Meine wertheste Freundin!
Eine recht hübsche warme Stube, ziemlich aufgeklärte Gesichter, mittelmässig gelösete Zungen, ein Eyerkuchen mit einer sauren Brühe, dieses zusammen wird heute Abend hier bereit seyn. Solte dieses nun ihnen und ihren Eheherrn bewegen, damit vorlieb zu nehmen, würde es denen hiesigen Einwohnern sehr angenehm seyn. Ich bitte mir eine geneigte Antwort hierauf aus, und bin

Meiner werthesten Freundin
aufrichtige Comitas Benigna Liebinn.

55 / I 109f

Eine törichte Maskerade [1761]

Sophie Marie von Voß

Heute war Alles bei der Prinzessin Amalie, welche denn in der That dekretirt hatte, daß die Herren als Damen und die Damen als Herren erscheinen müßten. Sie selbst trug den Anzug eines Geistlichen! Ich hatte ein Reitkleid angezogen und eine runde Männer=Perrücke aufgesetzt und die Gräfin Finkenstein dasselbe gethan. Der Prinz von Nassau und Wrede waren wirklich ganz in Damen=Kostüm, aber Beide wüthend über ihre unkleidsame Verkleidung. Geuder kam als Magd, höchst burlesk ausstaffirt. Nach dem Souper erschien Musik und es sollte getanzt werden; aber dies glückte nicht, man gab es bald wieder auf und setzte sich an die Spieltische; und so endete dies thörichte Fest[1] ziemlich früh am Abend.

199 / 94

1 Am preußischen Hof.

Der Kränzchen-Nachmittag *[1776]*
Sophie von La Roche

Jeden Donnerstag kommen sie mit ihrer Arbeit, Nachmittags um drey Uhr, artig geputzt zusammen; trinken eine Taße Caffee, aber nicht heiß, weil heißer Caffee der Schönheit und Reinigkeit der Gesichtsfarbe schadet. Nach diesem geben sie einige Teller mit Obst und Confekt; von dem letzten muß allezeit etwas von der Kranzgeberinn selbst gemacht seyn. Ist es neu erfunden, oder erlernt, so muß sie die Vorschrift mittheilen.
Dann werden die Arbeiten gewiesen; von der alle zwey Monathe neu gewählten Vorsteherinn gelobt, oder getadelt; jede muß den neugelernten, oder erworbenen Vortheil in Erleichterung der Mühe, oder zur Vollkommenheit des Ganzen, den andern kund thun.
Dann müssen sie, nach der Reihe, sagen, was sie anderswo an ihren Freundinnen loben oder aussetzen gehört, Erläuterung geben, und sie sind verbunden, alle Eine, und jede alle zu vertheidigen. Der Putz wird auch durchgegangen, die Unkosten und die Art der Verfertigung werden gesagt, der wohlfeilere Kaufmann genannt; darauf erzählt, was man schönes und nützliches gelesen oder erfahren, und sich eigen gemacht hat. Nachdem etwas aus dem «Schauplatz der Natur»[1], etwas aus einer Wochenschrift, eine Comödie oder Poesie gelesen, und darüber geredt worden, sammlet man zuletzt einiges Geld für Arme. Jede von ihnen lehrt ein armes Mädchen, lesen, schreiben und arbeiten, wodurch solches einmahl, im Dienst einer Herrschaft, glücklich werden kann. In denen Häusern, wo die Tochter Brüder hat, kommen auch diese mit ihren Freunden, gegen sechs Uhr, in die Gesellschaft, welches natürlicher Weise Abänderung und Munterkeit unter sie bringt. 98 / V 9ff

1 «Der Schauplatz der Natur u. Unterredungen von der Beschaffenheit und den Absichten der natürlichen Dinge» (nach Noël Antoine Pluche), Frankfurt–Wien 1747 u. ö.

Unerträgliches Geschwätz [1786]

Albertine von Grün an L. J. F. und Marianne Höpfner

Ich muß gestehen, daß der Himmel mir Halb=Narren ein schweres Blech an den Hals gehangen hat – überhaupt sollte man ersäufen jedes weibliche Geschöpf, das nur ein Quentchen mehr Bedürfniß hätte, seinen Geist zu nähren, als nöthig wäre, Küche und Keller zu besorgen, und eine fleißige Hauswirthin zu sein. Ich bin gerne und fröhlich bei solchen Dingen, aber ich bedarf Nahrung für meine Seele dazu, und das macht mich unglücklich, daß ich sie nicht so finde, wie ich wünsche. Sie werden mir sagen, bester Höpfner, ich könnte sie in Büchern mancher Art finden. Was hilft mich nur um Gottes Himmels willen das Lesen, wenn ich keine Seele habe, die mir ihre Bemerkungen, ich ihr die meinigen mittheilen kann, von Gefühlen für diese oder jene Sache will ich gar nicht reden... Was kann der Himmel dafür, daß mir der Umgang mit den mehrsten Frauenzimmern beschwerlich ist? Warum wünsche ich mir doch lieber von einem 80jährigen Mann die Algebra zu lernen, als von einem schönen Putz und einer neuen Pariser Mode etc. Stunden, Wochen, Jahre unterhalten zu werden! – Was können Andere dafür, daß ich mich bei allen Kaffee=Gelagen und dem flüchtigen, vorbeisäuselnden Geplauder von meinesgleichen unsterblich ennuyire? Um deswillen denke ich oft, der Himmel hätte mich in einer üblen Laune ein Mädchen werden lassen, denn je mehr ich mich nützlich beschäftige, je mehr ich Nahrung für meine Seele suche, je unglücklicher werde ich.

Ich sehe zum Voraus, daß es ein unglückliches Ende mit mir nehmen muß; die mehrsten weiblichen Geschwätzer werden mir täglich unerträglicher; mit Männern Umgang zu suchen, schickt sich nicht für mich. 174 / 131 f

Eine Schlittenpartie *[1786]*

Caroline Boehmer an Lotte Michaelis

Am Mittwochen hatten wir noch eine große Schlittenfahrt, zu der uns Fr. von Reden einladen ließ. Wir fuhren vor dem Amthause weg, es waren 17 Schlitten, aber der Aufzug freylich nicht so glänzend, als wenn Vorreuter Fahnen tragen. Die Wahrheit ist, daß wir gar keine Vorreuter hatten, und die Schlittenéquipage hier, dafür daß man so viel fährt, überhaupt sehr unhonorig ist; es sind Z. B. nie Federquäste auf den Pferden, und wie neulich ein solches paßirte mit einem Fremden, erzählten sichs die Damen wie die Geschichte vom grünen Esel. Dafür war unser Weg der reizendste, den man sich denken kan; er ging in einem Thal hin, und durch eine Allee von grünen Tannen, die in der Nähe immer sehr grün aussehen, die Ferne schwärzt sie nur. Dazu war das Wetter sehr gut, und wir kamen in ¾tel Stunden in einem neu gebauten Hause mitten im Walde an. Da fanden wir Musik und eine prächtige Bewirthung, alles was man verlangte, ja wir blieben sogar des Abends, und Fr. von Reden hatte alles mit hinausgenommen bis auf silberne Leuchter und Wachslichter. Gegen Abend wurde ving=tun mitunter sehr hoch gespielt, die Reden hat gewiß 3–4 Louisd'ors verlohren. Ich brach ab, weil ich nicht hoch spielen mochte, und das niedrige ennuyirt neben jenem. Wir brachten unsre Zeit ganz erträglich hin.

167 / I 144f

Die Pflichten des gesellschaftlichen Lebens *[1788]*

Johann Gottlob Marezoll

So geringe an Zahl und so leicht die Pflichten des gesellschaftlichen Lebens dem Unaufmerksamen zu seyn scheinen, der alles nur obenhin und einseitig betrachtet und beurtheilet; so mannichfaltig, so verwickelt, so schwer sind sie doch, wenn sie genauer untersucht und in Absicht auf ihren Umfang und Einfluß richtig gewürdiget werden. So allgemein und für jedermann gleich verbindlich sie uns auch dem ersten Anscheine nach vorkommen; so natürlich und unleugbar ist es doch, daß unser Geschlecht auch hierbey seine eigene und besondere Bestimmung, seine eigenen und besondern Pflichten auf sich habe und auf sich haben müsse.

Die Beförderung alles dessen, was die Abspannung und Erholung der Personen erleichtert, die bey der Menge ihrer höhern Geschäffte und bey der größern Anstrengung, womit ihre Arbeiten verbunden sind, der Abspannung und Erholung bedürfen, ist Pflicht für uns ... Wenn wir dieß mit Leichtigkeit, mit Würde und Anstand bewirken, uns nie dabey vergessen, nie andere weibliche Pflichten aus den Augen darüber verlieren, so erfüllen wir einen großen Theil unsrer gesellschaftlichen Bestimmung, erfüllen die Pflichten der Liebe, der Erkenntlichkeit und Dankbarkeit, da jene auch unsertwegen in Geschäfften ermüden, auch für uns und unsern Wohlstand Sorge, oft drückende Sorge auf sich nehmen müssen.

Der Schutz und die Aufrechthaltung alles dessen, was die feinen und gefälligen Sitten befördern, was zur Schonung und Erhöhung der Schaamhaftigkeit und des guten, unbeleidigenden Anstandes beytragen kann, gehören nicht weniger zur gesellschaftlichen weiblichen Bestimmung. 113 / I 36 ff

Geselliges Arbeiten und Spielen *[1793]*

Luise Schlosser an Clara Jacobi

Denk vorigen Donnerstag gingen wir ... Visite mit der Arbeit zu machen. Ich hätte für mein Leben gern ein neu Kleidchen angetan, wenn der dumme Plätte fertig gewesen wäre! Du weißt doch, daß ich eins bekommen habe? Wo nicht, so höre; es ist herzig feines rot und weiß gestreiftes Baumwollzeug, Caraco[1] und Rock mit einer Falbelas, es würde Dir gewiß gefallen, wenn Du es sähest, obgleich Du selbst keins von der Art mehr tragen wür-

1 Mieder.

dest, weils Baumwoll ist, und Du nur Gaze oder Seide trägst; für unser eins ist's aber prächtig! Dort wars ganz spässig! wir strickten en grand cercle, dann gingen wir in den Garten; als die Sonne uns gebraten hatte (Notabene Dein silbern Häubchen hatt ich auf), marschierten wir wieder in die Stube, dann spielten wir ein Spiel von Karten mit Bilder, von Hahnreier, von Bett liegenden Madamen und so weiter – ganz komisch! und dann – gingen wir fort. Es war schon dämmerig, aber dennoch ließ ich mirs einfallen, die Jägerschmid ganz zu begleiten; und als ich wieder nach Hause kam, wurde ich sehr, sehr geschmält, denn es war schon ganz dunkel. Die Mama sagte mir allerhand, ich möchte, Du hättest's gehört. 9 / 65 f

Tanzstunden *[1793]*

Rahel Levin an D. Veit

Ja, ich walze. Seit fünf Montagen haben wir eine Tanzstunde etabliert bei uns – seit dem dritten walz' ich, und nicht bitter; und glauben Sie, daß man den Verstand bei diesem unheilsamen Drehen behält? – Die Wollust find' ich nur nicht drin; – die fast alle Menschen, die eine Hälfte als so gefährlich, die andre als so himmlisch schildert; oder muß man so verliebt sein wie Werther, um daß man den andern gar nicht gönnen kann, mit seinem Mädchen zu walzen, weil man es gar zu köstlich findet? – Nach meiner Erfahrung, schwör' ich Ihnen, kenn' ich nicht noch so eine Sache, heftige Schmerzen nicht ausgenommen – wo man so gar nichts bei denken kann und ebenso wenig empfinden (das «also» will ich weglassen) als bei diesem deutschen Schwenken. Ein Vergnügen ist's aber doch – nämlich als unablässigste Okkupation, weil Sie immer beschäftigt sein müssen, nicht zu fehlen; das wird aber so maschinell, daß Sie endlich nichts denken, und sehen – als die Stube im gräßlichsten Kreisen. Nun werden Sie nach diesem unparteiischen Bericht mich etwa für sehr gemäßigt halten – und hätten recht – aber Sie irren – ich bin eine der wütendsten und unermüdetsten Walzerinnen, und hab' es schon so weit gebracht, daß mich die Brüder loben, – und die sind grob – sagt der Geheimerat. 86 / 29

Freundschaftstage *[um 1795]*
Zäzilia

Fräulein v. Göchhausen[1] gab jeden Sonnabend ein Frühstück zum besten, das man mit dem Namen ‹der Freundschaftstag› zu bezeichnen gewohnt war. Ihren Kaffee, den sie selbst bereitete, rühmte man als den trefflichsten in der ganzen Stadt, und auch die sog. ‹Freundschaftsbrötchen› blieben nicht unbelobt. Die für immer Eingeladenen hätten die Räume gerade gefüllt, aber da ihnen gestattet war, interessante Fremde mitzubringen, so war nicht immer die Gesellschaft mit dem Platze im Verhältnis. Da wurden denn mitunter strategische Künste angewendet, um einen ledigen Stuhl zu gewinnen und diesen oder jenen Sitzenden wie beim Kinderspiel zum Verlassen der guten Stelle zu bewegen... Sobald der Sonnabend heranrückte, suchte jedes Mitglied des Vereins etwas aufzufinden, was zur Würze der Unterhaltung beitragen möchte; bald war es ein kleines Gedicht, eine neue Komposition, ein neues Buch, bald eine scherzhafte Erzählung oder auch nur eine interessante Anekdote. War die Gesellschaft klein, so wurde wohl auch einmal ein dramatisches Dichterwerk mit verteilten Rollen gelesen, wenngleich öfters mehrere Sonnabende verstrichen, ehe man damit zu Ende kommen konnte... Da in dem größeren Zimmer sich ein Pianoforte befand, so konnte auch die Musik zur Ergötzlichkeit beitragen. Wölfel, ein Klavierspieler von Ruf, und der beliebte Komponist Himmel spielten hier oftmals, Andere sangen... Dramatische Aufführungen wurden ebenfalls von Zeit zu Zeit bereitet, bald im engeren Kreise, bald zu wohltätigen Zwecken vor einem größeren Publikum. Zuweilen gesellte sich auch zu der Pantomime des Maskentanzes die lebendige Rede. 208 / 105ff

1 Louise von Göchhausen, Hofdame der Herzogin Anna Amalie von Weimar.

Fröhliche Geburtstagsfeier *[1798]*

Helene von Manteuffel an ihre Schwester Sophie

...Weißt Du auch, daß heute mein Geburtstag ist? Wir haben ihn hier ganz auf eigene Hand gefeiert und sind recht von Herzen froh gewesen. Papa schickte mir durch Kügelgen, der wieder über vierzehn Tage in Harm gewesen ist, ein hübsches Kästchen aus Schildpatt, das er selbst für mich gemacht hat, die Zwillingsbrüder aber schickten mir heute früh ein Paar allerliebste Bäumchen, eine Myrte und einen blühenden Lorbeerbaum, und kaum waren sie ausgepackt worden, so erschienen sie selbst, um heute den Kaffee mit uns zu trinken. Zu Mittag aßen wir Hasenbraten und Apfelkuchen und waren so lustig dabei wie die Kobolde. Es wurde sogar getanzt. Ich trommelte auf dem Klavier einen alten Walzer und Kathrinchen Brevern walzte mit Karl Kügelgen, nachdem Sophie[1] den Ball mit Gerhard eröffnet hatte. Du hättest sehen sollen, mit welch vornehmer Miene die Sophie ihre Polonaise tanzte. Sie war ausgeputzt, wie eine kleine Nürnberger Puppe und sah trotz der schiefen Backe ganz allerliebst aus in ihrem rosenroten Kleide. Den Abend haben wir auch recht angenehm zugebracht. Gerhard Kügelgen holte seine Mappe hervor und sagte: «Ei, Sie müssen heute mit mir etwas in den italienischen Gebirgen lustwandeln. Ihre Schwester Sophie hat an ihrem Geburtstage so angenehme Promenaden gemacht, wir wollen uns heute einbilden, wir wären in Italien.» Und so reisten wir denn mit Blitzesschnelle über Berg und Tal, nur etwas länger weilend, wo es uns besonders gut gefiel. 96 / 15

1 Die kleine Nichte Sophie von Stackelberg (1795–1860).

Banalität weiblicher Unterhaltung *[1798]*

Helene Friedrike Unger

Eine Klage über Absondrung der Berlinerinnen von der männlichen Gesellschaft, scheint anfänglich lächerlich zu seyn; aber ich werde mich erklären. Es ist gewiß, beide Geschlechter kommen oft genug in gemischter Gesellschaft, zu dem gemeinschaftlichen Endzweck des geselligen Vergnügens zusammen; aber nur selten, und wie, wird er erfüllt? Sind Geschäftsmänner von der Gesellschaft, so theilen sich diese ihre Verhandlungen in denselben mit. Dieß schließt schon den weiblichen Theil der Gesellschaft von der Unterredung aus. Dann eilen die Männer an den Spieltisch: von wo sie nicht vor halb eilf Uhr mit den Damen wieder an der Abendtafel zusammenkommen, wohin, durch das ernste L'Hombre[1] verstimmt, sie selten frohe Laune zu einer muntern Tischconversation mitbringen.

Und was haben in der langen Zeit die armen Weiber begonnen? Sie trinken Thee, und stricken Strümpfe für ihre pathetischen Eheherren; theilen sich häusliche Angelegenheiten, Krankheitsvorfälle der kleinen Familie mit. Selten, sehr selten ist ein froher Anlaß Gegenstand des Gesprächs; wie denn überhaupt Mangel an Frohsinn den Brandenburgern eigen ist: sie essen, denk' ich, zu viel Pökelfleisch und Erbsen. – Die Gegenstände, worüber man sich bespricht, sind bald erschöpft: und meist so, daß keiner von den Nichtspielenden angelockt wird, Theil daran zu nehmen. 193 / 9

Betragen gegen das Frauenzimmer *[1798]*

Friedrich Wilhelm Basilius von Ramdohr

Das zärtere Geschlecht hat besonders Ursache, Werth auf die Urbanität des unsrigen zu setzen. Seine Schamhaftigkeit, seine Schüchternheit, seine Zartheiten jeder Art, verlangen, daß der

1 Kartenspiel.

Mann den Ausbruch seiner Leidenschaften bey zufälligen Zusammenkünften doppelt bewache, und für den Werth des Menschen und der Person im Weibe eine Achtung in seinem Äußeren bezeuge, die der rohe Haufe so sehr geneigt ist, ihm um seiner Schwäche willen zu entziehen...

Nicht leicht wird in irgend einem zur Urbanität gehörigen Stücke so sehr gefehlt, als in dem Anstande, womit sich der Mann in größeren geselligen Zirkeln von Damen darstellt, der Versammlung seine Aufmerksamkeit, seine Dienstfertigkeit, sein Wohlwollen, und zugleich seine Person durch äußere Handlungsweise zu erkennen giebt... Das weibliche Geschlecht, und vorzüglich die edleren Personen unter ihm, haben darin den feinsten Takt. Besonders aber fehlen diejenigen Männer, welche in ihrem Betragen gegen das Frauenzimmer in den entfernteren Verhältnissen des geselligen Umgangs entweder die Rollen unwiderstehlicher Weiberbezwinger oder fader Höflinge, und niederträchtiger Sklaven aller Schönen übernehmen...

Der wahre Charakter des urbanen Mannes in seinem Verhältnisse gegen das Frauenzimmer ist geschmeidige Stärke. Der Mann darf zuvorkommender, gefälliger gegen eine Person des zärteren Geschlechts seyn, als gegen eine Person des seinigen.

137 / II 227ff

Soirée im adeligen Damenstift [um 1799]

Friedrich Karl von Strombeck

Das gesellige Leben zu Gandersheim war ganz eigenthümlicher Beschaffenheit: es war zugleich hofmäßig und kleinstädtisch. Das Damen=Capitel (das sogenannte Capitulum illustre) bestand aus der Dechantinn ... einer Tochter des damahls regierenden Herzogs von Coburg, und einigen Canonissinnen aus unmittelbaren fürstlichen und reichsgräflichen Familien. Bei diesen Damen herrschte ein alterthümlicher Hofton. Man konnte sich in die Zeiten Herzogs Anton Ulrichs (zum Anfang des Jahrhunderts) zurückversetzen. Die Soirées (wie man jetzt zu sagen pflegt), zu denen die Honoratioren Gandersheims, verzüglich die Stiftsherrn, nach der Reihe geladen wurden, hatten ihren Anfang um zwei Uhr Nachmittags, und begannen mit einem ganz vortrefflichen und reichlichen Kaffee, zu welchem äußerst solides Backwerk umhergereichet ward. Die Gespräche, welche mit der größten Reverenz gegen die Durchlauchtigen und Erlauchten Damen geführt wurden, drehten sich in dem Cirkel der Stifts=Ereignisse, der Gandersheimischen Stadtvorfälle, und auch wohl, wenn man sich etwas höher als gewöhnlich verstieg, der Zeitungs=Politik. Gegen vier Uhr setzte sich die Gesellschaft zum Spiel, wobei süße Weine herumgegeben wurden. Zuletzt erschien der Thee, der wiederum keinesweges ohne substantiellere Begleitung war. Unglücklicher Weise habe ich nun niemahls ein Kartenspiel begreifen können oder wollen: da ging denn die herablassende Güte der illustern Damen so weit, daß mir zu Ehren ein Würfelspiel an die Tagesordnung kam; welches den Namen Campana e martello führte, und das vom Rheine her von einer der Gräfinnen in Gandersheim eingebürgert war.

186 / 152 f

Die Gelehrsamkeit der Frau

Bildung und Tugendhaftigkeit *[1714]*

Georg Christian Lehms

Es erhellet aber nunmehro sattsam, und ist einem jeden bereits in die Seele geschrieben: daß dem weiblichen Geschlechte an Tapfferkeit, Klugheit, Gelehrsamkeit und andern Haupt=Tugenden, gar nichts fehle. Kan man gleich keine so grosse Anzahl derselben anführen, als der Männer, so kan ihnen deßwegen doch nicht der billige Ruhm abdisputiret werden. Denn, daß viele schöne Ingenia nicht zu der Vollkommenheit gelangen, als sie gelangen könnten, ist niemand anders, als der leydigen Mißgunst oder einem absurden Præjudicio der Eltern zu zuschreiben, welche dafür halten: ein Frauenzimmer dürffte nichts mehr, als nehen und spinnen lernen; und also die allergeschicktesten Kinder in das verdrüßliche Gefängnüß der bittern Einsamkeit einsperren, solchen auch alle Bücher mit der grösten Ernsthafftigkeit aus den Händen reissen, wenn sie ihre Gemüther durch die darinnen enthaltene köstliche Lehren verbessern wollen, welches aber eine nicht geringe Thorheit ist ... da sie gleichfalls wenigen gusto von der Gelehrsamkeit und denen Wissenschafften haben, sehen sie solche vor Dinge an, die ihren Töchtern blosse Dollmetscher eines üppigen Lebens und einer schlimmen Conduite seyn, da man doch wenig gelehrtes Frauenzimmer antrifft, so ihre Tugenden durch einen garstigen Lebens=Wandel blamiret. Einer vernünfftigen Tochter die Moral oder Sitten=Lehre, Historie, Poesie oder Musique lernen lassen, ist keine Sache von übler Consequentz, gesetzt auch, daß solches ohne Männliche Lehrmeister nicht erfolgen könne; denn sie hat bereits aus ihrer Eltern bedachtsamen Auferziehung so viel gelernet, was ihre Conduite stürtzen und erhöhen könne...

Es incliniret aber eine Person bald zu Theologischen und Juristischen, bald zu Medicinischen und Philosophischen Sachen. Diesen muß man nun ihren Willen lassen, und sie zu nichts zwingen. Viele suchen auch allein ihr Vergnügen in der Oratorie, Poesie und Music, bey denen man von vielen Critiquen schweigen, und sie nicht vorbringen muß. Andere haben allein ihr plaisir an Lesung wohlgeschriebener Romanen, und bringen sich dadurch, nach ihrer Meynung, eine wunderschöne Beredsamkeit zuwege; ob solche aber unter gelehrtes Frauenzimmer zu rechnen, will ich lieber andere erörtern lassen. 102 / Vorr. o. P.

Das Vorrecht des männlichen Geschlechts [1725]

Johann Heinrich Tschudi

Ich will sagen, daß ich gute Studia auch an den Weibern keineswegs improbire, ja wann sie nur dabey den rechten Zweck haben. Sind etliche gelehrte Weibs-Persohnen unzüchtig gewesen, so war die Schuld nicht der Studien, sondern ihrer eigenen verderbten Neigungen. Wer nur gute und nutzliche Autores lieset (nicht geile Poeten, oder üppige Romanen) wird ja wol mehr incitamenta und schöne Regeln zu einem ehrlichen Christen-Wandel, als aber Motiven zum bösen finden. Kan man demnach auch einem Tugendliebenden Frauen-Zimmer die Begierde zu den Studiis so wenig benehmen, als den Hrn. Studenten auf den Schulen, welche eben so wol, als die Töchtern, zu allerhand schlimmen Affecten geneigt sind. Ich will aber doch nicht sagen, daß es dem gemeinen Wesen nutzlich sein wurde, wann eben so viel Weiber, als Männer gelehrt sein, und sich aufs Studiren legen wollten. Solte diß geschehen, so dörffte in manchem Hause die Oeconomie schlechtlich verwaltet werden, und es ist auch fast kein Zweifel, daß nicht daher viel wunderliche Händel resultiren wurden. Es ist die weise Verordnung Gottes, daß auch in diesem Stuck das männliche vor dem weiblichen Geschlecht den Vorzug habe. Nur allein lobe ich es, wann diejenigen Weibs-Persohnen sich denen Studiis eignen, welche von Gott mit sonderbahren Geistes-Gaaben ausgerüstet, zugleich auch in einen solchen Stand gesetzet sind, daß sie eben nicht so wie die meisten andere, für die Haushaltung sorgen müssen. 26 / 169f

Keine Beschränkung auf den Haushalt [1731]

Christiane Mariane Ziegler

Hat mich iemahls eine von Ihnen ertheilte Nachricht vergnüget, so ist es gewiß die Letztere, die Sie mir ... berichtet, wie Dero liebe Fräulein eine gantz besondere Neigung zu dem Studiren und allerhand Wissenschafften bey sich verspühret... Zwar wird es Ihnen bey dieser Begebenheit an Klüglingen ... nicht fehlen, die dergleichen Neigung gantz und gar verwerffen... Ja Sie dürffen Ihnen wohl gar den herrlichen und Grund=gelehrten Einwurff machen, daß, wenn auch gleich eine Person unsers Geschlechts Ihr zartes Näßgen in alle Bücher gestecket hätte; Sie dennoch nimmermehr, weil es wider das Herkommen und den Wohlstand wäre, zu öffentlichen Ehren=Ämtern gezogen würde, und also der Nutzen und Vortheil, den andere hiervon zu gewarten hätten, auf Seiten unsers Geschlechts gantz und gar hinweg fiel. Andere hingegen könten Ihnen den Kopff damit warm machen, wenn Sie Ihnen auf eine bewegliche und klägliche Art vorstellten, daß bey solcher Anwendung der edlen Zeit auf gelehrte Wissenschafften die liebe Haußhaltung ohnfehlbar Schiffbruch leiden, und ein junges Frauenzimmer dieses so heilsame und höchstnöthige Haupt=Stück darbey ohnstreitig verabsäumen würde. Allein erlauben Sie mir, Werthe Freundin, daß ich Ihnen auf beydes antworte... Die Schwürigkeit, so man Ihnen hierinnen machen will, rühret wohl am meisten von dem Männlichen Geschlechte her, dieses will immer etwas besonders vor sich alleine behalten, und siehet gar nicht gerne, wann Ihnen das Weibliche Geschlechte nachklettern will; Ihr vermeyntes Vorrecht, welches sie vor uns zu behaupten suchen, würcket also eine heimliche Eyfersucht... Wir bringen ja eben sowohl fünff Sinnen mit auf die Welt, wie jenes, Verstand und Vernunfft werden unter beyderley Geschlechten von der Natur ausgetheilet, und das Gedächtniß wird uns zur Mitgifft von Ihr mit angerechnet. Wir haben Leib und Seele mit Ihnen gemein, und die Beurtheilungs=Krafft ist gar kein besondres Vermächtniß, welches Ihnen der Schöpffer zum voraus zugedacht, massen selbiger uns auch darvon mit erben lassen... Was aber den andern Punct anbelanget, da viele in den wunderlichen Gedancken stehen, das Frauen=Volck wär einig und allein bloß deswegen in die Welt gestellt worden, damit sich selbiges in Hauß und Küche täglich herum drehte, und seine Stunden nur darzu verwendete, so dienet hierauf kürtzlich, daß sich ein jedwedes Frauenzimmer allerdings der Wirthschafft annehmen müsse, massen deren Besorgung mit unter die nothwendigsten Pflichten unsers Geschlechtes gehöret; allein wie mich bedüncket, so gehöret weder lange Zeit noch Kunst darzu, dieselbe zu erlernen. Der Tag hat viel Stunden, und bey dem einen muß das andere nicht versäumet werden. 209 / 5–9

Arbeit, die den Geist zufriedenstellt *[1740]*

Louise Gottsched an einen Freund

Es gehöret das Bewußtseyn, etwas zum allgemeinen Besten beyzutragen, zu meiner Beruhigung; und die Zufriedenheit des Geistes, die so oft gestöret wird, suche ich auf einer andern Seite zu befördern. In dieser Absicht, verwende ich den größten Theil meines Lebens auf Arbeiten, die vielen meines Geschlechts ganz fremd sind; und meine Gesundheit würde vielleicht besser seyn, wenn ich mehr Bewegung und angenehmere Zerstreuung hätte. Dies sagt mein Arzt, den ich über die Schwächlichkeit meines Körpers zuweilen um Rath frage. Mein eigner Trieb hingegen sagt mir, daß die Beschäftigung mit allem, was meine Neigung befriediget, und meinen Geist zufrieden stellt, meiner Gesundheit nicht schädlich seyn kann. Diesen Trieb will ich folgen, so lange meine Maschine nicht ganz baufällig wird. 57 / I 259f

Nicht Verstand, sondern Ausbildung fehlt *[1742]*

Christian Polycarp Leporin

Das bleibt nun eine Wahrheit, da doch die Weibes=Personen ihren Verstand durch studia nicht excoliret haben, was würde nicht zu erwarten seyn, wenn an fähige Frauens=Personen so viele Zeit, Mühe und Kosten gewendet und so viele Jahre ihnen gelassen würden studia zu treiben, als dem männlichen Geschlecht zugewendet und gestattet werden.

Diese odieuse Materie endlich abzubrechen, sage ich nur dieses: dem gantzen weiblichen Geschlecht so geringen Verstand zuschreiben, daß sie zu wichtigen Geschäfften nicht könnten gezogen werden, hingegen bey Mannes=Personen nur deshalb grossen Verstand suchen, weil sie Männer sind, solches halte ich für ein so merckliches Vergehen, als ich zu nennen weiß. Meine Absicht ist nicht dem weiblichen Geschlecht ein ungebührliches Lob zu bereiten, noch mein eigen Geschlecht zu verachten, aber sagen: du bist klug und weise, weil du ein Mann bist, du aber kanst keinen grossen Verstand haben, dieweil du ein Weib bist, solches halte ich für das einfältigste Urtheil unter allen.

107 / Vorr. o. P.

Studium und Haushalt *[1742]*

Dorothea Christiana Leporin

Man giebt demnach die Schuld, warum das weibliche Geschlecht nicht studiren könne, 1. auf die Vielheit ihrer Geschäffte, 2. auf den Ehestand.

Was das erste betrifft, so ist nicht zu leugnen daß ein Frauenzimmer, welche selbst eine Haushaltung, noch zumahl die etwas importiret, zu besorgen hat, mehr von denen studiis abgehalten wird, als in der Jugend; aber dennoch sind die Geschäffte der Haushaltung nicht so schwer, daß derjenige, der sie leisten soll, gar keine Zeit übrig behielte, die er auf die studia wenden könte. Die Geschäffte welche gelehrten Männern obliegen, bedeuten gewiß mehr, als die Geschäffte der Haushaltung: gleichwohl

sind diese vermögend dieselben abzuwarten, ohne daß sie denen studiis gute Nacht sagen müsten; warum solte denn dem weiblichen Geschlecht nicht möglich seyn, bey denen Geschäfften der Haushaltung auch um die studia sich zu bekümmern?...
Man wird sagen, es sey zur Noth noch möglich, daß das weibliche Geschlecht von denen häußlichen Geschäfften so viel Zeit abbreche, als zu denen studiis erfodert wird, wenn man dieselben nur so weit treiben will, daß der Verstand des Menschen dadurch gebessert werde; aber wenn das weibliche Geschlecht würcklich von studiis profession machen, und Verrichtungen, die denen Gelehrten obliegen, übernehmen wolte, so würde demselben nicht möglich seyn eine Haushaltung zu besorgen.
Und freylich ist nicht zu leugnen, daß es ziemlich schwer fallen würde, wenn ein Frauenzimmer würcklich von studiis profession machen, dabey aber eine sehr grosse und weitläufftige Haushaltung bestreiten solte...
Sind aber die Umstände dieses oder jenes Frauenzimmers so beschaffen, daß sie mehr in studiis leisten, und auch andern dadurch dienen kan, so hat man nicht Ursach solches zu hindern, wenn sie auch alsdenn nicht viel häußliche Geschäffte selbst leisten könten. Dadurch aber behaupte ich nicht, daß ein Frauenzimmer nicht ein zureichendes Erkäntniß von der Haushaltung haben müsse; denn dieses ist allerdinges nöthig, und wenn diese Erkänntniß nur ist, wie sie seyn soll und muß, und dergleichen die wenigsten besitzen, so ist sie alleben ein Stück der Gelehrsamkeit. Besitzet ein Frauenzimmer dieselbe, so kan der Haushaltung dadurch kein Schade zuwachsen, wenn sie gleich studia treibet, und die sauren und zum theil nichtswürdige Verrichtungen andern überlassen muß, denn 1. ist sie dennoch vermögend die nöthigsten und wichtigsten Veranstaltungen selbst zu machen, 2. fehlet es nicht an Leuten, die dergleichen Arbeit, die sie nicht selbst übernimmt, verrichten können, 3. schaffen die studia mehr Nutzen, als durch dieselben in andern Stücken versäumet wird. 108 / 98, 101 ff

Frauenzimmergelehrsamkeit *[1748]*

Der Gesellige

Es giebt viele Theile der Gelehrsamkeit, die ein gelehrtes Frauenzimmer gar nicht wissen muß; ja in einem jeden Theile der Gelehrsamkeit giebt es viele Untersuchungen, die dem schönen Geschlecht billig ganz unbekant bleiben müssen, damit sie dadurch eine glückliche und schöne Unwissenheit erhalten, welche für einen Menschen vortheilhafter ist, als die entgegengesetzte Erkentniß. Ich will mich in diesem Blatte bemühen, diejenigen Theile der Gelehrsamkeit namhaft zu machen, aus welchen die Frauenzimmergelehrsamkeit bestehet.

Man kan die ganze Gelehrsamkeit in drey Theile zergliedern. Zu dem ersten rechne ich die philologischen Wissenschaften, zu dem andern die schönen, und zu dem dritten die höheren Wissenschaften.

Die philologische Gelehrsamkeit muß ein artig gelehrtes Frauenzimmer gar nicht verstehen... Dieser Theil der Gelehrsamkeit ist zu klein, zu trocken, zu finster, zu unbrauchbar für das schöne Geschlecht. Unterdessen will ich nicht sagen, daß ein Frauenzimmer sich gar nicht auf die Verbesserung der Sprachen legen müsse. Es besitzt ja eine ausserordentliche Gabe zu reden; wir Mannspersonen werden also tausendmal lieber demselben zuhören, wenn es schön redet. Es ist immer lächerlich, wenn ein Frauenzimmer keine Periode regelmässig reden und schreiben kan. Ich rathe also dem Frauenzimmer, wenn es gelehrt werden will, zum wenigsten seine Muttersprache recht gut zu lernen, und zwar durch das fleisige Lesen schöner Schriften, und durch die eigene Übung...

Die schönen Wissenschaften begreifen die historischen in sich, samt der Red- und Dichtkunst. Die Historie, die Geographie, nebst den Alterthümern, scheinen recht für einen weiblichen Verstand gemacht zu seyn... Ich rathe also dem Frauenzimmer, welches gelehrt werden will, auf die Historie sich sonderlich zu legen...

Zu den höhern Wissenschaften rechne ich die offenbarte Gottesgelahrheit, die Rechtsgelehrsamkeit, die Arzeneykunst, die Weltweisheit, und die Mathematik. Ich darf nicht weitläuftig beweisen, daß die Rechtsgelehrsamkeit gar nicht zur weiblichen Gelehrsamkeit gehöre. Die Männer sind die Häupter und Beschützer der Weiber. Da nun die Rechtsgelehrsamkeit blos zum Schutze unserer Rechte brauchbar ist, so kan ein Frauenzimmer mit der Rechtsgelehrsamkeit nichts anfangen. Und eben das gilt auch von der Medicin. Kein Frauenzimmer legt sich eher auf die Medicin, ehe es nicht entweder eine Hebamme geworden, oder eine alte Witwe...

Die Mathematik ist zu abstract, zu tiefsinnig, und zu beschwerlich für ein Frauenzimmer. Ewig Schade würde es um ein liebreizendes Gesicht seyn, wenn es unter der Berechnung eines Kegelschnits verfinstert und grimmig gemacht werden solte. Die Mathematik schickt sich nur für männlichere, stärkere, und ernsthaftere Köpfe, als das schöne Geschlecht von rechtswegen haben muß...

Die geoffenbarte Gottsgelahrheit muß ein gelehrtes Frauenzimmer besser verstehen als ein gemeiner Mann... Doch wolte ich wünschen, daß sich ein Frauenzimmer mehr um die gelehrte Kentniß der christlichen Pflicht, als der Glaubenslehren bekümmern möchte.

Die Weltweisheit ist nun vornemlich diejenige höhere Wissenschaft, die ein Frauenzimmer lernen muß, wenn es gelehrt seyn will. Ohne Vernunftlehre kan ein Frauenzimmer gar nicht gelehrt werden. Wenn ich gelehrt seyn will, so muß ich wissen, wie ich eine Wahrheit erklären und beweisen soll... Ich wünschte daher, daß jemand eine Logik und Metaphysik fürs Frauenzimmer schreiben möchte. Man müste alles weglassen, was nur für Erzphilosophen gehört, und man müste das übrige auf eine aesthetische Art vortragen... Bisher fehlt es uns noch an einer solchen Schrift, und ich kan dem Frauenzimmer hier keinen Rath geben, wie es die Logik und Metaphysik auf eine ihm anständige Art lernen soll. 55 / I 609–15

Meine Verstandeserziehung *[um 1760/80]*

Dorothea Friederike Baldinger

Ich wünschte so gar gelehrt zu werden, und ärgerte mich, daß mich mein Geschlecht davon ausschloß. Je so willst du wenigstens klug werden, dachte ich, und dies wird man aus Büchern, du willst brav lesen. – Aber woher nun die Bücher, die mich klug machen sollten? denn in einer Handelsstadt gabs keine ...
Nun kam auch mein Bruder von der Universität ... Diesem ewig geliebten Bruder habe ich den Anfang aller meiner Kenntnisse – mein ganzes Glük zu verdanken, und ich würde mehr haben werden können, wenn meine gute Mutter nicht geglaubt hätte: Bücher lesen, ausser Bibel und Gesangbuch, wäre Todsünde, Müßiggang für ein Mädchen. Wie oft wurde mir meine Liebe zum lesen nicht verbittert, manchmal die Bücher verschlossen, und ich an den Spinnroken verwiesen. Da ich so fertig lesen konnte, so legte ich mein Buch aufs linke Knie, und spann mit der rechten Hand. Aber wenn nun das Garn gehaspelt wurde, denn giengs wieder los: das macht, hieß es, weil sie die linke Hand schont, und immer lieset. Ich sollte von meinem Bruder Französisch, Clavier u. dgl. lernen, aber alles dieses wurde als Müßiggang für ein Mädchen verworfen, zu einer Zeit, wo man so noch nicht zu wichtigen Geschäften anzustellen ist. Ich durfte zulezt nicht einmal lange auf seiner Stube bleiben, wenn ich zu ihm geschikt wurde, denn es hieß: ich würde bei ihm verdorben ...
Meine Liebe zu den Wissenschaften wuchs je mehr ich mit ihnen bekannt wurde. Ich glaube ich wäre gelehrt geworden, wenn mich die Vorsehung nicht für den Kochtopf bestimmt hätte; und ich finde immer noch, daß man auch bei weiblichen Geschäften den Verstand der Männer aus ihren Büchern brauchen kann.
Sechs Wochenbetten, haben zum Wachsthum meiner Kenntnisse nicht wenig beigetragen; denn ich habe mehrentheils in denen nächsten Augenbliken wieder gelesen, wo ich aus den Händen der Wehmutter kam. Und diese sechs Wochen, wo ich ungestört lesen konnte, waren mehrentheils Erholung für meine

Seele, freilich auf Kosten meiner Augen, die noch zu schwach waren, um Buchdrucker Zeichen und Buchstaben zu fassen... Als Frau bin ich erträglich geworden, wie klein würde ich doch als Mann seyn! 99 / 21 f, 24 ff, 36 f, 39

Der schöne Verstand des schönen Geschlechts [1764]

Immanuel Kant

Das schöne Geschlecht hat eben so wohl Verstand als das männliche, nur es ist ein schöner Verstand, der unsrige soll ein tiefer Verstand sein, welches ein Ausdruck ist, der einerlei mit dem Erhabenen bedeutet... Tiefes Nachsinnen und eine lange fortgesetzte Betrachtung sind edel aber schwer, und schicken sich nicht wohl für eine Person, bei der die ungezwungene Reize nichts anders als eine schöne Natur zeigen sollen. Mühsames Lernen oder peinliches Grübeln, wenn es gleich ein Frauenzimmer darin hoch bringen sollte, vertilgen die Vorzüge, die ihrem Geschlechte eigentümlich sind, und können dieselbe wohl um der Seltenheit willen zum Gegenstande einer kalten Bewunderung machen, aber sie werden zugleich die Reize schwächen, wodurch sie ihre große Gewalt über das andere Geschlecht ausüben... Es ist schön, daß einem Frauenzimmer der Anblick einer Karte, die entweder den ganzen Erdkreis oder die vornehmste Teile der Welt vorstellt, angenehm gemacht werde. Dieses geschiehet dadurch daß man sie nur in der Absicht vorlegt, um die unterschiedliche Charaktere der Völker die sie bewohnen, die Verschiedenheiten ihres Geschmacks und sittlichen Gefühls, vornehmlich in Ansehung der Wirkung die diese auf die Geschlechterverhältnisse haben, dabei zu schildern, mit einigen leichten Erläuterungen aus der Verschiedenheit der Himmelsstriche, ihrer Freiheit oder Sklaverei. Es ist wenig daran gelegen, ob sie die besondere Abteilungen dieser Länder, ihr Gewerbe, Macht und Beherrscher wissen oder nicht. Eben so werden sie von dem Weltgebäude nichts mehr zu kennen nötig haben, als nötig ist, den Anblick des Himmels an einem schönen Abende ihnen rührend zu machen, wenn sie einigermaßen begriffen haben, daß noch mehr Welten und daselbst noch mehr schöne Geschöpfe anzutreffen sein. Gefühl vor Schildereien von Ausdruck, und vor die Tonkunst, nicht in so ferne sie Kunst sondern Empfindung äußert, alles dieses verfeinert oder erhebt den Geschmack dieses Geschlechts, und hat jederzeit einige Verknüpfung mit sittlichen Regungen. Niemals ein kalter und spekulativer Unterricht, jederzeit Empfindungen und zwar die so nahe wie möglich bei ihrem Geschlechtverhältnisse bleiben. Diese Unterweisung ist darum so selten, weil sie Talente, Erfahrenheit und ein Herz voll Gefühl erfodert, und jeder andere kann das Frauenzimmer sehr wohl entbehren, wie es denn auch ohne diese sich von selbst gemeiniglich sehr wohl ausbildet. 84 / 851–54

Die Entwicklung des weiblichen Verstandes *[1765]*

Karl Friedrich Flögel

Das schöne Geschlecht scheint in der zeitigen Reifung des Verstandes dem männlichen den Vorzug abzugewinnen. Es mag dieses nun von der frühern Ausbildung der Organe, oder davon herrühren, daß sie zeitiger den Umgang der großen Welt erlangen, so bestätigt es doch die Erfahrung. Ein Mädgen von siebenzehn Jahren, und ein Jüngling von eben dem Alter, sind in Ansehung ihres Verstandes weit unterschieden. Wenn auch der Jüngling mehr Schulgelehrsamkeit aufzuweisen hat, so ist dieses noch kein Merkmaal von dem Übergewichte seines Verstandes. Laßt sie beyde urtheilen; ihr werdet finden, daß seine Bemerkungen gemein, nicht passend, in manchen Fällen pedantisch, ihre fein, schicklich und frey seyn werden. Zwar behauptet Büffon[1], dem ich eben nicht nachbethen will, daß der Verstand des schönen Geschlechts mit den zwanzigen still stehe, da der Jüngling erst anfängt mit Riesenschritten sich dem Glanz des männlichen Alters zu nähern. Vielleicht finden sie es nicht nöthig,

1 Georges Louis Leclerc de Buffon (1707–1788).

weiter zu gehen, da sie nun zu den häußlichen Verrichtungen geschickt genug sind, wozu sie die überlegene Macht der Männer verdammt hat. 41 / 135

Gelehrsamkeit ist Unnatur *[1770]*

J. G. Herder an Caroline Flachsland

Sie haben Recht, daß ich auf das gelehrte Frauenzimmer vielleicht zu sehr erbittert bin; aber ich kann nicht dafür: es ist Abscheu der Natur. Eigentliche Gelehrsamkeit ist dem Charakter eines Menschen, eines Mannes schon so unnatürlich, daß wir ihr nur aus Noth uns unterziehen müßen, und dabei doch schon immer verlieren; in dem Leben, in der Seele, in dem Munde eines Frauenzimmers aber, die noch die Einzigen wahren Menschlichen Geschöpfe, auf dem Politischen und Exercierplatz unsrer Welt sind, ist diese Unnatur so tausendmal fühlbarer, daß ich immer sehr fürs Arabische Sprüchwort bin «eine Henne, die da krähet, und ein Weib, das gelehrt ist, sind üble Vorboten: man schneide beiden den Hals ab!» Aber will ich damit, böse Auslegerin meiner Worte! sagen, daß ein Frauenzimmer sich nicht auch durch die Lecture bilden, Geist und Herz verschönern müße? Will ich sagen, daß ein Klopstock[1] ihre Toilette, und eine Zähre über Klopstock geweint, ein schönes Auge entehre? So wenig, daß ich glaube, das Weibliche Geschlecht sei das einzige richtende Publikum über eine Reihe von Materien des Geschmacks und der Empfindung, und daß jede Mannsperson, die kein Pedant seyn will, im Kreise der Frauenzimmer muß gelernt haben, gewiße Bücher zu lesen. Ich sage gewiße Bücher: denn alle Sachen, alle Materien, alle Wißenschaften sind nie für die Weiber, und über viele können sie in ihrem Leben nicht anders als schiefe Urtheile fällen – allein desto beßer für sie, daß diese nicht für sie sind. Für sie bleibt nur das, was bildet, was die Seele Menschlich aufklärt, die Empfindungen Mensch-

1 Friedrich Gottlieb Klopstock.

lich verfeinert, und sie zur Zierde der Schöpfung, zum Reiz der Menschlichen Natur, zum höchsten Gut der Glückseligkeit eines fühlbaren, würdigen Jünglings, zur immer neuen, immer angenehmen Gattin eines würdigen Mannes, zum Vergnügen einer guten Gesellschaft und zur Erzieherin guter Kinder macht!

156 / 46ff

Das gelehrte Fräulein Doktor *[1787]*

Annalen der Braunschweig-Lüneburgischen Churlande

Gemeiniglich denkt man sich, wenn ein gelehrtes Frauenzimmer genannt wird, darunter eine Nervenkranke; und geht es gar aus der schönen Literatur hinaus in die höheren Wissenschaften, ja, dann weiß man schon zum voraus, daß sie ihren Anzug vernachlässigt und ihr Kopfputz im antiquarischen Geschmack ist; daß sie die Kochkunst des Apicius versteht, aber nicht die simple Komposition eines modernen Eierkuchens; daß sie sich in die Zirkel der Männer drängt, für die sie nun nichts weiter als ein Buch ist, dahingegen die Damen sich auf ihre Kosten einander ins Ohr flüstern und dienstfertige junge Herren als Kundschafter aussenden, um sich von der gelehrten Unterhaltung von Zeit zu Zeit referieren zu lassen. Von allen dem ist hier nichts! Mademoiselle Schlözer[1] näht, strickt, versteht die gewöhnliche bürgerliche Ökonomie, ist gesund, tanzt gerne, liebt Unterhaltung mit ihrem Geschlecht, und man muß schon ihr Zutrauen erworben haben, ehe man die Gelehrte in ihr kennen lernt.

164 / 118

1 Dorothea Schlözer war am 25.8.1787 von der philosophischen Fakultät zu Göttingen zum Doktor promoviert worden.

Furchterregende Ansprüche *[1788]*

Adolph von Knigge

Ich muß gestehn, daß mich immer eine Art von Fieberfrost befällt, wenn man mich in Gesellschaft einer Dame gegenüber oder an die Seite setzt, die große Ansprüche auf Schöngeisterey, oder gar auf Gelehrsamkeit macht. Wenn die Frauenzimmer doch nur überlegen wollten, wie viel mehr Interesse diejenigen unter ihnen erwecken, die sich einfach an die Bestimmung der Natur halten, und sich unter dem Haufen ihrer Mitschwestern durch treue Erfüllung ihres Berufs auszeichnen...

Ich tadle nicht, daß ein Frauenzimmer ihre Schreibart und ihre mündliche Unterredung durch einiges Studium und durch keusch gewählte Lectur zu verfeinern suche, daß sie sich bemühe, nicht ganz ohne wissenschaftliche Kenntnisse zu seyn; aber sie soll kein Handwerk aus der Litteratur machen; sie soll nicht umherschweifen in allen Theilen der Gelehrsamkeit... Dann sieht sie die wichtigsten Sorgen der Hauswirthschaft, die Erziehung ihrer Kinder und die Achtung unstudierter Mitbürger als Kleinigkeiten an, glaubt sich berechtigt, das Joch der männlichen Herrschaft abzuschütteln, verachtet alle andre Weiber, erweckt sich und ihrem Gatten Feinde, träumt ohne Unterlaß sich in idealische Welten hinein; Ihre Phantasie lebt in unzüchtiger Gemeinschaft mit der gesunden Vernunft; Es geht alles verkehrt im Hause; Die Speisen kommen kalt oder angebrannt auf den Tisch; Es werden Schulden auf Schulden gehäuft; der arme Mann muß mit durchlöcherten Strümpfen einherwandeln; Wenn er nach häuslichen Freuden seufzt, unterhält ihn die gelehrte Frau mit Journals=Nachrichten, oder rennt ihm mit einem Musen=Almanach entgegen, in welchem ihre platten Verse stehen, und wirft ihm höhnisch vor, wie wenig der Unwürdige, Gefühllose den Werth des Schatzes erkennt, den er zu seinem Jammer besitzt. 90 / 195 ff

Die wahre Veredelung des Geistes *[1795]*
Wilhelmine von Wobeser

Henriette. Aber, meine liebe Moralistin, Sie schelten auf philosophirende Damen, und philosophiren doch selbst so gern.
Elisa. Henriette! ich bin doch keine Pedantinn. Unglüklich wäre das Weib, wenn es zur Unwissenheit verdammt wäre! Nein, die Natur gab uns gleiche Fähigkeiten, wir haben also gleiche Verpflichtung, sie auszubilden. Ja, unsere bürgerliche und gesellschaftliche Verfassung erfordert, daß Weiber in den höhern Ständen Welt-, Menschen- und Sachkenntnisse besitzen. Und warum sollten sie des edlen Vergnügens beraubt seyn, ihren Geist immer mehr aufzuklären, ihren Verstand zu bilden? Mögen sich auch die Männer dagegen aufwerfen, so werden sie doch gern das kluge Weib zu ihrer Gefährtinn wählen. Doch nein, der vernünftige, edle Mann verachtet nicht höhere Eigenschaften in dem Weibe, aber er verachtet in ihr jeden Anspruch, jeden Schein von Gelehrsamkeit, welcher sie ihre Pflichten vernachläßigen macht. O, wer nur in der Veredlung seines Geistes Vergnügen findet, der wird nie, um Bewunderung zu erregen, mit lächerlicher pedantischer Miene ein wenig Gelehrsamkeit auskramen; denn dieses erniedriget uns! Nie wird das Weib von richtigen Kenntnissen und Verstande und erhabenen Gesinnungen eine Pedantinn werden; nie nach einem höhern Rufe, als nach dem Rufe eines guten, ihren Pflichten getreuen Weibes streben...
Henr. Billigest Du auch nicht, wenn ein wirklich kluges und bescheidenes Frauenzimmer die Gesellschaft gelehrter Männer sucht, nicht um zu glänzen, sondern um zu hören?
Elisa. Dieses ist der Strand, an dem die Bescheidenheit scheitert, und Eitelkeit und das Verlangen zu glänzen, sich ihrer Seele bemächtigen. Ich verlange nicht, daß ein Frauenzimmer sich das Vergnügen einer klugen Unterhaltung untersagen soll: sie soll den klugen Mann nicht meiden, sie kann ihn suchen, nur nicht pedantisch ihm anhängen, nicht gelehrte Clubbs besuchen. Denn macht sie hierdurch nicht schon einen Anspruch auf

Gelehrsamkeit? Sich in der Gesellschaft gelehrter Männer befinden! – O, Ihr Weiber! die Ihr Euch über den gemeinen Haufen Eures Geschlechts erhebt! die Ihr richtige Kenntnisse und Bescheidenheit besitzt, sagt selbst: Macht dieser Gedanke Euch nicht stolz? Erregte er nie Eure Eitelkeit? Waret Ihr nur immer Zuhörerinnen? Empfandet Ihr nie das Verlangen, selbst zu glänzen? Erfüllet Ihr es nie? Und endlich, verließt Ihr diese Gesellschaften mit dem Vorsatze, bessere Gattinnen, bessere Mütter, bessere Kinder, bessere Menschen zu seyn?...
Henr. O, meine Elisa! daß doch unsere Schwestern, welche aus Verblendung irren, Deinen Zuruf gehört hätten! 206 / 13–16

Der Trieb nach Wahrheit *[1798]*

Friedrich Wilhelm Basilius von Ramdohr

Nach unsern Begriffen gehört der stärkere Geist dem Manne, der zärtere dem Weibe... Dem Weibe legen wir dagegen diejenigen Kenntnisse, diejenigen Künste und Beschäftigungen bey, die eine leichte Fassungskraft, einen feinen Beobachtungsgeist, ein schnelles Auffassen des Zunächstliegenden, die Gabe, das Schicklichste für den Augenblick zu wählen, Zeichengedächtniß, Emsigkeit, behende Sorgfalt, Reichthum, Glanz, Irritabilität einer Phantasie und eines Herzens voraussetzen, die mehr mit dem Reiche der Sinnlichkeit, als mit dem übersinnlichen zusammenhängen. Das Weib ist Hausfrau, Führerin geselliger Zusammenkünfte und Verhältnisse, Mutter, endlich Künstlerin in allen Werken des schönen Talents und des Genies, die mehr zur Befriedigung des Geschmacks an leichter aber edlerer Unterhaltung, als zu Mustern der Vollkommenheit selbst in den Spielen der Imagination bestimmt sind...
Gelehrsamkeit ist nicht die Sache der Weiber, aber auf Kenntnisse haben sie so gut Ansprüche wie wir, weil sie den Trieb nach Wahrheit mit uns theilen, und sich keine wahre gesellige Liebenswürdigkeit unter kultivierten Menschen ohne einen gewissen Vorrath von Kenntnissen denken läßt... Ich glaube sogar,

daß eine gewisse Gründlichkeit in denjenigen Kenntnissen, die den weiblichen Geistesanlagen angemessen sind, zu den Vorzügen des zärteren Geschlechts gehören könne. Ich glaube, daß das Frauenzimmer, seiner Liebenswürdigkeit unbeschadet, die Geschichte, die Länderkunde, die Naturkunde, die Botanik, die Theorie der Künste, die Sprachlehre, ja, die Philosophie des gemeinen Lebens in einem gewissen Umfange und Zusammenhange inne haben könne, und daß es zu seinem Bestreben nach Vollkommenheit gehöre, es darin so weit als möglich zu bringen. Nur muß es nicht dabey vergessen, daß es alles zu einem praktischen Gebrauche, und keinesweges um des leeren Wissens Willen erlerne; daß es die Sache des Mannes sey, die Wahrheit aufzufinden, die seinige aber, sie sich anzueignen, sie faßlich und gefällig darzustellen, damit sie frappanter und eindringender werde...

Diejenigen, welche das zärtere Geschlecht so gern auf die bloße Bestimmung der Hausfrau, oder gar der Haushälterin einschränken möchten; diejenigen, welche ihm höchstens Anspruch auf oberflächliche Bekanntschaft mit den Künsten eingeräumt haben, in so fern diese zu den Reitzen der Unterhaltung dienen können, diese haben nicht bedacht, daß das Weib so gut wie wir den Trieb nach Wahrheit in seinem Busen trägt.

137 / II 317f, 321ff

Das Lesen

Wunsch nach geeigneter Lektüre *[1723]*

Discourse der Mahlern

Euer Geschlecht ist bißher sorgfältig gewesen, uns die Mittel zu entziehen, durch welche wir eine Erfahrenheit der menschlichen Sachen bekommen könnten. Die Mode ist eingeführt, daß man auf den Academien nur in der Lateinischen Sprache lieset; die meisten Bücher sind in eben derselben geschrieben; und man hat unsern Eltern die Maxime beygebracht, die Wissenschafften seyen den Leuten unsers Geschlechts schädlich, sie machen uns ruhmräthig und lächerlich, sie halten uns ab von den nöthigern Geschäfften; denn wir seyen allein gebohren daß wir unsern künfftigen Männern Geld zehlen, wäschen, flicken, bey ihnen schlaffen, und daß wir von der Gestalt einer Jüppe urtheilen. Einiche verfahren so unbillich, daß sie uns in offentlichen Schrifften untüchtig zum Heyrathen erklähren, wenn wir durch Lesung guter Bücher suchen verständig zu werden. Sie sagen, daß das Frauenzimmer so verheyrathet ist, oder sich verheyrathen will, die Bücher in Friede und Ruhe lassen, die aber so ledig bleiben wollen, sich nicht nur auf Wissenschafften, sondern auch auf Künste legen sollen. Wir geben zwar zu, daß ein Gelehrter, wie diß Wort heut zu Tag gebraucht wird, und ein Pedant nahe mit einander verwandt seyen. Aber unser Absehen ist nicht, daß wir aus den Büchern eine weitläufftige Wissenschafft unnützlicher Sachen sammeln; wir wollen daraus angenehme Freundinnen, kluge Ehe=Weiber, und gute Müttern werden. Wir geben ferner zu bedencken, daß ein pedantisches Frauenzimmer zwar lächerlich genug ist, aber doch nicht lächerlicher als ein pedantischer Mann... Eben euer Geschlecht, ihr Herren, ist die Ursache, daß unsere Unterredungen meistens nur Bagatellen betreffen; Wir werden gezwungen unser Leben mit sclavischen Bemühungen zu verzehren, weil die Männer uns alle Gelegenheit abschneiden, einem Menschen anständigere Geschäffte zu unternehmen. 25 / IV 101 f

Den Kern von der Spreu unterscheiden *[1731]*

Christiane Mariane Ziegler

Noch weniger aber bemühe ich mich denenjenigen Frauenzimmern das Wort zu sprechen, die Tag und Nacht über solchen Büchern sitzen, und lieber einen Roman, als ein Postillen=Buch, in die Hände nehmen; Sie gedencken dadurch den Beynahmen eines belesenen und gelehrten Frauenzimmers vor der Welt zu erlangen, betrügen sich aber gar sehr, weil sie noch keine sattsame Käntniß von dergleichen Schrifften haben, und also den Kern von der Spreu nicht zu unterscheiden wissen. Allein man muß auch das Gute mit dem Unnützen nicht zugleich verwerffen... Wen vergnügt nicht die Octavia?[1] und wessen Augen gefällt nicht die Asiatische Banise,[2] und andere mehr? Sind sie nicht alle Sitten=Spiegel der Liebe, in welchen sich ein jeder vernünfftiger Mensch beschauen kan? Diejenigen so selbige lesen, haben sich mehr Nutzen und Vortheil als Schaden darvon zu versprechen; sie thun denen Tugenden ihr Recht, und mahlen hingegen die Laster in häßlicher Larve ab. Ein Frauenzimmer, das solchen Schrifften ihr Auge weyhet, bringet sich nicht nur ein und anderes Stück der Historie spielend bey, sondern es stärcket sich auch zugleich in der Hoch=Teutschen Sprache. Die Sinnen werden dadurch ermuntert, der Verstand geschärffet, und die Beurtheilungs=Krafft erlanget dadurch den gehörigen Grad. 209 / 203 f

1 Anton Ulrich von Braunschweig, Die Römische Oktavia, 6 Bde, 1685–1707 u. ö.
2 Heinrich Anselm von Ziegler u. Kliphausen, Die Asiatische Banise, 1698.

Schädliche Bücher *[1750]*

Louise Gottsched an Wilhelmine Schulz

Sie thun sehr wohl, daß Sie Ihre müßigen Stunden aufs Lesen wenden; aber noch besser thun Sie, daß Sie einen klugen Freund über die Wahl Ihrer Bücher zu Rathe ziehen. Glauben Sie mir, Mademoisell, es ist einer der größten Fehler junger Personen beyderley Geschlechts, daß so viele ohne Wahl Bücher lesen, und also auch ohne Nutzen viele, an sich selbst nützliche Schriften, durchblättern. Gar keine Neigung zum Lesen ist nicht so übel, als nachtheilige, der Religion, oder den Sitten anstößige Schriften, zu lesen. Ich behaupte sogar, daß eine tiefe Unwissenheit, zumal bey unserm Geschlecht, viel eher zu entschuldigen und zu heben, als eine schädliche Kenntnis gefährlicher Bücher, die gleich einem schleichenden Gift, im Verstande und Herzen unheilbare Wunden zurücklassen. 57 / II 28f

Mühsam unterdrückte Leselust *[um 1755]*

Isabella von Wallenrodt

Jetzt begann mein Geschmack an den Wissenschaften sich immer mehr zu formiren, ich las nun nicht mehr alles, was ich bekam... wie vorhin; vielmehr wählte ich nun selbst, machte Bekanntschaft mit einem Buchhändler der nächsten Stadt, welcher mir die besten und neuesten Werke zum Durchlesen schickte, auch sammelte ich meine kleine Baarschaft, um mir selbst zuweilen etwas zu kaufen. Meine Mutter hatte noch immer Vergnügen an dieser Beschäftigung, aber sie wollte nicht, daß ich mich ihr zu sehr überlassen, sondern weibliche Arbeiten jeder Art lernen, und darinnen fleißig sein, dann aber zur Erholung, ihr, oder meiner Schwester, wenn wir in unserm Zimmer wären, vorlesen sollte. Sie hatte vollkommen recht, ich selbst sah es ein, fand auch an mancher Arbeit so viel Vergnügen, daß ich gerne dabei blieb, doch war's, als wenn ich Herzpochen bekäme, wenn meine Augen auf ein Buch fielen, welches ich noch nicht zu Ende gelesen oder erst erhalten, und noch gar nicht gelesen hatte. Zuweilen ward alles weggeworfen, und die Lectüre vorgenommen, besonders aber wendete ich die Nacht dazu an, wenn alles im ruhigen Schlafe lag, ich las dann oft bis an den Morgen, wodurch ich schon früh den Grund zur Abschwächung meiner Augen legte. 203 / I 71 f

Lesen! Ja, aber was? *[1768]*
Julie von Bondeli an L. Usteri

Ich möchte Sie um einen moralischen und philosophischen Rat bitten: ich bin ohne Beschäftigung, frei von Hindernissen, die Gesellschaft liebe ich nicht so sehr, als daß sie meine einzige Unterhaltung bildete, und die kleinen Arbeiten, die meinem Geschlecht zukommen, füllen mich nicht genügend aus. Früher habe ich viel gelesen; in den letzten Jahren jedoch las ich sehr wenig, weil ich oft den Aufenthaltsort wechselte und damit die Dinge, die mich umgaben, und weil mir sehr viel Unangenehmes widerfuhr. Heute hat sich das ganze Bild meines Lebens verändert; ich habe nichts mehr zu fürchten als etwa die Folgen des Nichtstuns und ich fürchte sie um so mehr, als ich gewohnt war, stark beschäftigt zu sein. Also was tun? Lesen! Ja, aber was? Unglücklicherweise habe ich schon soviel gelesen, daß mir nicht mehr viel Wissensdurst übrig blieb und Sprachen, für die ich allerdings große Leichtigkeit habe, zu erlernen, dazu glaube ich mich zu alt. Es kam mir in den Sinn Spanisch zu lernen, weil ich den Don Quichotte im Original lesen möchte, und auch weil das spanische Theater bei uns so wenig bekannt und mir dadurch interessant würde. Seit drei Monaten hat diese Idee mir recht eingeleuchtet und jetzt, wo ich Wörterbuch und Grammatik vor mir habe, bin ich ohne Bücher, und was noch schlimmer ist: ich weiß nicht, welche Bücher ich vornehmen soll.
Würden Sie so gut sein und mir sagen, was Sie über meine Pläne denken, ob Sie sie billigen und welche Bücher ich lesen könnte?

61 / 242 f

Moralische Bildung durch Lesen *[1774]*

Susanna Gossweiler

Durch das Lesen erlanget Ihr eine gründlichere Erkenntniss des Willens Gottes, der Pflichten, die Ihr gegen Ihn, gegen Euere Nebenmenschen und gegen Euch selbst auszuüben habet; Ihr lernet erkennen und empfinden, dass alle Geseze, die Gott uns vorgeschrieben, nur unser Wohl, nur unsere Glükseligkeit zum Endzweck haben. Vermittelst des Lesens lernet Ihr auch Euch selbst und andere Menschen besser kennen, lernet worinn der wahre Werth eines vernünftigen Geschöpfs besteht, was uns vor Gott, vor allen Rechtschaffnen und vor unsrem eignen Gewissen Ruhm und Ehre bringt, was uns allein glüklich macht. Durch das Lesen könnt Ihr Euch auch die Geschichte einzelner Persohnen oder ganzer Völker bekant machen; von dem einen wird man Euch erzehlen, wie er bey dem grössten Überfluss missvergnügt und elend war; von dem andern, wie er bey seiner Armuth zufrieden und glüklich gewesen. – – Alles dieses wird Euch immer klüger und besser und also auch immer glüklicher machen. Durch das Lesen könnet Ihr Euch auch mehrere Kenntniss Euerer häuslichen Pflichten, Euerer Geschäften und Berufs-Arbeit erwerben; denn Euer Haus, Euere Gesellschaft in demselben ist der Ort, sind die Persohnen, wo Ihr alle Augenblik den Anlaas habet etwas gutes zu thun, davon ich Euch in Zukunft viel zu sagen gedenke: sehet liebe Freundinnen, das ist nur ein kleiner Theil derjenigen Kenntniss, die wir durch vernünftiges Lesen erwerben können, aber alle diese Erkenntniss nüzet uns nichts, wenn wir nicht durch dieselbe die Tugend ausüben und das Laster verabscheuen lernen. 195 / 15

Gefährlicher Wust von Ideen *[1774]*

Rudolf Heinrich Zobel

Junge Mädgen, die einmahl von der Sucht zu lesen befallen sind, lesen alles untereinander, was ihnen vorkommt; die schöne Melusine und die Clarisse, den gehörnten Siegfried und den Grandison.[1] Was für ein Wust von Ideen muß nun nicht in ihrem Kopfe zusammen kommen? Sollte ihnen das Lesen nützlich werden, so müsten sie einen vernünftigen Rathgeber haben, der ihnen die Bücher vorschlüge, die sie lesen sollten; und mit eben dem, oder mit andern, die gleichfalls Geschmack und Empfindung besässen, müsten sie über das, was sie gelesen hätten, sprechen, und auf die Art ihre Lektüre, wenn ich mich des Ausdrucks bedienen darf, gehörig verdauen. An dergleichen Gelegenheiten aber fehlt es meistentheils den Frauenzimmern der niedern Stände. Sie lesen die elendesten Scharteken und die schlüpfrigsten Mährchen, die recht gemacht zu sein scheinen, das Herz junger Personen zu verderben. Und wenn ihnen dann auch einmahl ein gutes Buch in die Hände geräth, so wissen sie das Gute darinn nicht zu schätzen, saugen Gift aus den besten Blumen, und gewöhnen sich zu einer Denkungsart, die für ihr künftiges Glück, in und ausser der Ehe, die gefährlichsten Folgen haben muß. Ist es unter diesen Umständen nicht am rathsamsten, die Sucht des Lesens zu verhüten? Ältern haben das, wie ich glaube, immer in ihrer Gewalt; und es wird wohl ziemlich ihre Schuld sein, wenn ihre Töchter auf die Grille verfallen, sich über ihren Stand wegzusetzen, und nach Witz zu schnappen. 211 / 144f

1 Samuel Richardson, Clarissa, or The History of a Young Lady, 1747/48; The History of Sir Charles Grandison, 1751 ff.

Elitäre Lesewut *[1783/84]*

Luise Mejer an H. Chr. Boie

Ich soll der Gräfin[1] Vorleserin und Secretair werden. Das alles würd' ich mit Vergnügen, aber ich bin nicht gelehrt genug, mein Verstand ist auch nicht darnach gestimmt, ewig zu studieren. Ich lese [abwechselnd] in sechs Büchern, und werde gefragt daraus wie ein Kind. Die Angst, mit der ich lese, nimmt mir allen Nutzen. Dann ist meine Philosophie ganz der Gräfin ihrer entgegengesetzt. Man stopft hier die Menschen mit Lektüre, wie man Gänse mit Nudeln stopft. Die Gräfin hat heute ihre Rechnung beschlossen: sie hat in diesem Jahre 75 Bände durchgelesen ohne die Journale etc. – und 911 Briefe geschrieben...

Nun will ich Dir unsern Tageslauf erzählen. Um zehn Uhr wird gefrühstückt. Dann liest Stolberg ein Kapitel in der Bibel und einen Gesang aus Klopstocks Liedern vor. Jeder geht nach seinem Zimmer. Ich lese dann in dem «Spectator», der «Physiognomik» und noch einigen Büchern, die mir die Gräfin gegeben hat. Sie kommt zu mir herunter, indeß Lotte übersetzt, und ich lese ihr den «Pontius Pilatus» von Lavater eine Stunde vor. Indessen sie ihre lateinische Stunde hat, schreibe ich ab für sie, oder lese für mich, bis angerichtet ist. Nach Tisch und dem Kaffee liest Fritz aus den «Lebensläufen»,[2] dann kommt Lotte zu mir herunter, und ich lese mit ihr den Milton eine Stunde. Dann gehen wir wieder herauf, und ich lese dem Grafen und der Gräfin vor, aus dem Plutarch, bis es Teezeit ist [um] neun Uhr Abends. Nach dem Tee liest Stolberg ein Kapitel in der Bibel und einen Gesang aus dem Klopstock vor; damit Gute Nacht.

170 / 271, 274

1 Luise Gräfin Stolberg.

2 Neben dem «Spectator», einer der ersten und einflußreichsten englischen Wochenschriften, werden u.a. gelesen: J.C. Lavater, Von der Physiognomik, 1772; Pontius Pilatus, 1782–85; Th.G. Hippel, Lebensläufe nach Aufsteigender Linie nebst Beylagen, 1778–81.

Zwischen Alltagspflichten und Büchern *[1785]*

Albertine von Grün an J. H. Merck

Erlauben Sie, mein bester Herr Kriegsrath, daß ich heute mein Schreiben fortsetze. Es wäre schon am vorigen Posttag geschehen, wenn ich nicht den großen Reichstag der Schweineschlachterei hätte mitmachen müssen. Sie müssen wissen, daß ich in dieser Anatomie immer Prosectorin sein muß, denn Niemand kann besser Bratwürste, Schwartenmagen, Leber- und Blutwürste machen, als Ihre gehorsame Dienerin. Lachen muß ich manchmal, was es für ein wunderlicher Mischmasch in meiner Sphäre ist, von meiner Malerei zum Schnitzendörren, von Büchern zum Schwartenmagen=Machen und so mehr – und doch bin ich bei diesen Dingen gleich gern und gleich vergnügt. – Aus dem schon angegebenen Grund, daß mir manche Bücher, die Andere gern lesen, nicht behagen, so daß ich sie nicht lesen kann, so muß ich auch wieder andere ungelesen lassen, weil sie mich zu sehr hinreißen. Ein gutes Trauerspiel muß ich oft 6–10 Mal hinlegen, ehe ich's auslesen kann. Da kann ich mich so satt weinen und Stunden lang so niedergeschlagen sein, als wäre ich selbst mit in die Geschichte verwickelt gewesen. Das ist nun zwar ein Lieblingsvergnügen für mich; weil es aber unmöglich eins für Andre sein kann, mich so verstimmt zu sehen, so suche ich dieses Vergnügen eben auch nicht ängstlich. Und dann sind mir in einem guten Buche oft einzelne Stellen genug, mich Tage lang bei meinem Nähen, Stricken oder sonstigen Arbeiten zu ergötzen. 174 / 127f

Pflichtvergessener Hang zum Lesen *[um 1790]*

Unbekannter Verfasser

Für Töchter gemeiner Handwerker und unvermögender Eltern gehört unseres Bedünkens überall keine Privatlektur, weil sie keine Zeit dazu finden sollen; es ist schon nachtheilig genug, wenn Hang zum Lesen bei ihnen entsteht, wenn sie mit einem, gesezt übrigens noch so guten Buche gerne im Winkel sizen und die Pflicht, dem Vater oder der Mutter in häuslichen Verrichtungen an die Hand zu gehen, darüber verabsäumen... Es wird darum dem klugen Ermessen der Hochgeachtet Hochgeehrten Herren Curatoren anheimgestellt, ob es nicht rathsam sey, von den, jezt in der Hafner'schen Schule befindlichen, Büchern zwar auf Begehren der Töchter willig mitzutheilen, aber ohne dieselbe zum Begehren näher einzuladen, und übrigens in Ansehung weiterer Anschaffung sich lediglich auf allfällige Continuationen schon vorhandener Theile einzuschränken. 195 / 32

Die herzverderbende Lektüre *[1795]*

Johann Georg Heinzmann

Wem eckelt nicht der fremde, verzärtelte Ton, den unsre Frauenzimmer aus ihrer Modelektür angenommen haben, nachgeahmt den Meisneriaden, Grecourtischen Gedichten und Schulzischen Romanen?[1] – Sentimentale, scurrilische Zweydeutigkeiten ist ihre Sprache. Alle Brauchbarkeit des Weibes zu den Geschäften ist dahin, wenn sie diese Sprache kennt; es raubt ihr allen Muth bey den Mühseligkeiten des Lebens, alle Arbeitsliebe, allen ächten Sinn für das Wahre und Sittsame; hingegen Frivolitäten, Müßiggang, Lektür, Witzeleyen setzen sie zu dem höchsten Zweck des Lebens. Zu unsrer luxuriösen Lebensart und modischen Erziehung mußte noch die herzverderbende

1 Gemeint sind die populären Romane von August Gottlieb Meißner (1753–1807) und Friedrich Schulz (1762–1798) sowie die Gedichte von Jean Baptiste de Grécourt (1683–1743).

Lektür hinzukommen, um aller Keuschheit und Würde des weiblichen Geschlechts ein Ende zu machen. Dieses Übel wo es einnistet, sitzt so fest in den jungen Geschlechtern, daß es warlich grosser Anstrengung bedarf, wenn sie zur Besinnung kommen, und ernstlichen Abscheu an allen solchen elenden Ziereyen verspüren sollen...
Was ist es anders, als Langeweile und Leere des Herzens, die unsre junge Leute zu allen neuen Lesereyen hinziehet?

65 / 337, 339

Der Einfluß der Romane *[1797]*

C. Brentano an seine Schwester Sophie

Warum haben Romane besonders auf die Weiberchen ihren mächtigen Einfluß von je so geäußert? ... Ihr findet Euch alle[n] in Romanen geschmeichelt. Die Zärtliche findet hier ihre Gefühle und die ihres Mitschmachters in den nachtigallartigsten Seufzern vorgestellt. Sie sieht die Welt als Jasminlaube gemalt. Die natürlichen Folgen von Faulheit: Mangel und Not, von untätiger Seufzerei: Verlachung und Spott vernünftiger tätiger Menschen sind hier als Hartherzigkeit, Geiz und Eigennutz der Menschen geschildert; denn leider muß man ja auf der Welt arbeiten, pfui über die rohen Menschen. Widersetzt euch ewig, ihr Tiger! Welten trennt uns! Die Zärtlichen, melodisch Harmonischen sind von Ewigkeiten füreinander bestimmt. Im vierundvierzigsten Kapitel ist man den Schicksalen schon so auf der Ferse, daß die Engelgute mit dem Halbguten auf die mondkeuscheste Art die Seelenzusammenfließung celebriert... Die Arme und Eitle findet eine reiche Heurat und dann Aufwand, Garderobe, Equipage, Spiel, Tanz, Tafel, Zirkel, Anbeter, befriedigte Launen und noble Passionen. Sie winkt und Reichtum und Schönheit haben im letzten Kapitel ihren Rosenschimmer in vielen Jahrzehnten noch nicht ausgeglüht, und fürs Alter, das doch einmal kommen muß, hat man ja Klatscherei, Kaffee und Schnupftabaksdosen nach dem neusten Geschmack. Die Sinnliche. Hier gibt es keine kränkelnde, schwächliche Männer...

Lauwarme Wohlgerüche in dämmernden Abenden, Rosen die Fülle zum Draufherumspazieren, Riesen und Götter, kein Neid, keine Neugier, keine Verräter der girrenden Taube, schlafende Ehemänner, keine Ermüdung, keine Langeweile, nichts als Schwellen und Heben, himmlische Formen, warm geründete Phrasen. Jede findet ihre Rechnung, auch die Ernsthafte, Sanfte findet weibliche Herzensgüte und Geduld, Beständigkeit, Treue, männliche Größe, Besserung, häusliches Glück und Ordnung, unter dem Einflusse guter Weiber entworfen. So viele täuschende, überraschende Bilder vermindern Eure Selbständigkeit, dann nur noch größerer Reiz Eurer Empfindung, mehr Verfeinerung, und das Hinausschreiten über die Grenzen der Wahrheit, der Sittlichkeit ist mit Hülfe von ein paar artigen jungen Herrn geschehen. 157 / 96ff

Schreiben – Malen – Musizieren

Instrumente für Frauenzimmer *[1731]*

Christiane Mariane Ziegler

Mir ist gar wohl wissend, daß unser Geschlechte, so bey sich eine Neigung und Liebe etwas in der Music zu erlernen verspühret, insgemein auf das Clavier, oder das Lauten=Spiel verfällt; ich selber habe sie beyderseits zum Grund=Stein meiner wenigen musicalischen Wissenschafft nicht nur geleget, sondern ich suche mich auch noch biß diese Stunde darinnen täglich zu verstärcken, weil eines wie das andere, nicht nur viel Zeit und grosse Gedult, sondern auch fertig und geübte Finger haben will. Doch wenn ich Ihnen die Wahrheit entdecken darff, so kan ich nicht läugnen, daß diejenigen Instrumenten, so von dem menschlichen Athem, und unsrer gerührten Zunge ihren Klang und Annehmlichkeit erborgen müssen, von mir allezeit in weit höhern Werth nicht unbillig gezogen worden. Sie sind freylich einem Frauenzimmer schwerer zu erlernen, als die andern Saiten=Spiele; Alleine meine ungemeine Neigung darzu und der diese begleitende Eifer hat mir die darbey besorgende Schwürigkeit erleichtern helffen, und alle hinderliche Steine aus dem Wege geräumet... Die gantz gewöhnlichen und dem weiblichen Geschlechte gebräuchlichen Instrumente höret man täglich bey vielen Frauenzimmer, die Flöten aber klingen bey unsers gleichen und diß durch gantz Deutschland, gar sparsam; was rar und seltsam ist, gewinnet immer bey uns mehr Beyfall und Gunst, als was uns alltäglich heisset. Wolten Sie mir aber einen Einwurff machen, ob schickte sich dergleichen Instrument gar nicht vor eine Dame, weil es dem männlichen Geschlechte eigenthümlich zu seyn schiene, so gebe ich Ihnen die theure Versicherung, daß die meisten von denen Frantzöischen Frauenzimmer so wohl adelichen als bürgerlichen Standes, welche doch jederzeit bey allen Nationen Beyfall gefunden, und vor galant und artige Geschöpffe in der gantzen Welt paßiren, sich der so genannten Traversiere starck bedienen... Entschliessen Sie sich nur daher, und sonder langes Besinnen, Ihr Fräulein zu Erlernung dieses angenehmen und nicht allzugemeinen Instruments anzuhalten, damit ich an selbiger eine Mitgefehrtin bekomme.

209 / 407ff

Das Vergnügen des Zeichnens [1756]

Louise Gottsched an Wilhelmine Schulz

Geben Sie indessen Ihre Neigung zum Zeichnen nicht ganz auf. Üben Sie sich vielmehr fleißig darinnen, es wird immer eine sehr nützliche und angenehme Unterhaltung für Sie seyn. Ihre Einbildungskraft wird genährt und Ihre Hand fester...
Gesetzt, daß Sie es in Ihrem Fleiß nicht bis zur Malerey bringen wollen: so ist eine mehr als gemeine Fertigkeit in der Zeichenkunst, Personen von unserm Geschlechte so rühmlich, und wegen ihrer Seltenheit unter diesen, oft eine der stärksten Empfehlungen, daß diese Gründe allein Ihren Fleiß ermuntern müßten, wenn Sie das Vergnügen bey Entwerfung Ihrer Ideen auch nicht in Anschlag bringen wollten. 57 / III 14f

Die gewandten Briefschreiberinnen [1759]

Christian Fürchtegott Gellert

Wer unter vielen Vorstellungen, durch die Hülfe einer zarten und glücklichen Empfindung, die leichtesten, feinsten und nöthigsten wählen, und einen gewissen Wohlstand in ihrer Verbindung beobachten kann, der wird gewiß gute Briefe schreiben. Aus diesem Grunde kann man sicher sagen, woher es kömmt, daß die Frauenzimmer oft natürlichere Briefe schreiben, als die Mannspersonen. Die Empfindungen der Frauenzimmer sind zarter und lebhafter, als die unsrigen. Sie werden von tausend kleinen Umständen gerührt, die bey uns keinen Eindruck machen. Sie werden nicht allein öfter, sondern auch leichter gerührt, als wir. Eine Vorstellung macht bey ihnen geschwind der andern Platz, daher halten sie sich selten bey einem guten Gedanken zu lange auf: wir fühlen ihn stärker, und darum gehen wir oft zu lange mit ihm um. Ihre Gedanken selbst sind, wie ihre Eindrücke, leicht; sie sind ein scharfes aber kein tiefes Gepräge. Die Frauenzimmer sorgen weniger für die Ordnung eines Briefs, und weil sie nicht durch die Regeln der Kunst ihrem Verstande eine ungewöhnliche Richtung gegeben haben: so wird ihr Brief desto freyer und weniger ängstlich. Sie wissen durch eine gewisse gute Empfindung das Gefällige, das Wohlanständige, in dem Putze, in der Einrichtung eines Gemäldes, in der Stellung des Tischgeräthes leicht zu bemerken und zu finden; und diese gute Empfindung der Harmonie unterstützt sie auch im Denken und Briefschreiben. Wer die Farben wohl zu wählen, und Theile, die nicht nothwendig zusammen gehören, so zu stellen weis, daß eins das andre erhebt, der wird auch seine Gedanken in einem Briefe gut wählen und geschickt ordnen können.

52 / 60ff

Unwiderstehlicher Drang zum Schreiben *[1777]*

Philippine Gatterer an G. A. Bürger

Ich muß lachen wenn ich bedenke daß ich so halb und halb unter die lieblichen Sänger gehöre. Lang hielt ichs so geheim daß meine eignen Verwandten nichts davon wusten – ich hielt mirs fast zur Schande; aber seit dem mir Boie die paar Lieder in den Voßischen Almanach gegeben hat[1] – Ja da ists vorbey! Wenn erst lebendige Zeugen vorhanden sind – Jezt habe ich ordentlicher Weise Schaam und Schande verlohren; oder, um ernsthaft zu reden, die übergroße Blödigkeit! Regeln, die Wahrheit zu gestehen, kenne ich nicht – könnte jezt noch welche erlernen – und mag nicht! Was soll mir ein Leitband? Ich hoffe ohne das aufrecht zu bleiben. Ich habe oft die poetischen Gedanken in mir

1 H. Chr. Boie hatte Gedichte von Philippine an den von J. H. Voß seit 1776 herausgegebenen Musen-Almanach vermittelt.

unterdrückt, weil ich nicht die erschreckliche Zahl der Dichter vermehren wollte; aber zuweilen drängen sie sich, und brüten heiß in meinem Gehirn; dann setz ich sie auf, wenn ich sie, indem ich Hand=Arbeit verrichte, ausgedacht habe. Das heilige Feuer des Genies, brannte sonst heller in mir – ich wagte einiges – man sagte mir es sey erträglich; es schien mir ein wenig zu verlöschen – und ich schwieg. Aber nun es wieder aufglimmt, nun will ichs nicht unterdrücken; kindisch genug, suchen männliche, und, meistens, weibliche Spöttereyen, es auszublasen – Eitle Bemühung! Sie fachen es nur mehr an! 28 / 33f

Vereiteltes Malstudium [um 1780]

Johanna Schopenhauer

Mein ganzes Sinnen und Trachten ging fortwährend auf Zeichnen und Malen, meine schwachen Versuche, mir allein zu helfen, mißlangen, und doch gestaltete sich meinem Auge alles zum Bilde. An jeder fleckigen Mauer, in den am blauen Himmel hinwogenden Wolken wie in den Draperien der Fenster und jedem achtlos hingeworfenen zerknitterten Tuch sah ich Gesichter, Köpfe, Gestalten und brannte vor Begier, sie zu zeichnen, und wollte vor Unmut darüber, daß mir dieses nicht geraten könne, vergehen.

Schattenrisse wenigstens wollte ich aufnehmen. Dies ärmliche Surrogat eines Porträts, das damals eben anfing, zur herrschenden Mode zu werden, hatte ich aus Lavaters Framenten kennengelernt. Mein Onkel ließ von seiner Vorliebe für neue Erfindungen sich leicht bewegen, mir dabei Hilfe zu leisten; jeder, dessen wir beide nur habhaft werden konnten, mußte sich hinsetzen, um seinen auf einen an der Wand angehefteten Bogen Papier fallenden Schatten von mir nachkritzeln zu lassen, während mein Onkel ihm den Kopf festhielt. Auch Jameson[1] gesellte sich zu uns; er verschaffte mir ein Reißbrett, ließ chinesische Tusche und einen schönen metallenen Storchschnabel aus England für

1 Richard Jameson, schottischer Geistlicher, Lehrer und Freund Johannas in Danzig.

mich kommen, lauter bis dahin mir ganz unbekannte Gegenstände. Nun ging es mit großem Eifer an ein Zeichnen, Verkleinern und Schwärzen ohne Ende; viel gutes Papier, viel treffliche Tusche wurden verdorben; eine Zeitlang befriedigte mich das neue Spiel, aber bald empfand ich das Unzulängliche desselben und strebte etwas anderes aufzufinden...

Mit diesen Künsteleien beschwichtigte ich mich eine Zeitlang, bis Jameson, um mir eine recht große Freude zu machen, einen schönen, in Farben abgedruckten Kupferstich mir brachte: eine heilige Cäcilia, meinem Gefühl nach der Inbegriff alles Graziösen, nach einem Gemälde von Angelika Kauffmann.[1]

Angelika Kauffmann! Wer war Angelika Kauffmann?

Sie ist eine noch in Italien lebende, allbewunderte, hochverehrte Malerin, erhielt ich zur Antwort. Eine Malerin, also kann es auch Malerinnen geben? Ich hatte noch nie von einer gehört. Und von neuem überfiel mich die innere ängstliche Unruhe bei dem bloßen Gedanken; immer flüsterte eine leise Stimme mir zu: was andere können, warum solltest du es nicht auch?

Fürs erste versuchte ich auf alle Weise, das Wunderbild zu kopieren, quälte oft unter heißen Tränen unsäglich mich damit ab; es mißlang mir durchaus.

Da erwachte mitten in meinem Jammer ein tröstender Gedanke in meiner Seele, ich bedachte, daß kein Meister vom Himmel fällt und folglich selbst Angelika ohne allen Unterricht keiner geworden wäre. Lernen will ich; was andere können, kann mir nicht unmöglich bleiben... Inniger, herzlicher, als ich je etwas erbeten, zitternd, glühend, kaum fähig, meine Worte verständlich herauszubringen, beschwor ich meinen Vater, mich mit sich zu nehmen, mich von Leipzig nach Berlin zu bringen und mich dort bei Chodowiecki,[2] dem größten Maler, der meiner Meinung nach in der Welt oder doch wenigstens in Deutschland existierte, förmlich in die Lehre zu geben. Ich hatte von Malerschulen gehört, ich hielt sie für etwas unsern Zünften und Gil-

1 Angelika Kauffmann (1741–1807) lebte seit 1782 als erfolgreiche Malerin in Rom.

2 Daniel Chodowiecki (1726–1801).

den Ähnliches, wie sie in noch früheren Zeiten es wirklich gewesen sind, und meinte in meinem kindischen Wahn, nur auf diese Weise eine wirkliche Malerin werden zu können.
Die Art, wie diese meine Bitte aufgenommen wurde, war die erste recht bittere Erfahrung meines Lebens. Mein bei aller ihm eignen Heftigkeit dennoch gegen Unerfahrenheit und Unverstand seiner Kinder sonst so nachsichtiger Vater – ich erkannte ihn nicht wieder...
Meine liebe Mutter suchte zwar nach ihrer gewohnten milden Weise mich zu trösten, indem sie zugleich sich bemühte, das, was auch sie eine kindische Albernheit nannte, mir aus dem Kopf zu bringen, aber sie konnte sich nicht überwinden, den seltsamen Einfall ihrer Jeanette den nächsten Verwandten zu verschweigen.
Welch ein Ungewitter brach abermals über mich Arme los! Alle waren empört, daß ein zu ihrer Familie gehörendes Kind auf den erniedrigenden Gedanken hatte verfallen können, gewissermaßen ein Handwerk treiben zu wollen. 169 / 122–125

Verzicht auf das Musizieren *[1783]*

Adelheid Fürstin Gallitzin an F. Hemsterhuis

Sie wissen selbst, wie ich mich freiwillig von der Musik losriß... die mich ein wenig liebte, und für die ich mich noch leidenschaftlich interessiren würde, wenn ich mir dieses erlaubte; aber, außer daß sie mir oft Stunden nahm, welche ich für die große Anzahl von Bedürfnissen, welche ich für mich und meine Kinder nöthig habe, so entnervt sie auch zu sehr die Seele, versetzt sie in einen Zustand der Passivität und Empfindlichkeit, welche der Festigkeit, der Gleichmäßigkeit, der Stille und der Abwesenheit alles dessen, was man leidenschaftlichen Ton nennt, sehr nachtheilig ist, welches doch Eigenschaften sind, die einen Erzieher charakterisiren müssen, von dessen Vollkommenheit ich freilich noch weit entfernt bin. 165 / I 27

Unnötiger Zeichenunterricht *[1783]*
Karl Friedrich Uden

Wozu dient Ihnen wol das Mahlen und Zeichnen? Sehen Sie nur erst recht, was Ihr Mahlen ist. – Da kommt ein Mann mit einem Farbenkasten zu Ihnen, fesselt Sie, die ohnehin den ganzen langen Tag über nicht aus Ihrem Zimmer kommen, wenn's nicht zur Schau auf der Promenade oder in der Konversation geht, an den Tisch, preßt Ihnen den Unterleib ein, der doch ... voller Gedärme und anderer Eingeweide ist, ein, daß die Speisen, die in den Gedärmen befindlich sind, und doch Luft enthalten, nicht zerarbeitet werden ... Ich berufe mich auf Ihr eigenes Geständniß; liegt es Ihnen nicht Nachmittags gegen fünf Uhr wie ein Stein vor dem Magen, werden Sie nicht von Blähungen, oft zu Ihrer Schaam, immer zu Ihrem Schmerz, beunruhigt? Bekommen Sie nicht Aufstoßen, und gehen Ihnen nicht ganze Tage hin, ohne den Ort zu besuchen, wohin doch ein jeder, der Speisen genießt, gehen muß, und gerne geht, um sich der unnützen Reste derselben zu entlasten? Ich will Ihnen die schlimmen und unangenehmen Folgen des beständigen Stillsitzens nicht weiter in Erinnerung bringen; aber Sie müßten doch gestehen, meine schönen Kinder, daß das Mahlen eine von den vielen Ursachen dieser beschriebenen Unannehmlichkeiten ist. Doch, wieder auf Ihren Zeichenmeister zurückzukommen, so mahlt Ihnen denn der den Umriß einer Blume, die Sie ausfüllen, hernach giebt er Ihnen Modelle von andern Blumen, nach und nach von Landschaften, oder andern kleinen, ländlichen, oder städtischen wirklichen oder erdichteten Scenen, die Sie denn auf Ihrem Zeichenblatte nachzumahlen suchen. Sie lernen das Mahlen, wie wir das Schreiben; aber das Mahlen hat bei Ihnen gewiß nicht den Nutzen, den uns beiden das Schreiben gewährt ...

Was nützt es Ihnen dagegen, daß Sie mahlen können? Wenn Sie aufrichtig sind, zu nichts mehr, als daß Sie sich ein Band, oder einen Pompadour mit Blumen ausfüllen – fast hätte ich gesagt, beschmieren – Ihrer Freundin ein Andenken ins Stammbuch zeichnen, indem Sie eine Idee aus dem Zeichenbuch Ihres Meisters kopiren, und dergleichen mehr. Wie viel edle Zeit aber verwenden Sie nicht auf diese Dinge, welche Sie ungleich nützlicher anwenden konnten. 192 / 210 ff

Mädchen im Atelier *[1784]*

D. Chodowiecki an Christiane von Solms-Laubach

Bey mir sieht's manch mahl Bunt aus – Meine Zweyte Tochter[1] von der ich Ihnen schon geschrieben habe dass sie in ihrer früheren Jugen[d] gezeichnet und Kleinigkeiten mit Wasserfarben gemahlt hatte, war dieses geschäfte ganz überdrüssig worden und Batt mich so inständig dass ich ihr erlauben möchte es aufzugeben, dass ich da ich glaubte dass ohne Geschmack sie doch nichts lernen könte darein willichte, Zu Ende vorigten Herbsts Bekamm sie ein langwieriges Fieber und fing vor Langerweile wieder an zu mahlen, ich wunderte mich zusehen dass sie so wenig vergessen hatte. Endlich bekamm sie lust grösser zu mahlen, ich sagte ihr sie solle sich erst im Zeichnen üben, sie thats, fing mit RothStein an, nachher mit Roth schwartz und Weiß, nachher setzte sie ein wenig Pastell dazu, endlich wolte sie ganz mit Pastell mahlen, und das gerieht ziemlich gut. Seit der Zeit Kopirt sie, und mahlt Porträte nach der Natur damit hatt sie ein paar junge Mädchen von ihren Jahren angesteckt die auch schon einen kleinen Anfang haben, die kommen, und arbeiten in meiner Stube so dass wir manchmahl fünf zusamen Arbeiten.

183 / 51 f

Unschickliche Instrumente *[1784]*

Carl Ludwig Junker

Es giebt Instrumente, die mehr, andere, – die weniger sich fürs Frauenzimmer schicken.

Dieß Gefühl des Unschiklichen entspringt aus Verbindung der

1 Susanna Chodowiecki.

Ideen, zwischen körperlicher Bewegung, und Kleidermode; – zwischen der Natur des Instruments, und der allgemein anerkannten weiblichen Stimmung, – zwischen körperlicher Positur, und sittlichem Anstand.
In dem ersten Fall also, wenn zwischen dem Mechanißmus des Instruments, oder der Art der Behandlung die es erfordert, und zwischen der eigenen Kleidertracht des zweyten Geschlechts, kein Verhältniß ist, – wird das Spiel komisch.
Im zweyten, wenn die Intonation des Instruments, dem eigenen leisen Ton, und der Stimmung dieses Geschlechts nicht entspricht, – unwahrscheinlich – unnatürlich. Im dritten Fall, wenn die körperliche Lage, die der mechanische Bau des Instruments nothwendig erfordert, nicht für gewissen unsittlichen Nebenideen, zuverläßig verwahren kann, wird das Spiel, unanständig.
So beherzige denn, schönerer Theil der Schöpfung, dieß Wort, zur rechten Zeit gesprochen! Unterschreibe diese unsere Bemerkung; ziehe bey allem, was du thust, bey allem wozu sich dein Herz entschließt, deine Natur, dein eigenes Kostüm, die Geseze, woran sich dein eigener Wohlstand bindet, die Art deiner Bestimmung zu rathe! Vermeide auch in Kleinigkeiten alles wodurch du verlieren kannst; und siehe: – hier sind Laute, Mantor, Clavier! – Aber vor allem suche unser Herz zu erquicken, durch den Gesang, den dir der Himmel, nur dir, eigentlich gab; und der die reichste Schadloshaltung seyn kann, für alles, wozu er dich, deiner Natur nach, nicht bestimmt haben sollte.

81 / 86, 90, 97 ff

Gefahren der musikalischen Bildung *[1784]*

Adolph von Knigge

Wenn ich bey meiner Tochter nicht ganz entschiedenes Talent für Musik bemerkte; so würde ich (der ich selbst Musiker mit Leib und Seele bin) sie abhalten mehr Zeit daran zu wenden, als etwa dazu gehört, nicht ganz unwissend und gefühllos bey dem Vortrage einer schönen Musik zu bleiben. Nicht nur ist eine mittelmäßige Dilettantinn ein gar uninteressantes Wesen, bey der Menge von Leuten, die heut zu Tage das Ding treiben, sondern wenn auch würklich ein Mädgen recht viel Musik gewußt hat; so läßt sie doch diese Liebhaberey gewöhnlich liegen, wenn sie Hausmutter wird. Mein Hauptgrund zu diesem Rathe aber ist: daß ich aus Erfahrung weiß, daß zu reizbare Geschöpfe durch Musik oft zu einer für sie und ihre Gatten gleich gefährlichen Empfindsamkeit gestimmt werden. Zeichenkunst hingegen scheint mir eine für das Frauenzimmer gleich nützliche angenehme und unschädliche Beschäftigung. 89 / 63f

Eine allerliebste Miniatur *[1793]*

Luise Schlosser an Clara Jacobi

Ach Geld! ach hätte ich Geld! ich muß absolut eine Farbenschachtel haben mit so Töpfcher! Leider kostet sie einen großen Taler. Denn Malen möchte ich für mein Leben. Denk', ich hab ein jungen Mensch im Wald gemalt, er hat einen Brief in der Hand – ganz zum fressen. Es ist wie Miniature. Ich begreif's noch auf die jetzige nicht, wie ich's hab machen können! so niedlich, anfangs, ehe er noch so gar, gar herzig war, wollte ich's Dir schicken, aber jetzt behalte ich's für mich und laß mir für meine paar Batzen ein Rähmchen drum machen; niemand darf's aber noch wissen. Er hat einen schwarzen Hut auf, braunes Haar, ein wenig rote Backen, einen blauen Rock, paille West und Hosen und Stiefel, er sieht so freundlich auf den Brief! und die grünen, hell und dunklen Bäume sind so gut geraten, kurz niemand glaubt, daß ich's gemacht habe; zweimal würde ich's aber auch nicht können! sicher nicht! 9 / 57f

Gegengewicht zum Kleinigkeits-Leben *[1797]*
Elisabeth von Stägemann an J. F. Reichardt

Ich danke Ihnen, daß Sie so vielen Antheil an unsern musikalischen Übungen nehmen. Leider nur muß ich meist die Andern dazu treiben, weil sonst hier zu wenig Aufmunterung von aussen her ist. Die Männer sind in der Politik, und die Frauen in ihrem Kleinigkeits=Leben so versunken, daß die meisten noch nicht einmal die Idee einer Erhebung dieser Art über das alltägliche haben. Und wer weiß ob ich nicht unter diesen Umständen auch mit den Übrigen einschlafen würde, wenn ich nicht halb aus Geschmack, halb aus Grundsatz, diesem geistigen Tode mit allen Kräften entgegen wirkte... nach dieser Lehre befolge ich auch den Rath: «alle Tage wenigstens ein kleines Lied zu hören, oder zu spielen, – oder ein gutes Gedicht zu lesen» – und kurz, mich mit etwas zu beschäftigen, das mir auch von dieser Seite Befriedigung giebt. Ich habe mich sogar schon einmal dahin verstiegen verschiedene kleine Aufsätze zu Papiere zu bringen, die ich mit der Zeit zu einem Ganzen: Über die Bildung unseres Geschlechts ordnen wollte.[1] Auch ruht manche Übersetzung aus dem Französischen und Italienischen in meinem Pult.

75 / III 165f

1 Vgl. ihre ‹Erinnerungen für edle Frauen›, hg. v. Wilhelm Dorow, Leipzig 1846.

Frömmigkeit und Aberglauben

Habe Gott vor Augen und im Herzen *[1716]*

Gräfin Reuß an ihre Tochter Dorothea Erdmuthe

Dein letzteres schreiben hatt mich sehr ver gnügt, Gott laße Dich ferner recht ein sehen die Dorheiten der welt, damit Deine seele nihmmermehr be fleckt werde, ach wie glicklich sind die Kinder, die in der jugend an ihren schöpffer dencken, ehe dann die bößen tage kommen, waß vortheil hatt ein solcher mensch, der seine iugend nicht der welt auf ge opferd, sondern Gott seinem schöpfer, der kann schleinich ford wachsen und zu nehmmen, da ein anderes, wann es auch endlich Gott er greift, welches doch mißlich ist, wann es so lange Gottes an klopfen ver achtet, durch große Kämpfe, bestraffungen und ängste durch muß und da durch auf ge halten wird, nicht zu der herlichkeit zu kommen, die es wohl sonst er langen könen, welche herlichkeit ist, daß wann mann seinen leib und seine Seele von jugent auf vor sinden bewaret, wie wohl thut disses imm alter, darum so habe Gott vor augen und imm hertzen, auf daß Du in keine sinde willigest, sie scheine auch so kleine als sie wolle;... ich danke Gott mit Dir, daß er Dich biß hero gesund und wohl er halten und soviel seegen zu der cuhr gibt. Da sihest und empfindestu, waß das recht schaffne gebed ver mag, da durch kann mann alles auß richten und er langen, waß mann nur will in Guden.

77 / 410f

Ein später Hexenprozeß *[1749]*

Wilhelmine von Bayreuth an Friedrich II.

...Die Mönche in unserer Nachbarschaft haben sich soeben durch einen neuen geistreichen Zug ausgezeichnet, der ihnen die Unsterblichkeit für die nächsten Jahrhunderte sichert. Man fängt wieder mit Hexenprozessen an. Die Oberin eines Nonnenklosters bei Würzburg war die Heldin dieser Tragödie.[1] Man hat ihr die Hand abgehauen und sie lebendig verbrannt. Die Geschichten, die man darüber erzählt, sind spaßhaft und reine Ammenmärchen. Ich habe in ihrem Prozeß einen offenkundigen Widerspruch gefunden. Die Ärmste war über achtzig Jahre alt und in ihrer Jugend nach allgemeinen Aussagen eher häßlich als schön gewesen. Das genügt meines Erachtens zu ihrer Rechtfertigung. Der Teufel hat guten Geschmack und stellt nur den hübschen Mädchen nach. Das haben die guten Priester nicht bedacht. Ich bin froh, nicht in ihre Klauen zu fallen; denn sie sind auf alte Frauen besonders erpicht.

44 / II 172f

Teufelsbündnis *[1750/54]*

Vossische Zeitung

In einem Dorfe 4 Meilen von hier ist ein Bauernweib in einem verzweiflungsvollen Zustand gerathen. Sie behauptet beständig, sie habe mit dem Teufel ein Bündniß gemacht, und sie könne hexen. Sie dringt darauf, man solle sie je eher je lieber verbrennen, denn sie sey schwanger und werde einen jungen Teufel zur Welt bringen. Das ganze Dorf ist in der äusersten Bestürzung; jedermann befürchtet behext zu werden, und jedermann verlanget, daß man das Weib verbrenne. So viel ist gewiß, daß die Frau etwas Kugelrundes im Leibe hat, welches sich hin und her schiebt. Wenn man also nach dem Tode dieses Weibes, wel-

1 Hingerichtet wurde die Subpriorin des Klosters Unterzell, Maria Renata Singer von Mossau.

cher ohne Zweifel bald folgen wird, sie seciren wird, so wird es den Ärzten überlassen werden müssen, die Natur dieses Gewächses zu untersuchen.

Eine ausserordentliche Melancholie... äussert sich vor dem Pirnaischen Thore in der Ziegelgasse an einer ledigen Weibesperson 30 Jahre alt, deren Mutter und Vater, so ein Grenadier gewesen, verstorben sind, welche in solche Schwermüthigkeit verfallen, dass sie vorgiebt mit dem Satan durch eine mit ihrem Blut geschriebene Handschrift einen Bund gemacht zu haben. Man hoffet diese kranke Frauensperson bald wieder gesund zu sehen.

16 / III 20, 62

Religiöse Skrupel *[um 1750/75]*

Theodor Gottlieb von Hippel

Meine Mutter[1] war eine würdige, edle Frau; sie war von Natur witzig und leichtsinnig, so daß, da sie in den Pietismus meines Vaters stimmte, dieß mit ihrem Pietismus so übel zusammentraf, daß sie oft sich über Kleinigkeiten ein Gewissen machte. Sie fastete alle Freytage, ohne dabey im mindesten mürrisch zu seyn, und war wirklich eine strenge Büßerin jedes sie überraschenden Leichtsinnes. Diese Abbüßungen hielten sie aber nicht ab, sehr bald wieder leichtsinnig zu werden. Eine Herrnhuterin hätte sie gar nicht werden können; eine Pietistin konnte sie mit genauer Noth abgeben. – Die ängstlich=Gewissenhaften halten oft eine gute, aber geliebte Neigung oder Handlung für schlecht, und eine in der That schlechte, ihnen aber schwer=werdende für gut... Meine Mutter, um dieß Allgemeine auf sie anzuwenden, quälte sich über tausend gleichgültige Dinge; dagegen machte sie sich nichts daraus, durch ihre Freygebigkeit und durch ihr Bestreben, daß alles um sie im Überfluß und mit Wohlgefallen leben möchte, sich und meinen Vater mancher Verlegenheit auszusetzen, und in ihren Forderungen dessen,

1 Eleonore Hippel.

was sie als böse abgeschafft, oder als gut befördert wissen wollte, strenge, ja oft grausam zu seyn. Ihr Leichtsinn brach, wenn ich so sagen darf, nie in Handlungen aus; aber ich glaube, daß sie auch schon manches witzige Wort traurig gebüßt habe, wenn es dann donnerte oder sie zur Communion gehen wollte. Wenn ihre natürliche Lebhaftigkeit sie fröhlich und guter Dinge seyn ließ, verdiente da wohl ihre gemäßigte Freude, daß ihr nachher das Herz fast zerspringen wollte?

... Gott, wie habe ich zuweilen ihre Seele ringen sehen, Dinge nicht erfüllt zu haben, die kein Mensch erfüllen kann. Wie hat sie gebetet, gewacht, gerungen und sich selbst gekreuzigt! Ihr liebevolles Herz verging in diesem Elende, weil es fürchtete, sich noch nicht genug wehe gethan zu haben. 73 / 125 ff, 130 f

In ständigem Gebet *[um 1750/70]*

Katharina Stolberg

Meine Mutter[1] war eine wahre Beterin; sie fing eine Reise nie an oder ein Unternehmen, ohne zu beten; sie fing nie ein Buch an, schrieb nie einen Brief, ohne vorher zu beten. Kam sie wo an, so ergriff sie den ersten Augenblick, da sie allein war, sich auf die Knie zu werfen, oder zu setzen, und mit geschlossenen Augen, die sie nur öffnete, um sie andachtsvoll zum Himmel zu heben, und mit gefalteten Händen zu beten. Ihrer Kinder und sehr oft der Hausgenossen Gegenwart störte sie nicht; und ich bin gewiß, daß wenige ihrer Freunde sie nicht so sollten gesehen haben; und doch ist es niemanden eingefallen, sich daran zu ärgern oder sich nur darüber zu wundern. Sie war in ihrem ganzen Benehmen so offen, so natürlich, so ohne Zweifel in ihrem Glauben, so freudig in ihrem Gebete, und ihr ganzes Wesen war so lebhaft, so munter, daß es unmöglich war, über sie in Zweifel zu sein. Ich weiß nicht, ob ihr je der Wunsch gekommen ist, den Wunderglauben zu haben; aber der kindliche Glaube war ihr

1 Christiane Charlotte Friederike Stolberg.

Element. Von ihrer Kindheit an unter einer ganz besondern Aufsicht der Vorsehung an Gebetserhörungen gewöhnt, wünschte sie nur von ihrem liebenden Vater Erfüllung ihres Begehrens, kein Zeichen, keine Wunder. 66 / 7f

Beichtzettel *[1758]*

Meta Klopstock

Ich komme, auf diese feyerliche Art, Gott u mir zu bekennen, daß ich eine Sünderinn bin. Ich gebe mich des ganzes Gesetzes schuldig, auch da, wo ich nur unbekannt, oder unbemerkt gefelt. Ich bereue diese meine Sünden alle. Mit der lebhaftesten Zueignung glaube ich die Tilgung meiner Sünden, durch die Versöhnung Jesu Christi des Gottmenschen. Aus Pflicht u. aus Dank gegen die unzehliche Güte, die Gott mir erzeigt, ist es mein ernster Vorsatz, nie stille zu stehn; sondern immer vollkommner u der grossen Versöhnung würdiger zu werden, bis Gott mich die hohe Vollkommenheit der Seligen giebt. Von dieser Seligkeit wird mir die Ruhe, welche die Absolution wirkt, u. der Friede der Seele, den mir die morgende Vereinigung mit meinem Erlöser giebt, ein Vorschmack seyn. 191 / II 658

Feierliche Übergabe an Gott *[1763]*

Concordia Elisabeth von Schardt

Anbetungswürdiger Gott! Schöpfer Himmels und der Erden! Ich werfe mich vor Dir in der tiefsten Demuth meiner Seele nieder, mein ganzes Herz bebet bei der Betrachtung der großen Sache die ich mir vorgenommen habe; ich will mit Dir, dem lebendigen Gott, einen Bund machen, ich will mich Dir, dem heiligen Gott, feierlich übergeben...

Ich übergebe Dir an diesem Tage meinen Leib und meine Seele, meine Verstandes- und Willenskräfte, alle meine Neigungen, alle meine Absichten, alle meine Wünsche, von jetzo an herrsche

Du in meiner Seele. – Ich übergebe Dir auch mit eben der gänzlichen Überlassung alles was mir theuer ist auf Erden, nur Dein Wille geschehe an ihnen, Dein Name möge von ihnen geheiligt werden in Zeit und Ewigkeit.
Ich entsage hiermit, unter Deinem göttlichen Beistand, allem Stolz, aller Eigenliebe, aller Unzufriedenheit mit Deinen weisen Fügungen, aller Heftigkeit und aller der betrübten Theilung meines schwachen Herzens zwischen Dir, meinem Gott, und den Kreaturen...
Nun, so sei denn diese meine Handschrift, die ich unter dem Angesicht des Allmächtigen, mit gebeugtem Knie, mit zerknirschtem Geist, aber in völligem Vertrauen auf das Verdienst meines Heilandes Jesu Christi und auf den Beistand des heiligen Geistes, ausstelle, ein feierliches Zeichen, daß ich mich Dir, Gott Vater, Sohn und heiliger Geist, übergeben habe. Von nun an soll mein Bestreben sein, Dich Gott Vater zu lieben mit allen Kräften der Seele. Von nun an will ich nur Deinem Vorbilde nachahmen, gekreuzigte Liebe, von nun an will ich mich Deinen Wirkungen überlassen, Geist Gottes.
Kommt dann der Tag meiner Auflösung, so sei er der glücklichste unter allen meinen Tagen. Die Stimme erschalle mir: Komm wieder Menschenkind! Du, mein treuer Seelenfreund, nimm mich dann in Deine Arme, dann sei Deine Liebe stärker wie der Tod.
Wenn nun meine Seele zu ihrer Ruhe eingegangen ist – und diese meine Handschrift kommt, wie ich es wünsche, in die Hände meines Mannes, meiner Kinder oder meiner Freunde, so sollen sie hierdurch überzeugt werden – Wem ich im Leben und im Tode angehört habe. 11 / 13ff

Vorschrift – jeden Monat zu lesen *[1770]*

Maria Theresia an Marie Antoinette

Beim Aufwachen werden Sie sofort nach dem Aufstehen kniend Ihr Morgengebet verrichten und etwas Religiöses lesen, und sei es nur für eine halbe Viertelstunde, noch bevor Sie sich mit etwas anderem befaßt oder mit jemand gesprochen haben. Alles hängt von dem guten Beginn des Tages und der Verfassung ab, in der man ihn beginnt... Sie werden sich während des Tages so oft als möglich frommen Gedanken hingeben, besonders aber während der heiligen Messe. Ich hoffe, daß Sie sie jeden Tag mit Erbauung hören werden, und an Sonn- und Feiertagen sogar zweimal... Gehen Sie nach Möglichkeit nachmittags und besonders jeden Sonntag zur Vesper und zur Abendandacht. Ich weiß nicht, ob es in Frankreich Brauch ist, den Angelus zu läuten; doch geben Sie sich, wenn schon nicht öffentlich, so doch in Ihrem Herzen frommen Gedanken hin. Das gilt auch für den Abend, oder wenn Sie an einer Kirche oder einem Kreuz vorübergehen, ohne sich jedoch dabei irgendeiner anderen äußerlichen Handlung als dort üblich zu bedienen. Das hindert nicht, daß sich Ihr Geist konzentriere und innerlich Gebete verrichten kann, denn die Gegenwart Gottes ist hierfür bei allen Gelegenheiten die einzige Voraussetzung... Sie werden, wenn Ihr Beichtvater zustimmt, alle sechs Wochen, ebenso wie an den großen Festtagen und namentlich an den Marientagen zur Beichte und Kommunion gehen. ... Ich beschwöre Sie also, meine Tochter, ohne Zustimmung Ihres Beichtvaters kein Buch und auch keine Broschüre zu lesen. Ich fordere von Ihnen, meine teuere Tochter, dieses echteste Zeichen Ihrer Liebe und Ihres Gehorsams gegenüber den Ratschlägen einer guten Mutter, die nur Ihr Heil und Glück im Auge hat. 20 / 15f

Gottselige Empfindung *[1774]*

Susanna Katharina von Klettenberg an J. K. Lavater

Ich bin ein Frauenzimmer, die Gabe des Denkens und des richtigen bestimmten Ausdrucks ist ohne Widerspruch dem männlichen Geschlecht eigen. Wir aber sind desto empfindsamer. Sie nennen mir, was ich gefühlt, und indem ich Ihnen das bezeuge, so theile ich Ihnen vielleicht etwas von meinen Empfindungen mit, die eben mit dem Gedanke nicht allezeit verpaart gehen...

Darf ich aus ganz eigner und von keinem Menschen gelernten, nur wenigen, wenigen kund gewordenen Erfahrung Ihnen einen Vortheil angeben, der zur Empfindung hilft, so wäre es der Rath: Machen Sie sich viel, ja unablässig viel mit Christus als Mensch zu schaffen – und zwar sind mir die Stunden seiner Menschheit, darinnen Er durch die Umstände so ganz von andern Menschen ausgezeichnet ist, in der Krippe, am Kreuz u.s.w. die seeligsten, die fruchtbarsten.

Das habe ich empfunden, die Empfindung währet 17 Jahre, und nimmt immer zu und wird werden, bis ich vor seinem Throne stehe; welche Quelle von Seeligkeit sie mir aber schon hienieden ist, o Freund! das schreibt sich nicht. Sie haben unfehlbar recht, dass die Imagination uns zur Quelle des Verderbens wird, ich weiss es aus Erfahrung. Wenn nun die Imagination mit Bilder solcher Dinge angefüllt wird, die uns reelle Seeligkeit schaffen, sollte sie da nicht auch unsere Heiligung befördern?

Das heisst gelallt. Drücken Sie es philosophisch so eigentlich als möglich aus und geniessen mit den sanftesten Empfindungen eines Kindes die Seegen der Menschheit Jesu. 45 / 83 f

Unausrottbarer Hexenglauben *[um 1775]*

Christoph von Schmid

Noch viel größer als vor Gespenstern war die Furcht der guten Base vor Hexen. Ihr, damals fast allgemein herrschender Aberglaube war in dieser Hinsicht gränzenlos. Sie glaubte, ein Weib, das eine Hexe sey, könne sich in jede beliebige Gestalt verwandeln, ja sich so klein machen, daß sie durch das Schlüsselloch in eine Stube hereinschliefen könne; sie könne zu Nacht durch den Kamin hinausfahren, und auf einem Besenstiel hoch durch die Lüfte auf den Blocksberg reiten. Die Tante hatte manches bissige, als bösartig verschriene Weib in der Stadt im Verdachte der Hexerei. Als ich einst als ein kleines Knäblein, mit der Tante an einem Bäckerhause vorbei kam, flüsterte sie mir sehr leise in das Ohr, sie vermuthe, die Katze, die eben vor dem Fenster auf dem Bäckerladen an der Sonne lag, sey die Bäckerin, die sich so verwandelt habe, um sich recht bequem zu sonnen. Am Abende vor der Walburgisnacht, sagte sie vertraulich und geheim zu mir, sie möchte in dieser gefährlichen Nacht, in der alle Hexen ausfahren, doch ruhig und ohne Furcht und Ängsten schlafen. «Sey also so gut», bat sie mich, «und stelle des Vaters Degen so auf dem Küchenheerde auf, daß die Spitze hinauf gegen den Kamin gekehrt sey. Dann wagt es nicht leicht eine Hexe durch den Kamin herabzufahren und durch das Schlüsselloch in meine Kammer zu kommen, und mich in die Füße zu zwicken, wie es mir schon einmal eine gemacht hat.» Ich lachte über diese Thorheit. Allein sie bat mich sehr dringend, es doch zu thun und versprach mir einen Groschen; ich solle aber keinem Menschen, am wenigsten dem Vater, ein Wörtlein davon sagen. Ich that, was sie verlangte. Am folgenden Morgen sagte sie zu mir sehr erfreut: «Alles ist glücklich abgelaufen! Du darfst mir aber glauben, daß ich mit erschrockenem Herzen in die Küche gegangen bin; ich fürchtete, es könnte sich dennoch eine Hexe durch den Kamin herein gewagt, und sich dann an dem Degen angespießt haben. Gottlob, daß es nicht geschah! Da hast du den versprochenen Groschen.»

Alle Vorstellungen meines Vaters gegen die abergläubischen Einbildungen der Tante waren vergebens. Allein daß sich ein so unsinniger Aberglaube in ihrem Gehirne so fest gesetzt hatte, kam daher, daß vor vielen Jahren, da die Tante noch ein Kind war, in Dinkelsbühl eine Hexe verbrannt worden. Ein solch schauerliches Schauspiel mußte auf die Gemüther einen tiefen Eindruck machen, und die Richtigkeit des Hexenglaubens bei dem Volke, bei Jung und Alt, außer allen Zweifel setzen.

166 / 36ff

Am Konfirmationstag [1778]
Susanna Maria Jakobina Löffelholz an ihren Vater

Es ist heunde einer der Wichtigsten Dägen in meinem ganzen leben, Weil ich under Gottes beystand zum ersten mahl den heiligen beicht stuhl betreten Soll, und auch hernach zum den Versöhnungs und liebes mahl meines Jesu geladen bin, damit ich aber desto Würdiger erscheinen kan, so ist es meine kündliche Pflicht und Schuldichkeit, zuvor mit meinen Dank und Schuldigen abbitte bey Ihnen Gnädigen Herr Papa zu erscheinen... weil mich aber auch mein Gewisen überzeigt das ich Ihnen lieber Herr Papa öfters so wohl wisentlich als unwisendlich beleidiget und zum Zorn gereizet habe so bezeige nicht allein darüber eine herzliche reihe sondern bitte es Ihnen hirmit underthanig und von ganzer Seelen ab, vergeben sie mir meine jugendliche fehler und sünden von Herzen, und gedenken sie derselben ja nicht mer, ich werde mir angelegen sein lassen mit der hülfe Gottes, diese fehler in dugenden zu verwandeln, nur bitte zum beschlus noch dieses das sie mich auch mit in Ihr Christliches und Vätterliches Gebet ein Schliesen, und mir auch Gottes gnade und beystand erbitten helfen, welges Gott gantz ungezweifelt erhoren wird, wo vor ich Zeit lebens sein werde

Meines Gnädigen Herrn Papa
underthänig gehorsame dochter

118 / 43f

Gedanken zum Jahreswechsel [1784]

Franziska von Hohenheim

Ein Jahr ist nun auch wieder weiter in die Ewigkeit hinieber, o möchte es lauter Gutes, lauter Gute Gesinnungen u. handlungen mit Sich genomen haben, aber mein hertz fühlt es mit wemuth, daß es nicht immer gedacht u. gehandelt hat, wie Es Seinem Schöpfer gefallen hätte Können. Vergieb, himlischer Barmhertziger Vatter um Christi willen, rechne uns alle unsre Sinden nicht zu, durchstreiche Sie mit dem theuren Blute Jesu, habe mitleiden mit deinen schwachen Geschöpfe u. pflantze du Selbsten die reuhe u. den vorsatz in unser hertz, wodurch wir dir Gefallen Können, bereithe dir auch Selbsten den Danck in unsre hertzen, den wir dir vor so vielle vielle wohlthaten Schultig sein, u. las uns im Glauben, in der liebe u. allen Tugenden immer mehr wacksen u. zu nehmen. Ein Jahr wieder mit so villen wohlthaten von dir gehet heite Zu Ende, wie viel Gutes hast du uns daran werden lassen, alles, alles, auch die Thrübe stunden gabst du uns Zum besten. Danck Sey dir vor alles. 131 / 307

Religiöse Empfindung und Vernunft [1785]

Sophie Becker an M. Mendelssohn

Ich sitze hier einsam mit so mancherley Betrachtungen über Menschenschicksal beschäftigt... Plötzlich ertönt ein Weynachtsgesang auf der Straße! Welche schnelle Veränderung erfährt mein ganzes Wesen. – Ich bin Kind, alle genossenen Freuden dieser Zeit erwachen mit ihren religiösen Beziehungen. Ich empfinde gleichsam noch einmal den süßen Taumel, in dem ich mich befand, wenn ich mein auswendig gelerntes Weyhnachtslied meinen Eltern herbetete, das Kind in der Krippe meiner Phantasie so lebhaft vorstellte, und es so herzlich als meinen Gott anbetete, und dann wieder voll Dankbarkeit und zärtlicher Thränen hörte, daß er sich meinen Bruder nenne. Diese Bilder traten in so hellen Farben vor meine Seele, und – meine unwillkührlichen Thränen scheinen zu klagen: Sie sind nicht mehr! Welch ein Räthsel bin ich mir selbst? Spricht meine Vernunft nicht laut und deutlich genug, dort war keine Wahrheit; – hier liegt sie, und beglückt den Menschen, ohne seinen Schöpfer zu erniedrigen. Mit ihr bist du aller Widersprüche überhoben, die schon deinen kindischen Kopf bisweilen verwirrten? Ja sie spricht alles diß; aber es ist, als wenn in meinem Herzen eine Leere wäre. Verweben sich die ersten Eindrücke der Kindheit mit unsern Nerven, die der Tod abschneidet, oder bleiben sie in der Seele? Welche Frage! – Theuerster Freund, wie sind Sie bey Ihrem gefühlvollen Herzen über diese ersten falsch religiösen Empfindungen hinweggekommen, ohne überhaupt kälter geworden zu seyn? Mich dünkt, ich bin jetzt weder so dankbar, noch so feurig in meinen Gesinnungen gegen Gott. Als ich mir den Gottmenschen dachte, kostete es mir nicht viel Anstrengung mit ihm zu sprechen, ihm meine Bedürfnisse zu erzählen, ihm meine Leiden zu klagen; wenn ihn meine Einbildungskraft nicht als Gott erreichen konnte, hielt ich mich an seine Menschheit... Jetzt kann ich den Gedanken «Gott» nicht fassen; – ich kann nur bey der Betrachtung der Natur und der so mannichfaltig wirkenden Kräfte in derselben bewundern, erstaunen und verstummen. Meine Gebete werden nicht mehr Worte, denn bey diesen muß ich mir einen denkbaren Gegenstand denken, sie sind bloß Gefühle, die nur durch Thränen sich ausdrücken. Daher hab' ich auch keinen Sinn mehr für den öffentlichen Gottesdienst, und bin ganz kalt dabey. So sieht es in meiner Seele aus, theuerster Freund; nur Ihnen leg' ich sie so offen dar. Rathen Sie mir, auf welche Art ich es anfange, meinem Herzen den Gott näher zu bringen, den mein Verstand im Sandkorn, wie in der Sonne, anbetet. Die gesunde oder reine Vernunft scheint mir gar zu kalt. 119 / 330ff

Religiöse Unwissenheit [1787]
Gutachten in einem Kindsmordfall

Diese unglückliche Inquisitin hatte sogut als gar keinen Religionsunterricht genossen, indem sie nur in ihrem sechsten Jahre vierzehn Tage zum Dorfküster in die Schule gegangen war, nachmals von einem ihrer Mitknechte etwas Lesen und einige Catechismusfragen, ohne deren Sinn zu verstehen, auswendig gelernet, bey ihrer Confirmation aber keinen weitern Religionsunterricht bekommen hatte, sondern ihr vom Prediger einige Fragen vorgelegt worden, welche dieser aber selbst beantwortet, und sie bloß ermahnet hatte. Auch ergab sich aus den von Gerichts wegen mit ihr angestellten Prüfungen, daß sie in der Religion und moralischen Dingen höchst elende Kenntnisse und unrichtige Vorstellungen hatte; insbesondere auch von der Unrechtmäßigkeit und Straffälligkeit ihrer begangenen That und deren Größe, nur sehr wenige und unvollständige Wissenschaft und Überzeugung gehabt, und von den in ihrer Jugend auswendig gelernten Worten: du sollst nicht tödten, keinen Begriff hatte. 201 / 108

Wissen als Mittel gegen den Aberglauben [1788]
Johann Gottlieb Marezoll

Jede Kenntnis also, die etwas dazu beyträgt, diesen Aberglauben zu vermindern und mich in den Angelegenheiten des Lebens vernünftiger denken und handeln zu lassen, ist dem weiblichen Geschlechte unentbehrlich. – So wenig ich die Religion auf eine gelehrte Weise erlernen kann und soll, so gewiß muß ich doch helle, deutliche, zusammenhängende Begriffe von derselben haben und mich so weit über ihre Anfangsgründe erheben, als nöthig ist, um frey von allem religiösen Aberglauben zu seyn...

So wenig es mein weiblicher Beruf ist und verstattet, daß ich in die Tiefen der Natur eindringen, ihre verborgenen Gesetze kennen und ihre Geheimnisse entschleyern soll, so unentbehrlich ist

mir doch ein gewisser Grad dieser Erkenntnis, um nicht in Aberglauben zu verfallen... Will ich nicht bey jeder etwas ungewöhnlichen Naturerscheinung zittern... so muß ich mich wenigstens von einigen der vornehmsten Naturgesetze unterrichten...
So wenig meine Lage und Bestimmung eine tiefe Einsicht in das Reich des Unsichtbaren und der geistigen Kräfte von mir fordern, so verlangt doch meine Würde, meine Pflicht, mein Glück, frey vom Aberglauben jeder Art zu seyn, und eben deßwegen die Grundsätze der Vernunft und des Denkens wenigstens einigermaßen zu verstehen... Diese und dergleichen Kenntnisse sind auch weibliche Kenntnisse, weil nur sie es verhüten, daß ich nicht von gewissen Dingen übernatürliche, das heißt, solche Wirkungen erwarte, die nach dem Laufe der Natur nicht daraus entstehen können, daß ich nicht da Nutzen oder Schaden befürchte, wo ich keine Ursache etwas zu hoffen und zu fürchten habe, daß ich nicht aus Liebe zum Wunderbaren in Trägheit und Unthätigkeit verfalle, daß ich mit einem Worte keine Sclavin des Aberglaubens und der gröbsten Unwissenheit werde.

113 / I 272 ff

Gute Vorsätze *[1791]*

Adelheid Fürstin Gallitzin an ihre Mutter Anna von Schmettau

Ich sehe mit Leidwesen, daß ich bis hiehin in allen meinen Besserungs-Projecten und Anstalten viel zu leichtsinnig gewesen bin, und wirklich es für viel zu leicht geachtet habe. – Ich habe mich fast jedesmal dadurch betrogen, daß ich eine Leidenschaft durch eine stärkere vertrieb, und wirklich ist das für die Zeit, da es geräth, eine leichte Sache; nur Schade, daß es nicht gar lange sich zu halten vermag und uns in dem wichtigsten, in der Liebe Gottes und der Fähigkeit, ihn einst zu genießen, nicht voranbringt...
Du siehst, beste Mutter, und weißt es auch, ohne daß ich es Dir sage, daß ich zu kämpfen habe; ich habe guten Muth, obschon ich es wol weiß, daß ich noch vorige Woche vielfältig gefehlt habe, auch in Rücksicht meines Stolzes – das thut mir freilich

wol sehr leid. Gott weiß es aber, daß ich nicht aus bösem Willen gefallen bin. Ich hoffe auf ihn; ja, es freuet mich, die schnellen Fortschritte nicht zu sehen, die mir so vielen menschlichen Trost und dadurch bald wieder Umsturz verursachen; ich hoffe ferner auf die gewisse Kraft Christi, den wir gestern empfangen haben; auf Deine Fürbitte, die ich so nothwendig habe. 165 / I 93f

Das Weib ohne Religion *[1798]*

Johann Ludwig Ewald

Alle irreligiösen Weiber hören auf, Weiber zu seyn. Entweder sie erfüllen ihren Beruf nicht; werden schöne Geister, Politikerinnen, Philosophinnen, Tonkünstlerinnen – Alles, nur nicht Gattinnen ihrer Männer, Mütter ihrer Kinder, Vorsteherinnen ihrer Haushaltung. Oder sie verrichten ihre Berufspflichten nicht wie Weiber, sondern wie Männer, nach Despotenart. Sie kennen keine Schonung, keine Nachsicht, keine Menschlichkeit...

So vieles verliert jeder Mensch, wenn ihm Religion nichts ist. Aber das Weib verliert Alles. Die zarte Pflanze ihres sittlichen Gefühls kann nur auf dem gut gebauten Boden ächter Religiosität gedeihen, wenn der stärkere Baum der männlichen Humanität manchmal auch zwischen Steinen gedeiht. Dem Kenner verräth sich Mangel religiösen Gefühls schon auf dem Gesichte des Weibes. Seine Züge sind sinnlicher, härter, geistloser, vielleicht frecher, als es bei bessern Gefühlen war. Es hat nicht mehr jenes Anziehende, geistig=Schöne, nicht mehr den Charakter jener Liebe, die sich nicht zu verbergen braucht, sondern Ehrfurcht einflößt, indem sie gerade zum Herzen geht. Noch ist das Gold ihrer körperlichen Schönheit da; aber der Juwel der Innigkeit, Andacht, Frömmigkeit fehlt, der die Zierde des Goldes war.

36 / 164–167

Die Frau zwischen Ausgrenzung und Selbständigkeit

Vorbemerkung

Die Festlegung dessen, was die Bestimmung der Frau, was ihre gesellschaftliche Rolle ist, war im 18. Jahrhundert noch relativ rigide: traditionelle Momente vereinigen sich dabei mit den aufklärerischen Forderungen. Das gängige Frauenbild in seiner Zuweisung auf Ehe, Mutterschaft und Haushalt wurde in den höheren Ständen vorbehaltlos mitgetragen und anerkannt, hatte aber auch seine Wirkung als Leitbild für die unteren Schichten. Die soziale Ausgrenzung war daher besonders groß in allen den Fällen, in denen Frauen von der Norm der idealen Frau abwichen – sei es durch das tatsächliche Verhalten, sei es durch die Lebensumstände.

Die Ehe ist für die Frau der «Hauptzweck des Lebens»[1]. *Bleibt sie unverheiratet, so verfehlt sie ihre wichtigste Bestimmung, den eigentlichen Sinn ihres Daseins. Die weit verbreitete Verachtung für die unverheirateten Frauen, die sogenannten alten Jungfern, resultiert also vor allem aus den öffentlich-bürgerlichen Verhältnissen: «Nicht das Physische, das Bürgerliche bestimmt ihren Zustand»*[2]. *Zumindest bei den höheren Ständen wird die ledige Frau geradezu als «ein überflüßiges Glied der menschlichen Gesellschaft»*[3] *betrachtet, sie ist nur unzulänglich eingepaßt in die patriarchalisch strukturierte Familie, zugleich aber durch wirtschaftliche Verhältnisse und die Anforderungen der Sittsamkeit in einem Zustand großer Abhängigkeit. Die Gesellschaft trägt dem unnatürlichen Zustand der Ehelosigkeit kaum Rechnung – wie verbreitet er auch gewesen sein mag –, sie war nicht bereit, den alleinstehenden Frauen einen festen gesellschaftlichen Ort zuzuschreiben oder ihnen durch irgendeine Form der Erwerbstätigkeit die nötige Selbständigkeit zu ermöglichen. Für die Unterschichten galten allerdings andere Ver-*

1 s. S. 316.
2 ebd.
3 s. S. 313.

hältnisse: Mägde und Dienstboten waren unverheiratet, durften meist nur mit Zustimmung ihrer Brotherren heiraten. Sie jedoch waren durch ihre Arbeit strikt eingebunden in die Gemeinschaft eines Hauses oder Hofes.

Die Situation der Witwen war nicht sehr viel besser als die der unverheirateten Frauen, nur im Ansehen standen sie über ihnen. Da es keine Pensionen oder geregelte Versorgung gab, war ihre wirtschaftliche Lage zumindest unsicher, meist aber recht bedrängt. Für viele Witwen brachte nur eine Wiederverheiratung Sicherheit – kam diese nicht in Betracht, rückten sie an den Rand der Gesellschaft. Nur Frauen, die über ausreichende Geldmittel verfügten, konnten eventuell aus der relativen Unabhängigkeit ihres Witwenstandes eine gewisse Freiheit und Selbstgestaltung ihres Lebens gewinnen.

Noch rechtloser und wirtschaftlich meist verheerend war die Lage der geschiedenen Frauen, soweit sie nicht über ein beträchtliches, durch einen Ehevertrag gesichertes eigenes Vermögen verfügten. Wurden sie schuldig geschieden, so verloren sie sowohl die Kinder und oft auch die eingebrachte Mitgift an den geschiedenen Mann. Vor allem Frauen aus den höheren Schichten waren gesellschaftlich meist vollständig ruiniert. Aber auch für Frauen, die von ihren Männern verlassen worden waren, war das Leben äußerst schwierig: Nur eine neue Ehe konnte ihre Situation verbessern.

Der starke gesellschaftliche Druck zwang die jungen Mädchen und deren Eltern, mit allen Mitteln die Verheiratung zu betreiben. Blieb eine Frau unverheiratet, so haftete ihr stets der Makel an, daß kein Mann sie gewollt hatte, sie war ‹sitzengeblieben›. Damit war sie der Lächerlichkeit, ja allgemeinen Mißachtung ausgeliefert. Dabei muß man davon ausgehen, daß es in allen Familien Frauen gab, die sich nicht verheirateten: auch viele äußere Gründe wie Armut, Krankheit oder isolierte Lebensführung konnten dafür verantwortlich sein. Diese Frauen lebten meist in einer seltsamen Zwitterstellung im Hause des Bruders oder eines anderen männlichen Verwandten; daß sie oft große Bedeutung für ihre Neffen und Nichten gewannen, hatte nicht zuletzt darin seinen Grund, daß sie in der häuslichen Hierarchie mehr auf der Stufe der Kinder und des Gesindes standen, als auf der der Eltern. Daß Frauen sich zu einem eigenen Haushalt zusammenschlossen, war so gut wie unvorstellbar. «Unabhängig ist ein Weib nie, in keiner Verfassung»[1].

Nur sehr wenigen Frauen war es möglich, sich einen eigenen, über den häuslichen Bereich hinausgehenden Tätigkeitsbereich oder gar eine berufliche Selbständigkeit zu schaffen. Die Möglichkeiten dazu nahmen im Laufe des 18. Jahrhunderts eher noch ab. Das selbständige Leben und Arbeiten der Maria Sybilla Merian war bestimmt ungewöhnlich, aber trotz ihrer Ehescheidung bedeutend weniger aufsehenerregend und anstößig als der mühsame Weg von Frauen wie Therese Huber, Dorothea Schlegel oder Caroline Schelling, die ihre Wünsche letztlich nur sehr eingeschränkt verwirklichen konnten. Für sie als Frauen des gebildeten Bürgertums waren die Schriftstellerei oder Übersetzertätigkeit die einzig tolerierte Erwerbsmöglichkeit. Berufsarbeit im eigentlichen Sinn war das Signum der unteren Schichten, die Arbeit von Mägden, Dienstboten, Lohnarbeiterinnen, Wäscherinnen usw. war ganz selbstverständlich.

Eine Zwischenstellung nahmen Schauspielerinnen ein, die zwar einerseits sehr gefeiert waren, andererseits aber gesellschaftlich am Rande der Ehrbarkeit standen.

Gesellschaftlich besser gestellt waren all jene Frauen, die als Erzieherinnen, Gouvernanten oder Gesellschafterinnen lebten; ihre Abhängigkeit und Rechtlosigkeit gegenüber den Arbeitgebern allerdings war in den meisten Fällen bedrückend. Erst die Mädchenerziehungsanstalten und öffentlichen Schulen brachten ihnen die Möglichkeit, als angesehene und relativ selbständige Lehrerinnen zu arbeiten.

Im medizinischen Bereich verschwindet die Frau als Ärztin fast völlig; der Beruf der Hebamme steht durchaus in gutem Ansehen, gewinnt auch durch die zunehmende Regulierung der Ausbildung und Tätigkeit an Kompetenz. Gleichzeitig allerdings werden die Aufgaben der Hebammen durch den wachsenden Einfluß der Schulmediziner unter Kontrolle gestellt und stark beschnitten.

Eine Ausnahmesituation, die Selbständigkeit von Frauen erforderte, war das Reisen. Die meisten Frauen wurden mit solchen außerordentlich strapaziösen Unternehmen, die sie nicht selten vor unvorhersehbare

1 s. S. 310.

Schwierigkeiten stellten, ohne Probleme fertig. Auffallend ist, daß beim Reisen zwischen Männern und Frauen kaum ein Unterschied zu beobachten ist – weder in ihrem jeweiligen Verhalten, noch auch in den Anstrengungen, die ihnen zugemutet werden. Auf Reisen kann auf die ‹Schwachheit› der Frau keine Rücksicht genommen werden – die Frauen erwarten das auch nicht. Insofern ist das Reisen ein interessantes Beispiel dafür, daß in bestimmten Situationen der Unterschied der Geschlechter bei weitem nicht so rigoros berücksichtigt wurde, wie es der theoretische Diskurs, aber auch Handbücher und praktische Ratgeber vermuten lassen.

Schwierig ist es, die besondere Situation der Frauen vor Gericht zu erfassen. In Kriminalfällen wurden sie im allgemeinen weitgehend gleich den Männern behandelt – nur bei Sittlichkeitsdelikten «lässet sich diese dem weiblichen Geschlecht zugefügte Ungerechtigkeit auffallender darthun»[1]. Hier wiegt meist die Schuld der Frauen schwerer und zieht auch härtere Strafen auf sich. In Zivilprozessen waren die Rechte der Frauen von den Gesetzgebern deutlich eingeschränkt: Frauen bedurften für zivilrechtliche Vorgänge und Gerichtsverhandlungen immer eines Rechtsbeistandes oder Vormunds. Entsprechend konnten alle von Frauen eigenmächtig getätigten Geschäfte gegebenenfalls angefochten werden. Auch der verwitweten Mutter wurde in der Regel ein Vormund für die Erziehung ihrer Kinder zur Seite gestellt. Offen ist, wie weit derartige gesetzliche Anordnungen in der Praxis immer durchgeführt wurden.

Die Anwendung der Körper- und Schandstrafen, die auch über Frauen ohne Milderung verhängt wurden, hatte für diese noch härtere Folgen als für Männer. Ein Leben außerhalb der Gesellschaft, ohne Wohnsitz zu stetem Umherziehen gezwungen, war zwangsläufig für Frauen schwerer zu ertragen. Allerdings ist auch bekannt, daß Frauen etwa als außergewöhnlich geschickte Diebinnen und Betrügerinnen jahrelang erfolgreiche Mitglieder von Räuberbanden waren.

Ein Thema, das die Aufklärer wie wenige sonst bewegte, war der Kindsmord. Dieses scheinbar unnatürlichste Verbrechen, begangen von oft jungen, unschuldig wirkenden Frauen, regte die Phantasie und das

1 s. S. 355.

moralische Gewissen der Zeit an. Es mußten sich Mittel finden lassen, die Verheimlichung der Schwangerschaft und Geburt nicht nur unmöglich zu machen, sondern auch den Gefallenen zu helfen, das Kind zu versorgen, die Schuld und den Ehrverlust gesellschaftlich wieder auszugleichen. Die verzweifelte Not der Kindsmörderin wurde nicht nur protokolliert, sondern auch analysiert. Zu ihrer Entschuldigung wurden geradezu mit Leidenschaft soziale, psychische und materielle Gründe angeführt – doch trotz derartiger Gutachten wurden bis zum Ende des 18. Jahrhunderts die wegen Kindsmord vor Gericht stehenden Frauen fast ausnahmslos hingerichtet.

Auch das Alter rückte viele Frauen an den Rand der Gesellschaft. Grundsätzlich sind die Probleme des Alterns zeitlos: Anfälligkeit für Krankheiten und Beschwerden aller Art, Einsamkeit, Sorgen um die eigene Zukunft und die der Kinder. Für das 18. Jahrhundert – ebenso wie für die früheren Zeiten – kommen die Schwierigkeiten der materiellen Versorgung hinzu, da es keine Form der Alterssicherung gab. Die meisten alten Frauen waren Witwen, da es selten vorkam, daß ein Paar gemeinsam ein höheres Alter erreichte. Mit dem Tod des Mannes aber entfiel ihr Unterhalt, nur im Ausnahmefall erhielten etwa die Witwen von Beamten oder Pfarrern eine kleine Pension ausgesetzt, und dies dann auch nur auf dem Gnadenweg. Überlegungen und Ansätze für Pensions- oder Witwenkassen finden sich seit dem ausgehenden 17. Jahrhundert, beachtenswerte Gründungen erfolgen um die Mitte des 18. Jahrhunderts, eine zuverlässige Versorgung der hinterbliebenen Frauen aber ist durch sie noch lange nicht garantiert. Frauen der Unterschichten mußten dementsprechend möglichst bis zu ihrem Tod für ihren Unterhalt arbeiten. In den kleinbürgerlichen und höheren Schichten aber waren die Möglichkeiten für einen auch noch so kleinen Verdienst verschwindend gering, da ihnen der Zugang zu Erwerbsarbeiten meist grundsätzlich versperrt war. Eine Wiederverheiratung war für alte Witwen natürlicherweise schwieriger als für alte Männer. Im besten Fall konnte die alte Frau auf eine Unterstützung durch ihre Kinder rechnen. Meist lebte sie dann mit einer unverheirateten Tochter zusammen oder im Haushalt eines ihrer verheirateten Kinder. Daß dies bei den sehr beengten Wohnverhältnissen jener Zeit nicht immer einfach war, versteht sich von selbst: «Übungen in Geduld und Selbstbeherr-

schung»[1] waren da nötig. Anderenfalls blieben der alten Frau nur Einsamkeit und eine dürftige Versorgung aus der Armenkasse oder die Aufnahme in ein Spital oder Armenhaus. Der Anteil alter Frauen unter den Bettlern war besonders hoch.
Auch Krankheit und Tod haben wie das Alter für Frauen grundsätzlich keine andere Bedeutung als für Männer: das allgemein Menschliche überwiegt in Zeugnissen, die davon sprechen. Schon vergleichsweise harmlose Erkrankungen wie Erkältungen, Kopfweh oder Zahnschmerzen stellten ohne medikamentöse Linderung eine starke Beeinträchtigung der Arbeitsfähigkeit und Lebensfreude dar. Wie plötzlich der Tod kommen, aber auch wie lange und qualvoll sich das Sterben hinziehen konnte, davon sprechen viele Berichte.
Die besonderen Krankheiten der Frauen waren ein ergiebiges Feld für Quacksalberei aller Art, die Methoden der Schulmedizin stehen nur nach deren eigenem Urteil auf einer grundsätzlich anderen, wissenschaftlichen Höhe über volksmedizinischen oder sogar abergläubischen Praktiken. Die große Zahl der Frauen, die bei einer Geburt sterben mußten, ist ein erschreckender Beleg dafür. Bei jeder ihrer zahlreichen Schwangerschaften mußte die Frau mit einem tödlichen Ausgang rechnen – und viele Frauen bereiteten sich in diesem Sinn auch ganz bewußt auf ihre Entbindung vor, diese engste Verknüpfung von Leben und Tod. «Ich bin sehr ruhig zu jedem von beyden. Was Gott will»[2].

1 s. S. 368.
2 s. S. 376.

Die unverheiratete Frau

Liebes-Fieber und Jungfern-Krankheit *[1742]*

Johann August Oehme

Die wahren Ursachen der Blaß=Sucht, Liebes=Fieber, oder Jungfern=Kranckheit rühren gemeiniglich 1. Von allzu grosser Keuschheit, heimlicher Liebe, und unterdruckter Brunst. 2. Von der Scorbutischen Beschaffenheit des Geblüts.

Die genauern Umstände, wie und auff was Art und Weise diese Kranckheit durch die Keuschheit und Enthaltung des Beyschlaffs in ihrer Würckung verursachet wird, trage ich billig Bedencken zu eröffnen, weil es zur Sache nichts dienet, und keusch=gesinnten Gemüthern gar leichte ein Ärgerniß erwegen kan. Zudem, so wollen die Frauenzimmer ihre Geheimnisse gerne verschwiegen haben, dahero wird sich eine jede am besten zu prüfen wissen, woher ihr Leiden entstehet...

Nur eine eintzige Ursache anzuführen: Ein Frauenzimmer empfindet einen Trieb der reitzenden Liebe in sich, ihre Klugheit aber und tugendhafftes Wesen will nicht verstatten, eine Thorheit zu begehen, und denen Lastern der Unkeuschheit ihren Leib zu widmen. Sie widerstrebet denen Begierden, die ihrem Fleische gelüsten, dergleichen Versuchungen und Triebe machen ihren Geist traurig, und die Reitzungen beunruhigen ihr Gemüthe mit verliebten Gedancken... Durch die daher entstehende und nachhängende Traurigkeit wird das Geblüt dick, schwer, melancholisch, die Säffte vertrocknet, und die natürliche Wärme geschwächet. Unmuth und Bangigkeit verursachet solcher Gestalt den Scorbut, und durch die unnatürliche Bewegung des Gemüths entstehet Bleichsucht, Fieber, kurtzer Athem, Abzehrung, Verstopffung der Leber= Miltz, Gekröse, und derer Mutter=Gefässe, wodurch die monatliche Absonderung des Geblütes ausser ihrer natürlichen Ordnung gesetzet wird.

130 / 200ff

Von dem jungfräulichen Stand *[1743]*

Deliberir-Büchlein

Diser Stand ist sicherer und bequemmer zur Christlichen Vollkommenheit und zum letzten Zihl zugelangen, als der Ehestand; weilen darinnen nit so vil Hindernussen im Dienst Gottes...

Diser Stand ist auch vil leichter als der Ehestand, massen in disem nicht drucket das Joch der Unterthänigkeit gegen den Mann, nit plagen die Kinder, nit nagen die Sorgen für dise sowohl als für das gantze Haußweesen; nit ängstigen die Ehe= und Hauß=Creutz: man genüsset ein angenehme Freyheit, und überträget vil ruhiger die auf- und zustossende Widerwärtigkeiten des Lebens, weil dardurch weder ein Ehemann noch Kinder, als so geliebte und so nahend verknüpffte Persohnen, etwas zuleyden haben, sonderen Sie allein...

Diser Stand, wie nit wohl verneint werden kan, ist sehr gefährlich wegen der Keuschheit, welche eines theils unter Verlurst der ewigen Seeligkeit muß gehalten werden; anderen theils die fleischliche Versuchungen nit ausbleiben, und bey vilen gar hefftig ansetzen, und schwerlich überwunden werden, besonders weilen man in der Welt ausgesetzt ist sehr vilen bösen Gelegenheiten, allerhand Liebs=Reitzungen, und Nachstellungen nit nur von dem bösen Geist und eignen zu den Gelüsten des Fleischs so geneigten Natur, sonderen auch von widrigem muthwilligen Geschlecht...

Diser Stand ist auch beschwerlich, weilen ein ledige Weibs=Persohn gantz allein, und gleichsam von jedermann verlassen: sie hat niemand, der in den Widerwärtigkeiten, Verfolgungen, Armuth, Kranckheit etc. ihr ernstlich beystehet, sie tröstet, beschützet, Hilff leistet. Und eben dahero nemmen manche schlimme Leuth Gelegenheit solche ledige Persohnen mehrers zudrucken, und zuverfolgen.

Diser Stand kan einer sonst tapfferen Weibs=Persohn etwann verächtlich vorkommen, als zu welchem nur jene pflegen oder gezwungen seynd sich zuresolviren, welche keinen Heyrath bekommen, und auf das Moß, wie man schimpfflicher Weiß davon redet, verdammet seynd. 24 / 49–54

Notlage beim Tod des Ehemanns *[1764]*
J. J. Reiske an Ph. L. Hanneken

Meine Schwiegermama, die ich itzo bey mir habe, die jüngere Tochter Ihrer seligen Frau Schwester ward A. 1749 zur Witbe. Ihr seliger Eheherr, H. D. August Müller, Probst zu Kemberg, hatte eine starke Familie. Drey Söhne hatte er studiren laßen, zwey Töchter hatte er ausgestattet. Überdem lebte er im Aufwande wohlanständig, und that Armen gutes. Es ist also kein Wunder, daß er seiner Witbe von ihrem Eingebrachten nichts, und seine beyden jüngsten Töchter unversorgt und unbemittelt hinterließ. Nun haben sie zwar dem itzigen Probste zu Kemberg, als ihrem respect. Sohne und Bruder, einige Jahre hindurch haußgehalten, allein da derselbe A. 1755. heuratete, so sahen sie sich genötiget, sich von ihm zu trennen, für sich zu leben, und von dem geringen Reste ihres Vermögens zu zehren. Dabey sie denn alles zusetzten. Die Ausstattung der einen Tochter, die in Pohlen gestorben ist, und die Drangsale des langen und harten Krieges, haben meine Schwiegermama, nebst ihrer jüngsten Tochter,[1] die itzt meine Frau ist, in große Noth, Kummer und Bedürfniß gesetzt, darauß Gott sie zwar nun mehr in soweit gerißen hat, daß sie beyde, solange Gott mich am Leben, und bey Gesuntheit erhält, ihr nothdürftiges Auskommen haben mögten; aber sie haben doch beyde eine schreckliche Aussicht vor sich, wenn Gott mich bald von der Welt nehmen solte. Hinterlaßen kan ich ihnen mehr nichts, als einen kleinen Vorrath von Büchern, auf dem noch dazu Schulden hafften, in die ich mich bey Vollziehung meiner Heurat stecken muste. Ich ersuche Sie demnach, hochgeehrtester Herr Vetter, mit Zuziehung Ihrer dortigen Freunde, ein Denk-

1 Ernestine Reiske, geb. Müller.

mal Ihrer Menschenliebe und Vorsorge für Ihre dürfftigen Freunde, damit zu stifften, daß Sie ein selbstbeliebiges Mittel außfindig machen, durch welches meiner Frau ihr Witbenstand erleichtert würde, wenn etwa Gott beschloßen hätte, sie mit diesem Creutze heimzusuchen. 142 / I 660f

Früher Witwenstand [um 1765]

Ernst Wilhelm Martius

Eine theologische Bibliothek war, wie dieß bei den geistlichen Herrn gar oft der Fall ist, fast das einzige Vermögen, was mein Vater seiner Wittwe hinterließ. Diese hatte, nach der damaligen Verfassung, sich auch keiner Pension zu erfreuen. Sie nahm daher ihr eingebrachtes, nicht beträchtliches Vermögen zusammen, und zog mit uns Kindern von Weissenstadt nach Culmbach, wo bereits ihre Mutter und ihre ältere Schwester, beide als Wittwen lebten. Hier erkaufte sie in der Vorstadt, auf dem sogenannten Röhrenplatze, ein Haus mit einem Garten, worin sie uns mit liebevoller Sorgfalt erzog... Sie war eine Frau von resolutem Charakter, voll Verstand voll Frömmigkeit und von einer heiteren Gemüthsart. Die Trübsal eines frühen Wittwenstandes trug sie mit Ergebung. Keine Noth vermochte ihren Charakter zu überwältigen, immer behielt sie ihren Gleichmuth und ihre Zuversicht auf die väterliche Leitung des Höchsten. Die Erziehung, welche sie uns gab, war nichts weniger als splendid, aber mütterliche Sorgfalt und treue Liebe bewachte und bewahrte uns. Sie war eine verständige, wohlerfahrene Hausfrau. Im Hause herrschte bei großer Einfachheit und Frugalität eine unverbrüchliche Ordnung. Bis in ihre späten Jahre blieb sie eine schöne alte Frau, erhielt sich stets in einer sehr einfachen, nach damaliger Wittwensitte ehrbaren und höchst reinlichen Kleidung. Demgemäß legte sie auch vor Allem den Sinn für Ordnung, für Wahrheit und Rechtlichkeit in das Herz des lebhaften Knaben, den sie eben so liebevoll als ernst und strenge behandelte. Welche

Tugenden eine Wittwe hat, die, so allein stehend, ihre Kinder erzieht: das wird vom männlichen Geschlechte gar oft nicht hinreichend gewürdigt! 114 / 8f

Die unverheiratete Tante [um 1765]
Friedrich Christian Laukhard

Mein Vater hatte eine Schwester bei sich im Hause, welche niemals – wer weis, warum? – verheurathet gewesen ist. Diese führte die besondere Aufsicht über uns Kinder; war aber dabei so nachgiebig, daß sie alle unsre kleinen Teufeleien nicht nur vor den Augen unsrer Eltern fein tantisch verbarg, sondern selbigen nicht selten noch gar Vorschub that... Sie bewies mir ihre Affenliebe bei jeder Gelegenheit... Sie war es auch, die mich lehrte, auf dem Eise glandern, und Schrittschuhe laufen. Diese Kunst hatte sie als Mädchen getrieben, und suchte sie wieder hervor, um ihren lieben Neffen darin zu unterrichten. Mein Vater sah wohl, daß die Tante mir zu gut war; aber da er nichts Böses, oder doch nicht viel Böses, von mir hörte; so schwieg er, und ließ es gut seyn. Die Mutter war vollends froh, daß ich nicht viel um sie war, und ihre Geschäfte nicht stöhrte.
Die gute Tante war abscheulich abergläubig... Jeden Abend erzählte sie mir und dem Gesinde Histörchen von Hexen und Gespenstern – alles in einem so krassen, herzlichen Tone, daß es uns gar nicht einfiel, ihre Erzählungen im mindesten zu bezweifeln. Unvermerkt ward ich dadurch so furchtsam, daß ich mich nicht getrauete, des Abends allein zur Thür hinaus zu gehen.

100 / 9, 36, 39

Versorgung unverheirateter Frauen *[1775]*

Reglement für die Königlich Preussische Witwen-Verpflegungsanstalt

Um aber dieses Institutum noch gemeinnütziger zu machen und die Vorteile davon auch unverheirateten Frauenspersonen zufließen zu lassen, welche öfters bei dem eingeschränkten Vermögen der Familien ohne alle Versorgung bleiben: soll es auch einem Vater verstattet sein, für seine unverheiratete Tochter, einem Oheim für seine Nichte, einem Bruder für seine Schwester, einem jeden Verwandten für seine Verwandtin und überhaupt einer jeden verheirateten oder ledigen Mannsperson für eine jede unverheiratete oder verwitwete Frauensperson eine Pension versichern zu lassen, ja es kann dieses auch die Frauensperson selbst tun und sich eine Mannsperson erwählen, auf deren Todesfall die Versicherung gestellet werden soll... In allen diesen Fällen werden dergleichen zwo Personen in Absicht auf die Sozietät und ihre Gesetze würklichen Eheleuten völlig gleich geachtet, nach dem Tode der Mannsperson genießet die Frauensperson die ihr versicherte Pension und, wenn sie heiratet, behält sie, gleich den wieder heiratenden Witwen, nach der Bestimmung des § 27 die Hälfte davon. 122 / 51

Die Mißstände der ‹Altjungferei› *[1776]*

Julie van Bondeli an L. Usteri

Ich glaube, es wäre nicht nur passend, sondern sogar notwendig, das Talent, falls Anlagen vorhanden, bei meinem Geschlecht zu pflegen und wäre es auch bloß, um die Mißstände der ‹Altjungferei› abzuwenden (entschuldigen Sie das lächerliche Wort). Bei verheirateten Frauen und Familienmüttern kommt dies weniger in Frage, denn ihre Zeit ist durch andere Lebensbedingungen ausgefüllt. Aber man kann ja nie zum voraus wissen, wer ledig bleibt, und Beschäftigung ist der Jugend immer vonnöten. Ich lache nicht etwa, wenn ich von den Mißständen des Altjungferntums rede; ich bin sogar so fest davon durchdrungen, daß ich ein

ganzes Buch darüber schreiben könnte, bloß um sie zu entschuldigen.
Es gibt eine Zeit im Leben, wo lebhafte Vergnügungen, ja selbst der Sinn dafür, schwinden, bei den verheirateten Frauen ebenso wie bei den unverheirateten. Nun aber bleiben die Unverheirateten ohne Beschäftigung, ohne Mann, ohne Haushalt, ohne Kinder und sehen so das tägliche Lebensinteresse auf ein Minimum reduziert. Der Betätigungsdrang aber bleibt. Was damit beginnen? «Gutes tun.» Wahrhaftig, das ist leicht gesagt; aber dies Gute ist, wie bekannt, nicht immer sofort zur Hand, und nichts ist gefährlicher, als hinter ihm herzulaufen, als ob es ein Beruf wäre, den auszuüben man verpflichtet ist... Ich empfinde es als eine Notwendigkeit, daß man solche Ersatzarbeiten hätte, die der Gesellschaft weder nützen noch schaden, und die dem von der Natur und den menschlichen Institutionen leergelassenen Betätigungstrieb Nahrung böten. 61 / 282f

Freiheiten der Witwe [um 1776]

Isabella von Wallenrodt

Die Prophezeiung, daß ich bald wieder heirathen würde, verlachte ich, denn ich hatte mir fest vorgenommen, meines Mannes Wunsch zu erfüllen, und keine zweite Wahl zu treffen.[1] Es war leicht, mich in diesem Vorsatz zu befestigen, denn ungemein süß, dünkte mir die Unabhängigkeit, die ich genoß. Ich wiederhole es, daß ich meinem Mann jede Pflicht willig leistete, mich keiner entzog, allein, es war ja auch natürlich, daß ich's dennoch fühlte, es sei eine Last, die ich trüge, und wer ermüdet nicht endlich dabei?... So war ich also bei dem redlichsten und treusten Manne, der so gut mit mir umging, und dem Anscheine nach, mir in allem den Willen ließ, doch Sclavinn; ich schätzte den, dessen Ketten ich trug, unendlich, ich liebte ihn, aber den Druck fühlte ich doch. Fest beschloß ich also, mir kein solches

1 Gottfried Ernst von Wallenrodt war 1776 gestorben.

Joch mehr aufzulegen ... Ich wollte nun meine Freiheit vollkommen genießen, es däuchte mir sehr behaglich, aufzustehen, mich schlafen zu legen – zu Hause zu bleiben – auszugehen etc. wenn es mir beliebte, ohne daß diese Ausübung meiner Willkühr einem andern hinderlich war. 203 / I 595, 597

Den eigenen Weg gehen *[1783]*

Luise Mejer an H. Chr. Boie

Was war es, das mich zurückhielt, meine Hand hinzugeben, eh ich Dich gesehen? Gleichgültigkeit gegen Dein ganzes Geschlecht – und, Boie, so ists noch. Du könntest mir den Vorwurf mit Recht machen, daß ich meinen Platz nicht ausfüllte, wenn ich untätig oder bloß zu meinem Vergnügen lebte. Ich war es nie, bin es auch jetzt nicht. Jeder Ort, jede Familie, wo ich am mehrsten nützen kann, ist meine Welt. Ich folge meinem Lebensplan, den ich mir schon in früher Jugend entwarf, und fühle innre Ruhe. Unabhängig ist ein Weib nie, in keiner Verfassung. Für mich ist es Unabhängigkeit, wenn niemand ein Recht auf mein Herz hat, dem ichs nicht geben könnte. So gewiß Du auch glaubst, daß ich einen Mann, den ich schätze, glücklich machen würde – welcher Mann in der Welt ist mit einem andern guten Geschöpfe nicht ebenso glücklich wie mit mir? Ich darf also einen jeden bitten: laßt mich doch meinen eignen Weg gehen. Ich weiß nicht, warum, woher ich ein so wunderlich gestimmtes Geschöpf geworden bin, aber ich bins, Boie. Laß michs sein. Mein Schicksal mag sein wie es will, es ist immer gut für mich, hängt von einer unendlich gütigen Vorsehung ab. Wenn ich nach meiner Überzeugung handle, kannst Du mich dann tadeln? 170 / 214

Bittbrief der mittellosen Witwe *[1786]*

Sophie Rosine Richter an ihren Schwager J. Ruß

Dieselben werden es nicht ungütig nehmen, daß ich so frey bin und an Dieselben schreibe und mich nach Dero Wohlseyn erkundige. Ich würde Ihnen mit diesem Briefe nicht beschwerlich fallen, wenn ich nicht in so grosser Noth wäre. Es ist hier so theuer zu leben und ich habe für meinen Mann so viel zu bezahlen gehabt; auch kosteten mich die Processe viel Geld und noch die fünf Kinder, die ich zu erziehen habe. Nun muß ich zu Jacobi, künftigen Montag aus meinem Logis ausziehen und da ich noch das vorige Vierteljahr schuldig bin, so muß ich auch 15 fl. fränk. zahlen, sonst lassen mir die Leute, die hier ohnehin so grob und ohne Mitleid sind, nichts verabfolgen. Ich thue daher die gehorsame Bitte an Ihnen, daß Dieselben die Güte haben und mir auf mein Gartenhaus 15 fl. vorleyhen möchten. Sie würden mich aus einer grossen Noth erretten und Gott würde Dieselben dafür belohnen. Ich hoffe, daß Dieselben einer Wittwe und einer Verwandten diese Bitte nicht abschlagen werden. 78 / I 182f

Die Abhängigkeit der Unverheirateten *[1787]*

Ernst Brandes

Wie äußerst dependent ist nicht die Lage der Unverheyratheten des andern Geschlechts? Aller Selbstständigkeit beraubt sogar bey den geringfügigsten Handlungen des Lebens dürfen sie kaum der frischen Luft genießen, als unter der Bedeckung, dem Schirme einer Verheyratheten oder eines sehr nahen männlichen Verwandten. Fast in allem werden sie wie völlig unmündig betrachtet, und wenn auch dieser Zwang bey bejahrten Mädchen etwas nachläßt, wie eng ist doch die Freyheit dieser beschränkt gegen den Zustand der jüngsten, eben verehlichten Frau? Und nun ihr Zustand im Hause unter den Müttern, die gewöhnlich dann erst am meisten auf ihre Autorität halten, wenn die reifern Jahre der Töchter diese am entbehrlichsten machen, die am Ende doch den Töchtern die Schuld ihres ledigen Standes beymessen, und sie deswegen ihre üble Laune fühlen lassen, die sogar beständig an ihrem Anzuge, ihrem Kopfputze etwas zu tadeln finden, diesen unbedeutenden Kleinigkeiten, wo aber doch der Zwang in der Länge unerträglich wird, grade weil es solche Kleinigkeiten sind, und die Gelegenheit des Verdrusses täglich wiederkömmt.

Der Mann kann zur Noth allein stehen; das Weib muß eine Stütze haben. Diese erhält sie durch die Ehe. Sie verschafft ihr Selbständigkeit, Achtung. 13 / 84 ff, 88

Die Lächerlichkeit der Alten Jungfer *[1788]*

Daniel Hensel

Einer alten Frau, besonders wenn sie Mutter ist, wird nicht leicht Jemand, die schuldige Achtung versagen... Aber die armen alten Jungfern ... haben das Unglück, auch wohl von gesetzten Leuten noch zuweilen aufs Korn genommen zu werden. Im allgemeinen aber ist nichts als der blosse Name einer alten Jungfer nöthig, um ein Gelächter zu erregen, und zwar bey den jungen Mädchen so stark, als bey jungen Mannspersonen. Die vorzüglichsten Gründe davon mögen wohl folgende seyn: a) Bey den Worten Jungfer, Mädchen denkt man sich in der Regel eine junge, artige, angenehme Person, das Wort alt aber und die damit verbundne Vorstellung, kontrastiren damit so sehr, daß die Verbindung der Idee alt mit der Idee Mädchen lächerlich wird... Mehr aber noch thut es die Vorstellung b) von den besondern Eigenheiten oder Gewohnheiten, die meistens dergleichen Personen an sich haben. Wer lange ausser der Ehe lebt, sowohl Mannsperson als Frauenzimmer, gewöhnt sich sehr leicht besondre Manieren an, wird eigensinnig, mürrisch, oft auch geziert, oder schüchtern, oder affektirt. Bey Frauenzimmern kommt dann dazu, daß sie meistens noch Lust zum heurathen haben, und das wird jedem an alten Personen etwas drollicht vorkommen... Der wichtigste Grund aber mag wohl seyn: c) daß bey einer alten Jungfer immer stillschweigend vorausgesetzt wird, es habe sie kein Mann begehrt... Bey unkultivirten Leuten kommt noch der Gedanke hinzu, daß sie nicht den Zweck ihres Daseyns habe erfüllen, und Mutter werden können, vielleicht aus Unfähigkeit, (welches bey rohen Leuten viel Schande ist,) und daß sie daher gleichsam ein überflüßiges Glied der menschlichen Gesellschaft sey. 67 / I 335–338

Die Tante vertritt Mutterstelle *[1789]*
Lene Jacobi an ihren Neffen Georg

Hätte ich für die Freude, Eure Mutter[1] heißen u. seyn zu dürfen, noch Lohn zu fordern, welchen höheren, schöneren könnte ich begehren als den Eurer Liebe, meine Kinder. Gott weiß es, zu dem ich oft in der Stille um Weißheit bethe, ohne die meine Treue Euch nichts nützen kann, wie schwer ich es fühle, Euch das nicht zu seyn, was Eure sanft zärtliche u. feurig liebende verstorbene Mutter seyn würde. Jede Liebkosung, die es in meiner Art zu seyn nicht ist, Euch zu geben u. die sie so herzlich zu geben wußte, drückt mein Gewissen, als entzög ich Euch dieselbe; jedes harte strenge Wort, wenn es entfahren ist, an dessen Stelle sie den allgewaltigen Blick der Liebe u. eine milde Ermahnung gesetzt haben würde, schmerzt mich mit aller Bitterkeit selbstverdienter Vorwürfe, u. obgleich Dein Bruder[2] in Aachen frey es gesteht, daß ich dadurch mehr schade als gutes würke, kann ich dennoch mich nicht beßeren. Und so, mein lieber George, siehst Du wohl, daß ich, statt Deines Danks ganz reine mich zu freuen, ich mich tief gebeugt fühle, Pflichten auf mich genommen zu haben, die ich nicht erfülle, wie ich sollte. 71 / 241

1 Helene Elisabeth, die Frau von Friedrich Heinrich Jacobi, war 1784 gestorben.
2 Johann Friedrich Jacobi (1765–1831).

Die beiden Tanten [um 1790]
Ignaz Franz Castelli

Meine beiden Tanten, Therese und Katharine, waren beide noch unverehelicht und schon nahe an den Dreißigen. Sie sollen beide in ihrer Jugend sehr schön und besonders in ihrer stets gleichen bürgerlichen Tracht mit Goldhauben sehr reizend anzusehen gewesen sein, auch mancher Bewerber soll sich um ihre Hand gemeldet haben. Sie sprachen noch immer gerne davon, und mögen in der Anzahl der Bewerber, welche sie umgaben, wohl auch etwas über die Schnur gehauen haben.
Ich danke diesen meinen beiden Tanten alles, was ich besitze, und ich ehre ihr Andenken noch jetzt, wo sie schon lange hinübergegangen sind, aber doch muß ich der Wahrheit zur Steuer gestehen, sie waren beide ein Paar alte Jungfern mit allen Schwächen, die diesem stets verspotteten Stande ankleben. Sie waren reizbar, geschwätzig, medisant, sie machten sich immer um einige Jahre jünger als sie waren, suchten an ihrem Körper der Natur nachzuhelfen, wo sie stiefmütterlich für sie bedacht war, und vor allem fanden sie nie ein Ende, wenn sie über etwas zu zanken anfingen.
Auf der andern Seite waren sie aber auch wieder herzlich gut, ebenso schnell böse als besänftigt, wenn man ihnen nur ein wenig schmeichelte. 19 / 31f

Unerfülltes Alter der Ledigen [1792]
Jean Paul an Helene Köhler

Nach Ihrer Schilderung und nach meiner machten gerade die besten Mädgen den Finger krum, an den man den Ehering zu stecken suchte: wir wollen aber zu diesem besten Mädgen in ihrem 67 Jahre gehen und sehen wie ihr ist ohne den Ehering... Recht schlecht ist ihrs – wir finden sie einsam, unbekant, ohne Freunde (die ausgenommen, die nicht in ihr Herz sondern in ihr Testament wollen), ohne Freundinnen – denn die aus den

Junius=Jahren der Jugend haben ihr Herz zurükgezogen und es ihren Kindern und Gatten gegeben – sie hat niemand, der sie und den sie liebt, und sie kan stat eines Mannes blos eine Schooskaze plagen, die nicht einmal so aufrichtig ist als er – stat der Kinder erzieht sie Kanarienvögel – stat des unaussprechlichen Verdienstes einer Mutter, die wie Gott, kleine Adam'gen und Ev'gen in die Erde einführt, und einer Hausfrau, die dem grossen Adam, dem Man, die Sorgen und Runzeln nimt, hat sie blos das Verdienst sich selbst zu lieben oder vielmehr zu hassen; grosse Langweile und grosse Gebetbücher zu haben und am ersten Feiertag allein zu essen und an einem langen Winterabend keinem Menschen ihre Jugendfreuden erzählen zu können als ihrer alten Magd – – Das gute Mädgen dachte freilich, sie bliebe das ganze Leben durch, 17 Jahre alt; aber die Jugend=Gespielen stehen nun weit von ihr auf einem andern Berg und seit 30 Jahren stattete nichts Jugendliches bei ihr eine Visitte ab. 78 / I 352

Das sitzengebliebene Mädchen *[1798]*
Elisabeth Eleonore Bernhardi

Von unserer ersten Jugend an, haben sie kein größeres Intereße als uns zu verheirathen; und wenn die Anträge ausbleiben, auf welche sie hofften, wenn sich die Wahrscheinlichkeit zur Erfüllung ihrer und unserer Wünsche vermindert, sind wir ihnen eine Last und der Gegenstand ihres drückendsten Kummers. Jede Freundin und Bekannte, die sich verheirathet, jeder Mann, der sich, ohne an uns zu denken, eine Frau sucht, zieht uns stille oder laute Vorwürfe zu. Jede Klage über die Vertheurung der Lebensmittel, über die Last eine große Oekonomie zu führen, ohne eine Erleichterung zu erhalten, ist ein Vorwurf für uns, von der Schüssel unsers Vaters zu essen, während daß wir uns selbst ernähren könnten und sollten. Treten wir in Gesellschaft, so verursacht uns der Vorzug, den man unsern reitzenden Schwestern giebt, Kränkung, und bleiben wir in der Einsamkeit, so werden wir verdrüßliche, launische Geschöpfe, bleiben ohne Menschenkenntniß, Erhohlung, Vergnügen, quälen und werden gequält. Verdruß über die Gegenwart, Angst über die Zukunft erfüllt unsere Seele. 178 / 87 f

Allgemeine Verachtung alter Jungfern [1800]

Christian August Fischer

Die allgemeine Verachtung alter Jungfern scheint auf ihre verfehlte Bestimmung gegründet zu seyn. Für den Mann ist die Ehe nur Nebensache, für das Weib ist sie Hauptzweck des Lebens. Eine alte Jungfer steht im Contraste mit der ganzen Welt, ihr Alter und ihre Verhältnisse sind im ewigen Widerspruche. Nicht das Physische, das Bürgerliche bestimmt ihren Zustand; und nicht von ihrem Kranze, sondern von ihrer Ehelosigkeit ist die Frage...
Aber euch ihr unverschuldeten ehelosen Mädchen, euch will ich ein Wort des Rathes und des Trostes sagen...
Vermeidet die Lächerlichkeit; eure Manieren, eure Moden müssen nicht auffallend seyn. Sucht euch nicht bemerkbar zu machen, und entsagt dem lächerlichen Bestreben, durch irgend Etwas, am wenigsten durch Gelehrsamkeit zu glänzen.
Verspottet man euch, so scheint es als Scherz zu nehmen, und gebt ihn ohne Bitterkeit zurück.
Entfernt euch von jungen Leuten des einen und des andern Geschlechts, und zeigt den Männern im Allgemeinen nichts als höfliche Kälte.
Laßt euch nicht vom Grame niederdrücken, richtet euch selbst auf, und tröstet euch mit dem allgemeinen Elend... Wieviel unglückliche Ehen! Wieviel häusliches Elend! Wieviel trostlose Gattinnen! Wieviel verzweiflungsvolle Mütter!
Vereinigen sich Armuth und Elend, euch noch unglücklicher zu machen; auch Leiden haben ihr Ende; ein Augenblik weiht uns alle dem Tode. Ach ihr könnt ruhiger sterben, denn ihr laßt keinen weinenden Gatten, keine hülflosen Kinder nach euch. Ihr gehet still und froh aus der Welt, denn ihr habt im Tode euren Bräutigam gefunden. 39 / 90, 94 ff

Berufstätigkeit

Handel mit Naturalien *[1702]*

Maria Sybilla Merian an J. G. Volckammer

Auss dessen angenehmen schreiben vom 8 october an meine wenigkeit habe verstanden das er 5 doosen von denen westindischen Insekten die doose vor 3 f verlangt welches hiermit geschied, die ich dan in beysein herrn Schey mit derpentinöhl wohl versehen und Zu gesigelt, auch die 15 f darvon empfangen, hierauss wirt der herr sehen ob es seiner gatung ist, und ob ihme die übrige doossen auch werden anstehen.

die gethierte in dem liquor seint als folgt 34 stuck kosten zusamen 20 f

1 Crocodil,
2 grosse schlangen,
18 dito kleinere,
11 leguane,
1 gekoo,
1 kleiner schiltkrot,

diesse können alle in ein gross Zuckerglass gethan werden, und dasselbe in eine hochrunde doose, so werden sie auss ost und westindien gesanden, wan der herr sie beliebet zu haben, wan ich wider neuwe gethierte bekommen werde, so wil es gehrne berichten, und wan ich dem herren in Etwas dinen kan so beliebe er nur Zu befehlen, wegen des neuwen westindischen wercks[1], werde mein best thun, so balde es möglich ist, darvon zu berichten, was der kosten sein wirt, auch ein stuck Zur brobe machen, und solchs übersenden, auf das die liebhaber sich deswegen resolvieren können, und wan ich dem herren auch wider hier Zulant dienen kan so werde mich zum höchsten darzu verpfligt fin-

1 Metamorphosis insectorum Surinamensium, Amsterdam 1705.

den, werde dem herren auch senden das recept von dem besten liquor, da die liebhaber hier die gethierte inen bewahren, wan ich dem herren damit dinen kan. 153 / 23f

Die reisende Zahnärztin *[1730]*

Anzeige aus Frankfurt

Nachdeme allhier die Madame Prinz, berühmte Zahn=Artztin der Verwittibten Königin in Spanien, so zu Bayonne residirt, angelangt, welche nur annoch eine kurtze Zeit alhier verbleiben wird, massen sie nachher Manheim beruffen worden. Diese Madame erbiethet Allen ihre Dienste, welche die Zähne von schadhafften Mängeln wollen reinigen lassen, indeme sie solche mit grosser Geschicklichkeit und ohne Incommotität den Tartarum oder Kalck so da naget, und das Zahnfleisch frisset, wie auch die Zähne schwartz machet, und ein übel riechenden Geruch auß dem Munde verursachet, nicht nur hinweg nimbt, sondern auch bevestiget, theilet und eben oder gleich machet alle solche, welche schadhafft und verdorben sind. Sie nimbt weg die böß verderbliche Materie, so andere anstecket, macht welche zu lang sind, kürtzer, wan sie hohl, füllet sie solche auß, die gantz schwartzen aber macht sie wieder so weiß, wie Alabaster. Sie verfertiget eine wundersame Salbe, so die Zähne weiß machet, bevestiget und die Scorbutische Feuchtigkeit verbessert, heilet das außgefressene Zahnfleisch nebst denen so entzündet und geschwollen ist. Sie besitzet auch das Geheimnuß vom wahrhafften Englischen Zahn=Pulver, um die Zähne schön zu halten und zu conserviren, nebst mehrern vortrefflichen Geheimnussen zur Schönheit des Angesichts, es sey Pomade oder ein Wasser die Zartheit des Angesichts zuerhalten. Sie verfertiget auch weiche Zahn=Bürsten, den Mund sauber und schön zu machen.

8a / I 104

Die schreibende Schauspielerin *[1734]*
Friederike Caroline Neuber

Lieber Leser. Hier hast du was zu lesen.[1] Nicht etwan von einem grossen gelehrten Manne; Nein! nur von einer Frau, deren Namen du aussen wirst gefunden haben, und deren Stand du unter den geringsten Leuten suchen mußt: Denn sie ist nichts, als eine Comödiantin; von Geburt eine Deutsche. Sie kann von nichts, als von ihrer Kunst Rechenschaft geben: Wenn sie gleich so viel wissen sollte, daß sie einen jeden Künstler verstehen könnte; wenn er von seiner Kunst redet. Fragst du: Warum sie auch schreibt? So antwortet sie dir das, dem Frauenzimmer gewöhnliche, Darum! Fragt dich jemand: Wer ihr geholfen hat? So sprich: Ich weis es nicht; oder: Es könnte doch wohl seyn, daß sie es selbst gemacht hätte...

Sie hat zwar niemalen durch Schriften bekannt seyn; sondern nur, als eine Comödiantin anderer Leute Leidenschaften bescheiden, vorsichtig, aufrichtig und natürlich vorstellen wollen: Itzt aber, da sie ihre eigene Rolle auf, und vor der ganzen Welt zu spielen genöthiget wird; so schämet sie sich auch nicht, ihren ersten sichtbaren Auftritt in diesen Blättern gedruckt zu geben.

Hat sie wo gefehlet; so wird sie die Fehler nicht entschuldigen: Denn dadurch werden sie nicht besser. Sie wird um Verzeihung bitten, und ein andermal so wenig fehlen, als es ihr nur möglich ist. Im übrigen überläßt sie sich mit Freuden dem Urtheile dererjenigen, die da richtig denken, zu rechter Zeit reden, und behutsam schweigen. 168 / 40

1 Vorrede zu «Ein Deutsches Vorspiel», Leipzig 1734.

Stellengesuch als Haushälterin *[1738]*

Anzeige aus Frankfurt

Eine honnette Wittib, Evangel. Religion, welche in einigen Gräflich- und Adelichen Häusern in Hauß, Verwalterey=Diensten gestanden, suchet wieder dergleichen Station. Es kan dieselbe mit allerhand Geschäfften, welche in dergleichen Oeconomien nöthig seynd, umgehen, insonderheit mit Kochen, Bachwerck, Confecturen, eingemachte Sachen, Schelli und allerhand dergleichen was verlangt wird; auch unterschiedliche Liquieur und vortrefliche Spiritos, insonderheit das so weit berühmte Kayser Carlische=Schlagwasser, sammt vielen guten Balsamen. Auch weiß solche Bett und weissen Gezeug auf eine solche Art zu fractiren, daß eine Herrschafft nicht nöthig haben werde, was insonderheit die Better anbelangt, viele neue anzuschaffen. So kan sie auch neue Spitzen, wenn sie schwartz gemacht seynd, ohne einen Tropfen Wasser accomodiren, daß sie wieder sehen, als wenn sie aus dem Laden kämen; oder sollen solche auf dem Brett gewaschen werden, so kan sie auch perfect damit umgehen. Ingleichen weiß sie auch reiche Zeug=Band, Seidene Strümpff und sonst Seidene Waar sehr schön umgehen. Wenn nun eine Herrschafft sich finden sollte, welche bemeldte Persohn in Dero Diensten verlangte, so wird sich solche schrifftlich legitimiren wer sie seye, damit man nicht in Sorgen stehen darff, als wäre sich nicht auff Honnettité zu verlassen. 8a / II 81

Der Arztberuf für Frauen *[1742]*

Christian Polycarp Leporin

Der erste Grund, warum kein Frauenzimmer zur medicinischen praxi soll gelassen werden, ist pudor sexus...

Darum muß wohl pudor sexus hier so viel bedeuten sollen, es stehe einem Frauenzimmer der ihm zukommenden Schamhafftigkeit halber nicht an,

1. den menschlichen Leib ... zu kennen, zu wissen und zu betrachten.
2. Von dergleichen Sachen aus dem Munde eines gravitætischen Lehrers Bericht einzunehmen, noch
3. mit Krancken von denen ad historiam morbi gehörenden Umständen zu sprechen, oder diese zu erkundigen...
Solte dieses pudorem sexus aufheben, so müste es dem Frauenzimmer, zumahl bey gewissen Fällen, noch viel bedencklicher seyn, sich in die Cur eines Mannes zu begeben, da doch dieses nicht erlaubt ist, sondern so gar, wenn es aus unzeitiger Schamhafftigkeit unterlassen wird, ein Vergehen heißet.
Dennoch, damit wir desto eher aus der Sache kommen, so will ich so freygebig seyn, und behaupten, ein Frauenzimmer, die curiren will, thue wohl, wenn sie Mannes Personen gar nicht, oder doch wenigstens bey gewissen Fällen nicht in die Cur nehme...
So bald wir aber unsern Satz dahin limitiret haben, so bald fallen auch diejenigen Einwürffe weg, die sonst noch die erheblichsten heißen müsten. Denn solte dadurch pudor sexus beleidiget werden, wenn das Frauenzimmer sich selbst und andere nach der structur und denen im Cörper vorkommenden Verrichtungen kennen lernet, und weiß wie es im gesunden und krancken Menschen daher gehet...
Ich könnte annoch viele andere Gründe beybringen, womit ich beweisen könte, daß wenn ein Frauenzimmer die Medicin erlernete, und denen die ihres Geschlechts sind, opere & consilieo beystehen könte, pudor sexus nicht violiret, sondern vielmehr nicht wenig bewahret würde, aber ich solte gedencken, es müsten sothane Gründe einem jeden, wenn er seine Gedancken zusammen nimmt, selbst beyfallen, und so viel am Tage seyn, daß die Erste raison, die pudorem sexus betrifft, nimmermehr gelten, noch so viel vermögen könne, daß deshalb ein Frauenzimmer vom studio Medico, und von der praxi selbst müsse abgehalten werden.

107 / Vorr. o. P.

Berufung zur Hofmusikerin *[um 1750]*
Angelika Rosa

Vormittags um 10 Uhr kam der fürstliche Läufer und überbrachte mir ein Handschreiben vom Fürsten, worauf ich sogleich schriftlich antworten sollte. Es war französisch und in den gnädigsten Ausdrücken abgefaßt. Der Inhalt besagte, ich sollte mich Nachmittags 2 Uhr bei Hofe einfinden und auf dem Flügel hören lassen. Was war zu thun? Ich antwortete, so gut ich konnte, daß ich Ihro Durchlaucht Befehl gehorsamen würde... ich ging um 2 Uhr aufs Schloß, wiewohl mit etwas Bangigkeit. –

Es war offene Tafel und ich wurde der Fürstin und deren Prinzessin vorgestellt... Ich spielte ohne Bedenken, was mir zuerst einfiel. Man schmeichelte mir, daß ich gut spielte, und dies feuerte mich denn so sehr an, daß ich alle meine Kräfte anwendete... Mein Meister, der Capellmeister ließ mich einige Arien singen. Das gelang mir denn auch so, daß ich vom Fürsten mit 200 Thalern Gehalt unter die Hofmusici aufgenommen wurde...

Des andern Tages schickte mir der Fürst Tafte, seidenes Zeug, Stücke Leinwand, Spitzen, kurz Alles, was zum Putz nöthig war, mit dem Befehl, mich aufs beste anzukleiden. Dies geschah denn, und ich durfte nun roth Band und Blumen tragen, die ich sonst als Predigertochter nicht tragen durfte. Die Geistlichen rannten sich bald die Beine ab bei meiner Mutter, sie sollte mich doch nicht zu dem gottlosen Leben hingeben, auf welches nichts als Fluch und Verdammniß folgen könnte. Es war nun aber nicht zu ändern; denn wie hätte man es wagen können, den Fürsten zu refüsiren und die Einnahme zu verlieren, die mir keiner von den Kopfhängern würde ersetzt haben? 150 / 59f

Tätigkeit als Gouvernante *[1751]*
Louise Gottsched an Wilhelmine Schulz

Ihre Aussprache, liebste Wilhelmine, und Ihr Ausdruck sind so vollkommen, daß Sie sicher die Lehrmeisterin adelicher Jugend seyn können. Ihre schöne Handschrift, Ihre Geschicklichkeit im Zeichnen, Ihre Fertigkeit auf dem Claviere, geben Ihnen gerechte Ansprüche auf eine der besten solcher Stellen, in so ferne von den Vollkommenheiten des Verstandes die Rede ist; und Ihr gutes Herz, Ihre untadelhaften Sitten, werden gewiß Tugend und Weisheit in die Gemüther Ihrer Untergebenen prägen. Darf ich Ihnen einen Vorschlag thun? Nehmen Sie eine solche Stelle an, liebste Wilhelmine. Sie werden Ehre und Vortheil, so wie Ihre Untergebenen mehr Nutzen als von den meisten gebohrnen Französinnen haben...

Oft habe ich gewünscht, daß rechtschaffene Prediger, Kaufleute, oder auch Gelehrte, die in ihrem Beruf nichts weiter als ihr Auskommen vor sich bringen, und oft eine Anzahl hülfloser Töchter hinterlassen, so viel auf ihre Erziehung wendeten, daß diese hernach, wenn ihre Väter stürben, auf eine anständige Art ihren Unterhalt fänden. Dieses würde ungemein viel Nutzen stiften, und unsre Landestöchter würden jenen Ausländern vorgezogen werden, die nur allzu oft schlechte Sitten, eine schlechte Aussprache, und schlechte Neigungen ihren Untergebenen beybringen.

Machen Sie den Anfang eine solche Stelle zu übernehmen, auch in diesem rühmlichen Entschluße werden Ihnen viel folgen, ob andre gleich weniger Vollkommenheiten als Sie besitzen.

57 / II 38ff

Dienst bei Hof *[um 1755]*

Karoline Pichler

Als sie ihr dreizehntes Jahr erreicht hatte, fand man sie geschickt und klug genug, um ihren nicht leichten Dienst anzutreten...[1]

Maria Theresia führte ein äußerst tätiges und sehr regelmäßiges Leben. Um fünf Uhr im Sommer, im Winter wahrscheinlich später, stand sie täglich auf, und eine Klingel rief ihren Zofen. Es war Etikette, daß keine anders als frisiert, im seidenen Kleide... ja selbst im Reifrocke, der aber zum Negligée nur von kleinem Umfang war und Hanserl genannt wurde, vor der Fürstin erscheinen durfte. Dies machte sehr frühes Aufstehen auch den Kammerdienerinnen, wenigstens denen, welche für diesen Tag im Dienste waren, notwendig...

Ihre trübsten Stunden hatte meine Mutter also bei der Toilette der Kaiserin oder bei der Verfertigung ihres Putzes, denn dazumal wußte man nicht so viel von Marchandes de mode, und die Fräulein, welche die Monarchin bedienten, waren auch größtenteils ihre Putzmacherinnen. Oft – sehr oft mußte eine Haube vier- bis fünfmal anders gesteckt werden, bis sie nach dem Geschmacke der Gebieterin war, und wer diese Art von Arbeit zu beurteilen versteht, wird wissen, daß ein öfteres Auf- und Andersmachen der Sache gar nicht förderlich ist, ja meistens die Schönheit der Stoffe und des Zubehörs ganz zerstört. Ebenso ging es mit der Frisur. Auch an dieser zupfte, rupfte, änderte die hohe Frau so viel und so lange, bis sie verdorben war und neu gemacht werden mußte, was denn bei der damaligen Art des Haarputzes gemeiniglich dahin führte, daß der ganze Bau zerstört, die Haare ausgekämmt und nicht selten neu in Papilloten gewikkelt und gekräuselt werden mußten. Daß die Gebieterin dabei übellaunig wurde, daß die Zofen das entgelten mußten, ist ebenso natürlich...

Eine viel minder verdrießliche, wenn gleich auch anstrengende

1 Karolines Mutter Charlotte Greiner war Hofdame Maria Theresias.

Art des Dienstes, war das Vorlesen der Geschäftsschriften in den verschiedenen Sprachen, welche in den weiten Provinzen der Erbstaaten geredet wurden... So las sie denn derselben viele Stunden und Stunden, besonders abends und nach dem sehr mäßigen Nachtessen, welches die Kaiserin in ihren Zimmern allein zu sich nahm, die Geschäftspapiere ihrer verschiedenen Staaten vor. Diese Lektüre dauerte fort, nachdem die Monarchin sich schon entkleiden lassen und zu Bette gelegt hatte, und selbst dann noch, bis der Schlaf sie überwältigte. Dann erst bekam meine Mutter die Erlaubnis, sich zu entfernen.

135 / 10f, 13f, 17f

Eine Gesellschafterin wird gesucht *[1759]*

J.A. Cramer an Chr. F. Gellert

Sie werden von der Frau Kammerherrinn von Pleß einen Brief erhalten. Sie möchte gern, weil sie ganz allein ist, eine würdige adliche Gesellschafterinn haben, und glaubt sie durch Sie in Sachsen zu finden, wo es vielleicht adliche Wittwen oder Fräuleins, besonders in den itzigen traurigen Umständen giebt, die eine solche Art von Versorgung gern sähen. Religion, ein gutes Herz u Geschmack wären, wie Sie gegen mich sagt, nothwendige Eigenschaften; Kenntnisse von frauenzimmerlichen Künsten, einige Einsicht in die Oekonomie und Musik sehr angenehm. Kennen Sie eine würdige Person, die es für ein Glück halten würde, mit einer der besten, vernünftigsten u vollkommensten Damen auf einem sehr angenehmen Fuße, als eine Freundinn, einige Jahre zu leben? 53 / II 218

Unterweisung der Hebammen *[1776]*
Herzoglich Gothaische Verordnung

Die theoretische Unterweisung der Lehrhebamme soll auf folgende Maase geschehen: Es soll nämlich selbige nicht nur wöchentlich einmal, zu einer von dem Accoucheur ihr zu bestimmenden Zeit, sich zu demselben begeben, und vom selbigem in der Theorie der Entbindungskunst sich unterrichten zu lassen, sondern auch alle und jede auf Unserm Theatro anatomico geschehende Sectionen weiblicher Körper besuchen. Der von Uns bestellte Accoucheur hingegen ist nicht nur verbunden, bey denen der Lehrhebamme wöchentlich einmal zu haltenden Vorlesungen, derselben die theoretischen Kenntnisse der Entbindungskunst auf eine deutliche und faßliche Art beyzubringen, wie nicht weniger mit selbiger von Zeit zu Zeit diesfalls ein Examen anzustellen, sondern es ist auch solcher schuldig, bey allen anatomischen Zergliederungen weiblicher Körper ... gegenwärtig zu seyn, und in Ansehung derjenigen Theile, deren äußerliche und innerliche Beschaffenheit der Lehrhebamme am meisten zu wissen nöthig ist, derselben noch besonders einen auf die künftige Ausübung ihrer Kunst sich beziehenden gründlichen Unterricht zu ertheilen.

Was die praktische Anweisung der Lehrhebamme in Unserer Residenzstadt Gotha anbelanget, so verordnen Wir; um hierzu hinlängliche Gelegenheit zu verschaffen, hiermit, daß alle in nurbesagter Unserer Residenzstadt Gotha mit unehelichen Kindern niederkommende ledigen Dirnen ... von keiner, als der erwähnten Lehrhebamme, in so ferne sie nämlich der Accoucheur dazu fähig hält, entbunden werden sollen.

Bey allen diesen Entbindungen aber muß der Accoucheur schlechterdings gegenwärtig seyn, um eines Theils, der Lehrhebamme die nöthigen Handgriffe zu lernen, und andern Theils allen außerdem aus deren Unerfahrenheit vor die kreisende, zu befürchtenden Schaden abwenden zu können. 180 / II 21 f

Berufliche Selbständigkeit [1779]
Johann Georg Krünitz

Der Mangel an inländischem Gesinde entsteht eines Theils daher, wenn sich das Gesinde, insonderheit die Mägde, auf ihre eigene Hand in Kammern oder Stuben bey andern Leuten setzet, und sich mit Spinnen, Nähen, Waschen u. dgl. zu ernähren gedenkt. Dieses thun sie gemeiniglich bey wohlfeilen Zeiten. Sie geben aber dadurch nichts anders, als eine Flucht vor der harten Arbeit und einen Hang zur Gemächlichkeit zu erkennen; sie nehmen lieber mit einem kleinen Gewinn fürlieb, nur, damit sie ihre eigene Herren seyn und hinter dem Ofen sitzen bleiben mögen; ja, sie suchen wohl gar dadurch Gelegenheit zu erlangen, ihren liederlichen Ausschweifungen desto besser und bequemer nachhängen zu können. Die Polizey kann demnach dieses Sitzen des Gesindes auf ihre eigene Hand nicht gestatten, sondern schaffet solches, wenn es nicht aus der Stadt gebürtig ist, fort, oder läßt es in das Arbeits- oder Zuchthaus bringen, und straft auch diejenigen mit Gefängniß oder sonst nachdrücklich, welche dergleichen Gesinde bey sich hägen, und dem Gesindeamte, oder dem Polizeybedienten, der über die Gesindesachen gesetzt ist, nicht anzeigen.

95 / 7f

Schreiben zum Broterwerb [um 1783]
Isabella von Wallenrodt

Ich erzählte ihnen unter andern: daß ich damals, wie ich mich von allem entblöst sahe, beschloß, als Schrifftstellerin etwas zu erwerben. Hier wird mancher sagen, daß die Brodnoth nicht der glänzendste Beruf zur Schrifftstellerei und bei unsern bücherreichen Zeiten, desto schlimmer für das Publikum ist, wenn es sich mit den Produkten bewirthen lassen muß, die aus Angst und Noth entstehen, weil dabei Kopf und Herz sehr wenig Interesse haben, es daher dem Schrifftsteller dessen Geistesblicke nur auf die baldige Einnahme des Honorairs gerichtet sind, nicht be-

kümmert, wie die Bogen voll werden, wenn sie nur voll werden. ... auch große Schriftsteller schreiben nicht umsonst; allein der Drang, die Welt zu belehren ... reicht ihnen die Feder, und nun ists billig, daß sie auch die Früchte ihres Fleisses geniessen. Ein ganz anders ists um das arme Geschöpf, welches sich selbst wie eine Zitrone auspreßt, und wie ein Gericht, das auf mehr als eine Mahlzeit reichen soll, immer wieder aufwärmt, um höchstens drei Thaler, meist zwei, auch wohl gar nur zwei Gulden für den Bogen ihrer unter Sorgen und Kopfbrechen geleisteten Arbeit zu erhalten ...
Meine Producte sehn sich alle ähnlich, in jedem bemerkt man Übereilung und Mangel der Feile. 203 / II 604, 606, 648

Eine erfolgreiche Malerin *[1784]*

D. Chodowiecki an Christiane von Solms-Laubach

Die Therbusch[1] war wahrlich eine grosse Mahlerin, ihr Kolorit ist nicht gantz wahr, aber sehr schön. Sie hatt vor ihrer Reyse nach Paris ihr familien Bild gemahlt das nicht ganz fertig ist, aber sehr schön – Es sind Figuren in Natürlicher Größe von Kopf bis zu Fuss, 8 oder 9 an der Zahl. Zusamensetzung, Zeichnung, Beleuchtung, Ausdruck, Gewand, Farbe alles ist schön, alles ist Natur, mit einer Rembrandt'schen Kraft und van Dykschen Wahrheit gemalt. Ferner hatt sie sich zu zwey verschiedenen mahlen und Altern Gemahlt – ganz herrliche Portraite, allemahl wenn sie Sachen mahlte, wo sie alles nach der Natur mahlen konte, war sie unvergleichlich; wenn sie aber die Natur übertreffen, idealisiren wolte, dan gerieht sie in Schwärmerey. Besonders wenn es ihr einfiel, mit ihrem Pinsel wollüstige Ideen zu erwecken, denn war sie mir unausstehlich, besonders wenn ich dabey dachte, dass es ein altes Weib war das diese Ideen erwecken wolte, um dadurch Geld zu verdienen.
Historische u. allegorische Gemähldе zeichnete sie schlecht.

1 Dorothea Elisabeth Therbusch.

Ihre Bildnisse grosser Herren und Damen mahlte sie mit vieler Pracht und glänzendem, warmem Colorit. Sie hat verschiedene Schüler gehabt, aber ich sehe nicht, dass aus einem einzigen was geworden ist.
Sie hatt offt viel Geld verdient, offt keines gehabt, und ist in den schlechtesten Umständen gestorben, obgleich sie vor etliche Tausend Thaler Bestellungen unangefangen oder unfertig hinterlassen hatt. 183 / 58

Kontrakt mit zwei Lehrerinnen *[1789]*
Johann Georg Krünitz

1. Die verwitwete Ober=Voigtinn Müller, nebst ihrer vorhin genannten Tochter, machen sich verbindlich, die ihnen anvertraute Jugend in Weiß=Nähen, Mützenmachen, Verfertigung und Ausbesserung der Kleidungsstücke, und Stricken, zu unterrichten, auch derselben Anweisung zu geben, wie sie Baumwolle, Wolle, Flachs und Hede, und zwar leztere durch Kämme, spinnen müsse... Sie versprechen, dieses Geschäft mit aller ihnen nur möglichen Gewissenhaftigkeit und Treue auszurichten; und um desto mehr Nutzen zu stiften, werden in der ersten Zeit beyde so lange den Kindern Anleitung geben, bis eine von ihnen allein im Stande seyn wird, die Arbeit zu bestreiten. Sie werden sich bemühen, die Kinder zu einem ruhigen, sittsamen Betragen, zu einer anständigen Ehrbarkeit, wie auch zur Reinlichkeit und Ordnung im Anzuge, zu gewöhnen, und zu dem Ende selbige niemahls ohne Aufsicht allein zu lassen.
2. Zu diesem Unterrichte werden ihnen zwar gewisse Stunden vorgeschrieben, jedoch werden sie sich nicht genau an diese Zeit binden, sondern sind bereit, zum Nutzen der Kinder die Unterweisung eine halbe Stunde länger fortzusetzen, als hier festgesetzt worden.
3. Sie verpflichten sich, auf die angeschafften und verzeichneten Werkzeuge zu achten, und für die ihnen übergebenen Materialien zu haften, weswegen ihnen zugestanden wird, die Arbeits=

Schul=Stube nach geendigtem Unterricht zu verschließen, und den Schlüssel zu sich zu nehmen.

4. In der Hoffnung daß sie alle diese Pflichten getreulich erfüllen werden, ist ihnen aus dem hiesigen Kirchen=Aerario folgende Besoldung versprochen; nähmlich

von Michaelis bis Ostern	18 Rthlr.
von Ostern bis Jacobi	7 Rthlr.
von Jacobi bis Michaelis	3 Rthlr.
also für das ganze Jahr	28 Rthlr. Cassen=Münze

94 / 491 ff

Zufriedenheit im dienenden Stand *[1789]*

Johanna Catharina Morgenstern

Die Vorsehung hat dich in einem Stande geboren werden lassen, wo du andern Menschen dienen mußt, um dadurch dir deinen Unterhalt zu erwerben. So wollte es Gottes Weisheit und Güte. Sey daher mit deinem Stande, mit deiner Lage zufrieden, und genieße, was dir darin zu theil wird, mit frohem, ruhigem Herzen. –

Begnüge dich mit der Belohnung, welche deine Herrschaft dir beym Eintritt in den Dienst verspricht, und sey zufrieden mit demjenigen, was sie dir angelobte, und du dir, als du dich bey ihr vermiethetest, gefallen ließest... Wähle eine gute Herrschaft, die von dir keine andre Dienste verlangt, als du zu leisten verstehst, und fähig bist, und sey dann mit der geringen Belohnung vergnügt, die sie dir dafür ertheilt.

Sey zufrieden mit dem Betragen deiner Herrschaft gegen dich. Findest du deinen Dienst nicht so, wie du ihn zu finden hoftest, so habe Geduld. 124 / I 3

Entlassung nach 50 Dienstjahren *[1789]*

Karl von Eckartshausen

Der Elisabetha N. wird in Kraft dieses attestirt, daß sie ganze 50 Jahre bei unserer Familie als Kindsmagd in Diensten gestanden sei, und sich ehrlich, treu und redlich aufgeführt habe; auch daß man sie aus keiner andern Ursache, als ihrer schlechten Augen wegen, wodurch sie dem Dienste nicht mehr recht vorzustehen im Stande war, entlassen habe. 29 / 104

Es ist nicht unsere Bestimmung *[1798]*

Charlotte von Stein an Charlotte Schiller

Ich habe die Schriften der Frau v. Berlepsch[1] nicht gelesen, außer wenige Briefe auf einer Reise. Ich kann aber über unser Geschlecht nicht so bescheiden sein, wie Sie sind. Ich glaube, daß, wenn ebenso viel Frauen Schriftstellerinnen wären, als Männer es sind, und wir nicht durch so tausend Kleinigkeiten in unserer Haushaltung herabgestimmt würden, man vielleicht auch einige gute darunter finden würde, denn wie wenige gute gibt es nicht unter den Autoren ohne Zahl. Die Organisation ist wohl einerlei und wohl gar unsere noch feiner zum Denken, aber es ist nun einmal unsere Bestimmung nicht; darin bin ich, mein liebes Lollochen, ganz Ihrer Meinung. 194 / II 331

Einrichtung einer Bierwirtschaft *[1799]*

Anna Hölzel an F. Schiller

Mir sind noch im stillen arm, weill mir noch ein aussicht haben die ist ein zigel hitt mitt einem schöhnen garten eine fürtel stund über dem Näcker ein spazir gang auf einem Dam, wo ich fohriges jahr eine wirtschaft mitt einer ohne bir an gefangen die Vor-

1 Emilie von Berlepsch.

nehmste der Statt besugten mich so daß ich öfters huntert Mänschen hatte, ich und dem dockter Jackoby von Stuckart seine schwäster die bey mir schon 3 jahr ist und redlich mitt mir leidet, besorgten die vülle Mänschen mitt Kaffe und Esswar, ich quelte mich daß mir von mütigkeit daß blud des abens zu hals rausschiest die mänschen hir könen mich alle so wie Sie und bethaurten mich, lobten mich meiner arbeit und erfindung, alle junge leiden schwuren sich schon den winter nirgens als bei der gute Hölzel jhr geld zu verzehren, und mir auf zu helfen... in diese Kleine wirtschaft wäre mir mitt wänichgem zu hälfen und ich könte es in kurzer Zeit ab zahlen, wan ich jhr gütiges geschänckt jez empfangen dürfe daß wolte ich gleich dazu verwenten vür bir und wein, ich hab an jedem die helft brofit und könte mitt Essen. 159 / 38, I, 56

Auf Reisen

Quälende Notdurft *[1725]*

Johann Christian Edelmann

Inmittelst ging unsere Reise auf der Donau bey dem schönen Wetter und der lustigen Gesellschaft, recht vergnügt von statten. Es waren ungefehr 42 Personen auf dem Schiffe, worunter ein gewiß Frauenzimmer war, die sich vor eine Gräfin ausgab, welcher ich einen Dienst that, der mir ihre Gunst erwarb, die sie mir hernach auf der ganzen Reise blicken ließ. Er bestund darinn: Es mochte der guten Person eine Nothwendigkeit ankommen, die sie sich vor der Gesellschaft zu nennen schämte, deswegen simulirte sie eine Übelkeit, und bat den Schiffer, oder vielmehr den Wiener Boten mit Thränen, das er doch anländen möchte, damit sie sich nur ein wenig eine Bewegung machen könnte.

Dieser so wohl, als die übrige Gesellschaft, hatten ihre Freude an der Qual der armen Creatur, und hätten sehr gerne gesehen, daß sie uns etwas zu riechen gegeben hätte: Ich aber konnte diese Unhöflichkeit nicht vertragen, sondern machte mich mit Ernst an den Boten, und versprach ihm ein raisonnables Trinkgeld, und nöthigte ihn endlich durch vieles Bitten und Vorstellen, daß er anländete. Der Angstschweiß stand der guten Person tropfenweise an der Stirne, und mir war bange, sie möchte in Ohnmacht fallen, und uns hernach auf dem Schiffe mehr Arbeit machen, als der Spaß werth war, den die unbarmherzigen Reisegefährten zu erleben gedachten.

Ein anderes schönes Frauenzimmer von Cölln stieg also mit Ihr aus, und verbarg sich mit Ihr, etwa ein paar Vaterunserlang im Gebüsche, und kam hernach frisch und gesund mit derselben wieder ins Schiff. Von dieser Zeit an mußte ich mich von der Gesellschaft scherzweise nur den Hrn. Physicum nennen lassen.

30 / 63 f

Sturz über den Abhang *[1733]*

Wilhelmine von Bayreuth an Friedrich II.

In Saarmund[1] habe ich mir fast den Hals gebrochen. Mein Wagen ist einen Abhang heruntergestürzt, so daß die Räder in die Luft standen. Meine erlauchte Nase nebst Kinn und Mund haben eine kleine Schmarre davongetragen, aber gottlob ist nichts weiter passiert... Du mußt nämlich wissen, liebster Bruder, daß ich mit dem Wagen eine doppelte Volte geschlagen habe, besser als der geschickteste Seiltänzer. Die Schwierigkeit bestand darin, herauszukommen, und das gelang nur mit großer Mühe. Die Sonsfeld und ich lagen zu unterst. Kurz, durch vieles Ziehen und Zerren brachte man mich heraus, und ich patschte durch den knietiefen Schmutz bis zu einem benachbarten Hause. Der erste, der mir dort zu Gesichte kam, war ein ehrwürdiger Geistlicher, dem ich versicherte, daß ich noch am Leben sei und keiner Vorbereitung auf den Tod bedürfte; denn ich hätte noch gar keine große Lust zum Sterben. Als ich mich setzen wollte, sah ich zu meiner großen Überraschung, daß ich meine Schuhe im Schmutz verloren hatte... Da sah ich einen barmherzigen Bauern kommen, der mir ohne ein Wort ein paar Schuhe gab. Ich fragte nach meinen Damen, aber man antwortete mir in einem Kauderwelsch, von dem ich kein Wort verstand. Ich hielt also zum Fenster Ausguck und sah sie mit höchst kläglichen Mienen aus dem Wagen herausschauen, ratlos, wie sie herauskommen sollten. Als ich hörte, daß sie sich nichts gebrochen, sondern nur Quetschungen davongetragen hätten, dachte ich an mein armes Gesicht und bat um einen Spiegel, um die Verfassung meiner Nase zu beaugenscheinigen; denn ich hielt sie für gebrochen. Sie blutete nämlich stark. Nach langem Suchen brachte man mir einen Spiegel, ein wahres Gerümpel, das, wie ich glaube, allen Geistlichen seit der Gründung Saarmunds gedient hat. Da die Nase zum Glück heil war und meine Damen erschienen, setzte ich meine Reise fort. 44 / I 148, 152

1 Bei Potsdam.

Ein Wickelkind geht verloren *[um 1737]*

Angelika Rosa

Als ich[1] in ein Dorf kam, wo ich wieder frische Pferde erhielt, und sehr erfroren war, forderte ich etwas Warmes. Die Wirthin brachte mir bald ein Eierbier. Das war für mich etwas ganz Neues, denn ich kannte das Bier nur dem Namen nach. Ich fand es aber so wohlschmeckend, daß mir deuchte, es schmecke und wärme eben so gut, als wenn ich sonst glühenden Wein trank. Ich gab Dir auch einige Löffel davon, und Philipp ließ es sich auch gut schmecken. Nun ging es wieder fort und der Postillon stieß ins Horn.

Zu meinem Leidwesen war im Dorf kein geschlossener Wagen zu haben, sondern ich mußte mich bequemen, in einer offenen Post=Calesche zu fahren. Es war gerade ein Uhr nach Mitternacht, da wir ausfuhren, es war heller Mondschein und bitterlich kalt. Da ich in die Luft kam, fühlte ich die Wirkung des Biers... Große Müdigkeit kam noch dazu. Der Postillon warnte mich, ja nicht zu schlafen, da ich sonst aus dem Wagen fallen oder wohl gar erfrieren könnte. Diese Warnung erfüllte mich nun vollends mit Angst. Ich weckte den Philipp, der in Betten eingewickelt zu meinen Füßen saß, daß er nicht auch schliefe. Nun fielst du mir ein. Ich glaubte nichts Gewisseres, als dich an der Brust zu haben. Gott! welcher Schreck! Ich hatte nichts als das ledige Kissen in meinen Arm gedrückt. Beinahe wäre ich vor Schreck in Ohnmacht gesunken. Ich schrie laut: mein kleines Kind ist verloren. Der Postillon, durch mein Klagen und Händeringen erweicht, lenkte sogleich um, um den Weg, den wir schon gemacht hatten, wieder zurückzufahren. Er an der einen Seite, ich an der anderen, suchten wir mit den Händen auf der Erde, aber vergebens. Meine Angst ließ mich die Kälte gar nicht fühlen. Wir kamen bald in das Dorf, von wo wir ausgefahren waren. Ich klopfte an das Wirtshaus. Die Wirthin ... öffnete die Thür, zündete ein Licht und half mir suchen unter allen Tischen

1 Bericht der Mutter Angelikas über eine Reise mit ihren beiden kleinen Kindern Philipp und Angelika.

und Bänken. Auf einmal fiel mir ein, daß ich dich auf einen Kasten gelegt hatte, auf dem allerlei Wäsche und alte Kleidungsstücke lagen. Siehe! Da lagest du noch in sanftem Schlummer, als wenn dich Jemand ordentlich wie in ein Bett gelegt hätte. Vermuthlich hatte ich das selbst gethan und hatte im Taumel das Kissen, worin ich dich zu binden pflegte, anstatt deiner genommen... Nun stieg ich wieder auf den Wagen, nahm dich wie eine kostbare Beute, drückte dich mit Freuden und mit Dank an meine Brust und in Gottes Namen ging es wieder fort. 150 / 24 ff

Aus der gewohnten Ordnung [1753]

Louise Gottsched an Frau von S.

Sobald wir unter anhaltenden Regen in *** gegen 8 Uhr des Abends angelanget waren, setzten wir uns zu Tische. Nach einer kurzen Mahlzeit, legten wir uns in das uns angewiesene Schlafgemach, in welchem wir vor großer Müdigkeit, das Getöse der Mäuse verschliefen. Die folgenden Nächte wurde ich von meinen Todfeinden, bis gegen Morgen vom Schlaf abgehalten, eine Sache die mir höchst unangenehm gewesen ist. Alle Tage unsers Aufenthalts haben wir uns durch die ***er Küchenzeddel durchgeschmaußet. Wenn ich Ihnen sage, daß wir fast täglich vierzehn warme Speisen und einen weitläufigen Nachsatz gehabt, dabey aber auch über fünf Stunden bey Tische gesessen: so werden Sie leicht schlüßen, daß wir nicht Hungers gestorben sind. Wie oft habe ich an diesen reich besetzten Tafeln, an die ***ischen Mahlzeiten mit Wehmuth zurücke gedacht! Sonnabends früh, erschien endlich die von mir so lange gewünschte Stunde, da wir unsern Stab weiter setzten. Hier dachte ich ebenfalls an Ihre liebreiche Fürsorge zurücke. Es ward uns zwar ein sehr artiges Frühstück aufgetragen, allein da es erst sieben Uhr war, konnten wir keinen Bissen davon genüssen. Es würde uns besser auf der Mittagsstation zu statten gekommen seyn, wo wir nichts als alte Butter und verdorbnen Käse bekommen konnten. Die Landstraße führte uns endlich auf verzweifelte böse Wege.

Sie können errathen, wer darüber ungedultig ward, schimpfte und schmählte: ich habe treulich geholfen. Diese Wege sind ordentlich zum Räderbrechen gemacht. Sie werden jährlich mit 20,000 Thlr. nicht verbessert, sondern verschlimmert. In allen Städten sind wir bis über die Achsen im Kothe gefahren, aber hier in Hannover ist das Pflaster kostbar. 57 / II 132 ff

Eine Reise von vier Meilen *[um 1770]*

Isabella von Wallenrodt

Ich fand einen unergründlich schlimmen Weg auf dieser Reise... Die Leute konnten nur ganz langsam fahren, um nicht Räder und Axen zu zerbrechen, und alle Augenblicke sank der Wagen bald von der, bald von jener Seite ein... Ich hatte diese kurze Reise ohne weibliche Bedienung angetreten ... um aber nicht ganz allein zu sein, nahm ich eins meiner Kinder, eine Tochter von beinahe 3 Jahren mit. Dies Kind ängstigte mich noch mehr, ihr ward bange, da es finster war, und der Wagen immer einzusinken schien, sie schmiegte sich fest an mich an, und fragte, ob wir nicht bald zum Vater kämen? ... ob wir nicht ins Loch fallen würden u. dergl...

Meine Leute mußten oft halten, und die Pferde verschnauben lassen, es war stockfinster, und nicht möglich B[reslau] zu erreichen, ich beschloß im nächstliegenden Dorfe einzukehren; der Kutscher fuhr also queerfeld ein, aufs erste Licht zu, und wir gelangten an ein Wirthshaus, welches ein Stück vom Dorfe ab lag, zu dem es gehörte. Alles, was da möglich war, bestand in einem erbärmlichen Oberstübchen, und einem noch erbärmlichern Bette. Ich beschloß mich nicht auszuziehen, und alle bei mir habende Tücher über die Kopfküssen zu breiten... Als ich des Morgens aufstand, war die erste Nachricht, die ich erhielt, daß mein Wagen ... ausgeschnitten sei. Ein neuer Schreck! ... Also fuhr ich in dem Kasten, der noch einmal soweit war, und auch mehr Kälte zu enthalten schien ... in Gottes Namen fort, mit dem traurigen Bewußtsein, daß ich kein Geld, wohl aber, einen beraubten Wagen mit nach Hause brächte, welche unvermuthete Freude meinem Mann um so viel willkommner sein mußte, da er ihn vor etlichen Wochen hatte neu ausschlagen lassen. 203 / I 458f, 461ff

Hindernisse aller Art *[1772]*

Eva König an G. E. Lessing

Von einem Dorfe, das sich Rattelsdorf nennt, haben Sie wohl in Ihrem Leben nichts gehört? Auf dem sitzen wir nun beinahe vier und zwanzig Stunden, und wer weiß, ob wir nicht noch viermal vier und zwanzig Stunden hier aushalten müssen. Es kommt auf den Main an, ob der fallen will; so wie er jetzt ist, ist er nicht zu passieren, wenn man auch was wagen wollte. – So viele Hindernisse, wie wir auf dieser Reise[1] angetroffen, mit solchen Beschwerden und Gefahren verknüpft, habe ich in meinem Leben nicht ausgehalten. Es lassen sich wenig Unfälle mehr denken, die uns nicht schon alle begegnet sind. In 36 Stunden haben wir zwei neue Achsen und zwei Stangen zerbrochen; die Pferde sind mit uns durchgegangen, und haben über solche Graben und Hügel gesetzt, daß wir nichts anders, als den schrecklichsten Tod vor Augen sahen, bis endlich, da sie eben wieder über einen tiefen Graben setzen wollten, die Stränge des einen Zugpferdes rissen. Zu unserm größten Glück! denn dadurch verloren sie die Macht über den Graben zu setzen, und kehrten auf die andere Seite um, wo uns Bauern zu Hülfe eilten, die sie auch glücklich erhaschten. Gestern sind uns zwei Pferde vor dem Wagen gefallen; bei dem ersten hielten wir uns vier Stunden auf, und versuchten alles, um es zu retten; allein es war umsonst, wir mußten es am Ende für den Scharfrichter des nächsten Dorfes liegen lassen... Der Postillion war ein Original. So gut als dumm, beides im äußersten Grade. Der Kerl dauerte mich, denn er war völlig abgemattet; und nun wollte vollends das Unglück, daß, als wir

1 Von Hamburg nach Wien.

kaum eine Viertelstunde gefahren waren, ihm im Wasser das zweite Pferd auch fiel. Dies hat er denn doch noch gerettet, weil zum Glück Leute in der Nähe waren, die ihm zu Hülfe kamen. Für uns aber ward es schlimm. Wir waren zwar ausgestiegen; allein unser Wagen stand im Wasser, und diese Pferde konnten ihn nicht herausziehen. Wir mußten also drei Viertelstunden weit nach einem Dorfe gehen, durch einen solchen schrecklichen Weg, daß ich diese Stunde noch nicht begreife, wie ich durchgekommen bin. Bei jedem Schritt, den ich tat, mußte ich die Beine mit Macht aus der Erde ziehen, und es regnete, daß ich keinen trocknen Faden auf dem Leibe behielt. Nun sagte ich zu meinem Schwager, wie wir wieder im Wagen saßen, für heute werden wir doch wohl genug Fatalitäten überstanden haben? Wills Gott! war seine Antwort; aber das Wills Gott traf nicht ein, denn wir mußten noch durch drei Gewässer, die alle drei in den Wagen kamen. Das letzte war so hoch, daß alles, was im hintern Chaisekasten lag, naß wurde. Dieses zu trocknen, war heute meine Beschäftigung. 171 / 154f

Aufbruch nach Amerika *[1776]*

Friederike von Riedesel

Ich reisete den 14ten Mai 1776 frühmorgens um 5 Uhr von Wolfenbüttel ab, und ungeachtet des sehnlichen Verlangens, das ich hatte, meinen Mann[1] wieder zu sehn, fühlte ich doch die Größe meines Unternehmens zu sehr, um nicht ein schweres Herz zu haben; besonders, da man gar nicht aufgehöret mir zu wiederholen, welchen Gefahren ich mich aussetzte. Gustchen, meine älteste Tochter, war vier Jahr und neun Monate alt; Fritzchen, meine zweite, zwei Jahr, und Caroline, mein jüngstes Kind, nur erst zehn Wochen alt. Ich hatte also allen meinen Muth und alle meine Zärtlichkeit nöthig, um nicht öfter meinem einzigen Wunsch zu entsagen, ihm zu folgen. Man stellte mir nicht allein

1 General Friedrich Adolf von Riedesel kämpfte für England in Nordamerika. Seine Frau folgte ihm mit ihren drei Kindern dorthin.

die Gefahren zur See vor, sondern sagte mir auch, daß wir besorgen müßten von den Wilden gefressen zu werden; daß man sich in Amerika mit Pferdefleisch und Katzen ernährte; und doch schreckte mich alles dieses noch weniger als der Gedanke, in ein Land zu kommen, wo ich die Sprache nicht verstand. Inzwischen war ich auf alles gefaßt, und der Gedanke, meinem Manne zu folgen und meine Pflichten zu erfüllen hat mich im ganzen Lauf meiner Reise aufrecht erhalten...
In Mastricht warnte man mich, auf meiner Hut zu sein, weil die Wege durch Straßenräuber sehr unsicher gemacht würden, deren in vierzehn Tagen 130 theils gehängt, theils auf andere Art hingerichtet worden, welches aber noch nicht der vierte Theil von denen wäre, die sich noch da befänden; und daß man sie gleich ohne weiteren Prozeß auf die Landstraßen und an die Örter aufhinge, wo sie ihr Wesen trieben. – Diese Nachrichten setzten mich sehr in Furcht, und ich nahm mir vor, nicht bei Nachtzeit zu reisen; da ich aber sehr schlechte Pferde bekam, so mußte ich doch in der Dämmerung durch einen Wald, wo etwas hängendes mir durch das offene Fenster in den Wagen hineinschlug. Ich faßte darnach, und als ich etwas rauhes fühlte, fragte ich was es sei? – Es war ein Gehängter mit wollenen Strümpfen. Noch ganz erschrocken darüber wurde mir noch weit mehr angst, als man vor einem ganz einsam stehenden Hause in diesem nämlichen Wald stille hielt, wo die Postillons nicht weiter fahren wollten. Der Ort hieß Hune, ich werde ihn nie vergessen! Ein Mann von ziemlich verdächtigem Ansehn empfing uns, und führte uns in eine sehr abgelegene Stube, wo ich nur ein Bett fand. Es war kalt, ich ließ also Feuer in einem großen Kamin machen; unser ganzes Abendbrodt bestand in Thee und in sehr grobem Brodte. Mein treuer Rockel kam zu mir mit einem sehr ängstlichen Gesicht, und sagte mir: «Hier ist's nicht richtig! es ist da eine Kammer voller Gewehre, ich glaube die andern Leute sind aus; gewiß sind es Spitzbuben! ich werde aber die Nacht vor Ihrer Kammer mit meinem Gewehr sitzen, und werde mein Leben theuer verkaufen. Der andere Bediente soll in der Kutsche sitzen, auch mit seinem Gewehr.» Alles dieses machte natürlich

meinen Schlaf nicht ruhig, ich hatte mich auf einen Stuhl gesetzt, und den Kopf auf das Bette gelegt. Doch schlief ich endlich ein, und wie groß war mein Entzücken beim Erwachen, als man mir um vier Uhr des Morgens zu sagen kam, daß alles zur Abreise fertig sei, und ich darauf den Kopf zum Fenster heraussteckte, und in dem Walde, worin wir uns befanden, eine Menge Nachtigallen um uns her bemerkte, welche durch ihren angenehmen Gesang mir alle meine überstandene Angst vergessen machten. 143 / 37–41

Sophie geht auf Reisen *[1787]*

Johann Anton Leisewitz

Am 20sten May waren Mauvillons bey uns, erzählten, daß sie den folgenden Sonnabend nach Hannover reißten, und baten Sophien mit ihnen Gesellschaft zu machen. Sophie[1] lehnte erst das Anerbieten ab, fand nach und nach das Project reizend und entschloß sich endlich auf mein Zureden zu der Reise, die nur fünf Tage dauern sollte.

Unglücklicher Weise hatte ich den Tag eine Abführung genommen und diese mich zu stark angegriffen. Nun schien mir nichts trauriger als diese Trennung, nichts gefährlicher als diese Reise. Was das erste betrift, so konnte ich nicht begreifen, wie ich fünf Tage ohne Sophien leben könnte. Es setzte mich in eine Art von Verzweiflung, daß ich sie nicht in Bette, bey dem Essen, bey den Theetische finden, ihre süße Stimme in so viel Tagen nicht hören, erst den dritten Tag Nachricht von ihrer Reise bekommen sollte. Mit dem Allen vermischten sich Ideen von der großen unvermeidlichen Trennung. Höchst gefährlich schien mir die Reise, weil ich bey der damaligen Hitze ein Gewitter fürchtete, und weil man von einer Spitzbubenbande sprach, die das Eichsfeld unsicher mache. Der Erbprintz erzählte mir am Montage, daß man die Posten durch Cavallerie bedecken lassen

1 Seine Frau Sophie Leisewitz.

wollte. In alle diese Gefahren sollte das schwache Weib sich ohne mich stürtzen. Ich beschloß sie nie mehr wider auf die Weise allein zu lassen...
Als ich am folgenden Morgen aus dem Bette war, fiel mir durch die Alcoven Fenster ein Billet in die Augen, das Sophie für mich auf meinen Schreibtisch gelegt hatte. Ich beschäftigte mich emsig, der Tag ging so ziemlich hin, und ich beruhigte mich durch allerley Vorspiegelungen über den beynahe unaufhörlichen Sturm und den nicht ganz seltnen Regen. Allein als am Abende dieses so kalten Tages, da ich eben bey Schmids war, ein Gewitter heraufzog, das freylich sehr schwach war, wobey es aber entsetzlich regnete, so verlohr ich über den Gedanken, daß Sophie vieleicht noch auf dem Felde wäre, daß dieses Gewitter in den Gegenden, durch die sie reißte, früher und stärker gewesen seyn könnte, alle Fassung. Und in dem Zustande mußte ich noch Taroc spielen.
Wie sie nach meiner Meinung auch auf den schlimmsten Fall in Hannover seyn mußte, wurde ich muntrer, allein etwas von dem Sauerteige blieb doch noch...

Den 30. May. Um ½5 war Sophie in meinen Armen. Was ist es gut, daß ich das Schicksal des guten Weibes nicht gewußt habe! Sie hat rückwärts fahren müssen und auf die Weise am Sonnabend den Gewitter Regen aushalten müssen. Bey dem Allen ist sie wohl bis auf eine kleine Unbequemlichkeit in Halse nur. Aus Liebe zu mir hat sie beynahe keine ruhige Stunde gehabt und will sich ohne die dringendste Noth niemals auf die Art wieder von mir scheiden. 104 / II 186ff

Pflichten des Dienstmädchens [1789]
Johanna Catharina Morgenstern

Sey bereit, deine Herrschaft auf ihren Reisen zu begleiten, und bezeige dagegen keinen Mißmuth und Widerwillen. –
Das erste Geschäfte, welches du übernehmen mußt, ist das Einpacken.
Ehe du Kleider einpackest, so lege ein altes weißes Laken in den Koffer, damit die Sachen nicht von Nägeln gescheuert werden. Alle harte Sachen, als Schuhe, Kästchen, Schachteln und dergleichen, bringe im untern Theil des Koffers. Was du hineinlegest, lege gerade und fest, Wäsche und schwere Kleider unten, die leichten oben, und ordne alles so, daß keine Lücken bleiben: oben bringe ein schlechtes Kleidungsstück, worauf das Laken kömmt, welches vorher auf den Seiten hin zugeschlagen wird, ehe der Koffer zugemacht wird. Siehe dahin, daß alles verschlossen wird; vergiß auch die Kofferschlüssel nicht.
Wird Wein, Bier u. dergl. mitgenommen, so sorge dafür, daß es gehörig in Heu gepackt werde, damit nichts zerbreche...
Auf der Reise vermeide alles, was Verdruß erwecken kann. Laß es dir gefallen und murre nicht, wenn du auf dem Bock der Kutsche sitzen mußt; sey überhaupt nicht unzufrieden, wenn du auf Reisen nicht die Bequemlichkeiten findest, die du zu Hause hast.
Bist du zum Schlimmwerden geneigt, so gehe lieber öfters eine Zeit, und du wirst das Fahren nach und nach gewohnt werden.
Wird des Nachts gereist, so mußt du, wenn die Herrschaft schläft, wachen, und öfters nachsehen, daß die Koffer nicht abgeschnitten werden.
Reisen Kinder mit, so sorge dafür, daß sie keinen Schaden nehmen; hebe sie behutsam aus dem Wagen, und gieb darauf Acht, daß sie nicht die Hand zwischen der Wagenthür haben. Sind kleine Kinder dabey, die du im Wagen auf dem Schooß hast, so nimm sie ja recht in den Arm, wenn der Wagen stößt, damit sie keinen Schaden nehmen...
Bey der Rückreise habe Acht, daß alles mit zurück genommen

wird; packe die schwarze Wäsche gehörig ein, und lege solche in die Lücken des Koffers.
Ist die Reise vollendet, so laß dein erstes Geschäfte bey deiner Rückkehr seyn, die Koffer auszupacken, und alles an Ort und Stelle zu bringen. Freue dich der zurückgelegten Reise und fange dann deine häuslichen Arbeiten mit neuen Kräften an.

124 / II 68f

Gestörte Nachtruhe *[1797]*

Helene von Manteuffel an ihre Schwester Sophie

Unsere ganze kleine Gesellschaft[1] war ... so heiter gestimmt, daß wir einen sehr vergnügten Abend im Saulschen Kruge verbrachten, einige frische Eier, Milch und Kartoffeln mit dem besten Appetit verzehrten und uns dann auf ein großes Strohlager zur Ruhe niederlegten. Wer konnte aber an schlafen denken! Das war ein Geschnatter und Geplapper ohne Ende. Denke Dir nur sechs Frauenzimmer, Emilie und Sophie mit eingerechnet, auf einer Streu – alle wie kleine Kinder aus der Ruhe gekommen! Endlich mußte die Sacken noch russische Lieder singen, frohe und traurige, und so lullte sie uns alle in Schlaf. Da um Mitternacht wurden wir durch ein unbändiges Klopfen an die Tür aufgeweckt. Endlich öffnete der Wirt die Haustür und ließ zu meinem Erstaunen ein paar russische Offiziere ein, die auch die Nacht hier zubringen wollten. Nun mußt Du wissen, daß wir im ersten Zimmer lagen, sie uns alle passieren mußten. Denke Dir meine Angst, es konnten ja rohe, ungezogene Menschen sein, und keine Tür war zu verschließen. Der erste, ein langer schlanker Mann, trat auch recht soldatisch herein, blieb aber bestürzt in der Tür stehen und betrachtete uns mit lang gerecktem Halse. Wir waren alle mäuschenstill, atmeten kaum und schliefen wie die Ratten. Endlich ging er leise ins Nebenzimmer, warf sich auf ein Bett, und bald darauf hörten wir ihn zu unserer großen Beruhigung laut schnarchen. Kaum aber wagten wir uns wieder et-

1 Auf der Reise nach Reval.

was zu regen und umzusehen, als die Tür abermals aufging und das sonderbarste Tier hereinwatschelte. Es war der andere Offizier, der unterdessen beim Wirt seinen Bauch gepflegt hatte. Er war nicht ganz so dick wie Falstaff, aber auch nicht viel dünner, ein wahres Monstrum mit einem Affengesicht. Dieses sonderbare Geschöpf schleppte sich durch unser Zimmer und trug eine Menge Pelze und Decken, die wie lange Schleppen hinter ihm hergingen. Ich konnte unmöglich das Lachen lassen – die Sakken kniff mich in den Arm, und ich biß vor Angst in unser Bett und bekam den Mund voll Stroh. Emilie kicherte ganz leise, und Lottchen rief einmal über das andere: «Pfui schämt euch doch, das ist ja unanständig – still, still» – usw. Denke um Gottes willen, das machte mich noch mehr zu lachen, ich umschlang Miechen, und so lachten wir beide eine in der anderen Mund hinein, bis wir endlich wieder einschliefen. 96 / 5f

Vor Gericht

Brief aus dem Gefängnis *[1712]*

Friederike Caroline Weißenborn

In, was vor einen Elenden, und Erbarmungswürdigen Zustandt ich anitzo lebe[1] da ich von aller welt verlassen und von meinen leiblichen Vatter auf das Euserste verfolget werde, über dieses auch Kumer und Hunger leiden mus, indem derselbe sogar wieder die natur, und mehr als unmenschlich, mir Keinen bissen schicket, von denen Wohllöbl herrn Stadtgerichten aber täglich um 6 pffenig broth welche doch zuvor ohne vorgehendes bitten und schiken von dem gerichts Knecht seinen leuden nicht erlangen Kan bekome und darbey Kaltes ungesundes, welches mich unfehlbar noch um mein leben bringen wirt wasser, mit Jamer trinken muß Können dieselbe leicht erachten und Gehet mir dahero sehr zu hertzen das mein unbarmhertziger Vatter auch noch über dieses die herrn Stadtgerichten durch ein gegebenes schreiben dermaßen molestirt, das diese nunmehro des sinnes, mich Endweder auf den fleischerthurm, oder in ein ander Endlegenes furchtsames gefangnüs, setzen zu lassen ... und ich woferne mahne mich in ein ungewöhnliches gefangnüs, bringen, oder mich von dem gerichtsdiner mit schlägen gleigsam als wär ich in einer Zuchtschult darenn ich doch nicht gehöre traktiren lassen würte, darieber solches Schimpff halber, in die eußerste verzweifflung verfallen, zu mahlen den ich mir meiner Einfalt nach leicht einbilten Kan, das unsere sache nicht so gefährlich, als mein Hr. Vatter u. das gemeine volk darvon reden also lebe der sichern hoffnung, Es werden die Wohllöblichen herrn Stadtgerichten ... mit diesen meinen unbeschreiblichen Elend, da Keine Seele sich meiner annehmen will u. gott allein mein trost u. leben ist ein hochgeneigtes mitleiden tragen, u. mich mit sol-

1 s. Anm. S. 156.

chen stuben da Diebe u. mörter, hin gehören auch auser anderten traktamenden verschonen ich meines Orts, will vor dero wohlfahr dem höchsten unaufhörlich bitten, meine Zeit mit singen und bethen zubringen auch sonst in allen Stüken mich Erbar bezeigen. 140 / 25f

Erlaß gegen Huren *[1715]*

Herzoglicher Erlaß für Stuttgart

Uns wird zu ohngnädigem Mißfallen hinderbracht, waßmaßen so viele Canaillen und Hueren sich in unserer Statt Stuettgardt befinden, und ist dahero unser Befehl, du sollest ohngesammt 2 große Schubkarren machen, und auf alle dergleichen Persohnen fanden, selbige so gleich handfest machen – und so dann darein spannen laßen, damit Sie wochentlich dreymahl den koth in denen straßen offentlich wegführen. Hieran beschihet etc. etc.

144 / VI 273

Vorbeugende Haft im Spinnhaus *[1718]*

Ratsprotokoll der Stadt Freiburg

Indeme EE.rath glaubwürdig angezaigt worden, wie daß Maria Eva Mayerin weyl. Niclauß Mayers des im leben gewesten allhiesigen zimmerwerkmeisters seeligen nach tod hinterlassenes döchterlein ohngefehr siben jährigen alters schon zue etwelchen mahlen, und erst kürzlichen zu Uffhausen in entfrembdung underschiedlichen doch nit vilwertigen sachen ertappet worden, wie dann solches von lobl. thurmambt undersuocht, und dises wahr befunden ... daß solches kind nicht guette indicia khünftigen wohl verhaltens von sich verspühren lasse, als ist hiemit erkhant worden, umb damit ersagtes mädlin nit etwann khünftighin in stärkere laster durch die gewohnheit fallen möchte, selbes in die stuben zum stockwarth zue bringen, und demselben zue einer hailsamb, und fruehzeithigen correction vor ein denkhmal durch den stockwarth oculte 24 straich mit der ruten geben zue lassen, nachgehents dasselbe in den mehreren spithal alhier zue bringen, und daselbsten ihme einen glotz ahnzulegen u. zum spinnen anzuhalten so lang und vil bis solches künftiger zeith reufer und bessern verstands sich zue einer anständigern lebensarth schickhen möchte. 160 / 26

Frauen brauchen einen Rechtsbeistand *[1731]*

Landrecht der Grafschaft Hohenlohe

Die Weiber aber, so keine Ehemänner haben, sollen zu gerichtlichen Handlungen, wie auch zu wichtigen ausergerichtlichen Geschäften, z. E. wann sie etwas an liegenden Gütern kaufen, verkaufen oder tauschen wollen, wenigst einen erfahrnen Mann, als ihren Beistand gebrauchen. Und gleichwie sie zu gerichtlichen Handlungen ohne Beystand (auser in Criminal und Ehesachen) nicht zuzulassen sind; also müssen auch diejenige, die mit einer Frau ohne Beistand in aussergerichtlichen Geschäfften etwas abschliessen, gewärtig seyn, daß dieselbe, wann sie dardurch in Schaden kommen, und deßwegen klagen würde, in vorigen Stand gestellet und die Handlung aufgehebet werde.

147 / 94

Aufhebung der Strafe für uneheliche Schwangerschaft *[1735]*

David Faßmann

Ihre Majestät[1] seynd ein recht abgesagter Feind von aller geilen Brunst und Hurerey. Dem ohngeachtet haben Sie Barmherzigkeit und Compassion mit geschwächeten und gefallenen Personen. Ja, weil Sie wissen daß eben diejenige, welche sich am wenigsten aufs Huren=Handwerck legen, am allerersten und leichtesten schwanger werden, haben Sie en faveur derselben alle Strafe aufgehoben, die sonst eine geschwängerte Person zu ge-

1 König Friedrich Wilhelm I. von Preußen.

warten gehabt. Solches ist aus zweyerley Ursachen gewesen; erstlich, weil eine geschwächte Person, die keinen Vater zu ihrem Kinde hat, der solches samt ihr ernehret, die verachteste und elendeste Creatur unter der Sonnen ist, vors andere, damit eine unverheyrathete und schwangere Person, aus Furcht vor der Kirchen=Busse und anderer Strafe, nicht etwa zur Vertuschung ihrer Leibes=Frucht, und zu einen Kinder=Mord, verleitet werden möge. Begehet aber eine Weibes= Person dennoch einen Kinder=Mord, so wird sie gesäcket. 37 / I 924

Todesurteil ohne Beweise *[1740/50]*

***

Hat Anna Maria Rauin bekannt, daß ihr in Unzucht erzeugtes Kind, da es zur Welt gekommen, sich mit dem Kopfe hin und her beweget, und sie solches, damit es nicht schreyen, und es niemand erfahren noch wissen sollen, an dem Halse unter dem Gesichte angegriffen, und ziemlich feste gehalten. Nun läugnet sie zwar einen mörderischen Vorsatz gehabt zu haben und mit dem Kinde mörderisch umgegangen zu seyn. Da nun überdieß die bey der Besichtigung des todten Cörpers gebrauchte Medicus und Wund-Arzt wegen der Art des Todes zweiffelhaftig seynd, die von ihnen gemachte Lungen-Probe, nach vieler Medicorum Geständnisse, öffters falliret, Inquisitin selbst nicht gewiß weißt, sondern nur der Meynung ist, daß das Kind lebendig auf die Welt gekommen, und von ihr ersticket worden, zudem ihr aus Furcht der Marter gethanes Bekänntniß, wenn es auch seine Richtigkeit hätte, in Ermangelung eines ungezweiffelten Corporis Delicti und völliger Gewisheit, daß das Kind gelebet, die Todes-Straffe zu erkennen nicht hinlänglich scheinet, so gewinnet es das Ansehen, ob hätte Inquisitin entweder mit einer ausserordentlichen Straffe beleget, oder allenfalls durch würcklichen Angriff des Scharffrichters zu einem richtigeren Bekänntnisse angestrenget werden sollen; alldieweil aber, daß das Kind gelebet... aus den Umständen erhellet, und durch der Inquisitin Bekänntnis vollens ausser Zweiffel gesetzet … ferner der Inquisitin Intention, dem Kinde, durch Zusammendrückung des Halses das Schreyen zu verwehren, und damit, daß niemand von dessen Geburt etwas erfahren möchte, zu verhindern, ein wahrhaftiger mörderischer Vorsatz, nemlich das Kind auf diese Art von der Welt zu bringen, gewesen, und Inquisitin, daß das zarte Kind von diesem Zusammendrücken des Halses und der Kehle ersticken und sterben müsse, als ein vernünftiges Mensch nothwendig schließen sollen … so wird sie … mit dem Schwerdte vom Leben zum Tode gebracht. 201 / 11f

Strafmilderung für eine Diebin *[1742]*

Kriminal-Akten der Stadt Freiburg

Obwohlen die inhaftierte Maria Fargaschin … ihres alters 18 bis 19 jahr, weil sie zu dem neülich in der Loreten-Capellen beschehenem diebstahl mit beraubung der heiligen Mutter Gottes kleidern denen diebinnen wacht gehalten, und von diesen den diebstahl zu verkaufen übernommen, auch würcklich verkauft hat, nit weniger als eine vagabundin keines ehrbaren wandels zu seyn anzusehen ist, mithin billich mit dem stauppen-besen durch den scharpfrichter zu bestrafen were. So wird doch aus bewegender ursachen dieselbe dermahlen mit gemeldter bestrafung verschonet und dahin begnädiget, daß sie als eine diebin öffentlich auf den lasterstein dem volckh mit der verbrechungstafel undt ruethen in den händen haltend eine stund lang vorgestellt, mit 24 farrenwadelstreichen gezüchtiget und alsdann nach abgeschworener urphedt hiesiges stattgebiet zeit ihres lebens nit mehr zu betretten, verwiesen werden solle, mit dieser ernstlichen bedrohung sofern sie … widerumb in dieser statt oder derselben gebieth erscheinen und angetroffen würde, daß alsdann wider dieselbe weit schärpfer und ohne alle begnädigung auch als eine urphedbrecherin abgestraft werden solle.

160 / 40f

Verstöße gegen die Kleiderordnung *[1750]*

Strafliste aus dem Gericht Dachau

Die Riedelböckhin tochter Maria Anna schon zue 3 mahlen wegen tragung Goldt, und Silbers ein aufsehen gemacht, zu 3 fall dan 15 Reichstaler

Schallenmayr Mariandel mit einer reichen hauben ein mahl erschinen, hiemit zu einem fall 5 Reichstaler

N: Rottin allhiesige Riemerin schon das trittemahl mit einer reichen hauben nebst galoniertem mieder erschinen, zue 3 fall dan 15 Reichstaler

barbara Öftlin alhiesigen baader Magerls Eheweib zue 2 mahlen mit sehr kostbahren schwarzen spizen und auch was reiches erschinen, zue 2 fall dan 10 Reichstaler

die Weissgerberin allhier ist in einer halbreichen belzhauben einmahl erschinen, 1 fall dan 5 Reichstaler

burgermaisters Lumbergers tochter eine reiche hauben mit Silbernen Spitzen getragen so dan 1 fall 5 Reichstaler

5 / 85f

Hinrichtung einer Kindsmörderin *[1772]*

Prozeßakten der Stadt Frankfurt/Main

An der Catharinen Thurm Thüre ... habe die Wache ..., in der Stube selbsten aber die beyde Herrn Geistliche Willemer und Zeitmann, Herrn Obrist=Richter in seiner völligen Executions=Kleidung, ... die Delinquentin[1] in ihrem völligen Todten=Kleid, der weisen Haube, des weisen leinenen Jacks mit schwartzen Schlüpfen, weißen dergleichen Rocks, weiße Handschuh anhabend, in den Händen ein zusammen gefaltetes weißes Sacktuch und eine grose Citrone haltend, und den Nachrichter samt sei-

1 Susanna Margaretha Brandt.

nen beyden Söhnen vor der Stuben=Thür stehend ... angetroffen, und haben die Herrn Geistliche beständig mit der Maleficantin gebetet, ihr Trost zugesprochen und gesungen. Biß hieher schiene dieselbe ziemlich unerschrocken zu seyn; als ich aber gleich nach 6 Uhr ... der Maleficantin das ihr schon bey löbl. officio Examinatoris publicirte hier nachfolgende Todes Urthel ... langsam und deutlich vorgelesen ... hat der Herr Obrist=Richter ... sogleich den kleinen rothen Staab gebrochen und solchen der Maleficantin vor die Füße geworfen ... wobey Maleficantin dergestalt erschrocken, daß ihr einige Minuten alle Glieder gezittert und sie hierauf dem hinter den Ofen gestandenen Nachrichter übergeben... Hierauf brachten die beyde Herrn Geistliche die Maleficantin aus dem so genannten Armen Sünder=Stübgen ... an die Steg, bey welcher zur lincken Hand der Stöcker und sein Knecht gestanden; diese banden derselbe oben auf der Steg, wofür sie sich allezeit sehr gefürchtet hatte, die Hände und wurfen den Strick um beyde Arme, woran sie auf dem Rücken etwas unter den Schulter=Blättern vom Stökker gehalten und der Steg hinunter geführet wurde... Gegen 10 Uhr war die Maleficantin langsam, unter immer anhaltendem Singen und Bethen, auf dem Echaffaud angelangt.
Die Herren Pfarrer seegneten sie auf dem Gerüste ein, der Nachrichter führte sie mit der Hand nach dem Stuhl, setzte sie darauf nieder, band sie an zweyen Ort am Stuhl fest, entblösete den Hals und Kopf, und unter beständigen Zurufen der Herren Geistlichen wurde ihr durch des Nachrichters Hofmann ältesten ... Sohn ... durch einen Streich der Kopf glücklich abgesetzt. 10 / 112 f, 117, 119

Vermögensansprüche der Ehefrau vor den Gläubigern [1774]

Eingabe von J. W. Goethe für Rachel Wetzlar[1]

Mit der tiefsten Unterthänigkeit erkenne diejenige Verfügung, die eine Hohe Kaiserliche und des Reichs Visitation, bey dem meinen Mann befallenen Unglück, zum Besten einer äusserst bedrängten Hochrichterlich getroffen hat.

Es verordnet selbige, daß ich als die an seiner Handlung und erlaubtem Gewerbe mit möglichstem Fleiß und Bemühung theilnehmende, keinesweegs aber in seine übrigen Vergehungen befangene, vor andern zu demjenigen gelangen soll, was so wohl mein eigen sey, als auch mir von dem Vermögen sonstig gebühren möchte...

Wie denn nun auch bekannt, daß ich der Handlung meines Mannes fast ganz alleine vorgestanden, wie ich mit der höchsten Sorgfalt solche geführt, und meine Gesundheit darüber vernachlässiget; so kommt mir um so mehr die Verfügung der Gesetze zu statten, die einem dergleichen Eheweibe ausser der Hälffte der Weine, Juwelen, Silbergeschirr, Pretiosen, aller Möbels ... auch noch die Hälffte der Errungenschafft zuspricht. Den Ertrag dieser liciten Errungenschafft und also die Summen der mir zukommenden Hälffte, bin ich nicht eher im Stande zu bestimmen, als bis nach näherer Durchsicht derer Handels=Bücher, welche mir von Ew. Hoch Adel. Gestrengen und Herrlichkeiten p. großgünstig gestattet worden, ich halte mir dahero solches auf das förmlichste und rechtsbeständigste vor. 125 / IV 333 ff

1 Rachel Wetzlars Mann war wegen Betrugs mit Gefängnis und Konfiszierung seines Vermögens bestraft worden. Goethe versucht, die Ansprüche der Ehefrau an die Vermögensmasse durchzusetzen.

Das Recht zur Notwehr bei Vergewaltigung *[1775]*

Karl Ludwig Christof Röslin

Die Selbsrache führet uns auf die Selbshülfe, oder sogenannte Nothwehr. Diese hat in unterschiedlichen Fällen, bei dem Frauenzimmer aber besonders statt, wann es wegen seiner Keuschheit, es seye darnach verheurathet, oder unverheurathet, angefallen wird. Was kan einem Frauenzimmer von zeitlichen Sachen mehr als die Erhaltung derselben am Herzen liegen? Die Unzucht ziehet einen unwiederbringlichen Verlust nach sich…

Eine Weibsperson kan sich also gegen denjenigen, so sie nothzüchtigen will, wehren, und sollte sie seiner nicht anders als mit dem Tode los werden können. Leysern will ich auch in so weit nicht widersprechen, daß sie im äusersten Nothfalle zur Ermordung nicht nur befugt, sondern auch verbunden seye, indeme sie ansonsten von einiger Einwilligung wenigstens nach der Moral nicht ganz freigesprochen werden könne, und derjenige, so sie mit Gewalt schände, vorhin das Leben verwürket. Nur bin ich darinn mit belobtem Leyser[1] nicht einig, daß die Weibsperson, wann sie aus Forcht vor dem ihro gedroheten Tode die Schwächung geschehen läßt, sündige. Von einer augenscheinlichen und unvermeidlichen Lebens Gefahr rede ich. Aus welcher Ursache sollte sie wol in einem solchen Falle sich eher ermorden lassen? das Leben gehet doch über die Jungfrauschaft, und erzwungene Handlungen gelten in dem Gerichtshofe des Gewissens und des Himmels gar nichts. Am allerwenigsten aber kan ein Frauenzimmer sich nach vollbrachter That selbsten das Leben nehmen.

Übrigens ist dasjenige, was dem Frauenzimmer zukommt, eine Nothwehr, nicht Selbsrache. Sie hat also nach den allgemeinen Begriffen der Nothwehr weder, wann sie sich auf eine andere Weise retten kan, noch wann die Schandthat vollbracht ist, ein Recht, selbsten zu Ermordung des Verbrechers zu schreiten.

147 / 48–51

1 Augustin Leyser (1683–1752).

Ungleichheit vor dem Gesetz [1781]

Franz Heinrich Birnstiel

Nirgendwo lässet sich diese dem weiblichen Geschlecht zugefügte Ungerechtigkeit auffallender darthun, als bey Festsetzung einer sogenannten Gleichheit der Strafen, unter den Theilhabern des fleischlichen Vergehens, zudem, daß man schon im Voraus von ihm das widernatürliche Bekenntniß seiner eigenen Schande fordert, vergißt man, daß das Liebeswerk die Geburt eines Augenblicks seye, deren sträfliche Merkmale nur von langsam einherschleichender Zeit erkennet, auseinander gesetzet, modificiret, oder gar ausgelöschet werden können, man übergehet die das Vergehen begleitende und nachfolgende besondere Strafen, deren die Natur selbst schon, mittels der Beschwerlichkeiten der Schwangerschaft, der Gefahren der Entbindung, und sehr oft der von diesen körperlichen Veränderungen entstehenden, theils langwierigen, theils schnell tödtenden Krankheiten, eine große Anzahl zubereitet hat, und, anstatt diese als mildernde Umstände zu nutzen, thut sie der gemächliche Richter mit dem gemächlichern Spruch: imputet sibi, ab, selbst, jene Nachtheile, welche aus dem Haß, der Verachtung und Entziehung alles Mitleids und aller elterlichen und sonstigen Hülfe entspringen, so wie jene, welche in der oft durch das ganze Leben verscherzten anderweiten ehelichen Verbindung bestehen, die doch in jedem Fall, in Beziehung auf die längste Dauer ihres Daseyns die wichtigsten werden, und sich überdies blos auf unsere politische Verfassung fußen. 201 / 43

Urteilsspruch im letzten Hexenprozeß [1782]

Prozeßakten der Stadt Glarus

Wann nun hochgedachte M.G.H. und Obere vorbemeltes schwere Verbrechen nach seiner Wichtigkeit in sorgfältigste Erwegung gezogen und betrachtet die grosse Untreue und Bossheit, so die gegenwärtige Übelthäterinn als Dienstmagd gegen ihres Herrn unschuldiges Töchterlein verübet, betrachtet, die fast 18 Wochen lang unbeschreiblich fürchterliche unerhörte Krankheit und vorbemelt beschriebene elende Umstände, welche das Töchterli zu allgemeinem grössten Erstaunen ausgestanden hat, nebst der von eben dieser Übelthäterinn bezeigten ausserordentlichen und unbegreiflichen Kunstkraft mit der einersmaligen zwar zum Besten des Töchterleins gelungenen plötzlichen Kurirung desselben, und auch betrachtet ihren vorhin geführten übelen Lebenswandel ... Derowegen von hochgemelten M. G. H. auf ihren Eid abgeurtheilet wurde: dass diese arme Übelthäterinn als eine Vergifterinn zu verdienter Bestraffung ihres Verbrechens und anderen zum eindruckenden Exempel dem Scharfrichter übergeben, auf die gewohnte Richtstatt geführt, durch das Schwerdt vom Leben zum Tod hingerichtet, und ihr Körper unter den Galgen vergraben werden, auch ihr in hier habendes Vermögen konfiszirt sein solle.[1] 64 / 48f

Verminderung der Kindsmordfälle *[1784]*

Philipp Matthäus Hahn

Da heute von der Aufgabe geredt wurde, dem Kindermord vorzubeugen, so dachte ich, es komme her aus Schand und weil Armuth und Schande die Auferziehung hindern kann; zum Exempel, es sey eine Magd oder eines vornehmen Mannes Tochter, da man denckt, es hindere dieses einen an einer künftigen Versorgung. Gantz kan man es nicht aufheben. Die Schande einer unehlichen Schwangerschaft kan nicht weggenommen werden, 1. weil sie nach den religiösen Prinzipiis zu tief eingewurtzelt ... so das es fast sensus communis ist, 2. weil sonst die ordentlichen Ehen vermindert würden und die Bevölckerung und gute Auferziehung der Kinder einen Stoß leide. Also solte nur in jedem Ort ein Haus seyn, wo man auf gemeine Kosten, etwa auf des Lan-

1 Der Prozeß gegen Anna Göldi war ein echter Hexenprozeß, der jedoch als solcher auf starke aufklärerische Kritik stieß. Deshalb wird im Urteilsspruch der Vorwurf der Hexerei möglichst verschleiert formuliert («unbegreifliche Kunstkraft» etc.).

desfürsten oder Flecken Kosten, oder durch eine jährliche Umlage, je nachdem es nöthig, ein Kind heimlich oder öfentlich hinbringen dörfte... Heimlich, im Fall die Schwangerschaft vorher nicht ofenbar wird, welches nicht jeder gelingt. Öfentlich, damit man die Schwangerschaft nicht unnöthiger weis verbergen dörfe.
Die Strafen müsten nachgelassen werden, für die, da es ofenbar wird, weil es Schande genug ist, das mans erfährt und sonst zum Verbergen Anlaß geben möchte. Es sind mir Beyspiele vorgekommen, da die Geschwächte eine arme Magd war, keinen Kreuzer Geld hatte, keine Eltern mehr oder solche, die sie nicht aufnahmen und gar nichts im Vermögen hatte...
Die Strafe des Kindermords soll um so mehr bleiben, wenn die Person Gelegenheit gehabt hatte, ihr Kind beym Leben zu erhalten und doch nicht ofenbar zu werden. Ich glaube, die Aufgabe ist unauflößlich. Nichts als Religion kan da ins Mittel tretten. Wer Gott fürchtet, wird das nicht thun. 60 / 110f

Plädoyer für die Kindsmörderin *[1789]*

Karl von Eckartshausen

Aber, ihr Richter! denkt euch doch ein Mädchen, der die ganze Gegend daß Zeugniß der Sittsamkeit und häuslichen Tugend gab... die in einem schwachen, wonnetrunkenen Augenblick ihrem Geliebten ihre Unschuld hingiebt; die, unbekannt mit der Zeit ihrer Entbindung, die schreckliche Stunde des Gebährens wie ein Gespenst überfällt; die von dem nie gefühlten Schmerzen der Gebährerinnen, von der Angst, die die Folge des Zustandes ihrer Seele und ihres Körpers ist, in einem Strudel von Betäubung, von halber Schamlosigkeit hingerissen nichts sieht, als sich der Schande, dem Auszischen aller ihrer Verwandten, ihrer Freundinnen und Gespielinnen blosgestellt, auf ewig gebrandmarkt, auf ewig von allem Anspruch auf Ehre und Glück ausgeschlossen; den Mißhandlungen strenger, fühlloser Ältern ausgesetzt, für das arme Geschöpf, dem sie das Daseyn gab, nichts als

Elend und Schande sieht; – die in dem fürchterlichsten aller Augenblicke, wo der Trieb der Selbsterhaltung so dringend, so allmächtig auf sie wirkt, nichts denkt, nichts sieht, nichts hört, als – Rettung, und ihrem ohnehin schwachen Kinde das Leben raubt. – Denkt euch so ein Mädchen, ihr Richter!...
Sehet die unglückliche Frucht zu den Füßen ihrer elenden Mutter, und zählet die Qualen, die der Staat schon für das erbarmungswürdige Kind, ehe es noch athmete, bereitet hat.

29 / 140f

Bericht über die heimliche Geburt *[1790]*

Criminal-Collegium für Oberschlesien

In der Stube war eine gewaltige Hitze, wegen des Brod=Backens. Die Inquisitin legt sich unterdessen zu Bette; wird in der That unpäßlich, und weil sie die Hitze – sagt sie – nicht mehr aushalten konnte, nimmt sie ihr Kissen und geht damit in die Scheune – legt sich auch daselbst nieder auf die Tenne. Bald überfallen sie Geburts=Wehen; sie steht wieder auf und alsdann – fährt sie fort – sey die Geburt auch gleich erfolgt. Das Kind sey mit dem Kopf zuerst gekommen, und sie habe es in ihre eignen Hände aufgefangen. Beim Mondschein habe sie es besehen, und für ein Mädchen erkannt; aber auch zugleich, daß es todt zur Welt gekommen; das Kind habe keinen Laut von sich gegeben. Sie habe nun die Nabelschnur abgerissen, ohne eine Unterbindung für nöthig zu halten, «da ihr Gott ein todtes Kind gegeben». Kind und Nachgeburt hat sie darauf in die Schürze genommen, ist in die Stube zurückgegangen, hat sich ins Bette und ihre Leibesfrucht zu sich gelegt – den andern Morgen die Nachgeburt unter der Ofenbank vergraben, das Kind in ihrem Kasten aufbewahrt, und erst mehrere Tage hernach in den herrschaftlichen Garten geworfen, wo es am neunten Tage nach der Niederkunft gefunden wurde.

117 / 163f

Wie straft man schwangere Weiber? *[1796]*
Graf von Preysing

Allein! Wie straft man Weibsbilder, um nicht zugleich der unschuldigen Frucht mittel- oder unmittelbar zu schaden? Geldstraffen benehmen der Mutter die Mittel, ihr Kind gehörig zu pflegen und zu ernähren. Empfindliche Leibesstrafen schaden der Gesundheit der Mutter und eben dadurch auch der Gesundheit des Kindes und man läuft Gefahr, das man nicht ein Todschläger des Kindes wird, wenn man sich vom Eifer zu weit treiben läßt. Schandstrafen z.B. Einsperren, Geigentragen u.d.g. benehmen der Arbeit auf einige Täge die so nothwendigen Hände, und eben dadurch der Mutter die Erwerbsmittel zur beserer Unterhaltung des Kindes. Zeitliche Zuchthausstrafen wäre gar das unklugeste, das man wählen könnte. Wenn ein Mensch noch ein wenig Ehrlichkeit hätte, so würde er unter den heillosen Zuchthausgesindel das lezte Quintchen moralischer Güte verliehren. 14 / 286

Im Alter

Bedenken gegen einen Umzug *[1703]*

Anna Francke an ihren Sohn August Hermann

Was mein hinziehen[1] anlanget so hatt es ÿa wol willens gehab aber iemehr ich es überleige, so befinde ich das es nicht ratsam ist, so lange mich hie die Krigesnot nicht wecktreibet so doch gott vor behütte, auserdem halte ich beser zu sein, wen ich hie bleibe ich überleige es, wie ich wil, so sehe ich wol, das ich mit deniehnigen was mir hie in den haushalt auffgehet in halle beÿ weiten nicht reichen werde, vorzu ich mir hie mit der maget noch kan ein beÿhülfe machen, weil hie das wollen spin ist, dazu habe ich mein bihr zu brauven das man sein gewisen drunck hat und komt mir der Eimere kaum auf 15 gl, wen ich dises alles wolte zurückesetzen, so gehet es gar schweir ein, weil ich so alt und beÿde gar krencklich ehrst ander landes art waszer und lufft gewohnen sollen, da ich nich hofe noch lange zu leiben sondern das mich der libe gott balt erlösen würd, dis ist so mein bedencken were freilich wol hertzlich gern liber beÿ den meinichen als hie in der frömde sonderlich in Kranckeiten aber doch ist es beser vorbedacht als darnach doch wil ich es nicht gar ausschlagen und kan nicht wisen wie hie die Zeiten lauffen und wie mich der libe gott führ[en] würd. 51 / 67f

1 Von Gotha nach Halle.

Altersbeschwerden *[1711]*

Liselotte von der Pfalz an Raugräfin Louise

Waß mich glauben macht, daß ich nicht lang leben werde, ist erstlich weillen ich schon alt bin, zumb andern weillen mein herr vatter undt fraw mutter kein hohes alter erreichet, hernach auch weillen ich ahnfange, nicht mehr so gesundt zu sein, alß ich geweßen, einen gar kurtzen ahtem bekomme, nicht mehr so woll schlaffe, alß vor dießem, abendts nicht mehr recht zu nacht eßen darff, viel verdrießlichkeiten außstehen muß, die ich alle in mir eße, sonsten wenig freüde habe. Es were zu lang, wen ich alles sagen solte, wie es mitt mir ist, aber ich versichere, daß mich dießes weder betrübt noch erfrewet, undt solte ich baldt sterben, würde ich den trost haben, ma tante[1] nicht zu überleben. Nützlich bin ich woll gar nicht in dießer weldt, mein leben ist zu schlegt undt gemein, umb zum exempel zu dinnen können. Ich bin Eüch sehr verobligirt, lieb Louisse, so gutte opinion von mir zu haben undt mir so viel guttes zu wünschen. Seydt versichert, daß ich gott auch fleißig vor Eüch bitte, auch alles zu geben, waß Eüch ahn leib undt seel nutz undt seelig mag sein! Waß mich nun ahm gehen hindert, seindt abscheülich schmertzen in den knien undt mein kurtzer [athem]. Gott seye danck, daß ma tante woll ist, undt erhalte I. L. noch lange jahren zu unßerm trost! Adieu, liebe Louise! Ich ambrassire Eüch von hertzen undt behalte Eüch biß ahn mein endt von hertzen lieb. 34 / II 231

Bitte um Freilassung des Sohnes *[1727]*

Gesuch an die Räte der Stadt Augsburg

Es gelanget an Euer Gnädige Herrn mein Demüthiges bitten wegen meines Sohns Johann Friedrich Schröder, SchuhKnecht, gebürtig auß Magdeburg, welcher sich hatt vergangen wegen eines Auffstands, an welchen Er keine Schuldt hat. Sondern will

1 Sophie, Kurfürstin von Hannover (1630–1714).

ich alß eine betrübte Wittbe, habe an Ihn geschrieben Er soll mich nicht verlaßen in meinen wittbenstand, sondern Mir in meinen Alten Tagen an die Handt gehen, und Mir ein Staab, und Stecken seyn, woran ich Mich lehnen kan, so hat Er solches nicht auß Hallsstarrigkeit gethan Euer Gnädige Herrn damit zu beleidigen, sondern weihl Er schon 11. Jahr nicht zu Hause gewesen, und in dero Zeitt seinen Vater verlohren, und seine Mutter alß eine Wittbe nicht zu verlaßen, so hatt es seine Kindlich Pflicht nicht anders er fordert, seinen weeg nacher Hause zu nehmen, und seiner Mutter an die Hand zu gehen, und Ihr in alten Tagen ein Stück Brodt zu schaffen. Zwarr häte Er sich sollen melten, bey Euer Gnädige Herrn, und um Urlaub zu bitten aber Ich bitte um Gottes willen Ihm die Schuld nicht zu meßen, dann ich bin daran schuldig. Hätte Ihm nicht die Briefe geschrieben, so hätte Er solches nicht gethan und seynen Eydt gebrochen an Euer Gnädige Herrn. Aber ich bitte noch mahlen umb die Wunden Jesu willen Euer Gnädige Herrn wollen Barmherzigkeit an Ihm Erweißen und Ihm von seiner Gefangenschafft erlödigen, und Ihn mit keinen Schimpff belegen, sondern mit gnädigen Augen ansehen. Davor will ich in meinen armen Gebett Gott an ruffen, und bitten daß Er Euer Gnädige Herrn wolle bey gutter Gesundheit, und glücklicher Regierung erhalten, were hoffen Gott wird mein Gebett alß eine betrübte Wittbe erhören, indem ich schon auf 30. Wochen keine Rast noch ruhe habe, sondern alle Stunde und Augenblick, seuftzen und wehklagen muß um mein Kindt, so stehe ich in dero Hoffnung Euer Gnädige Herrn werden mich als eine betrübte wittbe nicht verlaßen und mir und meinen Kindt Gnad wieder fahren laßen. 205 / 102f

Herbst und Winter des Lebens *[1742]*

Johann August Oehme

Das Alter der Menschen, und die daher entstehenden Leibes=Schwachheiten, ist eine Würckung des Scorbuts, mit welchen alle diejenigen Persohnen, wes Standes, Geschlechts und Temperaments sie auch seyn mögen, die ihr Leben auf 50. 60. 70. 80. und mehr Jahre bringen, als einer von Adam her geerbten Kranckheit beladen werden, dessen Endschafft endlich der Tod ist. Wenn denn nun bey einem Frauenzimmer der Brunnen des Leibes vertrocknet, und die Blume entblättert wird, welches gemeiniglich nach dem ordentlichen Lauffe der Natur im 48. Jahre geschiehet, so ist es ein Merckmahl, daß sich der kühle Herbst in seiner natürlichen Würckung eingestellet hat, wodurch die Leibes=Beschaffenheit in eine gar merckliche Veränderung gesetzet wird...

Wenn die Weiber ihre monatliche Blume nicht mehr haben, so entstehen aus der Mutter allerley Kranckheiten. Die gewöhnlichsten sind: Erstickung und Aufsteigen der Mutter, Mutter=Staupe, Mutter=Krampff, Hertz=Klopffen, fliegende Hitze und Bangigkeit, und zwar gegen die Zeit, da sich der Monath=Fluß hat pflegen einzustellen. Aber noch schlimmere Zufälle erfolgen, wenn diese Reinigung allzu frühzeitig ihren Abschied nimmt, und den von der Natur gesetzten Termin nicht inne hält. Denn da erfolgen schon weit gefährlichere Zufälle, als unordentliche Blut=Flüsse... Ohnmachten, Melancholey, Kopff=Schmertzen, Wind und Wasser=Sucht, Gicht, Lähme, Geschwulsten, Schlag= und Stöck=Flüssen etc. Die erstern Zufälle, so durch den Verlust der Monaths=Blume entstehen, verliehren sich gemeiniglich im Alter, letztere aber, wenn solchen nicht in Zeiten abgeholffen wird, würcken biß in den Tod. Dahero es denn zu geschehen pfleget, daß die meisten Weiber in dem Herbste ihrer Lebens Jahre sterben müssen.

Das Alter eines Frauenzimmers gehet von 63. Jahre an, von welcher Zeit denn auch der Winter ihrer zurück gelegten Lebens=Zeit den Anfang nimmt, welcher durch seine wiederwärtige

Rauchigkeit die Pflantze entblättert, ihre Krafft vertrocknet, und der Lebens=Safft tritt zurücke in die Erde, der Stamm aber lencket sich zu seinem Ursprunge. Diese letztere Jahres=Zeit des vergänglichen und höchst mühseligen Lebens dauret biß in das 70. oder 80ste Jahr, auch wohl noch einige Zeit darüber, nach dessen Verfluß die Sterblichen durch den Tod zum Grabe gewiesen werden, zu welcher so grossen Veränderung man sich in seinem ganzen Leben bedächtig anschicken soll, weil er dahin fährt, wo er ewig bleibt. 130 / 359–362

Grabschrift für eine Greisin *[1759]*

***

Catharina Elisabetha von der Lahr.
Tausend sechs hundert und acht und sechzig gebohrn war,
Aus ihrer Ehe sind neun Kinder zart entsproßen,
Von sechzehn Enckel sie viel Freude hat genoßen,
Zwey und zwanzig Uhr=Enckel sah zu ihrer Seiten,
Vier und zwanzig Jahre durch wolt der Herr Ihr Eh begleiten
Zwey und viertzig Jahre war der einsam Wittwen=Stand,
Den übergab sie Gott, im Seufzen, Beten, als ein Pfandt:
In einem Jahr Mann! Vatter! giengen aus der Welt,
Zu ihrem lieben Gott ins blaue Himmels=Zelt;
Der Mann sechs und siebzig Jahre hat gezählet
Doch hat der Vatter nur siebenzig Jahr gelebet:
Sie lebte zwey und neuntzig Jahre an der Zahl
Da Jesus sie aufnahm in frohen Himmels=Saal.

8a / IV 160

Große Veränderungen *[um 1764]*

J. J. Reiske an seine Mutter

Es ist mir höchst angenehm gewesen aus ihrem Schreiben zu ersehen, daß sie ihr Hauß mit Vortheile verkaufft, und sich eingekaufft hat. Sie hat also auf Zeit ihres Lebens ihr Bleibens. Ich will wünschen, daß ihre neuen Einwohner ihr keinen Verdruß noch Beschwehrde verursachen mögen. Danke Sie Gott dafür, daß er ihr die große Sorge der Versteuerung und der Unterhaltung eines so beschwehrlichen und nichts einbringenden Hauses abgenommen hat. Verlaße Sie sich auf eben denselben Gott auch fernerhin. Die kurtze Zeit des Lebens die Sie noch vor sich hat, wird auch überhin gehn ... Über ihre Thränen liebe Mutter wundere ich mich gar nicht. Bey so großen Veränderungen, als die ihrige und die meinige ist, wird einem freylich das Hertz weich. Sie weint über den Verlust des ihrigen, daß sie nun, noch bey ihren Lebzeiten, fremde Leute Herren von dem ihrigen sehen muß. Ich glaube es wohl daß ihr das nahe geht. Aber das ist der Welt Lauf. Wir müßen alles in der Welt laßen, nur daß Gott dem einen alles mit einem Male plötzlich nimmt, dem andern eines nach dem andern nach und nach abfodert. Auch muß meine Heurath ihr schmertzen. Sie bildet sich ein dadurch zu kurtz zu kommen. Das soll nicht geschehen. Es geht ihr nahe, daß mein Vermögen, das Sie vielleicht noch wohl gar zu erben gehofft hat, in fremde Hände kommen soll, und unsere Hanne es nunmehr nicht kriegen wird. Aber wer weiß, ob sie es auch als dann gekriegt hätte, wenn ich auch gleich ledig gestorben wäre. Endlich macht ihr auch der Bericht Kummer, und prest ihr, wie ich gar wohl merke, Thränen aus, daß meine Braut wenig Vermögen zu mir gebracht haben soll. Es sey damit wie es wolle ... Und so denke sie auch, daß Gott auch in ihrem Alter sie nicht verlaßen werde, und gebe sie sich zufrieden. 142 / I 640f

Lächerliche Eitelkeit alter Frauen *[1765]*

Johann Heinrich Gottlob von Justi

Das betagte Frauenzimmer begehet in diesem Stücke ohne Zweifel mehr lächerliche Ausschweifungen, als man an bejahrten Mannspersonen wahrnimmt. Das schöne Geschlecht scheinet ihre größten Vorzüge auf die Jugend zu setzen: und man trifft wenig Personen unter ihnen an, die sich nicht in der Rechnung ihres Alters um ein, fünf, sechs, oder mehr Jahre irren sollten. Vielleicht entspringt die Modensucht, die man an alten Frauenzimmer ziemlich häufig findet, aus dieser Quelle, und vielleicht haben sie die Absicht, daß man in dem Urtheile von ihrem Alter ein, zehen oder zwanzig Jahr fallen lassen soll, wenn man siehet, daß sie sich der thörichten Eitelkeit der Jugend in allem gleich stellen.

Allein, ich zweifle, daß die Welt diese Gefälligkeit vor sie haben wird. Ihre Modensucht hindert gar nicht, daß man nicht mitten unter den Thorheiten der Jugend die Merkmaale des Alters erkennen sollte: und ihre Bemühungen, je weniger sie sich mit ihren Jahren reimen, werden um desto lächerlicher ... Ja, wenn auch die ehrwürdige Farbe der Haare schwarz gefärbet, und das Gesicht mit dem schönsten Weiß und Roth angestrichen wäre; so deucht mir doch immer, daß ich das alte Gemäure, wie an einem alten Gebäude, woran kein Kalk mehr haften will, hervorblicken sehe: und der Aufzug scheinet mir immer lächerlicher ...

Man braucht nicht altväterisch einher zu treten; es giebt allemal gemäßigte und bescheidene Kleidungsarten, deren sich tausend vernünftige Leute bedienen, ohne daß man ihre Trachten vor einfältig ansiehet. Man darf nur nicht alles dasjenige nachäffen, was die eitle Jugend zu Befriedigung ihrer Modensucht ersinnet ... Einen gelben Hals voller Runzeln, und ein paar verwelkte Brüste zur Schau auszulegen, und sich vielleicht gar die Hoffnung zu machen, daß diese Waare Liebhaber anreizen werde, das ist eine so auslachenswürdige Thorheit, die ihres gleichen unmöglich in der Welt haben kann. 83 / 75ff, 82

Krankheit und Sorgen *[1771]*

Anna Elisabeth Herder an ihren Sohn Johann Gottfried

O mein Gott was hast du doch an uns Elenden Menschen ersehen das wir immer in Krankheit und Schmertzen müßen wallen, ich habe so viele Jahre mich mit dem ungesunden Leib tragen müßen und weiß Gott was noch auf mich wart, ich kan gar nicht in die Kirch gehen mich kan nichts erwärmen es [das] geblüht ist alles kalt bey mir und immer Husten und wenige Luft, wen ich in der stub man das geringste vornehme so will ich ersticken doch danke ich Gott das ich doch so in der stub gehen kan, O mein Gott mir ist auch sehr bang vor dem Bett wen mich der Herr zu sich nehmen will ich will ihm gerne folgen man vor dem langen Lager ist mir sehr bange ... berichte dich auch das ich den Mauren garten habe verkauft an den Canter Obler vor 200 fl indem ich ihn nicht mehr abwarten kan und in meiner krankheit geld brauchte... in der krankheit gingen 50 fl auf und ist doch teuer gesundheit erlangt den unsere Wege die sind gantz kümmerlich und sehr wunderlich doch hilft der Herr noch immer hindurch... Wir Alle deine Mutter und Schwester... grüßen und küßen dich in gedanken zu viel tausend Mahlen und ersterbe deine treue Mutter bis ins Grab. 32 / 40f

Aufnahme der alten Mutter *[1778]*

Ernestine Voß

Für die Mutter[1] war vorläufig gesorgt; indessen erkannten wir es bald für das Zweckmäßigste, sie nicht dort zu lassen, und da sie selber nicht abgeneigt war, zu uns zu ziehen, schrieb ihr Voß[2] im December:

«Ich vereinige meine Bitten mit den Bitten Ihrer Tochter, daß Sie uns die Freude nicht versagen, Ihre alten Tage bei uns zu-

1 Catharine Dorothee Voß.
2 Johann Heinrich Voß.

zubringen. Wissen Sie noch, daß dies immer unser Gespräch des Abends hinter dem Ofen war, wenn der liebe Gott uns einen traurigen Tag geschickt hatte, daß ich dann als ein kleiner Junge Projecte machte, Prediger, Kanngießer oder Buchbinder zu werden, und daß Sie dann bei mir ziehn, und meine Kinder warten sollten? Jezt habe ich Gottlob mein Brot, und wohne hier sehr angenehm und vergnügt. Wie könnte ich's denn vor Gott verantworten, wenn ich meine alte Mutter, die mich gesäugt und zur Gottesfurcht angehalten hat, in der traurigen Einsamkeit und im Mangel sizen ließe? Kommen Sie, liebe Mutter, Sie sollen's hier gut haben, völlige Freiheit zu thun und zu lassen, was Sie wollen, und vergnügte Gesichter. Ernestine wird Sie auf den Händen tragen, und Friz wird Ihnen entgegenlachen. Schreiben Sie mir ja recht bald, ob Sie unsre Bitte erfüllen wollen. Sie würden uns sehr betrüben, wenn Sie's nicht thäten. Grüßen Sie unsre Freunde und Nachbarn von Ihrem einzigen Sohn.»
Die Mutter war mit allem zufrieden ... Gegen Ende Septembers kam sie bei uns an, heiter und rüstig ... Da gab es denn für mich ganz ungewohnte Übungen in Geduld und Selbstbeherrschung. Allmählig sezte sich unser Verhältnis zu einander sehr leidlich, besonders seitdem es Voß gelang, seiner Mutter begreiflich zu machen, daß sie selbst die meiste Schuld trage bei dem, was ihr unbehaglich sei, und sie zum ruhigen Nachdenken zu bringen, daß es nicht in unsrer Gewalt stehe, ihr die Art Unterhaltung zu verschaffen, nach der sie sich oft sehnte. 198 / III 1ff

Das eigene Grabmal *[um 1785]*

Charlotte von Kalb

«Die gewöhnlich mich besuchen», fuhr sie[1] fort, «sind heute nach Siebeleben gefahren, um mein Grabmal zu sehen, was ich Jahre lang gedacht und woran eben so lang gebaut worden ist. Es war eine Sorgfalt der Alten, und ich kann nicht entscheiden,

1 Juliane Franziska von Buchwald.

war es bei mir Eitelkeit oder der Wunsch, in den Gedanken Anderer fortzuleben, was mich ihnen nachahmen ließ. Öde ist nicht die Grabstätte, wenn die Freunde daselbst weilen mögen.»
«O gnädige Frau, die Freunde werden stets bei Ihnen weilen, denn wo Sie nicht sind, schweigt auch die Gunst des Vertrauens.» –
Noch in dieser Stunde kehrten Mehrere zurück, die das Grabmal gesehen; es war ihnen wohl sonderbar zu Muthe, der Lebenden zu sagen, wie wohlgefällig ihr Monument zu schauen sei. Empfindlich würd' es ihr gewesen sein, hätte man die Nachahmung des römischen Grabes tadeln mögen. Sie hatten daselbst auch nach dem Gebrauch der Alten zur Weihe der Manen Wein, Honig und Kuchen gefunden und sich damit gelabt, was sie preisend erzählten. Doch einige waren tief bewegt, weil die Verehrung dieser Frau zu ihren unvergänglichsten Gefühlen gehörte.

132 / 158f

Unfrieden mit der Tochter *[1788]*

Anna Luise Karschin an Caroline von Klenke

Es ist dir nicht möglich, deinen Thon für mich zu mäßigen, er beleydiget Herz und Ohr. Ich bedarf Schonung im Alter, ich bin schwach, aus dem Katarrh kann Brustkrankheit werden, denn du hast alle Gebeine beben gemacht. Das Grab kann uns trennen, kann deinen heißesten Wunsch bald erfüllen. Ich kann aber auch noch lange keuchen, kann einer noch schröcklicheren Begegnung ausgesetzt werden. Laß uns deshalb auf Mittel denken. Ich bin weniger aufbrausend, weniger unbesonnen als du, aber welcher Mensch wägt immer jedes Wort ab, ehe es ihm über die Lippen fährt...
Kinder müssen die Sprache der Ehrerbietung in ihrer Gewalt haben, sie ist nicht schwer zu lernen, das Herz gibt den Thon an. Welcher Dämon lehrte dich alle die gräßlichen Titel, die du mir gabst, und wer gab dir die Stärke des Grimms, deine Mutter anzufallen, wie die Tigerin den Jäger, der ihre Jungen tödtete?

Mein alter vertrockneter Arm wird lange noch das Merkmal davon behalten, und was that ich, was hab ich gesagt?...
Was hilfts? Ich habe gelitten, was nicht leicht eine Mutter litt. Damit du aber in deiner sogenannten Raserey nicht etwa einmal den Arm, der deine Kindheit trug, ganz braun und blau schlägst und die Hand, die itzt noch schreiben kann, gar lähmest, so höre meinen Vorschlag: suche dir ein Logis, ich wills bezahlen bis Michael. Ich will mir Geld aufborgen...
Ich will dir monatlich acht Thaler geben und Schulgeld und Aufwartung bezahlen, auch ein Viertel Holz will ich dir geben und all dein Silberzeug und allen Hausrath, den du brauchst, will ich dir gerne geben. Ich denke, du wirst mit dem Vorschlage zufrieden sein, du batest mich ja neulich um Gottes Wunden willen, als wir eben kein großes Gezänk hatten, ich sollte mich trennen... Ich will mir das gutte alte Mütterchen hernehmen, das wird noch Kraft genug haben, Theewasser und Suppen for mich ans Feuer zu setzen. Ich geb ihr freye Wohnung und alle Tage einen Groschen, da lebt sie wieder auf. Meine Wäsche geb ich der Schwägerin zu waschen und meine paar Kopfzeuger laß ich auf der Breiten Straße machen. Und du wirst alsdann dich recht glücklich fühlen nicht mehr zu hören und zu sehen Deine sehr unglückliche Mutter. 63 / 350f

Verurteilung einer Bettlerin *[1789]*

Karl von Eckartshausen

Johanna Remin, von N. gebürtig, 60 Jahr alt. Ihre Eltern waren Tagwerkersleute. Hat nichts im Vermögen, hat immer ehrlich gedient, und kann sich wegen wunden Füßen mit der Arbeit nicht fortbringen. Kann auch nicht mehr stricken, weil ihre Augen ganz schlecht geworden.
Sey niemals vor Gericht gestanden.
Warum sie diesmal in Verhaft gekommen?
Wegen Betteln. – Ein Herr hab ihr einen Pfenning geschenkt.
Ob sie kein Almosen habe?

Ja, monatlich einen Gulden; allein sie müsse jährlich für ihre Wohnkammer 8 fl. bezahlen, und der Bader habe auch bereits 16 fl. von ihr gefodert. Es bleibe also nichts übrig.
Amtsresolution:
Der Johanna Remin wirdet ihr boshaftes Betteln als einer ohnehin mit einem Almosen versehenen Person alles Ernstes verwiesen, und ihr zur Warnung zehn Karbatschstreiche abgemessen.

29 / 22 f

Klöppelspitzen für den Urenkel *[1796]*

Catharina Elisabeth Goethe an ihren Sohn Johann Wolfgang

Schon längst hätte ich mich vor die überschickten Mercure und Modejournahl bedancken sollen, aber ich hatte ein Machwerck unterhänden wo, wann es zu rechter Zeit fertig werden solte Fleiß und Anstrengung nöthig war. Meine Enckelin Louise[1] kommt im Mertz in die Wochen – da werde ich nun Urgroßmutter! Um nun diesem Vorfall noch mehr Raritet zu geben, entschloß ich mich eine Arbeit vor zu nehmen, die (ich wette mein Hab und Fahrt) seit der Erschaffung der Welt (ein starck stück) keine Urgroßmutter verfertigt hat: nehmlich die Spitzen an das Kindszeug die Häubger und Ermelger zu klöpplen – und nicht etwa so lirum larum, nein, sondern ein Brabanter Muster 3 Finger breit und wohl zu bemercken ohne Brille! Nun dencke dir die kurtzen Tage – mancherley Abhaltungen und du, und wer es hört wird meinen Fleiß bewundern – daß das Wunderwerk ficks und fertig auch schon spedirt ist.

93 / II 3

1 Luise Nicolovius, geb. Schlosser, stand vor der Geburt ihres ersten Kindes, Johann Georg.

Auf dem Altenteil *[1797]*

Elisabeth Dorothea Schiller an ihren Sohn Friedrich

Ich habe ein stikke Tuch beigelegt, weil nur auf dem Post Wagen 50 bis 60 ℔. mit genomen werden darf. aber vor meine lieben Enkeln habe wirklich nichts weiders zu schicken welches mir sehr leid thut, Tuch ist immer in eine Haushaltung zu gebrauchen. und ich habe mir vor genomen wann ichs Leben habe alle jahr ein stick Von 40 bis 50 Ehl zu schicken, ich habe Zeit zu spennen und daß mit mehrerer Wohlust als vor främde Menschen zu einer auch kleinen erkendlichkeit, vor Seine liebe und vorsorg vor meinen künfftigen ausichten, nun will ich daß geld bei H*err*n Cotta angewissen dankbar an nehmen, bekomme ich eine Penseon, so werde ich gewiß keinen mißbrauch Von dem guten willen meines bestens Sohns machen, Gott wird jhm und die lieben seinigen davor seegnen, holtz und so allerhand nehben Sachen kost am meisten, da ich jezt meine Magd abgeschafft kan ich Viel erspahren, und die beschäfftigung im hauß ist mir gesunder als bestendlich sitzen, welches mir sehr übel bekomt, da ich es emmer gewohnt wahr, wänn ich nur ein gartlein bekome welches mir sehr gesund da ich Viel zerstreuung bei diesen geschäfften zu machen hette, auch meine gute Freunde geben sich alle Mühe mir eins zu erfragen, freulich muß ich dung und die gröste gescheffte da bei bezahlen, doch bekom ich auch etwas davor ... ach wie offt, wie offt, o Gott denke ich im dem grösten schmerzn an dass vergangn jahr was ich verlohren und sehne mich recht dahin wo mein lieben seind, und mein euziges Bestreben ist Gott zu loben und zu lieben, er wird mich noch in dem rest meiner Tagen nicht vergeßen ... ich habe 2 Bettschafft von gleichen also kan ich dieses wohl emmbehren. wann ich nur sunst etwas hette jhm anstendiges wie herzlich gerne wolt ichs geben. von mir und Louiss viele herzliche griße an alle. mein lieben Enkel küsse ich Taussend Mahl ... Gott Seegne Euch alle mit gesundheit und langn leben Die beste Mutter S:

159 / 36, I, 439ff

Krankheit und Tod

Ein gutes Öl für den Krebs an den Brüsten *[1701]*

Eleonora Maria Rosalia von Troppau

Nimm gestossenen schwefel, giesse daran so viel baumöl, daß es wird wie ein mus, thue es in einen gläsernen kolben, und distillier es; nimm so dann des distillirten öls 8 loth und 4 loth ausgepresten spitzigen wegrichsafft, und laß es eine weile mit einander in einem glasierten hafen sieden, so ist es fertig.
Wann man von dieser artzney bedürfftig ist, soll man den schaden zuvor wohl mit brandtwein, oder sonst weissen wein waschen, darnach das öl darauf schmieren mit einer federkiel, so wird der krancke in wenig tagen gesund. 33 / 64

Probleme mit den Zähnen *[1712]*

Liselotte von der Pfalz an Raugräfin Louise

Ma tante[1] hatt mir den fluß, so I. L. ahm backen haben, nicht verhelt, wie auch, daß ihnen ein forderzahn außgefahlen. Ich bin auch schir so, der meine ist halb abgebrochen. Es ist schwer mitt zahnschmertzen schlaffen. Ich habe es zwar, gott [lob], nie selber experimentirt, aber viel gesehen, so erschrecklich dran gelitten haben, alß nehmblich mein herr s. undt auch meine tochter. Mich wundert, daß man nicht ahn ma tante rede gewahr wirdt, daß sie den fordern zahn verlohren haben; mich macht mein halber unerhört pfeyffen. Wen die zähn wacklin, muß man sie nie mitt opiat noch mitt nichts reiben, aber den mundt offt mitt wein spüllen undt etlichen tropffen eine zeit in dem mundt behalten, daß stärcket daß zahnfleisch. Ob ich zwar dieße trawerige sache nicht mitt meinen augen gesehen, so gestehe ich doch,

1 Sophie, Kurfürstin von Hannover (1630–1714).

daß es mich recht trawrig gemacht hatt undt mehr, alß ichs mir bey ma tante hab mercken laßen; den ich weiß, wie leydt einen solche sachen selber sein undt wie leydt es einem thut, davon zu reden. Gott erhalte I. L. noch 50 jahr so! 34 / II 291 f

Brustkrebs und Quacksalberei [1742]

Johann August Oehme

Nichts entsetzlichers kan der Brust eines Frauenzimmers wiederfahren, als wenn sich in selbiger ein Krebs ansetzt, worzu sowohl innerliche als äusserliche widrige Umstände Gelegenheit geben, welches Unglück auch Jungfern und Weiber, die niemahlen ein Kind gehabt, noch gesäuget, betreffen kan...
Durch äusserliche Umstände kan der Krebs einer Frauenzimmer=Brust zugezogen werden durch Kneipen, oder einen Stoß, wodurch eine Drüse geqvetschet, und die Absonderung der Lymphæ unterbrochen wird. Hieraus folget, daß dieser stokkende Liqvor sauer und corrosivisch, und aus einer verhärteten Drüse ein verborgener Krebs, und aus denselben ein abscheulicher, um sich fressender und unheilbarer Schade entstehen kan, worzu denn die vielerley Schmieralien und Pflaster, welche ohne Unterscheid durch den Weiber=Rath verordnet und angewendet werden. Ja, die weibliche Thorheit hat wohl niemahls mehr Schaden durch die Pfuscherey in der Medicin angerichtet, als in Brust=Curen; denn sie werden von ihrer Phantasie bethöret, daß sie glauben, weil sie mit denen Patienten gleiches Geschlechts wären, folglich müsten sie mit dergleichen Waare besser wissen umzugehen, als ein Medicus und Chirurgus; alleine, diese thörichte Vernunfft=Schlüsse haben manche ins äusserste Verderben gestürtzet... In vorigen Zeiten durffte ein Weib in der Gemeine nicht reden, wolte Gott! man könte es dahin bringen, daß sie auch vor den Krancken=Betten müsten das Maul halten, ich weiß gewiß, es würden viele Curen glücklich ablauffen.

130 / 328–331

Das Sterben der alten Mutter *[1756]*

J.G.Hamann an J.G.Lindner

Mein alter Vater[1] laurete mir geruhig mit dem Pfeifchen im Fenster entgegen um mich so wohl als meine Mutter[2] zuzubereiten, mit der es sich denselben Tag sehr verschlimmert hatte. Sie empfing mit vieler Zärtlichkeit bey der grösten Entkräftung und einer völligen Verleugnung alles Zeitlichen. So elend hatte ich sie mir nicht vorgestellt, sie war nichts als ein Gerippe, in dem Gott noch den Odem erhielt. Sechs Tage lebte sie noch, in denen sie so schlecht war, daß mancher Augenblick mir der letzte für sie zu sch[einen]ien, der es nicht seyn sollte. Ich habe wenigstens kommen müßen ihr noch einige Handreichung zu thun, die ihr niemand so gut als ich machen konnte; und mein Vater glaubte auch in meiner Gegenwart eine große Erleichterung erhalten zu haben. In der letzten Nacht vor Ihrem Ende konnte sie ihn nicht entbehren, er muste ihr Bett nicht mehr verlaßen, wo sie ihn beständig zurückrief und durch Liebkosungen festhielte; biß auf die Viertelstunde, in der sie verschied. Weil ich mir Ihres Abschiedes lange gewärtig gewesen war, so erlaubte mir mein Schmerz Aufmerksamkeit genung auf alle die Bewegungen, die der Tod in ihr verursachte. Ihre Krankheit v langwieriges Lager hatte der Natur alle Stärke fast benommen, sie lief daher wie eine Uhr ab. Einige unmerkliche Zuckungen des Mundes, die einem Lächeln ähnlich waren, machten sie mir im Tode weit kenntlicher, wie in ihrer Krankheit, die sie ungemein entstellt hatte. Ihre Gestalt hat mir auf dem Leichebrette so gerührt als sie mi[r] ich auf ihrem Siechbette mitleidig gemacht. Ihr erstes beynahe womit sie mich empfing, war, daß sie mich zu Grabe bat; und dieser traurige Dienst hat mir viel gekostet. Wer weiß aber wie viel? wenn ich sie nicht noch gesehen hätte. 62 / 222f

1 Johann Christoph Hamann (1697–1766).
2 Maria Magdalena, geb. Nuppenau (gest. 1756).

Todesgedanken während der Schwangerschaft [1758]

Meta Klopstock an ihren Mann Friedrich Gottlieb

Du must nicht denken, Süßer, daß dies etwas weiter bedeutet, als daß ich so leicht sterben, als leben kann; und daß ich mich, auf beydes, gefaßt mache. Denn ich lasse mich gewiß nicht darauf ein, etwas von beyden auszumachen. Wenn ich nach den Umständen schliessen wollte; so wäre vielmehr Wahrscheinlichkeit für Leben, als für Tod. Aber ich bin sehr ruhig zu jedem von beyden. Was Gott will. Ich erstaune manchmal selbst über die Gelassenheit, die ich die ganze Schwangerschaft über gehabt habe, da ich doch so glückselig in dieser Welt bin! O was ist unsre Religion! Was muß die Ewigkeit seyn, von der wir so wenig wissen, und unsre Seele so viel fühlt! Mehr als ein Leben mit Klopstock! Es scheint mir izt nicht so schwer, dich und dein Kind zu verlassen, als ehmals, und daher fürchte ich oft, daß ich diese Ruhe noch wieder verlieren kann; ob sie gleich schon acht Monate gedauret hat, und in dem Anfange der beyden vorigen Schwangerschaften auch war. Ich weiß wohl, daß alle Stunden nicht gleich sind, und vor allen die letzten. Denn der Tod einer Wöchnerinn ist nichts weniger, als ein leichter Tod. Doch laß die letzten Stunden keinen Eindruck auf dich machen. Du weist zu sehr, wie viel der Körper da auf die Seele wirkt. – Nun, Gott mag mir geben, was er will; ich bin immer glücklich, ein ferneres Leben mit dir – oder ein Leben mit Ihm! ... Und da folgst du mir nach, dein Kind auch. Und da lieben wir uns fort, die Liebe, die gewiß nicht zum Aufhören gemacht war, unsre Liebe! Und so lieben wir auch unser Kind! Im Anfange wird der Anblick des Kindes dich vielleicht traurig machen; doch nachher muß es dir ein grosser Trost seyn, ein Kind von mir nachzubehalten... Ob es gleich mit der sanftesten Ruhe ist, daß ich hiervon spreche; so will ich doch aufhören. Denn vielleicht macht es dich zu traurig, ob du mir gleich die Erlaubniß dazu gegeben hast. Ach, ich danke dir für diese süsse Erlaubniß. Mein Herz wünschte es so sehr, und ich mochte es doch deinetwegen nicht thun. – Doch ich

will aufhören. Etwas anders kann ich auch nicht schreiben, denn ich bin zu ernsthaft; ob es gleich ein Ernst mit Freudenthränen ist![1]
191 / II 696f

Beschwerden in den Wechseljahren *[1759]*

Chr. M. Wieland an J. G. Zimmermann

Um Ihnen aus dem Wunder zu helfen, Mein liebster Freund, muß ich Ihnen sagen, daß ich eine Mutter[2] habe, die mir unendlich lieb ist; und deren Verlust das widerwärtigste wäre, was mir begegnen könnte. Ohne krank zu seyn, oder ein schwaches Temperament zu haben, ist sie einer Menge kleiner Zufälle unterworfen welche mich zuweilen besorgt machen. Sie hat seit mehr als einem Jahr eine art von fliegenden Schmertzen, die nur ein paar Augenblicke dauren aber von der heftigsten art sind, bald in der Fußsole, bald im Bein, bald im Wirbel des Kopfs, bald im Rükken , bald zwischen den Augen etc. Bald gleicht dieser Schmerz einem Krampf, bald einem Stich oder etwas dergleichen. Sonst hat sie alle Symptome einer guten innerlichen constitution. Sie ist mehr mager als fett, und weder vapeurs noch hysterischen Zufällen unterworfen.
Ungeachtet der sanftmüthigsten Gemüthsart scheint sie viele Galle zu haben. Ihre Umstände unterwerfen sie auf eine unvermeidliche Art vielem und fast täglichem Verdruß, den Sie zu verbergen und in ihrer Brust zu verschliessen sich bemüht. Ob nicht hieraus gewiße der Gesundheit nachtheilige Folgen entspringen, werden Sie am besten wißen. Meine Besorgnis geht eigentl. darauf. Sie ist ungefehr 46 Jahre alt, und nehert sich allso einer gewißen Periode, welche, wie ich schon öfters erlebt habe, manchen Frauenzimmer sehr gefährlich ist. Ich möchte also nur das von Ihnen wißen, ob es nicht möglich sey durch hippocratische Künste oder eine gewisse Diät etc. zu machen, daß diese Veränderung minder gefährlich sey, und wie man die Sache diß-

1 Meta Klopstock starb am 28.11.58 bei der Geburt ihres ersten Kindes.
2 Regina Catharina Wieland (geb. 1715).

fals amstellen müßte. Wenn Sie aus meiner verworrenen Relation nicht klug werden können, So fragen Sie mich so lange biß Sie mich verstehen. 204 / I 401

Der schädliche Kaffee *[1761]*

Julie von Bondeli an J. G. Zimmermann

Herr Rosselet[1] schreibt alle meine Übel einer außerordentlichen Reizbarkeit meines Nervensystems zu, die daher rühre, daß kleine Blutgefäße zu sehr mit dickem Blut angefüllt seien; daher verschreibt er mir immer nur irgendein Mineralwasser mit Milch, was mir stets gut bekommt und verbietet mir den Genuß von Fleisch, das mir in letzter Zeit nicht zuträglich war. Er schleudert den Bannfluch auch gegen den Kaffee. Ich gestehe, ich beichte, ich schwöre sogar, daß ich viel zu viel Kaffee getrunken habe, aber ich erkläre auch, daß ich es mehr aus Notwendigkeit, denn aus bloßer Genußsucht tat; bereits habe ich auf zwei Drittel meiner üblichen Portion verzichtet. Kaffee zu trinken ist mir ein Bedürfnis, und zwar ein dringendes, niemals erregt er mich oder raubt mir den Schlaf, sondern er ist die Stütze meines vegetativen, animalischen und spirituellen Lebens; ohne ihn sinke ich auf das Niveau einer Auster hinab. Wenn ich ihn entbehren sollte, würde dadurch auch mein moralisches Wesen betroffen, denn wenn ich regelrecht böse bin, glaube ich mich voll berechtigt, Kaffee zu trinken auf Grund allgemeiner Menschenliebe und christlicher Barmherzigkeit dem Nächsten gegenüber. Ich gestehe Ihnen, Herr Doktor, daß ich mit Bangen Ihrem Entscheid wegen des Kaffees entgegensehe; ziehen Sie ja in Betracht, wie sehr ich seiner bedarf. Ich gratuliere mir oft, daß er zu Moses' Zeiten noch unbekannt war, denn ich fürchte, er wäre im elften Gebot verboten worden. 61 / 9f

1 Der Arzt Samuel Gottlieb Rosselet (geb. 1724).

Nachlassende Kräfte *[1762]*

Louise Gottsched an Dorothee Henriette von Runckel

Ich muß Ihnen eine traurige Nachricht melden; ich verliere mein Gesicht fast gänzlich. Meine Krankheit fängt sich also eben so an, als des Professor May seine, Gott gebe, daß sie sich auch so endige; das heist, durch einen baldigen unschmerzhaften Tod. Und wie sehnlich wünsche ich die Stunde meiner Auflösung schlagen zu hören! Fragen Sie nach der Ursache meiner Krankheit? Hier ist sie. Acht und zwanzig Jahre ununterbrochene Arbeit, Gram im Verborgenen und sechs Jahre lang unzählige Thränen sonder Zeugen, die Gott allein hat fließen sehen; und die mir durch meine eigene und hauptsächlich durch die allgemeine Noth und die erlittenen Kriegsdrangsalen so vieler Unschuldigen ausgepreßt worden.

Wie sehr freue ich mich, daß ich sterblich bin; und dieser Trost macht mir alles Unangenehme erträglich. Gott lasse mich, da seine Absichten immer gnädig und seiner Weisheit gemäß sind, nur derselben recht würdig werden. Von seiner Hand hoffe ich für mein kurzes Leiden eine ewige Belohnung; dieses ist meine christliche Philosophie, wie gerne möchte ich sie allgemein machen! 57 / III 167ff

Qualvolles Sterben *[1784]*

G.A.Bürger an seinen Schwager G.H.Leonhart

Meine arme Frau[1] habe ich nun schon seit länger als 4 Monathen fast täglich vor meinen Augen sterben sehen. Denke dir nur das allein, um meine Last zu beurtheilen. Die Hoffnung zu ihrer Wiederherstellung hat der Arzt längst mit beinahe völliger Gewisheit aufgegeben. Seitdem ist nun durch die medicinische Kunst ihr höchst kläglicher und Schmerzvoller Zustand nur verlängert worden. Aber seit einigen Tagen scheint es sich zum

1 Bürgers erste Frau Dorette, geb. Leonhart.

gänzlichen Ende mit ihr zu neigen. Ihre ganze Lunge ist in Eiterung übergegangen. Die Krankheit hat alle ihre Kräfte so erschöpft, daß die edelsten LebensTheile in dieser Abspannung die Schmerzen schon nicht mehr zu empfinden fähig sind. Ach, lieber, bei diesem leidenvollen hofnungslosen Zustande, werden alle, ja selbst diejenigen die sie am meisten lieben und erhalten zu sehen wünschen, gezwungen, die Barmherzigkeit Gottes nur um ihre baldige Auflösung zu bitten. Die ganze Zeit her hat die arme leidende dennoch die durstigste Liebe zum Leben geaüsert; aber seit einigen Tagen scheinet sie das herannahen des Todes zu fühlen und sich mehr darein zu ergeben. O was für beschwehrliche kummervolle Tage und Nächte haben wir die Zeit her durchleben müssen! 185 / III 142

Pflege der Sterbenden *[1789]*

Johanna Catharina Morgenstern

Oft kann da eine treue Pflegerin mehr leisten, als weinende Verwandten. Reiche dem sterbenden Kranken noch jede Erquikkung und sey da nicht zu bedenklich; am Rande des Grabes schadet ein Löffel voll Wein u. dgl. nicht mehr. Tröste den Sterbenden, so lange er noch Verstand hat, mit Gottes Wort, und offenbaret er dir, oder bestellt noch etwas, so höre ihn aufmerksam an. Ziehe nicht die Kissen unter ihm weg, um ihm, wie man insgemein zu sagen pflegt, das Sterben leicht zu machen und schreye ihm nicht die Ohren voll. Ist er todt, so drücke ihm die Augen zu, sey aber nicht zu geschwind, die Fenster zu eröfnen. Wenn der Todte kalt ist, so wasche ihm Gesicht und Hände ab und ziehe ihm Handschuh an, ehe die Hände steif werden. Tritt ihm der Leib auf, so lege eine zinnerne Schüssel auf denselbigen und hierauf ungelöschten Kalk; wirf diesen aber ja weg, sobald er gebraucht, und zwar an einen Ort, wo dessen Geruch den Lebenden nicht schadet. Lege den Todten auf ein reines Laken auf ein Feldbette, bis er in den Sarg gebracht wird. Alsdann eröfne gleich Thür und Fenster, räuchere erst mit Wachholderbeeren und nachher mit Weinessig, damit der Leichengeruch sich verziehe; und so erfülle auch nach dem Tode des Kranken deine Pflichten. 124 / II 310

Die kranke Schwester *[1793]*

Luise Schlosser an Clara Jacobi

Die arme Juliette[1] ist gar schwach und sieht erbärmlich aus... Gestern Nacht vor 11 Uhr verbetteten wir sie noch! Das ist immer ein schreckliches Geschäft; unsre zwei Better werden aneinander gerückt, meins ganz gewärmt, und dann nimmt sie der Papa oben in die Couverte gewickelt und das Liesel unten ebenso an den Beinen und so tragen sie sie schwebend auf das andere, dann wird ihr Bett gemacht, wo jetzt zwei Rehfellcher auf die Matraz genäht sind, dann transportiert man sie eben so auf ihrs. Gehen wird sie jetzt gar nicht mehr können; die gestrige Nacht war sehr übel, sie hat immer husten müssen und war doch so schwach, daß sie's nicht mehr recht gekönnt hat und da hat jeder Huster ein Jammer=Ton gegeben, es war zum weinen... von früh morgens an bin ich immer bei ihr, und jetzt sitze ich auf meinem alten Bette und kann nur schreiben, bis sie aufwacht oder jemand anders zu ihr kömmt; mein Mittagessen esse ich auch hier und bleibe bis zum Nachtessen; sonst weiß ich von nichts, was im Haus geschieht, ich koche gar nicht mehr, schreib in kein Haushaltungsbuch, kurz ich tue nichts -- als -- bei ihr sein, Arznei geben, Wasser holen, Suppe oder Gemüs herauf tragen und dann stricken. Eben wacht sie auf! – 9 / 77, 79f

1 Juliette Schlosser starb kurz darauf am 5. Juli 1793.

Die Brustoperation *[1793]*

Margarethe Milow

Meine Brust ward aber immer schlimmer, der Schmerzen wurden mehrere und stärkere, der Knoten härter. Ich hatte es so hingehen lassen bis zum 27. Nov., wo ich es endlich für Pflicht hielt, einmal ernsthafte Anstalten zu machen, und mit Doctor Grasmeier sprach. Er wollte sein Urteil nicht sagen, ehe er mit Dr. Seip gesprochen hatte, soviel aber merkte ich an ihm, daß er eine Operation für nötig hielt...

An diesem Tage (23. Jan.) ward auch mein Einzug in der Scheel ihrem Hause,[1] der ich diese Güte zeitlebens danken werde, festgesetzt, alles mit der Frau im Hause, der Wärterin accordiert, mit den Ärzten der Operationstag auf den 31. festgesetzt... Ich hatte es so eingerichtet, daß mein Körper nicht in Hamburg bleiben, sondern gleich nach meinem Tode in einer Kutsche gepackt, hinaus transportiert werden sollte.

Hier nun hatte ich die übrigen Tage der Zerstreuungen genug, alle Rechnungen wurden in Ordnung gebracht, wie auch die Schriften. Das Inventarium von Kleidern, Wäsche, Möbeln berichtigt, mein letzter Wille aufgesetzt, die Wäsche, welche zum Gebrauch bestimmt war, in einen Schrank, und die übrige in einen andern gepackt. Es ward noch gewaschen und die Söhne bekamen ihre Wäsche zur Stadt, kurz ich richtete Alles so ordentlich ein wie möglich. Und so kam der Tag des Abschiedes aus meinem Hause immer näher... Wer meines Mannes Liebe gegen mich, die meine gegen ihn kennt, der kann sich unsere Gefühle denken...

[In Hamburg:] Am nächsten Morgen stand ich gegen 8 Uhr auf, frühstückte, ging die Treppe auf und nieder und war in großer Unruhe. Die gute Köster kam, mein treues Hannchen, ich bat Alle, unten zu bleiben, und nun ging ich hinauf, warf mich vor dem Stuhl, auf welchem die Operation geschehen sollte, auf die Erde, denn solche Not lehrt beten. Wie oft hatte ich nicht

1 Margarethe Milow mußte für die Operation von Wandsbek nach Hamburg übersiedeln und war auch für die Pflege auf Freundinnen angewiesen.

schon die Wirkung des Gebets erfahren, nun erfuhr ich sie wieder, ich stand gestärkt und gefaßt auf, war ruhig und ging ans Fenster, wo ich mit ordentlicher Sehnsucht die Ärzte erwartete. Sie ließen lange auf sich warten, endlich nach 10 Uhr kamen sie. Seip blieb oben mit der Köster bei mir, Grasmeier zur Vorbereitung hinunter. Ich ging auf und nieder, endlich kam er und sein Gehülfe. Ich machte meine Taschen los, zog mein Leibchen aus und setzte mich, die zitternden Knie, fürchtete ich, möchten Grasmeier hindern, er hielt sie zwischen den seinen fest. Seip hielt den rechten Arm in die Höhe, der Gehülfe stand hinter ihm, die Köster hielt die linke Hand, die Kruse das Brett mit den Messern und den übrigen Sachen. Ich machte die Augen zu, und es war geschehen. Ich öffnete die Augen und sah die blutige Brust liegen. Er wartete etwas, ich schloß wieder die Augen und der zweite Schnitt geschah. Es dauerte länger und ich fragte: «Ists bald vorüber?» und auch der wars bald. Er forderte Kohlen und ich fragte mit Angst: «Sie wollen doch nicht die Adern zubrennen?» Nachdem nun alles verbunden war, ward ich übel und mußte mich übergeben, und darauf mußte ich noch ein ander Hemd und Leibchen anziehen und dann zu Bette. Hier war ich nun voll inneren Danks, aber ich war zu schwach ihn auszusprechen. Der Schmerz kam nun sehr heftig, aber ich ertrug ihn gern...

Den 13. April siedelte ich wieder ganz nach Wandsbek über. Ich fühlte noch immer einige zurückgebliebene Schwäche, aber meine Brust war gut, das Übel schien völlig ausgerottet zu sein...

Im September verspürte ich einen kleinen, fast unmerklichen Knoten unter dem Arm, ich sagte dies Dr. Grasmeier, und er verordnete mir einige Salben und Pflaster und, als [es] nicht besser wurde, Dampfbäder und ein Stahlbad...

Bange Furcht soll die Geschichte dieses Jahres 1793 nicht schließen. Ich kann nach menschlichem Ansehn nicht besser werden, ich muß aller Erfahrung nach eines fürchterlichen Todes sterben, aller dieser Erfahrung nach ferner lange leiden. Ich will aber nicht murren, dort werde ich das im Lichte erkennen, was ich hier dunkel sah.[1]

121 / 129ff, 133

1 Sie starb am 20. Oktober 1794.

Mutwillige Verderbung der Säfte *[1795]*

Johann Christian Siede

Was ich hierunter eigentlich verstehe, werd' ich nur anwinken, weil diese Verderbungen so schändlicher Art sind, daß man davor zurückschaudert, ich meine, die schändlichen und abscheulichen Versuche, die Frucht abzutreiben.

Wer bebt nicht schon vor dem bloßen Gedanken zurück, und doch giebt es dieser wirklichen Kindermörderinnen leider so viele.

Aber gut, daß diese wirklich schändlichen Handlungen nicht ungestraft bleiben; sie rächen sich mit den fürchterlichsten Plagen an der Gesundheit ihrer Thäterin, und dieses Gift zerrüttet früher oder später auf das fürchterlichste den ganzen Körper.

Dann setzen sich die schrecklichsten Übel, als gichtische Krämpfe, Krebsschäden, giftiger Ausschlag, allenthalben an, Lähmungen, und alle Arten auszehrender Krankheiten brechen aus, und diese nagen, fressen, brennen und foltern unaufhörlich, bis der Körper genug gebüßt hat, und ins Grab sinkt.

Das sind denn die Folgen jener vermaledeieten Thaten, die eine Gebuhrt in ihrem Werden erstickten, und dadurch alle die Freuden und Lebensgenüsse, die das Kind dereinst haben, alle die guten Thaten, die vielleicht einst durch ihn geschehen konnten, abschnitten.

Schändliche, über alles schändliche Handlung! und doch ist es wahr, daß, so scharf die weisen Gesetze der Staaten sie ahnden, sich dennoch eine Menge Schurken findet, welche oft um einen niedrigen Preis solche schändliche, mörderische Mittel empfehlen, und dann mit einer Zufriedenheit, die über alles geht, den Dank des Geschöpfs anhören, dem sie auf diese Art geholfen haben, und die sich dadurch vor der gefürchteten Schande gerettet hat.

177 / I 139ff

Das elende Zahnweh *[1798]*

Friederike zu Stolberg-Wernigerode an ihre Schwester Anna

Wenn dieser Brief kurz und elend ausfällt, beste Anne, so vergib es Deinem Nüschen, die seit einiger Zeit gar sehr an Zahnweh leidet – und sich nur durch die Hoffnung tröstet, daß es Gottes Hand so leicht ist Schmerzen abzunehmen, die Er mir jetzt läßt, zur Übung des Glaubens und der Geduld. Jener berühmte Zahnarzt, welcher die schreckliche Operation mit der Herzogin von York unternahm, ist jetzt hier, und hat Frau v. Vogelsang von den beiden übelstehenden Zähnen befreit, wodurch sie noch in ihren alten Tagen recht hübsch wird. Diesen Mann, der zu 7 Zähne hintereinander hier ausnahm – ließ ich mir denn auch kommen, daß er mich von 3 Kranken befreien möchte, aber er wollte nicht daran – eigentlich zu meiner geheimen Freude – sondern brannte und blombierte sie nur, wodurch aber die Nerven der ganzen Kinnlade so angegriffen sind, daß ich seitdem ohne Vergleich mehr leide. 184 / 31f

Die Erlösung des weiblichen Geschlechts

Vorbemerkung

Wenn Fichte 1795 «ein gewisses Aufstreben der Weiber, eine Unzufriedenheit derselben mit ihrer politischen Lage ... unter die Eigenheiten unsers Zeitalters»[1] *rechnet, dann möchte man weit mehr emanzipatorisches Streben erwarten, als tatsächlich in Deutschland vorhanden war. Insofern ist Fichtes Bemerkung symptomatisch für die Angst vieler Männer vor diesem «Aufstreben» der Frauen. Voll Entsetzen glaubten sie zu bemerken, daß Frauen «sich mehr Freyheiten anmaßten, als ihnen der Schöpfer bestimmt hatte»*[2].

Zu Beginn der Revolution hatten sich in Frankreich tatsächlich Stimmen erhoben, die Freiheit und Gleichheit auch für das weibliche Geschlecht forderten, sie verstummten aber in den folgenden Wirren bald wieder. Diese neuen Ansätze eines weiblichen Gleichheitsstrebens traten in Deutschland mit älteren, immer wieder auftauchenden kritischen Überlegungen zum Verhältnis der Geschlechter zusammen. Obwohl man zu Ende des 18. Jahrhunderts keineswegs von einer emanzipatorischen Bewegung sprechen kann, vergifteten doch schon die geringen Ansätze dazu die Diskussion. Mit ungemeiner Schärfe werden die ohnedies leisen Ansprüche auf Eigenständigkeit und Gleichheit verurteilt. In beiden Lagern – d.h. unter den Befürwortern größerer Rechte für die Frauen, wie unter jenen, die die dienende Nachgeordnetheit des zweiten Geschlechtes neu befestigen wollten – fanden sich sowohl Männer als auch Frauen, obgleich diese sich nur in sehr geringem Maße an der Diskussion beteiligten.

Besonders provozierend war in diesem Streit die 1787 zunächst anonym erschienene Schrift «Über die Weiber» von Ernst Brandes. «Die Natur wollte das Weib zu keinem selbstständigen Wesen schaffen»[3], *das ist der*

1 Johann Gottlieb Fichte, Gesamtausgabe d. Bayr. Akad. d. Wiss., Briefwechsel III, 2,295.
2 s. S. 396.
3 s. S. 394.

Grundtenor seiner Ausführungen, die selbst für seine Zeitgenossen so überspitzt klangen, daß sie dem Autor ein gutes Quantum an Spott und Satire zuzogen. Auch die aufsehenerregende Schrift Hippels «Über die bürgerliche Verbesserung der Weiber» nimmt z. T. Bezug auf Brandes. In einer Mischung aus Satire und geradezu pathetischem Ernst tritt Hippel für die Befreiung der Frauen aus der männlichen Bevormundung, für die weibliche Subjektivität ein: «Warum soll das Weib nicht Ich aussprechen können ... warum sollen die Weiber keine Person seyn?»[1]

Hippels Schrift mit ihrer klaren Forderung nach Menschen- und Bürgerrechten auch für die Frauen bleibt in dieser Ausdrücklichkeit eine vereinzelte Erscheinung und wird überwiegend mit Zurückhaltung, wenn nicht sogar mit Ablehnung aufgenommen. Selbst Frauen wollten sich auf eine Diskussion der «sogenannten Rechte des Weibes»[2] *nicht einlassen. Auch dort, wo Frauen ein Mehr an Rechten zugebilligt werden soll, wird vor jeder Härte bei deren Durchsetzung gewarnt. Frauen werden immer wieder in den Bereich des Lichts, des Schönen, der Harmonie, der zarten Blüten gerückt: doch ein Verhalten, das dieser Zuschreibung entspricht, ist zur Durchsetzung eigener Forderungen und Rechte wenig geeignet.*

Neben Hippel gibt es eigentlich nur vereinzelte Stimmen, die oft an überraschender Stelle für «die Erlösung des weiblichen Geschlechts»[3]*, für seine größere Mündigkeit, eintreten. Der Begründung weiblicher Minderwertigkeit aus der Natur der Frau, aus ihrer göttlichen und natürlichen Bestimmung bzw. ihrer biologischen Befindlichkeit, setzen sie die Kategorie der bürgerlichen Rechte entgegen.*

Die meisten schreibenden Frauen lassen sich auf eine grundsätzliche Diskussion um das Verhältnis der Geschlechter nicht ein. Eine so erfolgreiche Autorin wie Sophie von La Roche z.B. zieht sich im wesentlichen auf einen sehr begrenzten praktisch-häuslichen Bereich zurück, in dem sie ihren Leserinnen zu Kompetenz und Selbständigkeit verhelfen will. Auch ihr ‹Muster-Mädchen›, das Fräulein von Sternheim, muß

1 Theodor Gottlieb Hippel, Über die bürgerliche Verbesserung der Weiber. In: Sämmtliche Werke, Bd. 6, Berlin 1828, 119.
2 s. S. 396.
3 s. S. 401.

schließlich lernen, sich in der patriarchalisch strukturierten Lebenswelt zurechtzufinden und ihre weibliche Bestimmung zu erfüllen.
Emilie von Berlepsch geht einen deutlichen Schritt weiter und erklärt die Selbständigkeit zum wichtigsten «Schild» der Frauen. Nur sie kann Zutrauen zur eigenen, weiblichen Identität schaffen und damit der zersetzenden Kraft der männlichen Vorurteile entgegenwirken. Denn «die nachtheiligen Folgen dieses misogynischen Tons auf Gesellschaft und Sitten überhaupt sind wohl nicht zu bezweifeln»[1].
Zusammenfassend muß man sagen, daß die Frauen im 18. Jahrhundert auf dem Weg zur Selbstbestimmung, zur Mündigkeit und zu gleichen Rechten wenig vorangekommen sind: im Gegenteil, die Selbstreflexion der Frauen, die durch den Pietismus und die frühe Aufklärung gefördert worden war, wird gegen Ende des Jahrhunderts – und lange darüber hinaus – durch eine Rückkehr in den beschränkten Kreis häuslicher und mütterlicher Tätigkeit aufgegeben. Eine Gloriole von Idylle, Natürlichkeit und Innigkeit verklärt das Bild dieser häuslichen Frau und läßt jeden Versuch, hier auszubrechen, als besonders zerstörerisch und widernatürlich erscheinen.

1 Emilie von Berlepsch, Über einige zum Glück der Ehe nothwendige Eigenschaften und Grundsätze, in: Der Neue Teutsche Merkur 1791, 89.83.

Behutsame Entwicklung der weiblichen Anlagen [um 1780]
Christian Gottfried Körner

Welche Anlagen in einem weiblichen Wesen vorzüglich zu entwickeln sind, lehrt uns ein Wink der Natur. Von allem Schätzbaren aber, was nebeneinander bestehen kann, darf nichts unterdrückt werden. Wenn nur durch strenge Forderungen und ein hochgestecktes Ziel Stümperei und Dünkel verhütet wird; so ist kein Übermaaß der Ausbildung zu besorgen und die Gefahren der Halb=Cultur sind abgewendet... Wer ist wohl befugt für die Entfaltung dessen Gränzen zu setzen, was in dem Garten Gottes blühen und gedeihen soll?... Auch die Frauen sind nicht blos zu Athletinnen für die prosaischen häuslichen Geschäfte bestimmt, obwohl selbst die unscheinbarste Bemühung verdienstlich wird, wenn Liebe die Triebfeder ist. Ziemt aber auch der Weiblichkeit ein erhöhtes und verfeinertes Gefühl für alles, was im Gebiete der Schönheit auf Ohr, Auge, Herz und Phantasie begeisternd wirkt; so ist doch ein Streben, in allen Gattungen künstlerischer Thätigkeit zu glänzen, nicht der Beruf einer Freundin der Kunst. Versuchen mag sie sich in dem, worzu Neigung und Talent sie auffodert, und was sie leistet, wird dankbar erkannt werden; aber sie darf nicht vergessen, wie viel schon gewonnen ist, wenn das Werk eines Meisters vollständig aufgefaßt wird... In der beschränkten menschlichen Sphäre giebt es viele Geschäfte, wobey zu Erreichung des Zwecks eine gewisse Härte oder sogar Wildheit erfordert wird, die bey dem Manne der Erfolg rechtfertigt, die aber eine ächt-weibliche Seele nie bey sich selbst rechtfertigen kann. Und diese Weiblichkeit wird sich auch durch die mächtigsten Triebfedern nie ganz unterdrücken lassen... Dieß gilt nicht bloß von politischer Thätigkeit. Auch für die Forderungen der Kunst und der Wissenschaft ist es oft nöthig, die ganze Seele auf einen einzigen Punkt zu concentriren, und darüber sich selbst und alles um sich her zu vergessen. Durch eine solche Abgeschiedenheit aber verfehlen die Frauen ihre höhere Bestimmung. Das Nachgraben nach unterirdischen Schätzen, das Absondern des edlen Metalls von den Schlacken, den Kampf mit widerstrebenden Stoffen mögen sie den Männern überlassen; aber was in das Reich des Lichts und der Schönheit tritt, gehört in ihre Sphäre. Die Kunst streut Blumen auf ihren Pfad, und Früchte bietet ihnen die Philosophie. 91 / 94f, 100f, 104

Die Frau darf nicht dem eigenen Willen folgen *[1786]*

Christian Ludwig Beck

Wie selten ereignet sich der Fall, da Evens Töchter ihre Begierden, ihre Leidenschaften, ihren Vorwitz und ihre auf Hochmuth sich gründende Herrschsucht mäßigen können? – Die Speise sey ihnen noch so schädlich; wann sie lüstern darnach sind, so essen sie solche doch. Der Coffe bringe sie an den Bettelstab und mache ihre Nerven schlaff; so trinken sie ihn doch. Die Hure habe ihre erschröcklichste Wirkungen ihrer fleischlichen Begierden schon eingeärndtet; so hört sie doch nicht auf, ihre Handlungen zu wiederholen. Auch Freude und Traurigkeit, Liebe und Haß eines weibischen Herzens ist nicht selten einem Pferd gleich, das Reißaus nimmt, seinen Reuter absetzt und zaumlos herumirret. – Sind sie nicht wie Spionen, sobald man vor ihnen etwas zu verbergen nöthig findet? Halten sie es nicht für Schande, ihrem Mann als ihrem Herrn zu dienen? Und fand sich Gott nicht genöthiget, ein ganz neues Gesetz einzuführen, und den Willen jedes Weibes dem Willen ihres Mannes zu unterwerfen? Ja, würde der gerechte Beherrscher der Menschen, von dem alle Unbilligkeit unendlich weit entfernt ist, und der nichts unnöthiges thut, ein solches Gebott gegeben haben, wenn nicht das Weib durch die Sünde so elend und wild worden wäre, daß die Freyheit ihres Willens ihrem sogar schon gefallenen Gatten unteriocht werden mußte, um das Menschengeschlecht noch bey einiger Ordnung, Sicherheit, Ruhe und Hoffnung der Bekehrung zu Gott, zu erhalten? 7 / 5f

Stärke ist nicht die Gabe der Weiber *[1787]*
Ernst Brandes

Stärke ist nicht die Gabe der Weiber. Sie können daher nicht beschützen, folglich sind sie nicht zum Herrschen gemacht. Die Verbindungen mehrerer Ideen, das Festhalten und die Folgerungen aus der Verbindung, die die Stärke der männlichen Kopfnerven beweisen, hat ihnen die Natur in dem Grade versagt. Was hilft es, daß einige Ausnahmen, unter allen Begünstigungen der Umstände, es dahin brachten, beynahe in diesem Punkte gute männliche Köpfe zu erreichen? Sie bestätigen nur die Regel der Natur; und wo sind denn die Cäsare, die Friedriche, die Leibnitze unter den Weibern? Das hohe Feuer der Begeisterung, diese Folge der Kraft, was unsterbliche Werke zeugt, kann nicht das ihrige seyn, weil ihnen diese Kraft fehlt. Die erhabene schaffende Erfindungskraft, die die Stärke zum hohen Fluge den Männern giebt, hat die Natur den Weibern versagt... Festigkeit des Charakters fehlt dem Weibe. Sie ist nur Folge der Stärke. Die Natur wollte das Weib zu keinem selbstständigen Wesen schaffen. Das Weib soll sich nach dem Manne bilden, ihm nachgeben... Der Mann soll die hohe Ulme seyn, wenn ich bildlich reden darf, um die sich der zarte Weinstock schlingt. Nur selten verläßt man ungestraft der Natur Bestimmung. 13 / 40ff, 46f

Erwartung an die Frauen *[1789]*
Joachim Heinrich Campe

Und was soll, was kann es seyn, das ihr dem Staate wiederzugeben im Stande und verpflichtet seyd? Was anders, als die treue und gewissenhafte Erfüllung aller der hausmütterlichen Pflichten, die ich bis hierher auseinandergesetzt habe; also Aufsicht über das Innere des Hauswesens; Anordnung aller dazu gehörigen Geschäfte; Beförderung derselben durch Gegenwart und Theilnahme; Sparsamkeit, haushälterisches Zurathhalten und

Erwerbfleiß; Sorge für Ordnung und Reinlichkeit; vernünftige Kindzucht; Beglückung des Mannes und Beförderung seiner dem Staate erspriesIichen Thätigkeit durch Aufheiterung und Verwahrung der häuslichen Leiden und Verdrießlichkeiten! Das, das ist es, was die menschliche Gesellschaft von euch verlangt, von euch zu verlangen berechtiget ist, und was ihr, ohne Ungerechtigkeit, ihr nicht schuldig bleiben könnt! Das ist aber auch, wie du wohl siehst, eine Foderung, zu deren Erfüllung etwas mehr, als bloßes Tändeln, gehört. Dazu wird Gewöhnung an wirkliche Geschäftigkeit, dazu wird Übung der Gliedmaßen und der Verstandeskräfte durch jede Art von nützlicher weiblicher Thätigkeit, dazu werden Fleiß, ausdauernde Geduld und Anstrengung erfodert. Diese suche dir also immer mehr und mehr zu eigen zu machen, und erhebe dich dadurch an Werth und Verdienst weit über den unedlen Troß gemeiner Weiberseelen, welcher nur da zu seyn glauben, um ein unrühmliches Insectenleben zu führen, zu genießen, was der Fleiß des Mannes erarbeitet. 18 / 185

Die Frauen maßen sich Freiheiten an *[1790]*

Johann Jacob Ebert

Er soll dein Herr seyn, ist der Befehl des Schöpfers, den nicht nur die Offenbarung mit deutlichen Worten einschärft, sondern den man auch aus der Betrachtung der Natur selbst, und besonders aus dem Verhältnisse des weiblichen Geschlechts zu dem männlichen leicht einsehen kann. Der Mann ist der stärkere Theil und hat die Verbindlichkeit, seine Gattin zu beschützen und zu ernähren... In den ältern Zeiten wurde gar nicht, wie itzt bisweilen, die Frage aufgeworfen, ob der Mann oder das Weib ein Recht zur Oberherrschaft habe, sondern es wurde durchgängig ... als ein Grundsatz angenommen, daß der Mann als Haupt und Oberbefehlshaber der Familie anzusehen sey. Nur in den spätern Zeiten rieß unter andern Sittenverderbnissen an vielen Örtern, besonders in Frankreich, auch dieses ein, daß die Frauenzimmer sich als den wichtigsten Theil der Schöpfung zu betrachten anfiengen, und sich mehr Freyheiten anmaßten, als ihnen der Schöpfer bestimmt hatte. 27 / 207f

Keine Sympathie für emanzipatorische Gedanken

[um 1790]

Karoline Pichler

Selbst meiner Mutter[1] Ansichten von dem unbilligen Verhältnis, worin wir gegen die Männer stehen, von den Anmaßungen, die sie sich im bürgerlichen und häuslichen Leben über uns erlaubt haben sollten, von den sogenannten Rechten des Weibes fanden keinen Anklang in meiner Seele, soviel Gewalt auch in jeder andern Hinsicht ihr sehr starker Geist und ebenso starker Wille über mich ausübte. Ich konnte die Männer weder hassen noch verachten und noch viel weniger beneiden. Ich fühlte mich überzeugt, daß der notwendige Geschlechtscharakter und die Einrichtungen in der physischen wie in der moralischen und bürgerlichen Welt uns die untergeordnete Rolle mit Recht angewiesen hatten; ich konnte es mir nicht verhehlen, daß nicht allein in Künsten und Wissenschaften, sondern selbst in den ganz eigentümlich weiblichen Beschäftigungen wie Kochen, Schneidern, Sticken die Männer, wenn sie sich darum annahmen, doch immer die Leistungen unsers Geschlechts weit hinter sich ließen. Willig also räumte ihnen mein Herz diese geistigen Vorzüge ein, aber eben so bestimmt erkannte ich auch, daß von Seite des Gefühls, des richtigen Taktes, der Herrschaft über uns, ja selbst in einer gewissen Art von Mut wir den Männern wo nicht voran, doch völlig gleich stehen, und daß die Vorsicht, unendlich weise in allen ihren Veranstaltungen, auch hier sich also bewiesen und die Eigenschaften, welche dem Menschen in abstracto zukommen, auf solche Art zwischen die beiden Geschlechter verteilt hat, welche für das Wohl des Ganzen am zu-

1 Charlotte von Greiner.

träglichsten war. In dieser Ansicht nun kam mir das Los unsers Geschlechts, dem die erste mühsame Pflege und Bildung des jungen Menschen anvertraut und in dessen Hand es gelegt ist, guten, edlen Samen in die jungen Herzen zu streuen, der im Mannesalter seine segensreichen Früchte tragen soll, immer ehrwürdig und schön vor, und ich fand daß der Himmel sehr gütig gerade dadurch für uns gesorgt hatte, daß er uns unsere Pflichten so deutlich vorgezeichnet und uns dadurch vor so vielen gefährlichen Irrtümern und schmerzlicher Reue bewahrt hatte.

135 / 131f

Wir müssen, wir müssen allein stehen lernen! *[1791]*

Emilie von Berlepsch

Natur und Gesellschaft, Vorurtheil und Nothwendigkeit, haben unsern Zustand so eingeschränkt, daß wir wenig durch uns selbst sind und seyn können. Ruhm, Freude, Glück und Ruhe unsres Lebens hängen ganz von dem Wohlwollen, der Achtung, dem Vertrauen ab, welches die Männer gegen uns empfinden und bezeugen. Es ist demnach sehr natürlich, daß wir bey der geringsten Verletzung oder Verweigerung dessen, was wir zu verdienen und verlangen zu können glauben, uns geängstet, gekränkt und eines wichtigen Theils unsrer Existenz beraubt sehen...

Ist nun die Gefahr so groß, so dringend, wieviel Sorgfalt müßen wir nicht anwenden, ihr zu entgehen! Sind auch die besten Männer vom allgemein verbreiteten Gift der Unbilligkeit gegen uns nicht ganz frey geblieben: wie nothwendig ist nicht ein Verwahrungsmittel, das, wo nicht das Übel selbst ganz aufzuheben, doch ihm seinen verderblichen Einfluß zu benehmen vermag! Sanftmuth allein ist nicht hinreichend... Nur Ein Schild ist da, das die Seele decken und ihre zarten Empfindungskräfte vor Verletzung schützen kann; und dieses Schild heißt – Selbstständigkeit. Ich weiß, daß diese Eigenschaft dem jugendlichen, besonders dem weiblichen Herzen, schwer zu erwerben ist. Es schließt sich sogern an alles, schätzt sich selbst nur immer nach dem Werth, den es sich von andern beygelegt sieht... Aber gerade das ist's, was wir bekämpfen müssen... Nein, wir müssen, wir müssen allein stehen lernen! Wir müssen unsere Denkart, unsern Character in unsern eignen Augen so ehrwürdig machen, daß uns das Urtheil andrer in unserem geprüften und gerechten Urtheil über uns selbst nicht irre machen kann.

Der Grundsatz, daß nur um der Männer willen, nur ihnen zu gefallen, nur von ihnen geachtet, gepriesen, vorgezogen zu werden, die Weiber suchen müßten, liebenswürdige Eigenschaften, Talente und Kenntnisse zu erwerben; dieser von Müttern und Erzieherinnen zur Ungebühr gepredigte, und von den Männern selbst nur zu oft angepriesene Grundsatz, taugt, meiner Meynung nach, nur für den Orient; zu jener unwürdigen Verfassung, wo der seelenschlaffe Mann keiner Gehülfin, sondern nur elender Sklavinnen, nur niedriger Spielwerke sinnlicher Lüste bedarf; wo das ihm gleichgeschaffene freye Weib zu seinem Eigenthum erniedrigt, jedes edleren Zweks ihres Daseyns beraubt ist... Aber wir, die ein besseres Schicksal und hellere Vernunfterkenntniß beschützt, wir die der Menschheit unentweihte Rechte – wenigstens in vielen Stücken – mit den Männern theilen und genießen: warum sollen wir nicht auch unsre innere, geistige Existenz selbstständig und eigenthümlich erhalten? Haben die Männer nicht bey ihrer Ausbildung, bey ihren Unternehmungen und Entwürfen, einen von unserm Beyfall unabhängigen, durch Pflicht oder Neigung, Nothwendigkeit oder Nutzen bestimmten, und nach ihren mannigfaltigen Fähigkeiten und Bedürfnissen abgemessnen Lebenszweck? Warum sollten wir denn nicht auch, so gut als sie, bey unserm Thun und Denken, bey der Ausbildung unsres Geistes, der Verfeinerung unsres Gefühls, der Anwendung unsrer Talente, auf ein großes Ganze sehen? Und welche wichtige erhabene Zwecke sind es nicht, worauf uns Beruf und Bestimmung blicken heißt? – Beförderung des allgemeinen und einzelnen Wohls, sittliche Schönheit und Grazie, erhöhete Anmuth des geselligen Lebens, der große Vorzug eine Pflanzschule edler

Menschheit unter unsrer Pflege aufschießen zu sehen, und dadurch Wohlthäterinnen künftiger Zeiten zu werden!

8b / 75, 89–92

Die bürgerliche Verbesserung der Weiber [1792]

Theodor Gottlieb von Hippel

Soll es denn aber immer mit dem andern Geschlechte so bleiben, wie es war und ist? sollen ihm die Menschenrechte, die man ihm so schnöde entrissen hat, sollen ihm die Bürgerrechte, die ihm so ungebührlich vorenthalten werden – auf ewig verloren seyn? soll es im Staat und für den Staat nie einen absoluten Werth erhalten, und immerdar beim relativen bleiben? soll es nie an der Staatsgründung und Erhaltung einen unmittelbaren Antheil behaupten? soll es nie für sich und durch sich denken und handeln? ohne End' und Ziel nur als Scheidemünze gelten? Werden wir uns bei diesen Fragen mit einer wohlweisen Römischen Rechtsfiktion oder einem wohlhergebrachten Verjährungs- und Besitzrechte aushelfen können, um sie ab- und zur unangenehmen Ruhe zu verweisen? Werden wir selbst unser männliches Gewissen mit Bedenklichkeiten über die möglichen Folgen, mit Mißbräuchen und was dergleichen Popanze mehr sind, wodurch man Kinder schreckt, beruhigen und diese Angelegenheit der Menschheit auf die lange Bank schieben können –? Dann ist freilich der schöne Morgen der Erlösung noch nicht nahe...

Die Zeiten sind nicht mehr, um das andere Geschlecht überreden zu können, daß eine Vormundschaft wie bisher für dasselbe zuträglich sey, daß sie seinen Zustand behaglicher und sorgloser mache als eine Emancipation, wodurch es sich mit Verantwortungen, Sorgen, Unruhen und tausend Unbequemlichkeiten des bürgerlichen Lebens belasten würde, die es jetzt kaum dem Namen nach zu kennen das Glück habe... Warum sollen die Weiber keine Person seyn? warum nicht wissen: das ist mir gut, und das ist gut, oder das ist vortheilhaft, und das ist recht?... Warum sollten die Weiber nach einer, wenn gleich langen, Unterdrückung, nicht zu jenem Range erhoben werden können, der ihnen als Menschen gebührt? Ein großer Theil unter ihnen scheint der Ketten, die ihnen das Gesetz so vortheilhaft schildert, müde, und fühlt einen unüberwindlichen Hang, sie eher zu zerbrechen, als mit ihnen, wie mit Kinderklappern, zu spielen. Man trauet den Damen zu wenig zu, wenn man sich Mühe giebt, ihnen Alles in einem Säftchen beizubringen, wenn man ihnen Alles bezuckert und in Nähebeutelformat behändiget, als ob sie so schwach und hinfällig wären, nichts Größeres als ein Duodez=Bändchen halten zu können. Die Frage: verstehest du auch, was du liesest? wird in der Regel das Duodez=Männchen von Stutzer weit eher, als ein edles Weib, treffen. Wenn gleich die Geistes=Arbeiten der Weiber, sobald sie ins Größere gehen, fürs erste bas-relief sind – sie werden weiter kommen; denn nur wir halten ihren Geist am Gängelbande, um sie nicht allein gehen zu lassen... Wer kann wohl, ohne eine Gewaltthätigkeit zu begehen, behaupten: die Weiber müßten einen gewissen Standpunkt auch bei dem höheren Grade neuerer Cultur und Sittenverbesserung behalten, und sie könnten, wegen ihrer angebornen Bestimmung als Mitglieder der Societät und als Weiber, bis an den lieben jüngsten Tag nur so weit und nicht weiter kommen? Unsere Gränzen der Ausbildung sollten nicht abgesteckt seyn? nur die ihrigen wären behügelt? O, du liebe Zeit! Die relativen Bestimmungen des Weibes in der Gesellschaft, in so weit es Weib ist – wer fragt nach diesen? diese sind so ewig, wie die Bestimmungen des Mannes als Mann. Allein soll das Weib an Verstand und Willen stehen bleiben, wenn der Mann Fortschritte macht; so muß es mit der Aufklärung ins Gedränge kommen, und sie muß Kinderspott werden. 74 / 113f, 118f, 249f, 252f

Ein Buch zur Stärkung der weiblichen Mündigkeit [1796]

G. W. Bartholdy an Elisabeth von Stägemann

Sie wissen, wie einstimmig wir Beide über die jetzige Lage Ihres Geschlechts denken. Der Hauptgrund, den man zur Rechtfertigung der männlichen Tyrannei anführt ist die gewöhnliche Ausflucht jedes Despotismus: sie sind keiner bessern Behandlung empfänglich, und taugen zu nichts besserem, als zu Haushälterinnen der Männer. Man kann, dünkt mich, diesen Einwurf nicht besser widerlegen, als wenn man die Beispiele von dem, was Weiber gewesen sind, von einem Weibe gesammelt aufstellte. Diese Sammlung, von einem Manne veranstaltet, würde weniger wirksam sein, weil die Männer allemahl, für oder wider die Weiber, partheiisch zu seyn scheinen: noch weit mehr aber weil nur ein Weib in der Beurtheilung solcher Beispiele die zarte Gränzlinie zu treffen vermag, wie weit ein Weib sich von der gewöhnlichen Ausbildungsart und Handlungsweise seines Geschlechts entfernen dürfe, ohne von der eigenthümlichen Anmuth desselben etwas einzubüßen, und sich in die Sphäre der Männlichkeit zu verirren, indem sie sich nur von einem Hausthier zu einem Menschen zu veredeln sucht. Sie wissen, daß ich mich öfter mit Ideen über die Erlösung des weiblichen Geschlechts beschäftige. Diese brachten mich neulich auf die Reihe von Gedanken, die Sie eben gelesen haben ... Überlegen Sie nun einmahl, was Sie zu dieser Arbeit denken ... Ich wünschte wohl, daß Sie irgend etwas thäten, um zu beweisen, daß auch Ihr Geschlecht mündig werden kann, und um Ihren Schwestern früher zur Mündigkeit zu helfen. 181 / 251ff

Die Frau als selbsttätiges Wesen [1797]

Philipp Christian Reinhard

Unstreitig also soll das Weib wie der Mann als selbstthätiges Wesen handeln und behandelt werden; aber jedes handle in seiner Sphäre, jedes werde behandelt nach seinem Charakter... Fähiger zu empfangen, als nach Aussen zu wirken, beschränket die Frau ihre Thätigkeit auf die besondere Sphäre, in welcher sie mit dem Manne zu leben beschlossen hat. Während diesen die Stimme des Vaterlandes in das Gewühl der Schlachten ruft, während ihn Rechtsstreitigkeiten beunruhigen und beschäfftigen, während ihn sein unruhiger Geist auf der Laufbahn des politischen Ehrgeizes immer vorwärts treibt, herrschet sie – ohne Collisionen, ohne Jemanden aus seiner Stelle zu verdrängen oder durch Andere verdrängt zu werden, frey und unabhängig, nur durch Liebe und gleiche Zweke an den Mann gebunden – in ihrer Sphäre, bewahret, ordnet, gebraucht, verschönert, was in dieser Sphäre enthalten ist. Und wo wäre der Gewinn, wenn sie mit dem Manne und neben ihm nach Ehrenstellen ränge, wenn auch sie die unendliche Zahl der Collisionen in Erwerbung der äusseren Güter noch vervielfältigte? würden nicht Beyde, wenn sie auf dem nämlichen Wege wandelten, statt harmonisch auf Einen Zwek zu wirken, stets gegeneinander anstoßen, einander verdrängen? Aber sie will weder Reichthum noch politische Ehre durch sich selbst erwerben, sie freuet sich seiner Ehre, sie theilet sein äusseres Glük; sie streitet nicht für Vaterland und Nationalehre, aber sie bereichert das Vaterland mit neuen Bürgern, und wacht über die kleinere individuelle Sphäre des Mannes... So nur umfassen beyde das Ganze. 141 / 323, 325 f

Glaubensbekenntnis für Frauen *[1798]*

Friedrich Daniel Ernst Schleiermacher

1. Ich glaube an die unendliche Menschheit, die da war, ehe sie die Hülle der Männlichkeit und der Weiblichkeit annahm.
2. Ich glaube, daß ich nicht lebe, um zu gehorchen oder um mich zu zerstreuen, sondern um zu seyn und zu werden; und ich glaube an die Macht des Willens und der Bildung, mich dem Unendlichen wieder zu nähern, mich aus den Fesseln der Mißbildung zu erlösen, und mich von den Schranken des Geschlechts unabhängig zu machen.
3. Ich glaube an Begeisterung und Tugend, an die Würde der Kunst und den Reiz der Wissenschaft, an Freundschaft der Männer und Liebe zum Vaterlande, an vergangene Größe und künftige Veredlung. 162 / 154

Unnatürliche Verzerrung der Weiblichkeit *[1798]*

Johann Ludwig Ewald

Will also das Weib eine eigentliche Denkerin, eine Philosophin, eine spekulative Politikerin werden; so vernachläßigt sie die Eigenthümlichkeiten, in denen sie Meisterin werden kann, und hascht nach andern, in denen sie immer mittelmäßig bleiben wird... Durch solches Streben gefällt sie nicht dem Mann, dem zu gefallen ihre Bestimmung ist...
Glauben Sie darum den Männern nicht, wenn sie Ihnen Schmeicheleien über Ihre Gelehrsamkeit, Ihre Kenntniß der neusten Philosophie, Ihre Denkkraft sagen. Es sind Schmeicheleien, und weiter nichts. Das sagt Ihnen ein väterlicher Freund. Ja, wir mögen gern mit Weibern umgehen, deren Geist weiblich gebildet ist, die Sinn für das wahrhaft Schöne und Edle in jeder Art haben: aber wir mögen durchaus keine Philosophin, keine Gelehrte, keine Rezensentin... Nicht wirkt sie, wie ein Weib zu wirken, nicht genießt sie, wie ein Weib zu genießen bestimmt ist. Sie ist ein unnützes Glied in der menschlichen Gesellschaft; ein

Aug, das nicht sehen, ein Ohr, das nicht hören kann! Und fürwahr, es ist keine Kleinigkeit, wenn ein Weib darauf ausgeht, etwas zu seyn, was es nicht seyn soll und kann ... nirgend wirkt Unnatur häßlicher, als bei dem fein gebildeten Weibe.
Noch einmal: denken Sie nicht etwa, es sey männlicher Stolz, der aus mir rede. So denken, mehr oder weniger, alle Männer, die sich selbst kennen, und über die Jahre überspannter Reizbarkeit hinaus sind. 36 / 36–39

Ermunterung zur Selbständigkeit *[1798]*

Friedrich Wilhelm Basilius von Ramdohr

Der Mann legt wenig Werth auf ein Wesen, das er bloß als den Schatten, als den Nachhall des seinigen betrachtet. Er findet keine Unterhaltung bey der immer bejahenden Gattin! Und sie liebt nicht! Wie? Sie liebt nicht? Nein! Ihre Klugheit, unterstützt von natürlichem Pflegma, sucht Anfangs durch unbedingte Gefälligkeit den Hausfrieden zu bewahren. Bald entwöhnt sie sich völlig des Geschäfts, selbst zu sehen und zu urtheilen, und was ursprünglich Wirkung einer eigennützigen Klugheit war, wird hernach Folge der Gewohnheit, Sorglosigkeit, Abneigung gegen alle Anstrengung des Geistes. Sie überläßt dem Manne die Beschwerlichkeit, mit für sie zu denken und zu bestimmen.
Wie viel anders stellt sich dagegen diejenige liebende Verbindung dar, worin das Weib seine eigene Art zu beurtheilen und zu handeln hat.
Die Energie des weiblichen Charakters besteht nicht in der Kraft, den Mann zu beherrschen, und ihm Huldigung für alle seine Launen abzudringen. Die Frau setze nicht ihren Ruhm darin, politische Intriguen zu führen, einer Amazone gleich, kriegerische Übungen zu treiben, oder pedantisch über Kunst und Wissenschaft abzusprechen. So will es nicht die Natur, so wollen es nicht unsere bürgerlichen Einrichtungen. Aber sie glaube an die Würde ihrer Gattung, als Mensch, und an die Würde ihres Geschlechts als Weib! Aber sie wisse, daß sie eine

Vernunft hat, die eben so gut, wie die des Mannes, ihren Willen bestimmt, und eine Stärke, die obwohl anders als bey dem Manne modificiert, darum nicht minder mächtig ist, über ihre Sinnlichkeit, und oft über äußere Verhältnisse zu herrschen. Aber sie überzeuge sich endlich, daß sie auf eine gleich freye Wirksamkeit ihrer Kräfte mit dem Manne in allem rechnen darf, was ihre sittliche Veredlung zum Zweck hat, und daß es einen Kreis von Thätigkeit giebt, worin sie sogar vorzüglich vor dem Manne zu wirken berechtigt ist; ihr Hauswesen und die örtliche Gesellschaft.

Die Frau zeigt Energie des Charakters, indem sie ihre Ansprüche mäßigt, den Umfang ihres Gebiets willig einschränkt, und die Grenzen ihrer Herrschaft nach dem Verhältnisse ihrer Kräfte festsetzt. So ist Mäßigkeit ihre erste Stärke, und wahrlich! keine geringe, da sie Selbstkenntniß, Unterdrückung falscher Ansprüche, und richtige Beurtheilung des Localen, voraussetzt. 137 / II 185f

Beschränkte Arbeitsmöglichkeiten *[1798]*

Elisabeth Eleonore Bernhardi

Die Männer haben das Monopol aller Arbeiten, welche Stärke des Geistes und des Körpers erfordern, und nicht zufrieden mit diesen, haben sie auch noch ein Theil derer an sich gerissen für die wir, als schwache Geschöpfe, wirklich recht eigentlich bestimmt wären. Der Schneider, der Beutler und noch einige andere Handwerker, rauben uns offenbar die Mittel, durch welche wir etwas mehr als unser Brod erwerben könnten. Und leider! haben die Menschen eine so hohe Idee von der Wichtigkeit männlicher Arbeiten und Geschicklichkeit, daß sie den Männern selbst diejenigen, die wir so gut als diese verrichten könnten, theurer als uns bezahlen... Wenn wir alle, in so fern es unsere Zeit erlaubt, und das ist größtentheils der Fall, diese Arbeiten lernen und für uns selbst treiben: so wird man nach und nach aufhören sie als männliche Arbeiten anzusehen, man wird sie uns ganz überlassen, und uns hierdurch einen beträchtlichen Nahrungszweig eröffnen...

Unter den Handarbeiten giebt es, wie gesagt, viele, die uns mehr als dem Manne gehören, und bey welchem es sogar unschicklich ist, sie diesen zu überlassen. Aber wir können auch andere Arbeiten treiben; und wenn es Zunftgeist überall, sogar gelehrten Zunftgeist giebt, so hat er doch nicht immer die positiven Gesetze für sich...

Warum giebt es jetzt keine Musik- Sprach- Zeichen- und Tanzmeisterinnen unter uns? Wenn wir den Demonstrationen der Männer über das Unterscheidende der Geschlechter glauben, wenn wir den Folgerungen treu bleiben wollen, die sie von der größeren Geschmeidigkeit unserer Muskeln, und von der Reitzbarkeit unserer Sinnorgane ziehen: so könnten wir wohl darauf fallen, daß gerade wir gebohrne Virtuosinnen, Mahlerinnen und Tanzmeisterinen sind, und daß es am Ende nur darauf ankommt, unsere Töchter so unterrichten, ihre Talente so ausbilden zu lassen, daß sie das was sie selbst wissen und können, andern mitzutheilen verstehen...

Endlich laß mich noch ein paar Worte über weibliche Schriftstellerey sagen, welche gegenwärtig ein ziemlich einträglicher Erwerbzweig, wenigstens in Vergleichung mit weiblichen Arbeiten, für einige in unserm Geschlecht seyn kann und wirklich ist... Wenn man sich nur einmal einen Namen erschrieben hat, wie dieß auch ohne Aufopferung der Gesundheit und Heiterkeit geschehen kann, so giebt es wohl kaum eine bequemere und angenehmere Art zu leben...

Das Weib kann überdieß nur in sehr wenig Fällen, ohne Beeinträchtigung seiner Pflichten, sich gelehrten Arbeiten überlassen. Hat aber das Mädchen, dem das Schicksal verweigerte, den eigentlichen Beruf seines Geschlechts zu erfüllen, Verstand und Kenntnisse genug um nützliche Bücher zu schreiben; so kann es darin eben so gut als die Männer eine Quelle des Unterhalts finden.

So ist der Umfang der Dinge, durch welche wir auch im unverheiratheten Zustande thätig und nützlich seyn können, nicht so

klein, als man gewöhnlich denkt. Wenn es wahr ist, was ich mit Zuversicht glaube, daß wir uns vorzüglich der Erziehung und ihren mannichfaltigen Geschäften widmen sollen; wenn wir selbst den Männern einen Theil ihrer Beute wieder abnehmen können: so bleibt uns die Wahl unter vielen mechanischen und geistigen, unter wichtigen und unwichtigen Arbeiten, je nachdem unsere Fähigkeiten uns zu der einen oder zu der andern bestimmen.
178 / 143, 147–150, 152, 156f

Das Frauenbild der Männer *[1799]*
Charlotte von Kalb an Jean Paul

Der Mann erhält die Ansicht der Gestaltenwelt fast nur durch sein Weib, und er traut der Wirklichkeit selten etwas mehr, als was sie ihm beweisen kann. Diese Erfahrung hat sich bei mir noch nie widersprochen. Alles was über diese Wesen sich sein Geist vorstellt, gehört zum Idealischen, zum Unnützen, zur Ausartung. So habe ich gemeine Köpfe gekannt, die eine größere Rangordnung unter dem weiblichen Geschlecht fassen konnten, als die feinsten, größten. Ich kenne nichts Trivialeres, als die Vorstellung unserer meisten Aufklärer, auch Dichter, über die Frauen – Wieland, Falk u. a. m.
Einige spotten zwar über das gemeine, mißbrauchte und vertändelte Leben der Frauens, aber sie glauben nicht, daß mit einer ächten Geisteskultur auch die praktische Thätigkeit an Einsicht, Reinheit, Zweckmäßigkeit und richtiger Würdigung der Dinge nur allein gebildet werden kann...
Ich muß einmal ein Testament für Töchter[1] schreiben, wenn ich einmal so dumm bin, meine eigenen Irrtümer zu bekennen. Das Testament der Männer an die Töchter lautet ungefähr so: Ihr habt kein Recht [an]s Leben, keine Liebe giebt's für euch, ihr werdet verachtet oder genossen. Ihr müßt lieben und einen einzigen

1 Charlotte von Kalb bezieht sich auf Jean Pauls ‹Privilegiertes Testament für meine sämtlichen Töchter› (1799) und auf andere aufklärerisch-pädagogische ‹Testamente›.

beglücken, aber ihr dürft weder Verstand noch Willen haben; keinen Wunsch, keine Freude und Teilnahme dürft ihr bezeigen, nicht euer Verlangen allein, auch das unsere wird euch in der Erinnerung als Schuld angerechnet... Ich kenne nichts Schwächeres und Lächerlicheres an einem Manne, als wenn er solche Offenbarungen des weiblichen Herzens bekennt und gewiß nicht vertilgen, sondern uns kund thun möchte. 127b / 64f

Mehr Ausbildung des Geistes [1799]
Wilhelmine Karoline von Wobeser

In einem Jahrhundert, in welchem Kultur, Aufklärung und Verfeinerung zu einem so hohen Grade gestiegen sind, sollte man natürlicherweise den Einfluß davon auch auf das andere Geschlecht bemerken. Man könnte erwarten, unter den Weibern mehr Ausbildung des Geistes, und richtigere Begriffe von ihren Pflichten und von ihrer Bestimmung zu finden. Sie, welche in alle Verhältnisse des bürgerlichen Lebens verflochten sind, deren Einfluß sich von den einzelnen Theilen auf das Ganze erstreckt, sind noch weit entfernt, den Platz auszufüllen, welchen sie in der bürgerlichen Gesellschaft einnehmen...
Ich traure oft, wenn ich sehe, daß eine so große Anzahl von Geschöpfen, von der Natur mit ihren schönsten Anlagen begabt, entweder durch Erziehung verdrehet, oder ungebildet und roh auf der Bahn des Lebens fortwandelt, ohne im Geringsten sich ihrer Bestimmung zu nähern. Es thut mir wehe, Menschen zu sehen, welche so tief unter dem wahren Menschen stehen... Der Gesichtspunkt, aus welchem das Weib betrachtet wird, ist meistens noch falsch, er ist selbst bey wenigen Männern nur richtig. Nur weil man sich noch nicht recht überzeugen will, wie groß der Nutzen seyn kann, den das Weib in ihrer Sphäre zu stiften vermag, bleiben so viele Kräfte ihrer Seele unentwickelt...
O, meine Mitbürgerinnen, warum sollten Sie nicht Alle von dem Stolze beseelt seyn, sich über die Schranken zu erheben, welche Alltagsmeynungen Ihrem Geschlechte setzen? Warum

sollten Sie das nicht in Ihrer Sphäre werden, was der Mann in der seinigen ist? Blicken Sie um sich, sehen Sie, wie groß Ihr Einfluß ist! Sie sind ein Mitglied der großen Kette, an welcher alles zum Guten mitwirken soll! Ihr Platz ist nicht unwichtig, füllen Sie ihn aus! – Und o, möchte doch unser Jahrhundert noch, so fruchtbar an großen Entdeckungen, an großen Geistesprodukten, doch auch der Nachwelt unsere Weiber als Muster vorstellen! 206 / V–VIII

Anhang

Quellenverzeichnis

Umlaute in den Texten wurden der heutigen Schreibweise angeglichen, Virgeln durch Kommata ersetzt.

1 *Abraham a Santa Clara*, Heilsames Gemisch=Gemasch, in: Werke in Auslese, 6 Bde. Hg. v. Hans Strigl, Wien 1904–1906, Bd. IV, 265 ff

2 *André, Christian Karl*, Nachricht von einer weiblichen Bildungsanstalt, in: ders., Bildung der Töchter in Schnepfenthal, Göttingen 1789

3 *Arndt, Ernst Moritz*, Briefe. Hg. v. Albrecht Dühr, Bd. 1, Darmstadt 1972

4 *Basedow, Johann Bernhard*, Methodenbuch für Väter und Mütter der Familien und Völker. Hg. von Aloys Jos. Becker, Paderborn 1914

5 *Baur, Veronika*, Kleiderordnungen in Bayern vom 14. bis zum 19. Jahrhundert (Miscellanea Bavarica Monacensia Heft 62), München 1975

6 *Beck, Adolf*, Diotima und ihr Haus. Briefe von Susette und Jacob Gontard, in: Hölderlin-Jahrbuch Bd. 9 (1955/56) 110–173; Bd. 10 (1957) 1–45

7 *Beck, Christian Ludwig*, Grenzstein der weiblichen Rechte in und ausser der Ehe von einem Freunde der Wahrheit, Basel 1786

8a *Belli-Gontard, Maria* (Hg), Leben in Frankfurt am Main. Auszüge der Frag= und Anzeigungs=Nachrichten von ihrer Entstehung 1722 bis 1821, 10 Bde., Frankfurt 1850/51

8b *Berlepsch, Emilie von*, Über einige zum Glück der Ehe nothwendige Eigenschaften und Grundsätze, in: Der Neue Teutsche Merkur 1791, 63–102; 113–134

Bernhardi, Elisabeth Eleonore, Ein Wort zu seiner Zeit, s. *Sonntag, Karl Gottlob* (Hg.)

9 *Beutler, Ernst*, Unbekannte Briefe an Cornelias Tochter, in: Goethe-Kalender auf das Jahr 1931, Leipzig 1931, 34–114

Der Biedermann, s. *Gottsched, Johann Christoph*

10 *Birkner, Siegfried*, Leben und Sterben der Kindsmörderin Susanna Margaretha Brandt. Nach den Prozeßakten der Kaiserlichen Freien Reichsstadt Frankfurt am Main, den sog. Criminalia 1771, Frankfurt 1973

Birnstiel, Franz Heinrich, Versuch, die wahre Ursache des Kindermords aus der Natur- und Völkergeschichte zu erforschen, und zugleich daraus einige Mittel zu Verhinderung dieses Staatsverbre-

chens zu schöpfen. (zit. nach: *Wächtershäuser, Wilhelm*, Das Verbrechen des Kindesmordes, S. 43)
11 *Bissing, Henriette von*, Das Leben der Dichterin Amalie von Helvig, geb. Freiin von Imhoff, Berlin 1889
12 *Bode, Wilhelm*, Amalie, Herzogin von Weimar. Bd. I: Das vorgoethische Weimar, Berlin ²1909
13 *Brandes, Ernst*, Über die Weiber, Leipzig 1787
14 *Breit, Stefan*, «Leichtfertigkeit» und ländliche Gesellschaft. Voreheliche Sexualität in der frühen Neuzeit (= Ancien Régime. Aufklärung und Revolution Bd. 23), München 1991
15 *Brockes, Barthold Heinrich*, Selbstbiographie. Hg. v. J. M. Lappenberg, in: Zeitschr. f. Hamburg. Gesch. 2 (1847) 167–229
16 *Buchner, Eberhard*, Das Neueste von Gestern. Kulturgeschichtlich interessante Dokumente aus alten deutschen Zeitungen, Bd. 2–4, München o. J.
17 *Campe, Joachim Heinrich*, Ueber einige verkannte wenigstens ungenützte Mittel zur Beförderung der Indüstrie, der Bevölkerung und des öffentlichen Wohlstandes, Wolfenbüttel 1786
18 – Väterlicher Rath für meine Tochter. Ein Gegenstück zum Theophron. Der erwachsenern weiblichen Jugend gewidmet, Wien 1790 (1. Aufl. Braunschweig 1789)
19 *Castelli, Ignaz Franz*, Memoiren meines Lebens. Gefundenes und Empfundenes. Erlebtes und Erstrebtes. Hg. v. Josef Bindtner. Bd. I, München 1913
20 *Christoph, Paul* (Hg), Maria Theresia und Marie Antoinette, ihr geheimer Briefwechsel, Wien 1952
21 *Corvinus, Gottlieb Sigmund*, Amaranthes. Nutzbares, galantes und curiöses Frauenzimmer-Lexicon, Leipzig 1715
22 *D****, Catharina Helena, Umständliche Belehrung, wie junge Töchter die Zeit wohl und nützlich anzulegen haben, in: Hannoverisches Magazin 9. und 10. Stück (1768) 130–159
23 *Deetjen, Werner*, Amalie Kotzebues Liebes- und Ehestandsgeschichte in Briefen mitgeteilt, in: Westermanns Monatshefte Bd. 127 (1919) 463–599
24 *Deliberir-Büchlein*. Oder Berathschlagung von Erwählung eines Stands, Für das Weibliche Geschlecht, in den Druck gegeben von einem Priester der Gesellschafft JESU, München 1743
25 *Die Discourse der Mahlern*. Hg. von *Johann Jakob Bodmer* und *Johann Jakob Breitinger*, Zürich, Teil I–III 1721–22; Teil IV: Die Mahlern, oder: Discourse von den Sitten der Menschen, 1723
26 *Dütsch, Adolf*, Johann Heinrich Tschudi und seine «Monatlichen Gespräche». Ein Beitrag zur Geschichte d. Aufklärung in der Schweiz (Wege zur Dichtung Bd. XLI), Frauenfeld–Leipzig 1943

27 *Ebert, Johann Jacob*, Nebenstunden eines Vaters dem Unterrichte seiner Tochter gewidmet, Leipzig 1790
28 *Ebstein, Erich* (Hg), Gottfried August Bürger und Philippine Gatterer. Ein Briefwechsel aus Göttingens empfindsamer Zeit, Leipzig 1921
29 *Eckartshausen, Karl von*, Tagebuch eines Richters oder Beiträge zur Geschichte des menschlichen Elendes, München 1789
30 *Edelmann, Johann Christian*, Selbstbiographie (= Sämtliche Schriften in Einzelausgaben, hg. v. Walter Grossmann, Bd. XII), Stuttgart–Bad Cannstatt 1976
31 *Ehrmann, Marianne*, Philosophie eines Weibes. Von einer Beobachterin, Kempten 1784
32 *Elbogen, Paul* (Hg), Geliebter Sohn. Elternbriefe an berühmte Deutsche, Berlin 1930
33 *Eleonora Maria Rosalia*, Freywillig aufgesprungener Granat=Apffel des Christlichen Samariters, oder ... Geheimnisse vieler vortrefflicher bewährter artzneyen, Leipzig 1709
34 *Elisabeth Charlotte von Orléans*, Briefe (1676–1722), 6 Bde. Hg. v. Wilhelm Ludwig Holland, Stuttgart–Tübingen 1867–1881
35 *Essich, Johann Gottfried*, Vernünftige Anweisung zu einem langen und gesunden Leben, Augsburg 1784
36 *Ewald, Johann Ludwig*, Die Kunst ein gutes Mädchen, eine gute Gattin, Mutter und Hausfrau zu werden. Ein Handbuch für erwachsene Töchter, Gattinnen und Mütter, Frankfurt ^{5}1826 (1. Aufl. 1798)
37 *Faßmann, David*, Leben und Thaten des Königs von Preußen Friderici Wilhelmi, 2 Teile, Hamburg–Breslau 1735/41
38 *Fichte, Johann Gottlieb*, Gesamtausgabe d. Bayer. Akad. d. Wiss. Hg. v. Reinhard Lauth u. Hans Jacob, Bd. II. 1, Nachgelassene Schriften 1780–1791, Bd. III. 1–4, Briefwechsel 1775–1800, Stuttgart 1962 bis 1973
39 *Fischer, Christian August*, Über den Umgang der Weiber mit Männern, Leipzig 1800
40 *Floeck, Oswald* (Hg), Briefe des Dichters Friedrich Ludwig Zacharias Werner, 2 Bde., München 1914
41 *Flögel, Karl Friedrich*, Geschichte des menschlichen Verstandes, Frankfurt–Leipzig 1778 (1. Aufl. 1765)
42 *Forster, Johann Georg*, Werke. Sämtliche Schriften, Tagebücher, Briefe. Hg. v. d. Dt. Ak. d. Wiss. zu Berlin, 20 Bde., Berlin 1958 ff
43 *Francke, August Hermann*, Pädagogische Schriften. Hg. v. G. Kramer, Langensalza ^{2}1885
44 *Friedrich der Große* und *Wilhelmine von Baireuth*, Bd. I: Jugendbriefe 1728–1740. Hg. v. Gustav Berthold Volz; übers. v. Friedrich v. Oppeln-Bronikowski, Leipzig 1924

45 *Funck, Heinrich* (Hg), Zehn Briefe von Susanna Katharina von Klettenberg an J. K. Lavater, in: Goethe-Jahrbuch XVI (1895), 83 ff
46 --- (Hg), Die schöne Seele. Bekenntnisse, Schriften und Briefe der Susanna Katharina von Klettenberg, Leipzig 1912
47 *Gärtner, Paul* und *Paul Samuleit*, Luise, Königin von Preußen. Ein Lebensbild in Briefen und Aufzeichnungen der Königin und ihrer Zeitgenossen, Berlin-Schöneberg 1910
48 *Geiger, Ludwig*, Karoline von Günderode und ihre Freunde, Stuttgart–Leipzig–Berlin–Wien 1895
49 –, Therese Huber. 1764 bis 1829. Leben und Briefe einer deutschen Frau, Stuttgart 1901
50 – (Hg), A. W. Ifflands Briefe an seine Schwester Louise und andere Verwandte 1772–1814, 2 Bde. (Schriften d. Ges. f. Theatergesch. 5/6), Berlin 1904/5
51 *Geissendörfer, Theodor* (Hg), Briefe an August Hermann Francke, Urbana 1939
52 *Gellert, Christian Fürchtegott*, Praktische Abhandlungen von dem guten Geschmacke in Briefen (1751), in: Sämmtliche Schriften, Teil 4, Reutlingen 1775, 3–96
53 –, Briefwechsel. Hg. v. John F. Reynolds, 4 Bde., Berlin–New York 1983 ff
54 *Gelzer, Heinrich* (Hg), Aus Herder's Briefwechsel, in: Protest. Monatsblätter f. innere Zeitgesch., Bd. 14, 1859
55 *Der Gesellige*. Eine Moralische Wochenschrift. Hg. von *Samuel Gotthold Lange* und *Georg Friedrich Meier*, 6 Teile, Halle 1748–1750
56 *Gottsched, Johann Christoph*, Der Biedermann (Moralische Wochenschrift), 2 Teile, Leipzig 1728–29
57 *Gottsched, Louise Adelgunde Victorie*, Briefe. Hg. von Dorothee Henriette von Runckel, 3 Teile, Dresden 1771/72
58 *Griewank, Karl* (Hg), Königin Luise. Briefe und Aufzeichnungen, Leipzig 1925
59 *Hahn, Philipp Matthäus*, Die Kornwestheimer Tagebücher 1772 bis 1777. Hg. v. Martin Brecht und Rudolf F. Paulus (Texte zur Gesch. d. Pietismus), Berlin–New York 1979
60 –, Die Echterdinger Tagebücher 1780–1790. Hg. von Martin Brecht und Rudolf F. Paulus, de Gruyter, Berlin–New York 1983
61 *Haller, Lilli* (Hg), Die Briefe von Julie Bondeli an Johann Georg Zimmermann und Leonhard Usteri. Aus d. Französ., Frauenfeld–Leipzig 1930
62 *Hamann, Johann Georg*, Briefwechsel, Bd. 1, 1751–1759. Hg. v. Walther Ziesemer und Arthur Henkel, Wiesbaden 1955
63 *Hausmann, Elisabeth*, Die Karschin. Friedrichs des Großen Volksdichterin. Ein Leben in Briefen, Frankfurt 1933

64 *Heer, Joachim*, Der Kriminalprozess der Anna Göldi von Sennwald (1781–82). Nach den Akten dargestellt, in: Jb. d. hist. Vereins des Kantons Glarus, 1. Heft, 1865
65 *Heinzmann, Johann Georg*, Über die Pest der deutschen Literatur. Appell an meine Nation..., Bern 1795
66 *Hennes, J. H.*, Aus Friedrich Leopold von Stolberg's Jugendjahren. Nach Briefen der Familie und andern handschriftlichen Nachrichten, Frankfurt 1876
67 *Hensel, Johann Daniel*, System der weiblichen Erziehung, besonders für den mittlern und höhern Stand, 2 Teile, Halle 1787/8
68 *Herder, Johann Gottfried*, Briefe, Gesamtausgabe. Hg. v. Wilhelm Dobbek und Günter Arnold, 8 Bde., Weimar 1977–84
69 *Herz, Henriette*, Berliner Salon. Erinnerungen und Portraits. Hg. v. Ulrich Janetzki, Frankfurt–Berlin–Wien 1984
70 *Heumann, Christoph August*, Der politische Philosophus. Das ist, Vernunftmäßige Anweisung zur Klugeheit Im gemeinen Leben, Frankfurt–Leipzig ^{3}1724
71 *Heyderhoff, Julius* (Hg), Die Hausgeister von Pempelfort. Familien- und Freundschaftsbriefe des Jacobihauses, in: Goethe und das Rheinland. (Hg. v. Rheinischen Verein für Denkmalpflege und Heimatschutz) 27 (1932) 203–269
72 *Hiltebrandt, Jodocus Andreas*, Gewißens=Frage, Ob es einem Ehemanne, der ein Christ seyn will, erlaubet sey, an sein Eheweib... Hand anzulegen?, Leipzig 1747 (1. Aufl. Stargard 1710)
73 *Hippel, Theodor Gottlieb von*, Biographie. Zum Theil von ihm selbst verfaßt (Aus Schlichtegrolls Nekrolog), Gotha 1801
74 –, Über die bürgerliche Verbesserung der Weiber, in: Sämmtliche Werke, Bd. 6, Berlin 1828 (1. Aufl. 1792)
75 *Holtei, Karl von*, Dreihundert Briefe aus zwei Jahrhunderten, 4 Teile in 2 Bänden, Hannover 1872
Ilwof, Franz, Jean Paul und Karoline von Feuchtersleben, in: Euphorion 11 (1904), 493–503
76 *Iselin, Isaak*, über die Erziehungsanstalten, in: Pädagogische Schriften nebst seinem pädagogischen Briefwechsel. Hg. v. Hugo Göring, Langensalza 1882
77 *Jannasch, Wilhelm*, Erdmuthe Dorothea, Gräfin von Zinzendorf, geb. Gräfin Reuss zu Plauen. Ihr Leben als Beitrag zur Gesch. des Pietismus und der Brüdergemeine, Herrnhut 1915
78 *Jean Paul*, Sämtliche Werke. Hist.-Krit. Ausgabe d. Dt. Akad. d. Wiss. zu Berlin, 3. Abtlg., Bd. I: Briefe 1780–1793; Bd. II: Briefe 1794–1797, Berlin 1956 und 1958
79 *Jenisch, Daniel*, Geist und Charakter des 18. Jhs., politisch, moralisch, ästhetisch und wissenschaftlich betrachtet, Teil 1, Berlin 1800

80 *Joost, Ulrich* (Hg), Der Briefwechsel zwischen Johann Christian Dieterich und Ludwig Christian Lichtenberg (Abh. d. Ak. d. Wiss. in Göttingen), Göttingen 1984
81 *Jun(c)ker, Carl Ludwig*, Vom Kostüm des Frauenzimmer Spielens, in: Musikalischer und Künstler-Almanach auf das Jahr 1784, Freiburg, 85–99
82 *Jung-Stilling, Johann Heinrich*, Lebensgeschichte. Hg. v. Gustav Adolf Benrath, Darmstadt 1976
83 *Justi, Johann Heinrich Gottlob von*, Die lächerliche Eitelkeit alter Leute, in: Scherzhafte und Satyrische Schriften, Bd. III, Berlin–Leipzig [2]1765, 67–83
Kant, Immanuel, Anthropologie in pragmatischer Hinsicht, in: Werke, 6 Bde. Hg. v. Wilhelm Weischedel, Bd. VI, Darmstadt 1964, 399–690
84 –, Beobachtungen über das Gefühl des Schönen und Erhabenen, in: Werke, 6 Bde. Hg. von Wilhelm Weischedel, Bd. I, Darmstadt 1960, 821–884
85 *Karschin, Anna Luise*, Briefe an J. G. Sulzer, in: Deutsche Lehr- und Wanderjahre. Selbstschilderungen berühmter Männer und Frauen, Bd. I, Berlin 1873, 1–32
86 *Kemp, Friedhelm* (Hg), Rahel Varnhagen im Umgang mit ihren Freunden (Briefe 1793–1833), München 1967
Klarmann, Johann Ludwig, Geschichte der Familie von Kalb auf Kalbsrieth, Erlangen 1902
87 *Kleist, Heinrich von*, Sämtliche Werke und Briefe. Hg. v. Helmut Sembdner, Bd. 2, München 1984
88 *Klöden, Karl Friedrich von*, Jugenderinnerungen. Hg. v. Karl Koetschau, Leipzig 1911
89 *Knigge, Adolf Franz Friedrich von*, Briefe über Erziehung, in: Ders., Gesammelte poetische und prosaische kleinere Schriften, Teil 1, Frankfurt 1784
90 –, Ueber den Umgang mit Menschen, 2 Teile, Hannover 1788
91 *Körner, Christian Gottfried*, Für deutsche Frauen, in: Ästhetische Ansichten. Ausgewählte Aufsätze. Hg. v. Joseph P. Bauke, Marbach 1964, 2–114
92 *Körner, Theodor*, Briefwechsel mit den Seinen. Hg. v. A. Weldler-Steinberg, Leipzig 1910
93 *Köster, Albert* (Hg), Die Briefe der Frau Rath Goethe, 2 Bde., Leipzig [4]1906
94 *Krünitz, Johann Georg*, Die Land=Schulen sowohl wie Lehr= als auch Arbeits= oder Indüstrie=Schulen, Berlin 1794
95 –, Das Gesindewesen nach Grundsätzen der Oekonomie und Polizeywissenschaft abgehandelt, Berlin 1779

96 *Kügelgen, A.* und *E.* (Hg), Helene Marie von Kügelgen. Ein Lebensbild in Briefen, Stuttgart [10]o. J.
97 *La Roche, Sophie von*, Pomona für Teutschlands Töchter, Speier 1783
98 –, Freundschaftliche Frauenzimmer-Briefe, in: Iris. Hg. v. Johann Georg Jacobi, Bd. 2–8
99 – (Hg), Lebensbeschreibung von Friderika Baldinger von ihr selbst verfaßt, Offenbach 1791
100 *Laukhard, Friedrich Christian*, Leben und Schicksale, von ihm selbst beschrieben, Teil 1, Halle 1792
Lavater, Johann Caspar, Physiognomische Fragmente, zur Beförderung der Menschenkenntniß und Menschenliebe, Bde. I–IV, Leipzig und Winterthur 1777
101 *Ledderhose, Karl Friedrich* (Hg), Leben und Schriften des M. Johann Friedrich Flattich, Heidelberg [5]1873
102 *Lehms, Georg Christian*, Teutschlands Galante Poetinnen, mit ihren sinnreichen und netten Proben ... und einer Vorrede, Daß das Weibliche Geschlecht so geschickt zum Studieren/als das Männliche, Frankfurt 1745 (1. Aufl. 1715); hier: Vorrede o. P.
103 *Leisewitz, Johann Anton*, Briefe an seine Braut, nach den Handschriften. Hg. v. Heinrich Mack, Weimar 1906
104 –, Tagebücher. Hg. v. Heinrich Mack und Johannes Lochner, 2 Bde., Weimar 1920
105 *Lenz, Christian Ludwig*, Körperliche Erziehung der Thusnelda Gertrud Lenzinn zu Schnepfenthal in ihrem ersten Lebensjahre, in: Stephan, G., Die häusliche Erziehung in Deutschland während des achtzehnten Jahrhunderts, Wiesbaden 1891
106 *Lenz, Jacob Michael Reinhold*, Briefe von und an J. M. R. Lenz. Hg. von Karl Freye und Wolfgang Stammler, 2 Bde., Leipzig 1918
107 *Leporin, Christian Polycarp*, Vorrede, in: *Leporin, Dorothea Christiana*, Gründliche Untersuchung ...
108 *Leporin, Dorothea Christiana*, Gründliche Untersuchung der Ursachen, die das Weibliche Geschlecht vom Studiren abhalten, darin deren Unerheblichkeit gezeiget, und wie möglich, nöthig und nützlich es sey, daß dieses Geschlecht der Gelahrtheit sich befleisse, Berlin 1742
109 *Lichtenberg, Georg Christoph*, Briefwechsel. Hg. v. Ulrich Joost und Albrecht Schöne, 4 Bde., München 1983 ff
110 *Litzmann, Berthold* (Hg), Briefe von Anna Maria von Hagedorn an ihren jüngeren Sohn Christian Ludwig (Aus Hamburgs Vergangenheit, Reihe 1, Kulturhistorische Bilder aus verschiedenen Jahrhunderten), Hamburg–Leipzig 1885
111 *Loen, Johann Michael von*, Moralische Schildereien, in: Gesammelte kl. Schr. in 4 Theilen. Hg. v. J. C. Schneider, Frankfurt–Leipzig 1749–52

112 *Mandelkow, Karl Robert* (Hg), Briefe an Goethe (Hamburger Ausgabe), 2 Bde., München 1982
113 *Marezoll, Johann Gottlob*, Andachtsbuch für das weibliche Geschlecht, vorzüglich für den aufgeklärten Theil desselben, 2 Teile, Leipzig 1788
114 *Martius, Ernst Wilhelm*, Erinnerungen aus meinem neunzigjährigen Leben, Leipzig 1847
115 *Matenko, Percy* u. *Edwin H. Zeydel, Bertha M. Masche* (Hg), Letters to and from Ludwig Tieck and his Circle, Chapel Hill 1967
116 *Maus, Anna*, Vom Philanthropin zur Mädchenoberschule 1782 bis 1957. Die Geschichte der Karolinenschule zu Frankenthal/Pfalz, Trautheim 1958
117 *Meister, Johann Christian Friedrich*, Urtheile und Gutachten in Peinlichen und andern Straffällen, Frankfurt/Oder 1808
118 *Mencken, Franz Erich* (Hg), Dein Dich zärtlich liebender Sohn. Kinderbriefe aus sechs Jahrhunderten, München 1965
119 *Mendelssohn, Moses*, Gesammelte Schriften, Jubiläumsausgabe. Briefwechsel. Hg. v. Alexander Altmann, Bd. I u. III, Stuttgart 1971 ff
120 *Merck, Johann Heinrich*, Briefe. Hg. v. Herbert Kraft, Frankfurt 1968
121 *Milow, Margarethe Elisabeth*, Ich will nicht murren. Hg. v. Rita Bake u. Birgit Kiupel, Dölling u. Galitz, Hamburg 1987
122 *Möser, Justus*, Patriotische Phantasien III, in: Sämtliche Werke (Hist.-Krit. Ausg. d. Akad. d. Wiss. zu Göttingen), Bd. 6, Oldenburg–Hamburg (o. J.)
123 *Morgenstern, Johanna Catharina*, Magdeburger Kochbuch für angehende Hausmütter, Haushälterinnen und Köchinnen, Bd. 1, Magdeburg 1813 (1. Aufl. 1782)
124 –, Lesebuch für angehende weibliche Dienstboten (Unterweisung für das weibliche Geschlecht aus den unteren Ständen), 2 Teile, Halle 1789/90
125 *Morris, Max* (Hg), Der junge Goethe. Neue Ausgabe in sechs Bänden, Leipzig 1909–1912
126 *Müller, Adolf*, Unbekannte Briefe Herders und seiner Gattin an Darmstädter Verwandte, in: Jb. d. Goethe-Gesellschaft 21 (1935) 108–151
127a *Müller, Johannes*, Sämtliche Werke. Bd. 4/5. Biographische Denkwürdigkeiten. Hg. v. Johann Georg Müller, Tübingen 1810
127b *Nerrlich, Paul* (Hg), Briefe von Charlotte von Kalb an Jean Paul und dessen Gattin, Berlin 1882
128 *Novalis*. Schriften. Die Werke *Friedrich von Hardenbergs*. Bd. IV, Tagebücher, Briefwechsel, Zeitgenössische Zeugnisse. Hg. v. Richard Samuel, Hans-Joachim Mähl und Gerhard Schulz, Darmstadt 1975

129 *Oberndorff, Carl von* (Hg), Erinnerungen einer Urgroßmutter, Berlin 1902
130 *Oehme, Johann August*, Sophia, oder Weibliche Klugheit, das ist: Die Kunst, wodurch sich ein Frauenzimmer in ihrer Natur erkennen, bey erregten Kranckheiten selbst rathen, und ihr Leben sehr hoch bringen kan..., Dresden 1742
131 *Osterberg, A.* (Hg), Tagbuch der Gräfin Franziska von Hohenheim, späteren Herzogin von Württemberg, Stuttgart 1913
132 *Palleske, Emil* (Hg), Charlotte. Gedenkblätter von Charlotte von Kalb, Stuttgart 1879
133 *Pestalozzi, Johann Heinrich*, Sämtliche Briefe. Hg. v. Emanuel Dejung, Hans Stettbacher u. a., 6 Bde., Zürich 1946–1962
134 *Pfranger, Albertine*, Auszüge aus dem Tagebuch einer traurnden Wittwe. Nebst einer kurzen Biographie, Leipzig 1803
135 *Pichler, Karoline*, Denkwürdigkeiten aus meinem Leben. Hg. v. Emil Karl Blümml, Bd. 1, München 1914
136 *Pockels, Karl Friedrich*, Versuch einer Charakteristik des weiblichen Geschlechts, Bd. 1, Hannover 1797
137 *Ramdohr, Friedrich Wilhelm Basilius von*, Venus Urania. Über die Natur der Liebe, über ihre Veredlung und Verschönerung, 3 Bde., Leipzig 1798
138 *Recke, Elisa von der*, Aufzeichnungen und Briefe aus ihren Jugendtagen. Hg. v. Paul Rachel, Leipzig ²1902
139 –, Tagebücher und Briefe aus ihren Wanderjahren. Hg. v. Paul Rachel, Leipzig 1902
–, Mein Journal. Elisas neu aufgefundene Tagebücher aus den Jahren 1791 und 1793/95. Hg. v. Johannes Werner, Leipzig 1927
140 *Reden-Esbeck, Friedrich Johann*, Caroline Neuber und ihre Zeitgenossen. Ein Beitrag zur deutschen Kultur- und Theatergeschichte, Leipzig 1881
141 *Reinhard, Philipp Christian*, Versuch einer Theorie des Gesellschaftlichen Menschen, Leipzig–Gera 1797
142 *Reiske, Johann Jacob*, Briefe. Hg. v. Richard Förster, in: Abhen. d. philos.-hist. Classe d. Kgl. sächs. Ges. d. Wissenschaften, Bd. 16 (1897) und Bd. 34 (1916)
143 *Reuss, Heinrich von* (Hg), Die Berufsreise nach America. Briefe von Friederike Riedesel Freifrau von Eisenbach... 1776–1783, Berlin ²1801
144 *Reyscher, August Ludwig*, Vollständige, historisch und kritisch bearbeitete Sammlung der württembergischen Gesetze, 18 Theile in 26 Bänden, Stuttgart–Tübingen 1828–1847
145 *Ries, John* (Hg), Die Briefe der Elise von Türckheim, geb. Schönemann. Goethes Lili, Frankfurt 1924

146 *Rochow, Friedrich Eberhard von*, Sämtliche Schriften. Hg. v. Fritz Jonas u. Friedrich Wienecke, Bd. 4, Berlin 1910
147 *Röslin, Karl Ludwig Christof*, Abhandlung von besondern weiblichen Rechten, Bd. 1, Mannheim 1775
148 *Rohmann, Ludwig* (Hg), Briefe an Fritz von Stein, Leipzig 1907
149 *Rohr, Julius Bernhard von*, Einleitung zur Ceremoniel-Wissenschafft Der Privat-Personen, Berlin 1728
150 *Rosa, Angelika*, Lebensschicksale einer Deutschen Frau im 18. Jahrhundert in eigenhändigen Briefen. Hg. v. Victor Kirchner, Magdeburg 1908 (verfaßt um 1785)
151 *Rothe, Carl* (Hg), Die Mutter und die Kaiserin. Briefe der Maria Theresia an ihre Kinder und Vertraute, Berlin 1940
152 *Rudolphi, Karoline*, Schriftlicher Nachlaß. Hg. v. Abraham Voß, Heidelberg 1835
153 *Rücker, Elisabeth*, Maria Sibylla Merian, 1647–1717 (Ausstellungskatalog), Nürnberg 1967
154 *Rüdiger, Otto*, Caroline Rudolphi. Eine deutsche Dichterin und Erzieherin, Klopstocks Freundin, Hamburg–Leipzig 1903
155 *Rumpf, Max*, Deutsches Bauernleben, Stuttgart 1936
156 *Schauer, Hans* (Hg), Herders Briefwechsel mit Caroline Flachsland, 2 Bde., (Schriften der Goethe-Ges. Bd. 41), Weimar 1926/28
157 *Schellberg, Wilhelm* und *Friedrich Fuchs* (Hg), Das unsterbliche Leben. Unbekannte Briefe von Clemens Brentano, Jena 1939
158 *Schiedermair, Ludwig* (Hg), Die Briefe W. A. Mozarts und seiner Familie, 5 Bde., München–Leipzig 1914
159 *Schiller, Friedrich*, Werke. Nationalausgabe, begr. v. Julius Petersen. Hg. v. Norbert Oeller u. Siegfried Seidel, Weimar 1943ff
160 *Schindler, Georg*, Verbrechen und Strafen im Recht der Stadt Freiburg im Breisgau von der Einführung des neuen Stadtrechts bis zum Übergang an Baden (1520–1806) (Veröff. a. d. Archiv d. Stadt Freiburg im Breisgau 7), Freiburg 1937
161 *Schlegel, Friedrich*, Kritische Friedrich-Schlegel-Ausgabe. Hg. v. Ernst Behler u. a., 3. Abtlg. Briefe von und an Friedrich u. Dorothea Schlegel, Bd. 24. Hg. v. Raymond Immerwahr, Paderborn–München–Wien 1985
162 *Schleiermacher, Friedrich Daniel Ernst*, Schriften aus der Berliner Zeit (1796–99). Hg. v. Günter Meckenstock (Krit. Ges. Ausg. Bd. 2), Berlin–New York 1984
163 –, Briefwechsel. Bd. 1–3. Hg. v. Andreas Arndt u. Wolfgang Virmond (Kritische Ges. Ausg.), Berlin–New York 1985–88
164 *Schlözer, Leopold von* (Hg), Dorothea von Schlözer. Ein deutsches Frauenleben um die Jahrhundertwende 1770–1825, Göttingen 1937

165 *Schlüter, Chr.* (Hg), Briefwechsel und Tagebücher der Fürstin Amalie von Galitzin, enthaltend bisher ungedruckte Briefe, 3 Bde., Münster 1874–76

166 *Schmid, Christoph von*, Erinnerungen aus meinem Leben, Bd. 1, Jugendjahre, Augsburg 1853

167 *Schmidt, Erich* (Hg), Caroline. Briefe aus der Frühromantik, 2 Bde., Leipzig 1913

168 *Scholz, Lieselotte* und *Richard Daunicht* (Hg), Die Neuberin. Materialien zur Theatergeschichte des 18. Jahrhunderts, Heidenau 1956

169 *Schopenhauer, Johanna*, Im Wechsel der Zeiten, im Gedränge der Welt. Jugenderinnerungen, Tagebücher, Briefe. Hg. v. Rolf Weber, München 1986

170 *Schreiber, Ilse* (Hg), Ich war wohl klug, daß ich dich fand. Heinrich Christian Boies Briefwechsel mit Luise Mejer 1777–1785, München 1980

171 *Schulz, Günter* und *Ursula* (Hg), Meine liebste Madam. Gotthold Ephraim Lessings Briefwechsel mit Eva König 1770–1776, München 1979

172 *Schulze-Kummerfeld, Karoline*, Lebenserinnerungen. Hg. v. Emil Benezé, 2 Bde. (Schriften d. Ges. f. Theatergesch. 23/24), Berlin 1915

173 *Schumann, Detlev W.* (Hg), Briefe aus Auguste Stolbergs Jugend, in: Goethe. NF d. Jb. d. Goethe-Gesellschaft Bd. 19, 1957

174 *Schwarz, Karl* (Hg), Albertine von Grün und ihre Freunde. Biographien und Briefsammlung, Basel 1872

Selhamer, Christoph, Tuba Rustica. Das ist: Neue Gei-Predigen, 2 Teile, Augsburg 1701 (zit. nach: *Rumpf, Max*, Deutsches Bauernleben)

175 *Semler, Johann Salomo*, Lebensbeschreibung von ihm selbst verfaßt, 2 Bde., Halle 1781/82

176 *Sheldon, William* und *Ulrike*, Im Geiste der Empfindsamkeit. Freundschaftsbriefe der Mösertochter Jenny von Voigts an die Fürstin Luise von Anhalt-Dessau 1780–1808. Osnabrücker Geschichtsquellen und Forschungen, Osnabrück 1971

177 *Siede, Johann Christian*, Vernünftige und bewährte Mittel zur Erlangung und Erhaltung einer schönen Gorge. Ein diätetisches Büchlein für Mädchen und Mütter, 2 Teile, Berlin 1795/96

178 *Sonntag, Karl Gottlob* (Hg), Ein Wort zu seiner Zeit. Für verständige Mütter und erwachsene Töchter. In Briefen einer Mutter (= Elisabeth Eleonore Bernhardi), Freiberg 1798

179 Spiegel der regiersichtigen bösen Weiberen, Worinnen Entsetzlich und nach Genügen zu ersehen: dero grossen Schalck= und Boßheit/ gifftiger Zorn/ und erschröckliche Rachgierigkeit. Neudruck der Ausgabe von Augsburg 1733. Hg. v. Barbara James, Frankfurt–Berlin–Wien 1982 (1. Aufl. um 1723)

180 *Spiller von Mitterberg, Christian Heinrich Ludwig* (Hg), Sammlung neuerer nachahmungswürdiger Polizeygesetze und Verordnungen, 2 Teile, Coburg 1791/93
181 *Stägemann, Elisabeth*, Erinnerungen für edle Frauen. Nebst Lebensnachrichten über die Verfasserin und einem Anhange von Briefen. Hg. v. Wilhelm Dorow, 2 Bde., Leipzig 1846
182 *Steinberger, Julius* (Hg), Aus dem Nachlaß Charlottens von Einem. Ungedruckte Briefe. Jugenderinnerungen, Göttingen 1923
183 *Steinbrucker, Charlotte* (Hg), Briefe Daniel Chodowieckis an die Gräfin Christiane von Solms-Laubach, Straßburg 1928
184 *Stolberg Wernigerode, Friederike Gräfin zu*, – in ihren Jugendbriefen an ihre Schwester Anna Freifrau von Wylich (1797–1806), Marburg 1928
185 *Strodtmann, Adolf*, Briefe von und an Gottfried August Bürger, 4 Bde., Berlin 1874
186 *Strombeck, Friedrich Karl von*, Darstellungen aus meinem Leben und meiner Zeit, 8 Bde., Braunschweig 1833ff
187 *Stuve, Johann*, Über die Nothwendigkeit der Anlegung öffentlicher Töchterschulen für alle Stände, in: *Campe, Joachim Heinrich*, Über einige verkannte Mittel . . ., Wolfenbüttel 1786
188 *Sudhof, Siegfried* (Hg), Der Kreis von Münster. Briefe und Aufzeichnungen Fürstenbergs, der Fürstin Gallitzin und ihrer Freunde, Teil 1 (Westfälische Briefwechsel und Denkwürdigkeiten, Bd. 5,1) Münster 1964
189 *Süßmilch, Johann Peter*, Die göttliche Ordnung in den Veränderungen des menschlichen Geschlechts aus der Geburt, Tod, und Fortpflantzung desselben, Berlin 1741
190 *Sulzer, Johann Georg*, Pädagogische Schriften. Hg. v. Willibald Klinke, Langensalza 1922
–, Vermischte Schriften, zweyter Theil, Leipzig 1781
191 *Tiemann, Hermann* (Hg), Meta Klopstock geb. Moller: Briefwechsel mit Klopstock, ihren Verwandten und Freunden, 3 Bde., Hamburg 1956
192 *Uden, Karl Friedrich*, Über die Erziehung der Töchter des Mittelstandes, Stendal 1783
Unbekannter Verfasser (um 1790), Bemerkungen und Vorschläge über die Hafner'sche Töchterschule, in: *Vetter, Theodor*, Aus den Jugendjahren, 32
193 *Unger, Helene Friederike*, Briefe über Berlin, aus Briefen einer reisenden Dame an ihren Bruder in H. (1798). Hg. v. Heinz Jolles, Berlin 1930
194 *Urlichs, Ludwig* (Hg), Charlotte von Schiller und ihre Freunde. 3 Bde., Stuttgart 1860–65

195 *Vetter, Theodor,* Aus den Jugendjahren der Höheren Töchterschule Zürich. Jgfr. Susanna Gossweiler, Zürich 1895
196 *Voellmy, Samuel* (Hg), Leben und Schriften Ulrich Bräkers, des Armen Mannes im Tockenburg, Bd. II: Umwelt und Tagebücher, Basel 1945
197 *Voß, Ernestine,* Aufsätze, Düsseldorf 1846
198 *Voß, Johann Heinrich,* Briefe nebst erläuternden Beilagen. Hg. v. Abraham Voß, 3 Bde., Halberstadt 1829–1833
199 *Voß, Sophie Marie,* Neunundsechzig Jahre am Preußischen Hofe. Aus den Erinnerungen der Oberhofmeisterin Sophie Marie Gräfin von Voß, Leipzig [8]1908
200 *Vossische Zeitung, s. Buchner, Eberhard*
201 *Wächtershäuser, Wilhelm,* Das Verbrechen des Kindesmordes im Zeitalter der Aufklärung (Quellen und Forschungen zur Strafrechtsgeschichte Bd. 3), Berlin 1973
202 *Wagemann, Arnold,* Über die Bildung des Volks zur Indüstrie, Teil I, Göttingen 1792, 228ff (zit. nach: *Krünitz, Johann Georg,* Die Land=Schulen)
203 *Wallenrodt, Johanna Isabella Eleonore von,* Das Leben der Frau von Wallenrodt in Briefen an einen Freund. Ein Beitrag zur Seelenkunde und Weltkenntniß, 2 Bde., Leipzig–Rostock 1797
204 *Wieland, Christoph Martin,* Briefwechsel. Ausgabe d. Dt. Ak. d. Wiss. Hg. v. Hans Werner Seiffert, Bd. I, 1963; Bd. II, 1968
205 *Wissell, Rudolf,* Des alten Handwerks Recht und Gewohnheit, 2. Aufl. Hg. v. Ernst Schraepler (Einzelveröff. d. Hist. Kommission zu Berlin Bd. 7), Berlin 1981
206 *Wobeser, Wilhelmine von,* Elisa oder das Weib, wie es seyn sollte, Frankfurt–Leipzig [4]1799 (1. Aufl. 1795)
207 *Wolzogen, Caroline,* Literarischer Nachlaß der Frau C. v. Wolzogen, 2 Teile, Leipzig 1849
208 *Zäzilia* (Pseudonym), Weimars Album zur vierten Säkularfeier der Buchdruckerkunst, Weimar 1840 (zit. nach: *Wilhelm Bode,* Ein Lebensabend im Künstlerkreise, Berlin [3]1909, 105ff)
209 *Ziegler, Christiane Mariane von,* Moralische und vermischte Send=Schreiben, An einige Ihrer vertrauten und guten Freunde gestellet, Leipzig 1731
210 *Zincke, Georg Heinrich,* Teutsches Real=Manufactur= und Handwercks=Lexicon, Leipzig 1745
211 *Zobel, Rudolf Heinrich,* Briefe über die Erziehung der Frauenzimmer, Berlin 1774

Namenregister